Dorothea Zöbl

Leben am Kurfürstendamm

Dorothea Zöbl

Leben am Kurfürstendamm

100 Jahre Geschichte und Geschichten um die

Mietshäuser Kurfürstendamm 48–50

Herausgegeben von Margrit Bröhan

Gebr. Mann Verlag · Berlin

Bibliografische Information der Deutschen Nationalbibliothek

Die Deutsche Nationalbibliothek verzeichnet diese Publikation in der Deutschen Nationalbibliografie;
detaillierte bibliografische Daten sind im Internet über http://dnb.d-nb.de abrufbar.

Copyright © 2011 by Gebr. Mann Verlag · Berlin
www.gebrmannverlag.de

Gedruckt auf säurefreiem Papier, das die US-ANSI-NORM über Haltbarkeit erfüllt.

Umschlagabbildungen: D. Zöbl, 2011
Umschlagentwurf, Layout: M&S Hawemann · Berlin
Druck und Verarbeitung: DZA Druckerei zu Altenburg GmbH · Altenburg

Printed in Germany · ISBN 978-3-7861-2641-6

Inhalt

Vorwort

Der Kurfürstendamm in Berlin-Charlottenburg ist unbestritten ein Boulevard von weltstädtischem Niveau. In einem langen Prozess vom ländlichen Knüppeldamm zur durchgestalteten Repräsentationsstraße erwarb er sich den internationalen Rang. Etwa in seiner geografischen Mitte an der Nordseite steht der mächtige Gebäudekomplex Kurfürstendamm 48–50a als vornehmes Wohn- und Geschäftshaus. Das aus Vorderhäusern, Seitenflügeln, Quergebäuden und Remisenhaus bestehende, mit insgesamt sechs Treppenhäusern und drei Fahrstühlen ausgestattete Bauensemble, ist Zeugnis einer über hundertjährigen Berliner Geschichte: Kaiserzeit, Weimarer Republik, Nationalsozialistische Herrschaft, Bundesrepublik Deutschland haben hier ihre Spuren hinterlassen. Könnten Mauern erzählen, würden sie ein monumentales Epos, ein Panorama der Zeit beschreiben. Das Gebäudeensemble dokumentiert eines der wenigen am Kurfürstendamm seit seiner Erbauung erhaltenen Grundstücke in der Architektur der Berliner Gründerzeit. 1998 ist das Objekt als Baudenkmal in die Berliner Denkmalliste aufgenommen worden. Bauliche Veränderungen, Modernisierungen und Restaurierungen, Unterteilungen im Innern und technische Erneuerungen haben die Grundrisse und Fassadenaufbauten weitgehend respektiert. Wie eine anspruchsvolle Diva, würdevoll, betagt und kapriziös, dominiert der Gebäudekomplex Kurfürstendamm 48–50a die Nachbarschaft.

Der Kurfürstendamm, bis zur Schaffung von Groß-Berlin im Jahr 1920 weitgehend zur Stadt Charlottenburg gehörend, geriet bei der sprunghaften Zunahme der Bevölkerung in der Reichshauptstadt Ende des neunzehnten Jahrhunderts ins Visier zukunftsorientierter Investoren und Bauunternehmer. Wirtschaftliche Erwartung, finanzielle Spekulation und patriotischer Enthusiasmus verknüpften sich zu unternehmerischem Elan. Der Bauherr, Baumeister und Architekt von Kurfürstendamm 48–50a, Heinrich Munk aus Heidelberg, setzte mit Gespür für die vehement zunehmenden Ansprüche der Mieter in der Reichshauptstadt im Entwurf von 1899/1900 auf die ebenso prächtige wie repräsentative Neorenaissance. Über dem zwei Etagen umspannenden Sockelgeschoss, dessen Fassade 1925 von Hermann Muthesius modernisiert wurde, zitieren Erker, Loggien, Säulen, Rundbogen, Wandpfeiler, Dreiecksgiebel und Dachaufbauten aus der Fülle des historistischen Formenrepertoires. Nicht alles davon ist erhalten. Eine weitgehende Restaurierung des Bestands hat in den 1980er Jahren unter Leitung des Architekten Rupert Stuhlemmer stattgefunden. Die triumphale, patriotisch gemeinte Bekrönung der Kuppel mit einer zwei Meter hohen bronzenen Statue der »Viktoria« musste 1932 wegen Gefährdung abgenommen werden. Längst verschwunden sind die Vorgärten und die mit Brunnen, Blumenbeeten und Hecken gestalteten Gartenanlagen in den Höfen. Palastähnliche Wohnungen mit bis zu 500 Quadratmetern Grundfläche, üppig ausgeschmückt mit Marmor, Vergoldungen, Glasmalerei, beeindruckenden Treppenhäusern, Quartieren für Personal, Remise und Stallungen für Pferd und Wagen, baute Munk für hochbürgerliche und aristokratische Klientel. Seine Rechnung ging, wie man sehen wird, nicht auf.

Die Häuseranlage Kurfürstendamm 48–50a war und ist kein Solitär. In schneller Abfolge wurden in den vergangenen gut einhundert Jahren in einer Mischung von privater und geschäftlicher Nutzung Mietshäuser entlang der Charlottenburger Straßen errichtet. Baulücken füllten sich und großstädtische Baudichte verdrängte ländliche Weite und Naturidylle zugunsten städtischer Urbanität und moderner Verkehrsorganisation. In den Wohnungen, Läden und Büros hat eine nicht zu beziffernde Anzahl von Menschen gelebt, gearbeitet, gefeiert, gelitten. Das alles hat sich nicht in einem eingegrenzten Areal abgespielt; Haus und Menschen sind stets Teil ihrer Umwelt. Um sich ein annähernd realistisches Bild der Entwicklungen und Situationen machen zu können, muss ein historisches Spektrum in den Blick genommen werden. Das ist die Absicht der vorliegenden Darstellung.

Margrit Bröhan

Einleitung

Zwischen Transvaal und Vietnam liegt das Hausensemble Kurfürstendamm 48–50a am heutigen George-Grosz-Platz. Heinrich Munk baute es an der Stelle, wo 1897 die Transvaal-Ausstellung präsentiert wurde, der 1898 die Indien-Schau Carl Hagenbecks folgte. Und genau hier richteten die Wasserwerfer 70 Jahre später ihre Rohre auf die studentischen Demonstranten gegen den Vietnamkrieg. Was sich in dem Jahrhundert zwischen 1870 und 1970 in der Umgebung des um 1900 errichteten Hauses getan hat, ist Gegenstand dieser Darstellung. Nach dem Motto Franz Hessels »Ist also die Straße eine Art Lektüre, so lies sie, aber kritisiere sie nicht zuviel« werden die Veränderungen am Kurfürstendamm, die sich im und um den mittendrin gelegenen Gebäudekomplex ereignet haben, beschrieben.

Diese Hausbiographie versucht auch, dem Vergessen entgegenzuwirken, das Siegfried Kracauer in seinem Essay »Straße ohne Erinnerung« 1932 konstatierte: »Sonst bleibt das Vergangene an Orten haften, an denen es zu Lebzeiten hauste; auf dem Kurfürstendamm tritt es ab, ohne Spuren zu hinterlassen. Seit ich ihn kenne, hat er sich in knapp bemessenen Perioden immer wieder und wieder von Grund auf verändert, und immer wieder sind die neuen Geschäfte ganz neu und die von ihnen vertriebenen ganz ausgelöscht.« Kracauer sieht im Kurfürstendamm »die Verkörperung der leer hinfließenden Zeit, in der nichts zu dauern vermag«.[1] An dieser Straße ist die Häufung all dessen typisch, was als das jeweils Neue verstanden wird. Insofern ist der Wandel von Dauer. Das gilt auch für die Gegenwart: »Dass in der City-West Stillstand herrscht, behauptet heute niemand mehr. Die Frage ist nur, was der Wandel bedeutet.«[2]

---

1 Kracauer, Siegfried: Straße ohne Erinnerung, in: Straßen in Berlin und anderswo, Berlin 1987, S. 15–18, S. 15, 17.
2 So Leber, Sebastian: Auf der Straße nach irgendwo, in: *Der Tagesspiegel* v. 21.2.2010, S. 9 anlässlich der Schließung eines traditionellen Geschäfts.

Abb. 1   Indienschau 1898 auf dem Terrain des Hausensembles Kurfürstendamm 48–50a

Ganze Bücherstapel gibt es über diese Straße, deren 125-jähriges Jubiläum 2011 gefeiert wird: Sachbücher, Romane, Literatursammlungen, geographische Analysen, historische Bestandsaufnahmen, stadtplanerische Gutachten, Reiseführer, Fotobände, Erinnerungen auch nationalsozialistische Hetzschriften. Hingegen ist der Erbauer des Hausensembles Kurfürstendamm 48–50a, Heinrich Munk, der Öffentlichkeit nahezu unbekannt. Der 1851 Geborene, der beim Hausbau im besten »Mannesalter« steht, ist Architekt und Baumeister in eigener Sache. Nach dem Ersten Weltkrieg treten in Abhängigkeit von den jeweiligen gesellschaftlichen Gegebenheiten, ökonomischen Notwendigkeiten und politischen Vorgaben Änderungen in der Rechtsform der Eigentümer ein: Dem Individualeigentum in der Kaiserzeit folgt Gesellschaftseigentum ab den 20er Jahren, in der Zeit des Nationalsozialismus und in den beiden Jahrzehnten nach 1945. Seit Mai 1967 befindet sich das Grundstück wieder in Individualeigentum.

Abb. 2   Demonstrierende Studenten treffen am 12. April 1968 vor dem Hausensemble Kurfürstendamm 48–50a auf einen Wasserwerfer

Der Boulevard stand in allen Zeitläuf-
ten und steht für Modernität. Hier ließen
sich neue gesellschaftlich bestimmende
Prinzipien frühzeitig ablesen. Der Kurfürstendamm nahm geradezu Leitbildcharakter an. Im Hausensemble 48–50a fokussiert
sich die deutsche Geschichte mit ihren er-
freulichen, aber auch mit ihren dunklen
Seiten. Diese Zeitschichten werden mit
Hilfe zahlreicher Quellen belebt und an-
schaulich gemacht. Arbeitsgrundlagen waren frühere Darstellungen des Boulevards
ebenso wie Akten, vor allem die der Bauaufsicht und die des Grundbuchamts. Gemälde und Zeichnungen, einige hier erstmals abgebildet, erweitern die Darstellung.
Einen wesentlichen Beitrag zu Dokumentation und Schilderung der Atmosphäre
liefern Fotografien; Firmenreklame gibt
Auskunft über Gewerbe und Produktionsstätten im Hausensemble. Postkarten von
der Umgebung vermitteln Vorstellungen

Abb. 3   Eingangsbereich des Hauses Kurfürstendamm 50, 2010

von der historischen Dimension. Als herausragend wichtige Quelle erwiesen sich die Berliner Adressbücher, die im Straßenteil die Namen der Haushaltsvorstände nennen und im
Namenteil oft über deren Profession informieren. Leider schweigen die Adressbücher über
Familienmitglieder und Untermieter. Deshalb lässt sich die Anzahl der Hausbewohner
nicht feststellen. Wichtig für die Darstellung der Zeit nach 1945 waren Erinnerungen von
Bewohnerinnen und Bewohnern sowie von Nachbarn. Nicht zuletzt hat der direkte Augen-
schein Vieles zum Verständnis beigetragen.

Die Betrachtung legt mehr frei als das unmittelbare Gebäude: Sie gräbt das Wurzelwerk
der heutigen Stadt im Bereich des Kurfürstendamms auf. So werden nicht nur die materi-
ellen Veränderungen spürbar, sondern auch etwas vom jeweiligen Lebensgefühl, das sich
in einer leitbildartigen Qualität verfestigte. Daran orientieren sich die Kapitelüberschrif-
ten. Verschiedene Zeitschichten machen die Veränderungen nachvollziehbar. Mit Ausnahme des ersten Kapitels widmen sich eingangs alle Kapitel dem Kurfürstendamm und schildern die Umgebung des Objekts. Danach geht ein zweiter Teil auf den jeweiligen Eigentümer ein, die Bau- und Nutzungsgeschichte des Gebäudes sowie auf Haushaltsvorstände
und ihre Lebensgeschichten. So nähert sich die Darstellung von den allgemein politischen
und gesellschaftlichen Prozessen über die Geschichte der Gebäude den Bewohnerinnen
und Bewohnern, die ihrerseits im Positiven wie im Negativen der Straße die unverkenn-
bare Atmosphäre verliehen. Manche der Schicksale lassen sich schildern, andere bleiben
nur angedeutet oder im Dunkeln.

Abb. 4   Das Haus Kurfürstendamm 48–50, um 1900

Fünf Kapitel spannen den gut ein Jahrhundert umfassenden Bogen der Hausbiographie vom Kauf des Ackerlandes bis zum Anrainer an der weltpolitisch bedeutsamen Leitlinie Kurfürstendamm. In *Kapitel 1 – Vor dem Bau: Der Kurfürstendamm und Heinrich Munk »kommen zusammen« (1851–1899)* wird die Entwicklung der Straße vor ihrem Ausbau mit der Vita Heinrich Munks parallelisiert. *Kapitel 2 – Der Neubau an der bürgerlichen Wohnstraße (1899/1900–1918/19)* behandelt das von Munk errichtete und von seiner Familie bewohnte Mietshaus an der Repräsentationsstraße des Bürgertums. Während der Weimarer Republik vermarktet die neue Eigentümerin, nunmehr eine Grundstücksgesellschaft, das Haus als Kapitalanlage. Das ist die Fragestellung in *Kapitel 3 – Das Renditeobjekt am republikanischen Boulevard (1919/20–1932)*. Probleme bei der Verwertung und die 1942 erfolgte Zwangsversteigerung beschreibt *Kapitel 4 – Schwierige Verwertung und Enteignung des Hauses an der Hassmeile der Nationalsozialisten (1933–1945)*. Schließlich beleuchtet *Kapitel 5 – Das Haus im Schaufenster des Westens und auf der Bühne politischer Demonstration (1945–1967/68)* die Wiederbelebung durch Bewohner und Geschäfte nach 1945 sowie die Lage inmitten der Demonstrationen von 1967/68.

Wie ein roter Faden ist die Vita des Schriftstellers, Philosophen und Weltbürgers Hans Sahl in die Hausgeschichte eingewoben. Sahl, am 20. Mai 1902 in die Dresdner Bankiersfamilie Salomon hineingeboren, verlebt mit Eltern und Schwester von 1912 bis 1917 glückliche Kindheitsjahre im Haus Kurfürstendamm 50. Auf Abbildung 4 aus der Zeit um 1900 ist uns die Nr. 50 zugewandt. Über dem Bewuchs des kleinen Platzes ist ein Fenster zu sehen, das zur Wohnung Salomon gehörte. Rechts im Bild der Reitweg in der Mitte des Kurfürstendamms, hinter den Bäumen fährt eine Straßenbahn.

In den 20er Jahren fährt Hans Sahl als Filmkritiker tags und nachts mit der Straßenbahn 76 über den Boulevard. 1933 geht er via Schweiz und Paris ins US-amerikanische Exil. Dort übersetzt und schreibt er. Beim Versuch einer Rückkehr nach Deutschland 1953

Abb. 5   Nachkriegszustand Kurfürstendamm 50. Im 1. Obergeschoss links lag die Wohnung der Familie Salomon, hier rechts im Bild.

spürt Sahl das geringe Interesse an seinem Schicksal und seinen Werken. Er geht in die USA zurück, wo er das Stück »Hausmusik« schreibt, in dem der Hauptschauplatz das Haus Kurfürstendamm 50 ist. Im hohen Alter von 91 Jahren begibt er sich noch einmal zu diesem nie verblassten »Kindheitsort«. Noch immer zieht ihn das marmorne Entree in seinen Bann. Vielleicht erinnert er sich hier auch an den Globus in seinem Zimmer, der einen Tintenklecks genau an der Stelle hatte, wo Europa liegt.[3] Im Jahr 1953 beschreibt der Schriftsteller die Verwobenheit seines Schicksals mit dem der Stadt:

---

3 Sahl, Hans: Hausmusik. Eine Szenenfolge, Neudruck Bad Homburg 1990, S. 8. Dass das Haus Kurfürstendamm 50 gemeint ist, geht aus der Schilderung des Gebäudes im Stück hervor.

»War ich je hier? Ich war es immer
und sah Berlin in vielen Träumen brennen.
(Das Nahe ist nie nah, nur das Entfernte.)
Ich gehe durch die Stadt, die ich verlernte,
ich werde wieder Straße, Nacht und Regen
und gehe mit den Toten in der Menge.
Die Kinderschrift, in der ich deinen Namen malte,
ist ausgelöscht und viele Narben bluten.
Du liebe Zeit, man kann sie kaum noch zählen.
Du liebe Stadt, wen hat es mehr getroffen,
dich oder mich? Du musst mir viel erzählen,
wenn wir bei Tagesanbruch uns besehen.«[4]

---

4 Ders.: »Wir sind die Letzten«. Gedichte, Heidelberg 1986.

1. Kapitel – Vor dem Bau:
Der Kurfürstendamm und Heinrich Munk »kommen zusammen«
(1851–1899)

Der Kurfürstendamm entstand im 16. Jahrhundert als befestigter Knüppeldamm zwischen dem Schloss in Berlin und dem 1542 von Joachim II. errichteten neuen Jagdschloss Grunewald.[1] Vor seiner Neugestaltung im 19. Jahrhundert war der Weg aus dem Berliner Zentrum bis zum Olivaer Platz mit dem heutigen Verlauf identisch. Dann bog er nach Süden in Richtung Wilmersdorf ab. Vermutlich labten sich die Landesherrn und ihr Gefolge dort vor und nach den Jagden an frischer Milch. Nahe dem Dorf hielt der Landesherr große Schafherden.[2] Lange war der Kurfürstendamm nichts anderes als ein unregulierter, elf Meter schmaler Feldweg.[3]

Nach seiner repräsentativen Ausgestaltung ab den 90er Jahren des 19. Jahrhunderts war der Kurfürstendamm die Hauptachse Charlottenburgs. Da die Stadt erst 1705 angelegt worden war, bestand nicht die für mittelalterliche Gründungen vorgeschriebene große Distanz zur nächsten Stadt. Zwischen den Schlössern Berlin und Charlottenburg lag nur eine preußische Meile, das sind 7532,5 Meter.[4] Die geringe Entfernung trug dazu bei, dass sich an dem aus dem Berliner Zentrum herausführenden Straßenzug des Kurfürstendamms Funktionen aus dem Inneren der Stadt ansiedelten. An ihrem neuen Standort nahmen diese moderne Gestalt an, nicht eingeengt oder vorstrukturiert durch traditionelle Nutzungen, wie das in der Berliner Stadtmitte der Fall war. Im Zuge der Expansion

---

1 Bohm, Eberhard: Kurfürstendamm. Entstehung und erste Entwicklung, in: Ribbe, Wolfgang (Hg.): Von der Residenz zur City. 275 Jahre Charlottenburg, Berlin 1980, S. 67–102.
2 Metzger, Karl-Heinz: Von der Wilhelmsaue zur Carstennschen Stadtanlage – aus der Geschichte Wilmersdorfs, in: Lieberknecht, Rolf u. a.: Von der Wilhelmsaue zur Carstenn-Figur. 120 Jahre Stadtentwicklung in Wilmersdorf, Berlin 1987, S. 14–40, S. 18.
3 Voigt, Paul: Grundrente und Wohnungsfrage in Berlin und seinen Vororten. Eine Untersuchung ihrer Geschichte und ihres gegenwärtigen Standes, Jena 1901, S. 218.
4 Vgl. dazu Zöbl, Dorothea: Sophie Charlotte und ihre Schloss-, Garten- und Stadtanlage Lützenburg/Charlottenburg, in: Jahrbuch des Landesarchivs Berlin, Berlin 2001, S. 21–36.

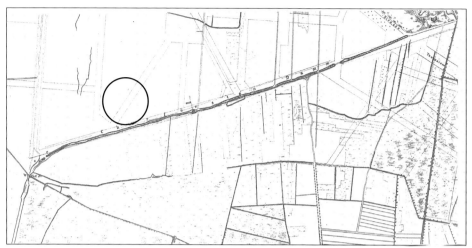

Abb. 6   Der Kurfürstendamm im Plan von Liebenow, 1867. Zu sehen sind die vom Hobrechtplan fest-
gesetzten Fluchtlinien, die noch über das spätere Grundstück Munks verlaufen, nordöstlich des späteren
Grundstücks Kurfürstendamm 48–50 (Markierung) der geplante Savignyplatz.

Berlins und der Regulierung der Straßen wurde er zunehmend ein repräsentativer Boulevard im vornehmen Westen der Agglomeration. So bildete die Gegend um den Kurfürstendamm schon lange vor dem Mauerbau von 1961 gewissermaßen ein peripher gelege-
nes Zentrum.[5]

Nach Eingemeindungen südlich des Tiergartens 1841 und 1861 wuchs hier der Stadtteil, der als der Alte Westen bekannt ist. Weiter westlich gelegene Bereiche und die Gegend
um den Kurfürstendamm nannte man den Neuen Westen. Das Ausgreifen Berlins nach
Westen zog Veränderungen in Charlottenburg nach sich. Noch wenig ausgebildet freilich,
mischte sich ab dieser Zeit am Kurfürstendamm »ein spekulatives Moment in die Boden-
preise«, konstatierte 1901 Paul Voigt in seinem Buch »Grundrente und Wohnungsfrage in
Berlin und seinen Vororten«. Zwischen 1864 und 1868 hatte sich der Quadratmeterpreis
auf zwei Mark verdoppelt, nach 1871 stieg der Bodenpreis rasant weiter.[6]

Der Berliner Stadterweiterungsplan (Hobrechtplan) von 1862 bezog den Kurfürstendamm von Osten bis zur späteren Leibnizstraße ein. In dieser Zeit ist der spätere Erbauer
der Häuser Kurfürstendamm 48–50 (heute: 48–50a), Heinrich Munk, elf Jahre alt. Im Umfeld »seines« Grundstücks sollte – so sah es der Plan vor – der Savignyplatz als Schmuck-
platz entstehen, durch etliche Achsen betont. Eine davon ist die Grolmannstraße. Ihr Pen-
dant in westlicher Richtung wurde nicht ausgeführt. Wo diese nicht gebaute Straße auf

---

5 Zur Westdrift gehobener Einrichtungen vgl. Zöbl, Dorothea: Das periphere Zentrum. Bundes- und Reichsbehörden im Groß-Berliner Stadtraum 1866/67–1914 (= Brandenburgische Historische Studien, Bd. 10), Potsdam
2001.
6 Ebd., S. 229; dort auch das Zit.

den Kurfürstendamm münden sollte, entstand eine tiefe spitz-dreieckige Parzelle. Darauf stehen die Häuser Kurfürstendamm 48–50a.

Als der Berlin-Charlottenburger Bauverein die Idee aufbrachte, den Kurfürstendamm zu regulieren, begeisterte das den Reichskanzler. Unter dem Eindruck der Boulevards von Paris regte Otto von Bismarck 1871 den Ausbau als Prachtstraße an: »Auch die Straße am Kurfürstendamm wird viel zu eng werden, da dieselbe voraussichtlich der Hauptspazierweg für Wagen und Reiter werden wird.« Er rechnete 1873 damit, dass diese Verbindung in den Grunewald, den er mit dem Bois de Boulogne verglich, zur »Hauptader des Vergnügungsverkehrs« ins Grüne werden würde.[7]

Während der 60er und frühen 70er Jahre des 19. Jahrhunderts wächst Heinrich Munk heran und geht seiner Ausbildung nach. Er ist am 14. August 1851 in Heidelberg geboren.[8] Sein Vater war Alexander Munk (1809–1900), Schneidermeister und Bürger der Stadt Heidelberg. Heinrichs Mutter Catharina (1811–1865) stammte aus der Familie Diehm.[9] Alexander Munk verzeichnen die örtlichen Adressbücher ab 1852.[10] Über die Schulzeit Heinrichs ist uns nichts bekannt: Die Absolventenliste des Heidelberger Gymnasiums nennt ihn nicht.[11] Doch wissen wir, dass sich Heinrich (1851–1942) und sein Bruder Karl (1848–1917) im Großherzogtum Baden zu Architekten haben ausbilden lassen.[12] Da es in Heidelberg keine Baugewerksschule gab, könnten sie eine solche in Darmstadt oder Karlsruhe besucht haben.[13]

Beide sind fleißig und ambitioniert. Beide siedeln nach Berlin über. In eben dem Jahr, in dem der Kaiser mit seiner Kabinettsorder als Breite des anzulegenden Kurfürstendamms 53 Meter vorgab – 1875 – gründen der 24-jährige spätere Bauherr Heinrich Munk und sein älterer Bruder Karl eine gemeinsame Firma für Bauausführungen.[14] Von Begabung und Naturell sollen die Brüder verschieden gewesen sein: Karl eher der Künstler, Heinrich eher ein Geschäftsmann,[15] der neben seiner Tätigkeit als Architekt ein Dampftonwerk zur Ziegelherstellung betrieben hat.[16] Schon im Jahr der Unternehmensgründung kann sich Heinrich Munk über eines seiner ersten Häuser freuen, für das er die

---

7 Ebd., S. 219; dort auch das Zit.
8 Treiber, Dietmar: Baumeister für Berlin, 2. Aufl., Berlin 2004, S. 97. Herrn Michael S. Cullen danke ich für den Hinweis auf das in der Zentralen Landesbibliothek Berlin, Zentrum für Berlin-Studien, vorhandene Friedhofsverzeichnis, das Rudolf Uth zusammengestellt hat. Diesem ist die Lage des Grabes auf dem Alten Matthäus-Friedhof in Schöneberg zu entnehmen.
9 Gespräch der Autorin mit Frau Dipl. Ing. Renate Munk am 11.10.2010.
10 Der Jahrgang 1851 ist nicht in digitalisierter Form verfügbar.
11 Pfaff, Karl: Verzeichnis der Abiturienten des Heidelberger Gymnasiums aus den Jahren 1844–1893 mit biographischen und bibliographischen Bemerkungen (= Gymnasium zu Heidelberg. Nachrichten über das Schuljahr 1892–93, Beil.), Heidelberg 1893.
12 Gespräch der Autorin mit Frau Dipl. Ing. Renate Munk am 11.10.2010.
13 Freundliche Mitteilung von Herrn Hansjörg Schröder, Heidelberg.
14 Nach dem Eintrag im Berliner Adressbuch 1919 wurde die Firma 1875 begründet. Zur aktuellen Situation vermerkt es: »Heinrich Munk, Architekt, W 15, Kurfürstendamm 50, E, T Steinplatz 3218, 9–11, 4½ – 6, Bankenverbindung: Deutsche Bank und Bank für Handel und Industrie«.
15 Gespräch der Autorin mit Frau Dipl. Ing. Renate Munk am 11.10.2010.
16 http://www.grabpatenschaften-berlin.de/munk-heinrich/ (17.6.2010).

Abb. 7   Heinrich Munk mit seiner Ehefrau Martha, geb. Vanselow (1939) und Karl Munk (1913)

Pläne entworfen hat. Gespensterhaus nennen es die Berliner, weil es ganz allein an der Mündung der Tauentzienstraße in den Kurfürstendamm steht und sich an diesem Zustand fast 15 Jahre nichts ändert.[17]

Munk wird nicht nur im Auftrag aktiv. Wie den Berliner Adressbüchern ab 1878 zu entnehmen ist, treten Heinrich und Karl auch als Bauherren in Erscheinung.[18] Heinrich Munks Unternehmungen zeigen, dass er vor allem im westlichen Vorfeld Berlins, im Alten Westen, Eigentum erwirbt. Wie er sich immer ein Stückchen weiter Richtung Westen engagiert, geht aus der Lage seiner Neubauten hervor. Er war einer der Trendsetter, die den »Zug nach Westen« forcierten. Bruder Karl bleibt mit seinen Häusern etwas mehr in östlichen Bereichen, um Kleist- und Tauentzienstraße herum.[19]

Das Areal, in dem die heutigen Parzellen Kurfürstendamm 48–50a (früher: 48–50) liegen, gehörte 1876 dem Aktienbauverein Tiergarten.[20] Es erstreckte sich beiderseits der Schlüterstraße (damals: Straße 10) von der Schillerstraße bis südlich des Kurfürstendamms. Beim Erwerb hatte der Verein 20 Mark für den Quadratmeter bezahlt, beim Verkauf erzielte er 50 Mark. Für den in Charlottenburg gelegenen Teil des Kurfürstendamms kann man von folgender Preissteigerung pro Quadratmeter ausgehen:[21]

1861	0,12 M (Ackerwert)
1864	1 M
1868	2 M
1871	10–12 M
1882	10–20 M
1885	20–50 M
1890	30–80 M
1898	80–120 M

Preissteigerungen am Charlottenburger Teil des Kurfürstendamms nach Voigt, Grundrente, S. 230

Noch 1875, im Gründungsjahr der Firma Munk, herrschte Gemächlichkeit am Kurfürstendamm. Das beschrieb der spätere Maler und Schriftsteller Hanns Fechner, dem die Straße Schulweg zwischen Berlin und Wilmersdorf war: »Hier kam man zunächst an der Kleinen Villa mit dem halbkugelförmigen Dachausbau, einem Observatorium, vorbei. Dr. Zenker

---

17 Reissig, Harald: Der Kurfürstendamm, in: Engel u. a. (Hg.): Charlottenburg, Teil 2: Der Neue Westen (= Geschichtslandschaft Berlin, Orte und Ereignisse, Bd. 1), S. 172–203, S. 172.
18 Berliner Adressbuch 1877 ff.
19 Gespräch der Autorin mit Frau Dipl. Ing. Renate Munk am 11.10.2010.
20 Der Plan bei Geist, Johann Friedrich/Kürvers, Klaus: Das Berliner Mietshaus 1862–1945. Eine dokumentarische Geschichte von ›Meyer's Hof‹ in der Ackerstraße 132–133, der Entstehung der Berliner Mietshausquartiere und der Reichshauptstadt zwischen Gründung und Untergang, München 1984, S. 163.
21 Voigt, Grundrente, S. 230.

hatte sie für seine astronomischen Beobachtungen erbaut. Dann weiter hinauf, an der rechten Seite, lag eine große Gärtnerei mit einem kleinen Bauernhäuschen. Ein Brückchen führte über den Schwarzen Graben, der vor hundert Jahren noch schöne Karpfen und Karauschen enthielt (…). Zu unserer Zeit tat er nichts mehr als stinken und verbreitete (…) die schrecklichsten Miasmen in seiner Nähe. In zehn bis zwölf Minuten erreichte man dann, in südwestlicher Richtung abbiegend, unser ländliches Heim (in der Nähe des späteren Fehrbelliner Platzes D.Z.). Konnte man es mit der Zeit gut einrichten, so traf man vielleicht, unweit vom Zoologischen Garten, einen Milchwagen, der über den alten Weideweg nach dem Dorfe zu heimfuhr.«[22]

Das änderte sich rasch, denn am 2. Juni erging die bereits genannte Kabinettsorder, die als Breite der zu regulierenden Straße 53 Meter festschrieb. Diese verteilten sich folgendermaßen: siebeneinhalb Meter auf Vorgärten, vier Meter Bürgersteig, zehn Meter Fahrbahn, fünf Meter Reitweg, fünf Meter Mittelpromenade, zehn Meter Fahrbahn, vier Meter Bürgersteig, siebeneinhalb Meter Vorgarten.[23] Im Jahr 1883 begann der Ausbau des Kurfürstendammes als Verbindung in die zu gründende Villenkolonie Grunewald und als hochherrschaftliche Wohnstraße. Um die Mitte der 80er Jahre erhielt die Straße ihren Pflasterbelag. Die folgende Abbildung 8 zeigt die Arbeiter mit den Vermesser-Gerätschaften und die Spuren für die Gleise. War zunächst an eine Pferdestraßenbahn gedacht, so entschied die Kurfürstendamm-Gesellschaft dann aber für die sehr viel effizienter einsetzbare Dampfstraßenbahn. Denn anfänglich war nur am Wochenende starkes Verkehrsaufkommen zu verzeichnen. Pferde aber hätten ständig bereitgehalten werden müssen.[24] Vom 5. Mai 1886 bis 1900 rumpelte dann »die elend duftende ›Dampfbahn‹« über die Straße.[25] Sie fuhr »ratternd und fauchend« über den Kurfürstendamm, wie Lily Braun sagte.[26] Schon die 1882 in Betrieb genommene Stadtbahn mit dem damaligen Bahnhof Grunewald (heute: Halensee) sowie die Fern- und Pferdebahnen hatten die Lagegunst des östlichen Kurfürstendamms gesteigert.[27] Genau in diesem Jahr öffnete das »Wirtshaus am Halensee« seine Pforten. Dessen Umgebung beschreibt Theodor Fontane in seinem Roman »Frau Jenny Treibel« als »von Spargelbeeten und Eisenbahndämmen durchsetztes Wüstenpanorama«.[28]

Marie Elisabeth Lüders erinnert sich, wie sie die Berliner, die über den Kurfürstendamm in den Grunewald spazierten oder fuhren, mit sportlichen Übungen unterhielt: »Einen Hauptspaß, von dem meine Eltern nichts wussten, bot der Sonntagvormittag am

---

22 Zit. n. Christoffel, Udo (Hg.): Berlin Wilmersdorf. Ein StadtTeilBuch, 3. Aufl., Berlin 1982, S. 118–119.

23 Krüger, Horst: Der Kurfürstendamm. Glanz und Elend eines Boulevards, Hamburg 1982, S. 42.

24 Metzger/Dunker, Kurfürstendamm, S. 17 ff.

25 Lüders, Marie-Elisabeth: Fürchte Dich nicht. Persönliches und Politisches aus mehr als 80 Jahren. 1878–1962, Köln/Opladen 1963, S. 20; zur Datierung s. Hengsbach, Arne: Die Berliner Dampfstraßenbahn. Ein Beitrag zur Verkehrsgeschichte des 19. Jahrhunderts, in: Böttchers Kleine Eisenbahnschriften; Heft 39, S. 6–7 = Sonderdruck aus: Jahrbuch für Brandenburgische Landesgeschichte; 17 (1966).

26 Braun, Lily: Memoiren einer Sozialistin. Kampfjahre (= Gesammelte Werke, Bd. 3), Berlin-Grunewald o. J., S. 38.

27 Berlin und seine Eisenbahnen 1846–1896/ hrsg. im Auftrag des königlich preußischen Ministers der öffentlichen Arbeiten, Bd. 1, Berlin 1896, Neudruck, Berlin 1982, S. 332–333.

28 Metzger/Dunker, Kurfürstendamm, S. 26.

Abb. 8   Pflasterung des Kurfürstendamms, um 1885

Rande des noch unregulierten Kurfürstendamms. Kremser mit Bierfässern zwischen den Rädern und höchst vergnügten Fahrgästen mit bunten Mützen, Ziehharmonikas und Papiertrompeten schaukelten durch den tiefen Sand. Der drei Jahre ältere Bruder und ich liefen eine Zeitlang nebenher, und dann fing ich an radzuschlagen, was auch damals eine Kunst war. Die Ausflügler begleiteten die etwas ungewöhnliche Darbietung mit anfeuernden Zurufen (…) und warfen einen ›Sechser‹ hinunter.«[29]

In Charlottenburg entstanden mehrere Entwicklungszentren, die neue Wohnbevölkerung anzogen: die Artillerie- und Ingenieurschule (1874), die Technische Hochschule (1879/1884) sowie das Joachimsthalsche Gymnasium (1880). Nicht zuletzt bewirkte der Reichstagsneubau auf dem Königsplatz (1894) eine Bevölkerungsverschiebung nach Westen, wo unter anderem der Zoologische Garten und der Grunewald besondere Besucherattraktionen darstellten.[30] In den 80er Jahren, als Berlin und Charlottenburg immer mehr aufeinander zuwuchsen, rückte das Terrain des späteren Hauskomplexes Kurfürstendamm 48–50 verstärkt in den Bereich der Spekulation. Reiche Berliner bauten Villen am Kurfürstendamm. Beispielhaft dafür war das schlossartige Haus des Kaufmanns, Kunsthändlers und Stifters Hugo Raussendorff, das der Bauherr 1888 mit einem großen Stallgebäude auf dem rückwärtigen Teil des heutigen Grundstücks Nr. 206/207 (heute: westlicher Teil des Kudamm-Karrees und Standort des Theaters Komödie) durch den Architekten Hans Grisebach errichten ließ. Die Deutsche Bauzeitung freute sich 1891: »Ein Ecktürmchen in der Hauptfront, ein massiger Thurm an der entsprechenden hinteren Ecke, stattlicher Giebelschmuck und das nöthige Beiwerk von Portalen und Hallen vereinigen sich zu einem reich bewegten Ganzen von fesselndem Eindruck, das noch gewinnen

---

29 Lüders, Persönliches, S. 27.
30 Orth, August: Die Zukunft Charlottenburgs in besonderer Beziehung zu den neuen Verkehrswegen und zur Einverleibung in Berlin, 2. Aufl., Berlin 1881, S. 3–15.

Abb. 9   Villa Raussendorff von Nordwesten, Kurfürstendamm 92 (heute: 206/207)

wird, wenn seine Umgebungen erst endgiltige Gestalt gewonnen haben werden.«[31] Abbildung 9 illustriert diese Beschreibung und zeigt außerdem den riesigen Park. Als später der Bauboom ausbrach, verschwand der Bau genauso wie seine Nachbarhäuser hinter der Wand fünfgeschossiger Straßenanrainer. Die Villa wurde im Zweiten Weltkrieg zerstört und zu Beginn der 50er Jahre abgerissen.[32]

Die Brüder Munk leben und arbeiten in eben dem Stadtteil, den August Orth 1881 als künftigen Wachstumsbereich bezeichnet. Es handelt sich dabei um den Alten Westen, zwischen Berlin und Charlottenburg gelegen.[33] In diesem Grenzbereich nutzen die Munks zahlreiche Häuser. In den Jahren 1878 bis 1886 sind es immerhin sieben. Das Berliner Adressbuch vermerkt Heinrich Munk 1878 erstmalig mit dem eigenen Haus Kurfürstenstraße 139. Zunächst teilt er Haus und Büro mit Bruder Karl. Das Anwesen liegt im Nordosten des nach seinem ursprünglichen Eigentümer, einem Gärtner, so genannten Kielganviertels nahe dem Nollendorfplatz. Hier, in diesem rasch expandierenden Vorstadtviertel, verankert sich Heinrich Munk.[34]

Im Jahr 1878 bewohnten das Haus Kurfürstenstraße 139 außer den Haushalten der Brüder Munk 13 Parteien. Etliche der Haushaltsvorstände übten eher wenig gehobene

31 Zit. n. Metzger/Dunker, Kurfürstendamm, S. 28.
32 Meister, Sabine: Ehre und Stolz. Hugo Raussendorff und seine Kunstsammlung der Gründerzeit, in: Lieth, Elke von der (Hg.): SammlerStücke. Der Berliner Kunstsammler Hugo Raussendorff (1832–1908) und die Charlottenburger Kunstdeputation, Berlin o. J., S. 46–68.
33 Orth, Zukunft, S. 3–15.
34 Dazu die Zusammenstellung »Die Unterkünfte Heinrich Munks 1878–1919«.

Berufe aus: Schuhmacher, Bäcker, Kellner, Seifenhändler, Referendar, ein Rentier und ein Baumeister. Das nächste Haus, in das Heinrich Munk mit Wohnung und Büro einzog, war die Genthiner Straße 15. Außer ihm nutzten das Haus 19 Mietparteien. Viele der Haushaltsvorstände gehörten dem Bürgertum an: praktischer Arzt, Landgerichtsdirektor, Major a. D., Lehrerin, vereidigter Makler.[35] Die Gegend war schön und locker bebaut. Gleich nebenan standen an einer 1870 angelegten Privatstraße (heute: Genthiner Straße 28–30) zehn Stadtvillen – wie man sie heute nennen würde.[36] Dort wohnte der Bildhauer und Maler Reinhold Begas. Den öffentlichen Raum schmückt noch immer die Skulptur einer Laitière. Der 1892 am nahen Magdeburger Platz geborene Walter Benjamin war oft bei seiner Tante Lehmann im Haus Ecke Genthiner und Steglitzer Straße zu Besuch. Wenn er sich nicht vom alten Spielzeug faszinieren ließ,[37] sondern aus dem Erkerfenster auf die westliche Straßenseite blickte, sah er das Haus, das Jahre zuvor Heinrich Munk bewohnt hatte.

Bis 1885 besitzt und bewohnt Heinrich Munk sieben Häuser. Das bedeutet, dass er nach durchschnittlich einem Jahr die Unterkunft wechselt. Er ist alles andere als sesshaft, wie der folgenden Tabelle und Karte zu entnehmen ist. Seine stadträumliche Spur lässt vermuten, Munk habe mit dem Verkaufsgewinn aus dem einen das jeweils neue Haus finanziert. Es ist anzunehmen, dass er sich gewissermaßen hoch- und später dann nach Westen in die Gegend des Kurfürstendamms vorarbeitet.[38] Das Haus Viktoriastraße 23, in dem er nie gewohnt hat, behält er bis 1912.[39] Er gestaltet zahlreiche andere Gebäude und nimmt an Wettbewerben teil, wie 1893/94 mit seinem Entwurf für ein Gerichtsgebäude in Gotha, der »mit der ehrenden Anerkennung bedacht worden ist«.[40] Munk war als Inhaber eines Dampftonwerks[41] zur Ziegelherstellung auch mit der Pro-

Jahr	
1878	Kurfürstenstr. 139
1879	Kurfürstenstr. 139/ Genthiner Str. 15
1880	Genthiner Str. 15
1881	Lützowufer 19a
1882	Friedrich-Wilhelm-Str. 17
1882	Friedrich-Wilhelm-Str. 17
1883	Landgrafenstr. 8; ab 1.4. Keithstr. 6
1884	Keithstr. 6
1885	Kurfürstenstr. 118
1889	Lützowstr. 91
1890	Landgrafenstr. 17
1894–1896	Kurfürstendamm 22
1897–1901	Tauentzienstr. 7c
1902–1919	Kurfürstendamm 50

Die Unterkünfte Heinrich Munks 1878–1919,
nach Berliner Adressbuch 1878–1919

35 Berliner Adressbuch 1878–1880.

36 Börsch-Supan, Eva u. a., Berlin. Kunstdenkmäler und Museen (= Reclams Kunstführer, Deutschland, Bd. VII), 2. Aufl., Stuttgart 1977, S. 350.

37 Benjamin, Walter: Berliner Kindheit um neunzehnhundert, Frankfurt am Main 1989, S. 31–32.

38 Berliner Adressbuch 1878–1902.

39 Berliner Adressbuch 1887–1913.

40 Centralblatt der Bauverwaltung, 14 (1894), 12, S. 128.

41 http://www.grabpatenschaften-berlin.de/munk-heinrich/ (17.6.2010).

duktion des Baumaterials beschäftigt, das er verarbeitete. So ließen sich die Aufträge kostengünstig umsetzen.

Als die Deutsche Bank und die Berliner Handelsgesellschaft den Kurfürstendamm ausbauten und das Villenviertel Grunewald erschlossen, beendete das die Zeit der Villen am Kurfürstendamm:[42] Die Straße war ab den 1890er Jahren nicht nur Neubauterrain, sondern auch Zufahrt in die Villenkolonie Grunewald. Zahlreiche Sommerhäuser, die dort ab 1891 bezogen wurden, wie dasjenige des Bankiers Carl Fürstenberg, nutzten die Eigentümer bald als Dauerwohnsitze.[43] Das Ende der Villenepoche am Kurfürstendamm signalisierten nicht nur die fünfgeschossigen Neubauten und das gesteigerte Verkehrsaufkommen, sondern auch zahlreiche temporäre Nutzungen als Zwischenschritt zum Bauland. Das waren beispielsweise eine Fahrradbahn oder die städtische »Ausstellung am Kurfürstendamm« und sogar eine Baumschule, die ebenfalls der Stadt Berlin gehörte. Viele Grundstücke wechselten mehrfach den Eigentümer. Baugesellschaften und Individualeigentümer erwarben oft ganze Parzellenabfolgen: Schon 1895 weist das Berliner Adressbuch zwischen Grolmann- und Knesebeckstraße 40 Baustellen aus. Diese gehörten vor allem Personen aus dem Bausektor. Sie bezeichnen sich als Maurermeister, Baumeister und Architekten, firmierten auch als ›Baugeschäft‹.[44]

Exotische Spektakel suchten attraktive Leerflächen. Die erste dieser Art eröffnete 1890 unter der Bezeichnung »Buffalo Bill's Wild-West-Show« an der Ecke Kurfürstendamm und Joachimsthaler Straße. Hier ließ der als Buffalo Bill bekannt gewordene Oberst Cody »200 Indianer, Cowboys, Pfadfinder, Schützen, Reiter, 200 Tiere, Ponys, Esel, Wildpferde und Büffel« auftreten. Der alles überragende Star aber hieß Annie Oakley.[45] Der Name der jungen Kunstschützin war eigentlich Phoebe Ann Moses, später Mozee. Schon als Kind hatte sie Kaninchen geschossen. Sieben Jahre später hatte ihre Familie mit den Erlösen aus Anns Beute die Hypotheken der Farm abbezahlen können. Ab 1885 trat sie in der Show Codies auf. Für ihre präzisen Schüsse sollen sich sogar Mitglieder der kaiserlichen Familie begeistert haben.[46]

Wie rasant die Erschließung vor sich ging, zeigt die Tatsache, dass das 1898 zwischen Knesebeck-, Lietzenburger und der späteren Bleibtreustraße geplante Velodrom als zeitlich begrenzte Nutzung wegen der enormen Bodenpreissteigerungen nicht angelegt wurde.[47] Viel weiter im Westen, an der Ecke Cicerostraße (Kurfürstendamm 153–156), war 1905 noch eine der Schauen zu sehen: »Die letzten Tage von Pompeji«.[48] Als die Bebauung fortschritt, entstand in Halensee ein Freizeitpark, der verschiedene Attraktionen dauerhaft an einem Ort zusammenfasste: Die zu Beginn des 20. Jahrhunderts eröffneten »Terrassen

---

42 Vgl. Metzger/Dunker, Kurfürstendamm, S. 30.

43 Carl Fürstenberg: Die Lebensgeschichte eines deutschen Bankiers 1870–1914 / hg. v. H. Fürstenberg, Berlin 1931, S. 203.

44 Voigt, Grundrente, S. 235.

45 Zit. n. Pomplun, Kurt: Pomplun's Großes Berlin Buch, Berlin 1985, S. 430.

46 Probst, Ernst: Superfrauen aus dem Wilden Westen, o. O. 2009.

47 Metzger/Dunker, Kurfürstendamm, S. 74.

48 Pomplun, Berlin Buch, S. 429.

Abb. 10   Die Radfahrlehrbahn Hugo Meyers, Kurfürstendamm Ecke Knesebeckstraße

am Halensee« nannte der Volksmund bald Lunapark. Diesen bestaunten schon am ersten Tag 16.000 Neugierige. Es gab farbige Fontänen, eine Schwebebahn, einen Hippodrom, eine Liliputstadt, die Kongoidylle und sogar ein Lachhaus![49]

Zur Darstellung fremder Kulturen am Kurfürstendamm kamen Fitnessangebote: Auf dem ehemals Heinrich Munk gehörigen Terrain Kurfürstendamm 56–60 entstanden Tennisplätze. Die Grundstücke Nr. 54–56 belegte die Radfahr- und Automobil-Lehrbahn von Hugo Meyer & Co. Sie war die älteste und größte Deutschlands.[50] Begonnen hatte der Unternehmer mit einer Fahrradbahn an der Ecke mit der Knesebeckstraße, wo jeden Mittwoch Militärkonzerte gegeben wurden.[51] Die Firma übernahm im Jahr 1900 auch die Generalvertretung der »Allgemeinen Automobilgesellschaft für Berlin und der Provinz Brandenburg« im Haus Kurfürstendamm 33. Zwei Jahre später musste Hugo Meyer & Co allerdings Konkurs anmelden.[52]

Zahlreiche Frauen, die auf den Fahrradbahnen am Kurfürstendamm die Nutzung des neuen Fortbewegungsmittels gelernt hatten, frequentierten um die Jahrhundertwende den Boulevard. Dazu schrieb Amalie Rother 1897: »Jetzt dürften nur noch ganz vereinzelte alte Perückenstöcke es wagen, die Radfahrerin als ›unweibliches‹ Wesen zu bezeichnen. Im Grunewald sieht man manchmal mehr Fahrerinnen wie Fahrer.«[53] Den Charlotten-

49 Puttkammer, Claudia: Gruß aus dem Luna-Park. Eine Archäologie des Vergnügens. Freizeit- und Vergnügungsparks Anfang des zwanzigsten Jahrhunderts, Berlin 2007.
50 Metzger/Dunker, Kurfürstendamm, S. 74.
51 Werbung in: Officieller Führer, S. 30.
52 Haas, Micaela/Kloke, Ines E.: Stadt auf Rädern. Das Auto in der Geschichte der Metropole, Berlin 1993, S. 69.
53 Rother, Amalie: Wie wir in Berlin anfingen, in: Lessing, Hans-Erhard (Hg.): Ich fahr' so gerne Rad ...: Geschichten von der Lust, auf dem eisernen Rosse dahinzujagen. München 1995 (= dtv, 12017), S. 88–107, S. 91–92.

burgerinnen bot eine Modistin in der Rankestraße 30 ein zum Radfahren geeignetes »Reform-Costüm« an.[54] Im Jahr 1898 kam es zu Konflikten zwischen den vielen Radfahrern und Fußgängern. Die Charlottenburger Tiefbaudeputation glaubte, durch Entmischung der Verkehrsarten die Situation entschärfen zu können. Orientiert am Reitweg in der Mitte des Verkehrsweges, schlug sie einen beidseitigen Radweg vor. Dafür sollten die siebeneinhalb Meter tiefen Vorgärten um drei Meter verschmälert werden. Das aber akzeptierten weder der Magistrat noch die Eigentümer.[55]

In seinem Theaterstück »Hausmusik« lässt Hans Sahl seine Schwester mit ihrer Freundin in den Grunewald radeln. Sie berichtet: »Wir fuhren die Königsallee (sic!) hinauf und haben in Hundekehle Kaffee getrunken, und am Nebentisch saß ein Mann, der wie Harry Walden als Karlheinz in »Altheidelberg« aussah. Und dann haben wir im See gebadet und uns auf eine Wiese gelegt. Da waren viele Schmetterlinge, Zitronenfalter und Kohlweißlinge, die in der Luft herumflogen. Sie schienen keinen Anstoß daran zu nehmen, dass die einen gelb und die anderen weiß waren. Aber sobald sie den Boden erreichten, setzten sich die gelben zu den gelben und die weißen zu den weißen. Merkwürdig, nicht wahr?« »Als wüßten sie, dass man sich nicht mischen, dass man unter sich bleiben soll – auch wenn man ein Schmetterling ist.«[56]

Im Jahr 1897 riefen Berliner Finanzleute eine »Ausstellung am Kurfürstendamm« G.m.b.H. ins Leben. Sie verfügte über ein riesiges Gelände zwischen Savignyplatz und Kurfürstendamm und vergab dieses für die Transvaal-Ausstellung. Die heutigen Grundstücke Kurfürs-

Abb. 11   Officieller Führer durch die Transvaal-Ausstellung zwischen Kurfürstendamm und Savignyplatz, 1897

54 Aus: *Die Frauenbewegung*, 3 (1897), 14, S. 15.
55 Metzger/Dunker, Kurfürstendamm, S. 68–70.
56 Sahl, Hausmusik, S. 12–13.

tendamm 48–50 nahmen einen Teil des Areals ein. Nachgebaut waren die Häuser der süd-afrikanischen Goldgräberstadt, aber auch Strohhütten, »vor denen (…) Schwarze in bunten Wolldecken kauern, daneben Bretterhütten«.[57] Das Ziel der Präsentation war »ganz nach Mustern ähnlicher Unternehmungen in London und Paris, das große Publikum mit dem Wesen und den Kulturverhältnissen fremder Völker aus allen Weltteilen durch indirekte Anschauung vertraut zu machen«.[58] Betrat man das Areal durch den Haupteingang am Kurfürstendamm, erhoben sich rechterhand »die pittoresken Felsengruppen eines Gold-bergwerkes in Transvaal«. In dessen Innerem sahen die Neugierigen sogar, wie das Poch-werk goldhaltiges Gestein für die Goldausscheidung zermalmte. Links konnte man Krale der Transvaal-Stämme betrachten.[59]

Das Ausstellungsgebäude präsentierte zoologische, mineralogische und ethnographi-sche Sammlungen. Damit das Fremdländische nicht dominierte, kam im Nachbau des Johannesburger Klubhauses ein Wiener Café unter, und die Pfefferberg-Brauerei sorgte für Bier.[60] Es gab auch eine Straussenfarm mit 15 Tieren. Und nicht zuletzt waren Schwar-ze und Inder zu sehen. Ganz nach Berliner Art gab es – wie im Jahr davor während der Gewerbeausstellung in Treptow – Kartoffelpuffer von W. Spiesecke und zwar im Laden 42 des Goldgräber-Viertels. Den Ausstellungsführer nutzte ein Dentist zur Werbung für sein Zahn-Atelier in der Schlüterstraße 19: »Künstliche Zähne. Umarbeitung schlecht sitzender Ge-bisse. Plombieren mit Cement, Silber, Amalgam und Gold. Schmerzloses Zahnziehen. Mässige Preise. Speaks english. On parle français.«[61]

Im Jahr 1898 zeigte die »Ausstellung am Kurfürstendamm« an dieser Stelle die von Carl Hagenbeck veranstaltete Indien-Schau. Zu sehen war der in indischer Architektur gestaltete Platz von Tritschinapalli. Ihn umgaben »Götterbilder, Tempelbauten, ein indi-sches Theater und ein Rasthaus«. Bis zum Sommer 1899 bestaunte das Publikum Tänzer, Gaukler und Kämpfer. Dann wurde alles abmontiert und das nun baureife Gelände par-zelliert.[62] Nach einigen Käufen und Verkäufen wird Heinrich Munk Eigentümer. Fünf Jah-re lang residiert er bereits am Boulevard. Er hat den Alten Westen verlassen, in dem er zwischen 1878 und 1893 wohnte und arbeitete. Im Jahr 1894 hat er eine Wohnung im Haus Kurfürstendamm 22 bezogen und vom Maurermeister Held eine Anzahl Parzellen gekauft: die Baustellen Kurfürstendamm 61–68.[63]

Diesen Grundbesitz verkauft er wieder und wird 1897/98 Eigentümer der zwischen Schlüter- und Wielandstraße gelegenen Grundstücke Kurfürstendamm 51–60. 1899 ist dieser Komplex aufgeteilt, die Parzellen 54–56 nutzt die »Radfahrer-Lehrbahn«. Ein Jahr später verkauft Heinrich Munk die Grundstücke Nr. 57–60 an den Zimmermeister Töbel-

57 Paul Lindenberg im *Transvaal-Anzeiger* v. 6.6.1897, zit. n. Metzger/Dunker, Kurfürstendamm, S. 74.
58 Officieller Führer durch die Transvaal Ausstellung am Kurfürstendamm und Stadtbahnhof »Savigny Platz«, Berlin 1897, S. 1.
59 Ebd., S. 23 ff.
60 Ebd., S. 29 zum Café, S. 31 zur Brauerei.
61 Ebd., S. 41, 8, 24.
62 Bericht im *Teltower Kreisblatt* vom 25.4.1898 zit. n. Metzger/Dunker, Kurfürstendamm, S. 74.
63 Berliner Adressbuch 1893, 1894.

mann, 1901 erwirbt der Betreiber der Fahrradbahn die restlichen Parzellen (Nr. 51–53). Munk seinerseits ersteht von der Stadt Berlin das Areal Kurfürstendamm 48–50, wo Transvaal und Tritschinapalli gezeigt worden waren.[64] Dieser Erwerb ist die Krönung in der langen Reihe von Grundstücksgeschäften des Heinrich Munk, die der Kalkulation folgten, dass der Gewinn aus Grundstücksverkäufen den Erwerb des teureren neuen Terrains ermöglichte.

Blick zurück

Blicken wir zurück auf die Zeit zwischen 1851 und 1899, schauen wir in die Jugend, berufliche Ausbildung und Tätigkeit Heinrich Munks. Nach der Reichsgründung war der Heidelberger der Anziehungskraft der neuen Reichshauptstadt gefolgt, wo er ein typischer Akteur der Expansion und Modernisierung Berlins wurde. Sein bauliches Engagement bezog sich vor allem auf den Alten Westen und Charlottenburg. Als Munk vormaliges Ausstellungsterrain, teils noch als Ackerland qualifiziert, erwarb, fuhr über den Kurfürstendamm schon mehr als ein Jahrzehnt die Dampfstraßenbahn in den Grunewald und die Straße wurde zunehmend bebaut. Der mächtige Gebäudekomplex steht an repräsentativer Stelle dort, wo der Kurfürstendamm in den heutigen George-Grosz-Platz übergeht, damals ein begrünter namenloser Platz.

---

64 Berliner Adressbuch 1895–1901.

2. Kapitel – Der Neubau an der bürgerlichen Wohnstraße
(1899/1900–1918/19)

Der Bau des Ensembles Kurfürstendamm 48–50

In dieser allgemeinen städtischen Umgestaltungsdynamik beginnt Heinrich Munk 1899 sein Werk. Das erworbene Terrain misst fast 2.600 Quadratmeter, von dem ein Teil noch als Ackerland qualifiziert wird.[1] Das atypisch geschnittene Grundstück läuft im Nordosten keilförmig zu. Das geht darauf zurück, dass der Hobrechtplan von 1862 hier spiegelbildlich zur Grolmannstraße eine weitere Straße vorsah. Mitte der 1870er Jahre fiel der Beschluss, diese Trasse aufzugeben.[2] Doch blieben die Parzellengrenzen bestehen. Außerdem legte man eine kleine – jüngst geschlossene – nordwestlich gerichtete Verlängerung des Kurfürstendamms zur Schlüterstraße an, so dass der heutige George-Grosz-Platz zustande kam. Der Platz und die Breite der Schlüterstraße betonen deren Bedeutung im Vergleich zu ihren Parallelstraßen, der Bleibtreu- und der Wielandstraße.[3]

Beim Bau der Häuser 48–50 tut sich Heinrich Munk mit seinem Bruder Karl zusammen. Dieser verfügt über wichtige Erfahrungen, denn in den Jahren 1892–1897 hat er das Haus Kurfürstendamm 36 errichtet.[4] Die zum Bauantrag eingereichten Pläne unterzeichnet alle Heinrich Munk. Seine Mitgliedschaft im Architekten- und Ingenieurverein[5] weist ihn als anerkannten Architekten aus. Anfang 1900 beschwert sich der Bauherr bei der Stadt Charlottenburg. Seiner Meinung nach verlangt diese ungerechtfertigt vor der Zu-

---

1 Haan, St.: Gutachten Kurfürstendamm 48 und 50 a (Rekonstruktionsplanung), Berlin 1987 (unveröff. Manuskript), S. 3, Plan 1.
2 Geist/Kürvers, Mietshaus 1862–1945, S. 163.
3 Senator für Stadtentwicklung und Umweltschutz (Hg.): Die Plätze am Kurfürstendamm. Bestandsaufnahme und Empfehlungen zu den Plätzen und platzräumlichen Situationen am Kurfürstendamm (= Schriften des Senators für Stadtentwicklung und Umweltschutz zum Kurfürstendamm, Bd. 3), Berlin 1985, S. 51.
4 http:///www.stadtentwicklung.berlin.de/denkmal/denkmalliste/downloads/denkmalliste_08_09.pdf (24.6.2010).
5 Freundliche Mitteilung von Herrn Lehmburg, Architekten- und Ingenieur-Verein zu Berlin.

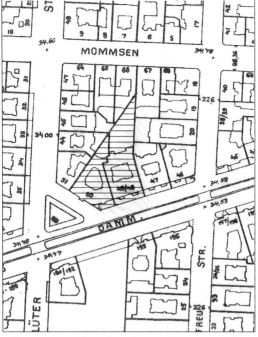

Abb. 12   Lage und Zuschnitt des Grundstücks (schraffiert),
Übersichtsplan von Charlottenburg 1910

stimmung zum Baugesuch die Erschließungskosten: Die Kurfürstendammgesellschaft habe die Straße »aus eigenen Mitteln« reguliert und die Stadtgemeinde keinerlei Aufwendungen getätigt, hält Munk entgegen. Er untermauert seine Position mit einer Entscheidung des preußischen Oberverwaltungsgerichts, die besage, eine Gemeinde dürfe die von Dritten verausgabten Regulierungskosten nicht einziehen. Außerdem betont der Bauherr, die Erschließung habe sich für die betreffende Gesellschaft »bereits hundertfach bezahlt gemacht«. Im Übrigen sei er beim Erwerb von der Anbaufähigkeit ausgegangen.[6] Die Intervention muss erfolgreich gewesen sein, denn weitere Auseinandersetzungen schlagen sich nicht in den Akten nieder. Heinrich Munk beginnt zu bauen.

Für seine fünfgeschossigen Miets-
häuser stellt er am 16. Dezember 1899[7] und am 10. Februar 1900[8] Baugesuche, beigefügt sind statische Berechnungen.[9] Die Charlottenburger Polizeidirektion genehmigt die Bauten am 13. März[10] beziehungsweise 22. Mai 1900. Für das Haus Nr. 50 reicht sie die Pläne am 24. März 1900 »zur Umänderung« zurück und erteilt am 31. Mai 1900 den Bauschein unter bestimmten Bedingungen, unter anderem waren Balkone und Risalite an der Straßenfront abzuändern.[11]

Als Munk die neuen Pläne einreicht, bemüht er sich um einen Dispens für Giebel- und Dachaufbauten. Die platzartige Erweiterung an der Schlüterstraße erfordere, so seine Argumentation, eine »kräftige Architektur mit herausragenden Parthien«. Er unterstreicht sein Anliegen: »Ich verweise auf die in Ausführung begriffenen analogen Bauten, z.B. Ecke Kurfürstendamm und Knesebeckstraße, sowie Meineke- und Lietzenburger Straße.«[12] Heinrich Munk kommt der Behörde mit Verkleinerung der geplanten Aufbauten entge-

---

6 Bauakte Kurfürstendamm 48/49, Bd. 1, Bl. 38–39.

7 Ebd., Bl. 30.

8 Bauakte Kurfürstendamm 50/50a, Bd. 1, Bl. 26.

9 Bauakte Kurfürstendamm 48/49, Bd. 1, Bl. 6–29R; s. a. Bauakte Kurfürstendamm 50/50a, Bd. 1, Bl. 7–25.

10 Bauakte Kurfürstendamm 48/49, Bd. 1 Bl. 85.

11 Bauakte Kurfürstendamm 50/50a, Bd. 1, Bl. 34, 29–31.

12 Ebd., 32 ff.

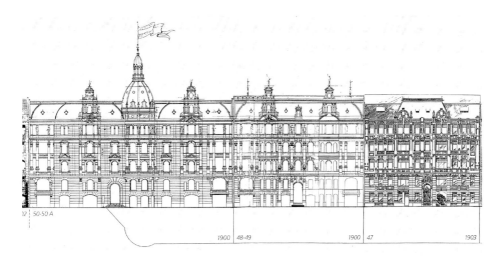

Abb. 13   Die Schaufront der Häuser 48–50, um 1900

gen. Da er diese »nur aus ästhetischen Gründen« wolle und nicht wegen intensiver Nutzung, erhält er die Erlaubnis zum »Aufbau der Giebel und des Thurmes« sowie zur »Ausführung der gewölbten Dachfläche« (siehe der Turm auf Farbtafel 6 unten). Auch in den Augen der Behörde erscheint »eine monumentale Gestaltung am zu errichtenden Bauwerke wünschenswerth«.[13] Der Bauherr kann seinem patriotischen Impetus folgen, den Kurfürstendamm 50 mit einer Skulptur der Siegesgöttin krönen, das hohe Dach errichten und die Fassaden ausschmücken. In Abb. 13 schmückt das Haus eine Fahne, was nicht der Realität entspricht.

Einige Tage vor Weihnachten 1900 liefert die Bronce- und Zinkgusswarenfabrik M. Pohl & Cie die Viktoria nach Christian Daniel Rauch für die Kuppel auf der turmartigen Gestaltung des Eckhauses. Diese Firma blickte auf eine lange Erfahrung zurück. Sie stellte nach eigenem Bekunden schon rund 40 Jahre »an den exponirtesten Punkten« Viktorien auf. Die Figur wiegt 200 Kilogramm, ist ca. 60 Zentimeter breit und zwei Meter hoch. Wahrscheinlich ziert sie das Haus schon in der Sylvesternacht 1900, 32 Jahre später muss sie wegen mangelnder Standfestigkeit demontiert und abgenommen werden.[14]

Zwischenzeitlich ist es zur Unterbrechung des Baues Kurfürstendamm 48/49 gekommen. Am 31. Juli 1900, als das Haus bereits bis zum dritten Stockwerk hochgezogen ist, werden die Arbeiten »an der Straßenfront bis auf Weiteres« verboten. Man wollte den Bescheid auf den Dispensantrag des Bauherrn »betreffend die Höhe der Straßenfront, die Ausbildung der Giebelaufbauten pp.« abwarten. Der Bau kann bald fortgeführt werden und schon am 16. September 1901 ist das Haus Kurfürstendamm 48/49 fertiggestellt.[15]

13 Ebd., Bl. 50R–51.
14 Bauakte Kurfürstendamm 50/50a, Bd. 3, Bl. 111–112, 57.
15 Bauakte Kurfürstendamm 48/49, Bd. 1, Bl. 85/R, 188.

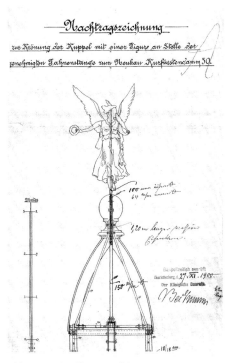

Abb. 14   Die Viktoria auf dem Haus Kurfürstendamm 50

Nachdem die Frage der Dachgestaltung geklärt ist, wendet sich Heinrich Munk dem weiteren Ausbau des Grundstücks zu. Dessen unüblicher Zuschnitt bot dem späteren Stallgebäude einen guten weit vom Wohnhaus entfernten Standort. Der Plan für dieses Gebäude im hinteren Hof wird am 16. Januar 1901 genehmigt. Hier befinden sich Heuböden und zwei Wohnungen – eine davon für den Kutscher. Im Erdgeschoss liegen außer den Pferdeställen zwei Remisen, hinter dem Gebäude eine Mistgrube.[16] Am 6. März 1901 reicht der Bauherr den Antrag zur »Vorgarten Umfriedung« ein. Wenig später wird sein Vorhaben von der Charlottenburger Baupolizei genehmigt. Die Behörde ist auch mit einer Springbrunnen-Einfassung und einer »Laternen tragende(n) Figur in der Mitte des Vorderhofes« einverstanden sowie mit der Anlage von Laubengängen.[17]

Am 11. Oktober 1901 wird Heinrich Munk als Eigentümer von »Acker am Kurfürsten-Damm« sowie von Terrain, das als Ackervorgarten bezeichnet wird (Kurfürstendamm 50) ins Grundbuch der Stadt Charlottenburg eingetragen.[18] Die Eintragung als Eigentümer des bisher der Stadtgemeinde Berlin gehörenden Grundstücks 48/49 erfolgt noch später: am 29. Januar 1902.[19] Bereits in diesem Jahr zieht Heinrich Munk mit seiner Familie in das Haus Nr. 50. Hier, so hat es den Anschein, ist er angekommen! Im Inneren des reich mit Marmor, Stuck und Spiegeln (zum Wandschmuck siehe Farbtafel 8 oben) ausgestalteten Eingangs lässt der Bauherr über der Tür ein vollständiges Wappen aus Schild, Helm und Helmzier anbringen. Auf dem Schild befinden sich drei Rosen, wie sie das Wappen des Bischofs von Ribe zeigt. Dieser hieß Iver Munk und weigerte sich in den Jahren nach 1530, die Reformation zu übernehmen.[20] Unter dem Wappenschild im Kurfürstendamm 50 steht »MU 1532 NK«. Das ergibt den Namen Munk. Inwieweit sich aber die Zahl auf das Beharren des Bischofs gegen die Übernahme der Reformation bezieht, muss an anderer Stelle untersucht wer-

---

16 Ebd., Bl. 174, 153.

17 Bauakte Kurfürstendamm 50/50a, Bd. 1, 6.3.1901, 23.3.1901.

18 Grundakten betreffend das im Grundbuch von Charlottenburg Bd. 172, Bl. 5977 verzeichnete Grundstück (Kurfürstendamm 50), Bd. 1, Bl. 2/R.

19 Bauakte Kurfürstendamm 48/49, Bd. 1, Bl. 203. Die Auflassung war am 28. Januar 1902 erfolgt.

20 http://www.kreiter.info/familie/docs/reiseberichte/ribe/ribe-vikinger-dom.htm (7.12.2010).

Abb. 15   Vorgartenumfriedung

Abb. 16   Springbrunnen

den. Jedenfalls ist überliefert, dass Heinrich Munk Katholik war. In patriotischer Rückbindung dürfte er ein Symbol von Adels- und Bürgerfamilien für seine Sippe beansprucht haben, auf das er bei jedem Verlassen des Hauses einen Blick werfen konnte. Eine ganze Anzahl von Wappenschilden an der Fassade erinnert an die Herkunft des Bauherrn aus Baden. Das Band des badischen Wappens allerdings läuft von links oben nach rechts unten und ist somit anders angeordnet als das zum Hausschmuck verwendete. Bis 1919 wohnt und arbeitet Munk in diesem Gebäudekomplex.

Bedienstete und Angestellte sind in Haushalt und Büro tätig, Mitarbeiter sind u. a. als Planer Hermann Freiherr von Könitz und Buchhalter Pihlstrang gewesen; sie beide jedenfalls sind zum Empfang von Einschreiben berechtigt.[21] Nachdem im Mai 1902 noch ein Wagenschuppen im Nordzipfel des Grundstücks errichtet worden ist,[22] erholt sich der Bauherr in Westerland auf Sylt.[23] Zu der Zeit kommt in Dresden Hans Salomon auf die

---

21 Bauakte Kurfürstendamm 48/49, Bd. 1, Bl. 162, 197.
22 Ebd., Bl. 212, der Antrag Bl. 204–205.
23 Ebd., Bl. 216–217 Schr. Heinrich Munks vom 19.8.02 aus Westerland auf Sylt an die Polizeidirektion in Charlottenburg.

Abb. 17   Wappen an der Fassade, 2010   Abb. 18   Das Stallgebäude und Kutscherhaus

Welt, der sich in den 20er Jahren Hans Sahl nennen und sein Leben lang mit dem Haus Kurfürstendamm 50 verbunden bleiben wird.

Die Flurfenster tragen Bemalungen. Nach dem Krieg wurden wieder bunte Fenster eingesetzt (Farbtafel 7 oben). Ob die ursprünglichen Fenster vom bekannten Glasmaler Melchior Lechter stammten, ist nicht festzustellen. Dieser zählte im großen Mietshaus Kleiststraße 3, das Karl Munk errichtet hatte, zu den Mietern der ersten Stunde.[24] Der Künstler hat »seine bescheidene Mietswohnung (...) im Sinne eines Gesamtkunstwerkes in einen Künstlertempel mit sakraler Atmosphäre« verwandelt.[25] Dass die Kontakte zwischen Vermieter und Mieter über das geschäftliche Maß hinausgingen, zeigen zwei Briefe und eine Postkarte an Lechter, aber auch die Tatsache, dass Walther Munk, einer der Söhne Karl Munks, 1919, zwei Jahre nach dem Tod seines Vaters, noch Kontakt mit dem Künstler hatte.[26]

Der Kurfürstendamm

Um die Jahrhundertwende expandierte Charlottenburg sehr viel dynamischer als das Berliner Zentrum. Im Gegensatz zu Berlin mit einem jährlichen Bevölkerungsanstieg von knapp drei Prozent explodierte Charlottenburg zwischen 1886 und 1896 mit Zuwachsraten von 13 Prozent.[27] Die Stadt wies 1890 bis 1895 die höchste Bevölkerungssteigerung

---

24 Berliner Adressbuch 1897 ff.
25 http://www.lwl.org/LKL/Kultur/Landesmuseum/ausstellungen/lechter/mensch/index_ ... (23.2.2006).
26 http://www.getty.edu/reserch/conducting_research/finding_aids/lechter_m9.html (14.2.2006).
27 Gundlach, Wilhelm: Geschichte der Stadt Charlottenburg, Berlin 1905, Bd. 1, S. 653.

unter allen deutschen Großstädten auf.[28] Um 1900 war sie die reichste Gemeinde Preußens[29] und schon Bestandteil der Berliner Agglomeration.[30] Zur Verbindung mit dem Berliner Zentrum trug die Bebauung des Kurfürstendamms bei. Ansiedlungsvorteile bot ab 1900 moderne Stadttechnik durch die Elektrifizierung von Gebäuden und öffentlichem Raum,[31] die elektrische Straßenbahn ersetzte die Dampfbahn.[32]

Von 1896 an verfügte die Gegend um die Munkschen Häuser, wo damals noch die Transvaal-Ausstellung gezeigt wurde, über beste Verkehrsanbindung durch den Stadtbahnhof Savignyplatz.[33] Nach Bebauung des Platzes bis 1899 erfolgte die Erschließung des Kurfürstendamms. Dazu trug die nach der Jahrhundertwende eröffnete Hoch- und Untergrundbahn bei, deren erster Abschnitt zwischen Stralauer Straße und Bahnhof Zoo 1902 in Betrieb ging. Bis 1913 kamen weitere Bahnhöfe im Westen Charlottenburgs, in Schöneberg, Wilmersdorf und Dahlem dazu.[34] Die U-Bahn-Linie zwischen Wittenbergplatz und Uhlandstraße forcierte ab 1913 die Entwicklung der West-City, damit war die Erreichbarkeit auch für den Hauskomplex verbessert. Mit dem 1907 an der Tauentzienstraße errichteten Kaufhaus des Westens begann die Konzentration von Dienstleistungen in Charlottenburg. Westen stand jetzt werbewirksam für Modernität. Den Übergang vom Bereich der Geschäftshäuser in der Tauentzienstraße zum Kurfürstendamm markierte der vom Architekten Emil Schaudt 1913 bis 1915 an der Ecke von Kurfürstendamm und Rankestraße errichtete Rundbau für Geschäfte und Büros.[35]

Im Zuge ihrer Westverlagerung siedelten sich bis 1914 auch Gesandtschaften am Kurfürstendamm an.[36] Zwei ließen sich an der Nordseite zwischen Grolmann- und Knesebeckstraße nieder, vier auf der Südseite der Straße. Im Haus Nr. 218, das dem Kaiserreich China gehörte, residierte die Chinesische Gesandtschaft.[37] Noch vor dem Ersten Weltkrieg wandelte sich der Bahnhof Zoologischer Garten zu einem beliebten und frequentierten Zugangstor nach Berlin, in seiner Umgebung etablierten sich zahlreiche Hotels.[38] Es zogen auch gehobene Bekleidungsgeschäfte zu und gastronomische Betriebe, von einer »wirk-

---

28 Statistisches Amt der Stadt (Hg.): Charlottenburger Statistik, 1 (1897), S. 1–2.

29 Gundlach, Charlottenburg, Bd. 1, S. 504.

30 Hofmann, Wolfgang: Wachsen Berlins im Industriezeitalter. Siedlungsstruktur und Verwaltungsgrenzen, in: Jäger, Helmut (Hg.): Probleme des Städtewesens im industriellen Zeitalter, Wien 1978, S. 159–177, S. 163.

31 Hoffmann, Andreas: Kraftwerk Charlottenburg Am Spreebord 5–8, in: Engel, Helmut u. a. (Hg.): Charlottenburg, Teil 1: Die Historische Stadt (= Geschichtslandschaft Berlin. Orte und Ereignisse, Bd. 1), Berlin 1986, S. 270–283.

32 Reissig, Kurfürstendamm, S. 178.

33 Voigt, Grundrente, S. 234.

34 Radicke, Dieter: Die Entwicklung des öffentlichen Personennahverkehrs in Berlin bis zur Gründung der BVG, in: Architekten- und Ingenieur-Verein zu Berlin (Hg.): Berlin und seine Bauten, Teil X, Bd. B: Anlagen und Bauten für den Verkehr (1) Städtischer Nahverkehr. Berlin u. a. 1979, S. 1–14, S. 8–10; Koppenhagen, Udo: Zur Entwicklung des öffentlichen Personennahverkehrs in Groß-Berlin von 1865 bis 1914, Dissertation Freie Universität Berlin, Berlin 1961, S. 49–50.

35 Vgl. Metzger/Dunker, Kurfürstendamm, S. 90, 92.

36 Zöbl, Zentrum, S. 99 mit Abbildungden 57 und 58 auf S. 366.

37 Berliner Adressbuch 1913.

38 Metzger/Dunker, Kurfürstendamm, S. 86.

lichen Kommerzialisierung des vornehmen Wohngebiets« am Kurfürstendamm aber konnte noch nicht gesprochen werden.[39]

Daran änderte sich auch nichts, als Kurt Tucholsky und Kurt Szafranski 1912 am Kurfürstendamm die »Bücherbar« eröffneten. Ihr Werbegag war in weißen Buchstaben auf die Scheibe geschrieben: »Wer Bücher kauft, kriegt auch Likör.« Bald waren alle Bücher verkauft und man schloss wieder.[40] Schon 1913 notierte ein Zeitzeuge: »Es gab eine Zeit, da am Kurfürstendamm ein Laden noch eine Seltenheit war, und ein Kaffeehaus in der gewollten Protzenpracht fast plebejisch wirkte. Heute ist es anders geworden, heute überwiegen die Kaffeehäuser am Kurfürstendamm, und die stille Vornehmheit der früheren Jahre ist einem lauten Lärm gewichen, der aus den unzähligen Kaffeehäusern bis in den frühen Morgen hinausgellt.«[41]

Wie eng Berlin und Charlottenburg miteinander verflochten waren, drückt die Vision eines Charlottenburger Magistratsmitgliedes anlässlich der Einweihung der bis 1895 errichteten Kaiser-Wilhelm-Gedächtnis-Kirche aus. Die neue Gemeinde möge »eine aus Charlottenburger und Berliner Gebiet bestehende Gesamtgemeinde werden«.[42] Das geschah: Die drei von der Kirche nach Westen ausstrahlenden Straßen, die Hardenberg- und die Kantstraße sowie der Kurfürstendamm, wurden bebaut. Visionen vom belebten Boulevard hatte die »Berliner Illustrirte Zeitung« schon am 22. September 1898: »Viele Wege führen nach Halensee, der beliebteste aber ist über den Kurfürstendamm. […] Nicht lange mehr und die Prachtstraße wird in ununterbrochener Folge bis Halensee führen.«[43] Zwar reichte die Bebauung 1905 an der nördlichen Seite des Kurfürstendamms nicht über die 50er Nummern hinaus, doch zeigte sich bis zur Wilmersdorfer Straße starke Bautätigkeit in den bisherigen Baulücken.[44] Die gesamtstädtische Lage war und ist exzellent; vom Kurfürstendamm aus existieren gute Verkehrsverbindungen zur Berliner Innenstadt und in den Grunewald. Zwischen 1905 und 1913 wurde sogar eine direkte Straßenverbindung zwischen dem Kurfürstendamm und der Berliner City geprüft.[45]

Im östlichen Charlottenburg siedelten sich Einrichtungen des Geschäfts-, Kultur- und Wissenschaftsbereichs mit überlokaler Bedeutung an. Zum Beispiel verlegte der preußische Staat zu Beginn des neuen Jahrhunderts das Preußische Oberverwaltungsgericht (später: Bundesverwaltungsgericht, jetzt: Oberverwaltungsgericht Berlin-Brandenburg) von der Markgrafenstraße an die Ecke von Hardenberg- und Joachimsthaler Straße (heute: Jebensstraße).[46] Die Stadt entwickelte sich »durch keine Platzfrage beengt« als ein von

---

39 Hofmeister, Burkhard: Charlottenburg und die Entwicklung der City von West-Berlin, in: Ribbe, Wolfgang (Hg.): Von der Residenz zur City. 275 Jahre Charlottenburg, 2. verb. Aufl., Berlin 1980, S. 631–668, 636–637.

40 Voß, Karl: Reiseführer für Literaturfreunde. Berlin. Vom Alex bis zum Kudamm (= Ullstein Buch Nr. 4069), Frankfurt am Main 1980, S. 413. Nach Krell, Max, Das alles gab es einmal, 1961.

41 So der Besitzer des Cafés des Westens, Ernst Pauly, zit. n. Metzger/Dunker, Kurfürstendamm, S. 88.

42 Gundlach, Charlottenburg, Bd. 1, S. 656.

43 Zit. n. Metzger/Dunker, Kurfürstendamm, S. 66.

44 Ebd., S. 76.

45 Gebhardt, Bodo: Denkschrift über den Durchbruch, (Architekten-Ausschuss Groß-Berlin), Berlin 1914.

46 Das neue Dienstgebäude für das Königliche Oberverwaltungsgericht in Berlin, in: Zeitschrift für Bauwesen, 59 (1909), S. 41–56.

Berlin unabhängiges elegantes und vornehmes weltstädtisches Zentrum.[47] Dessen Herz schlug am Kurfürstendamm! Im Jahr 1913 waren unter den Anrainern 113 Millionäre.[48] Attraktiv für die gehobene Mieterschaft waren bis zu 500 Quadratmeter messende Großwohnungen für höchste Ansprüche, die im Stil und mit dem Komfort der Zeit ausgestattet waren. 1910 befanden sich im Ostviertel Charlottenburgs und am Kurfürstendamm 26,2 Prozent der 1–3-Zimmer-Wohnungen, 33,1 Prozent der 4–6-Zimmer-Wohnungen und von den 7–8-Zimmer-Wohnungen sogar 42,5 Prozent.[49]

Diesen gehobenen Wohnansprüchen wurde Heinrich Munks Hausensemble voll gerecht. Auch im Umfeld war einiges geboten! Wenn die Gattinnen aus den Damenzimmern der Häuser 48–50 auf den Boulevard blickten, konnten sie nicht nur Reiter auf ihrem Ausritt in den Grunewald beobachten, sondern auch moderne Frauen auf dem Fahrrad. Paula Busch, die Tochter der Zirkusgründer Constance und Paul Busch, erinnert sich, dass sie sich über die glatte Straßenoberfläche des Kurfürstendamms freute, wenn sie

ihr kleines Pferdegespann nach Hause in den Grunewald lenkte: »Welches Vergnügen, die Pferdehufe auf dem harten Beton in maschinengleichem Takt trommeln zu hören! Wie wundervoll, den damals noch sehr vorsichtig fahrenden Autos geschmeidig auszuweichen und jede Equipage spielend zu überholen!« Einmal, als sie sich vom Kaiser nicht überholen ließ, bot sie allen Zuschauenden ein unvergessliches Schauspiel. Als Wilhelm II. an ihr vorbeizog, soll er »dem kessen Mädchen mit dem Zeigefinger« gedroht haben.[50]

Charlottenburg als eine der reichsten Städte Preußens war führend in Sachen Automobil. Wie stark dieses schon zu Beginn des 20. Jahrhunderts den Kurfürstendamm bestimmte, zeigte sich 1905. Eine in der Charlottenburger Stadtverordnetenversammlung geführte Debatte reagierte auf Unfälle und die große Verkehrsdichte: Schnelles Fahren wirke ansteckend und gefährde »das Straßenpublikum«, hieß es.[51] Doch

Abb. 19   Karikatur zum Thema Autoabgase, 1904

47 Colze, Leo: Berliner Warenhäuser (= Großstadt-Dokumente, Bd. 47), 5. Aufl., Berlin/Leipzig o. J., S. 12; S. 18–19 ausführlich zum KaDeWe.
48 Hofmeister, Charlottenburg, S. 634–636; die Adressen der Millionäre bei Martin, Rudolf: Jahrbuch des Vermögens und Einkommens der Millionäre in der Provinz Brandenburg einschließlich Charlottenburg, Wilmersdorf und alle anderen Vororte Berlins, Berlin 1913.
49 Schütte, Dieter: Charlottenburg, Berlin 1988, S. 55–56.
50 Busch, Paula: Das Spiel meines Lebens. Ein halbes Jahrhundert Zirkus, Berlin 1992, S. 78–79, S. 78 das Zitat.
51 Bezirksamt Charlottenburg-Wilmersdorf, Verwaltungsinformationszentrum, Akten der Stadtverordneten-Versammlung in Charlottenburg, Nr. 154, Bl. 2R.

sprach sich Oberbürgermeister Schustehrus entschieden gegen die in diesem Zusammenhang angedachte »autofreie Zone« Kurfürstendamm aus: »Das überschnelle Fahren, zu dem nicht blos die Rowdies bereit sind, die im Automobil sitzen, sondern zu dem das Vehikel selbst geradezu verleitet, ist gefährlich für die Passanten, und der Benzingeruch, den viele dieser Fahrzeuge heute noch hinter sich lassen, ist scheußlich, namentlich für die Spaziergänger, und der Staub, der aufgewirbelt wird, ist unangenehm und ungesund.« Aber – so schob er nach – Autos vermindern »wenigstens den Pferdeschmutz auf den Straßen«. Und schließlich seine Entscheidung: »Den Kurfürstendamm sperren für den Automobilverkehr, – das geht doch nicht, das ist unmöglich.«[52]

Kurt Schustehrus mochte diese Straße. Ab 1908 wohnte er im dritten Stockwerk des Hauses Nr. 57[53], also im nahen Umfeld der Munkschen Häuser und überdies auf Terrain, das Heinrich Munk früher einmal gehört hat. Anfang der 1890er Jahre wohnte der Ingenieur und Erfinder des nach ihm benannten Motors, Rudolf Diesel, im Haus Kurfürstendamm 113.[54] Der Bakteriologe Robert Koch lebte zwischen 1902 und 1906 im Haus Nr. 25, danach, bis 1910 in Nr. 52, also jenseits der Schlüterstraße, direkt gegenüber Kurfürstendamm 50.[55] In den nahe gelegenen Häusern Nr. 45 und 46 waren Millionäre zuhause: Carl Harteneck, der vermutlich identisch war mit dem Chemiefabrikanten gleichen Namens. Dieser ließ 1910–1912 die bekannte Grunewaldvilla in der Douglasstraße 9 errichten. Auch der Kaufmann Walter Müller war Nachbar am Kurfürstendamm. Ihm gehörte ein Kaufhaus für Kinder- und Herrengarderobe in der Leipziger Straße 95. Der Eigentümer des Hauses Kurfürstendamm 47, Fabrikant Georg Eckardt, lebte im Haus Nr. 54. Dort residierte auch der Mitinhaber der Firma Loeser & Wolff. Direkt südlich vom Hauskomplex Kurfürstendamm 48–50 hatte sich der millionenschwere Fabrikant Gabriel Neumann im Kurfürstendamm 195 niedergelassen.[56]

Zahlreiche Restaurationen und Kulturstätten boten Gewähr für das besondere Flair des Boulevards: Dazu gehörten die aus eigenen Mitteln errichteten Ausstellungshäuser der Berliner Secession zunächst an der Kantstraße, ab 1906 am Kurfürstendamm 208–209 (heute: östlicher Teil des Kudammkarrees). Unter Führung von Max Liebermann und Walter Leistikow hatte sich diese Vereinigung von »Künstlerbürgern« emanzipiert von offizieller Bevormundung. Im liberalen Charlottenburg war man den Protektoren der Künste in Preußen, Kaiser und Akademie, nicht so nahe, das zog die künstlerische Avantgarde an.[57] Das Weinrestaurant »Sanssouci« an der Ecke des Kurfürstendamms mit der Fasanenstraße war ein originelles Tanzrestaurant (später: Astoria-Kino, jetzt: Tommy Hil-

---

52 Bezirksamt Charlottenburg-Wilmersdorf, Verwaltungsinformationszentrum, Akten der Stadtverordnetenversammlung Nr. 154, Bl. 7/R.

53 Berliner Adressbuch 1907, 1908.

54 Berliner Adressbuch 1890–1892.

55 Berliner Adressbuch 1902–1910.

56 Martin, Millionäre, S. 3, 17, 58, 31, 70.

57 Silbereisen, Gabriele: Die Berliner Secession. Kantstraße 12, später Kurfürstendamm 208/209, dann 232, in: Engel, Helmut u. a. (Hg): Charlottenburg, Teil 2: Der Neue Westen (= Geschichtslandschaft Berlin. Orte und Ereignisse, Bd. 1), Berlin 1985, S. 378–397.

figer). Dieses Haus, Kurfürstendamm 217, gehörte ab 1912 Rudolf Nelson, der dort nach dem Ersten Weltkrieg als Revue- und Operettenhaus das Nelson-Theater betrieb. Vor dem Krieg kamen auch die ersten Massenkinos zum Kurfürstendamm. Das 1913 eröffnete Marmorhaus mit 636 Sitzplätzen wurde schon im gleichen Jahr vom Union-Palast, Kurfürstendamm 26, mit 890 Plätzen übertrumpft.[58] In den Ausstellungshallen am Zoo liefen ab 1912/13 Filme, 1919 modernisierte die UFA und eröffnete im September neu.[59]

Den Bewohnerinnen und Bewohnern der Häuser Kurfürstendamm 48–50 bot der Boulevard viele Möglichkeiten der Zerstreuung. Man konnte Kunst bewundern und sich anschließend im Ausstellungshaus der Secession erholen, oder absichtslos flanieren. Das Romanische Café befand sich im Romanischen Haus (Kurfürstendamm 238, heute: Budapester Straße 43), das um die Jahrhundertwende als würdiger Nachbar der Kaiser-Wilhelm-Gedächtniskirche errichtet worden war (siehe Farbtafel 1: Im Romanischen Café, Willy Jaeckel, 1912).[60]

Obwohl nicht der Bohème zugehörig, die sich im Café des Westens traf, mögen die Bewohnerinnen und Bewohner des Hauskomplexes Kurfürstendamm 48–50 zu den Zaungästen gehört haben. Dieses legendäre Café residierte 1900 im Haus Kurfürstendamm 18. 1905 nannte es ein Berlinführer die »erste und echte Brutstätte der Berliner Boheme«. Else Lasker-Schüler fragt 1912: »Gibt es nun einen Ort, auf dem so eine Bazarbuntheit ist, wie in unserem Café?«[61] George Grosz fand im Publikum »Schriftsteller, Gelehrte, die sich mit Astronomie beschäftigten und vegetarisch lebten, Bildhauer mit Verfolgungswahn, Volksbeglücker mit verborgenen Lastern«. Auch »ein gescheiterter Trinker« war da, »der von Übersetzungen lebte«, sowie »Maler, Musiker und Philosophen«.[62] Der sich herausbildende moderne Westen stand auch »im Zentrum der hebräischen Sprachbewegung«. Am Vorabend des Ersten Weltkrieges trafen sich nämlich viele der »Hebraisten« in Charlottenburger Kaffeehäusern, etwa im »Café des Westens« oder dem »Monopol«.[63]

In dem südlich gegenüber der Munkschen Häuser gelegenen Geviert, das 1905 noch der Stadt Berlin gehörte,[64] eröffnete 1912 der wenig später in Hotel Cumberland umbenannte Boarding-Palast.[65] Dazu ein Zeitgenosse: »Am Kurfürstendamm, der vornehmen Hauptstraße des neuen Berlin, dem Zentrum des elegantesten Wohnviertels, der großen

58 Metzger/Dunker, Kurfürstendamm, S. 86, 88–90.

59 Tilmann, Christina: Kinos auf dem Kurfürstendamm, in: Zajonz, Michael/Kuhrau, Sven (Hg): Heimweh nach dem Kurfürstendamm. Geschichte, Gegenwart und Perspektiven des Berliner Boulevards, Petersberg 2010, S. 99–109, S. 101.

60 Frowein-Zieroff, Vera: Die Kaiser Wilhelm-Gedächtniskirche. Entstehung und Bedeutung, Berlin 1982, S. 174 ff.

61 Zit. n. Fohsel, Hermann-Josef: Im Wartesaal der Poesie. Zeit- und Sittenbilder aus dem Café des Westens und dem Romanischen Café, Berlin o. J.

62 Berger, Joachim: Berlin freiheitlich & rebellisch. Stadt-Lese-Wander-Buch, Berlin o. J., S. 180.

63 Brenner, Michael: Blütezeit des Hebräischen: Eine vergessene Episode im Berlin der zwanziger Jahre, in: *Frankfurter Allgemeine Zeitung* v. 23. 9. 2000, S. III. Dort auch das Zitat.

64 Gundlach, Charlottenburg, Beilage X.

65 Güttler, Peter: Liste der Hotelbauten, in: Berlin und seine Bauten, VIII: Bauten für Handel und Gewerbe, Bd. B: Gastgewerbe, Berlin u. a. 1980, S. 39–52, S. 42.

Verkehrsader zwischen Tiergarten und Grunewald, auf der sich unablässig der Korso der Equipagen, Automobile, Reiter und Spaziergänger nach dem Westen hin und zurück in die Stadt abspielt, erhebt sich der Bau. Weit draußen vor den Toren der City, wo schon die Luft des nahen Waldes herüberdringt, und noch mitten im weltstädtischen Leben des Luxus und Genusses, an einer Stelle, die zugleich die vorzüglichsten Verbindungen mit dem Stadtinneren aufweist – ein Vorteil, der sich noch bedeutend steigern wird, wenn die im Bau begriffene Untergrundbahn fertiggestellt ist, zu der ein in unmittelbarer Nähe des Boarding-Palastes projektierter Bahnhof führen wird [gemeint ist der Bahnhof Uhlandstraße; D. Z.]. So haben die Bewohner des Boarding-Palastes durch die ideale Lage des Gebäudes die doppelte Annehmlichkeit auf schnellem Wege zu Geschäften, Studien, Vergnügungen die Stadt zu erreichen, wie zu Spaziergängen, Ausritten, Fahrten ins Freie usw. sich am bequemsten Ausgangspunkt zu befinden.«[66]

Dieses Appartementhaus mit 600 Luxus-Zimmern und umfassendem Service war gedacht für längere Aufenthalte in Berlin oder für Alleinstehende, auch für jüngere Ehepaare, die noch keinen eigenen Hausstand hatten. Man bot jeden erdenklichen Komfort: Bedienung, eine Badeanstalt, Ess-, Schreib- und Lesezimmer, eine Bar, ein Café. Dennoch musste der Investor bald Konkurs anmelden. Das gleiche Schicksal ereilte nach kurzer Zeit auch seinen Nachfolger.[67]

Die Häuser und ihre Menschen

Großbürgerliches Wohnen

Dem Charakter des Kurfürstendamms als gehobener Wohnstraße entsprechen die Abmessungen des Grundstücks 48–50, die Vorgärten und vor allem die repräsentative Architektur. In den Vorgärten stehen mächtige Pfeiler und Zierfiguren, schmiedeeiserne Zäune mit prunkvollen Toren umhegen die Flächen.[68] Die Anlage verfügt über gepflegte Gärten, Innenhöfe mit gefassten Beeten und Springbrunnen, den hinteren Hof schmückt ein kleiner Park, von dem Laubengänge zum Stallgebäude führen.[69] Das Hausensemble bietet großzügige und funktional geschnittene Wohnungen. Heinrich Munk hat die Fassaden bis in das Dach in der Formensprache der Neorenaissance gestaltet.[70] Alle vier Etagen über dem verhältnismäßig schlichten Erdgeschoss sind durch Erker und Loggien verziert, die Fassade von der dritten bis zur fünften Etage auch mit Säulen. Es wurden fast nur Rundbogenfenster eingebaut, die in der repräsentativsten – dritten – Etage Risalite betonen. Im fünften

---

66 Zit. n. Metzger/Dunker, Kurfürstendamm, S. 96.
67 Ebd., S. 98.
68 Haan, Gutachten, S. 3, Plan 1.
69 Ebd., S. 21.
70 Wirth, Irmgard: Charlottenburg, Teil 2: Stadt und Bezirk Charlottenburg, Textband (= Die Bauwerke und Kunstdenkmäler von Berlin), Berlin 1961, S. 424.

Geschoss ersetzt ein Balkon den Erker. Das gewölbte Dach schmücken verzierte Gauben.

Im Haus Nr. 48/49, über dessen Zugang der Portier in einer Loge wacht, liegen im Erdgeschoss fünf kleinere Wohneinheiten.[71] Die acht herrschaftlichen Wohnungen in den Obergeschossen sind spiegelbildlich angelegt. Sie umfassen je 13 Zimmer: Hinter den beiden Erkern zum Kurfürstendamm liegt das Zimmer der Dame (32,5 m²), daneben das kleinere Herrenzimmer (14,9 m²). Ebenfalls Richtung Süden ist die Loggia platziert, dahinter das Wohnzimmer (42 m²). Nördlich von Herren- und Damenzimmer erstreckt sich ein Vorzimmer, daran schließt ein nicht näher bestimmter Raum an, dem zur Seite liegen ein Dienerzimmer (6 m²) und eine kleine Toilette. Die Verbindung zum nördlichen Teil der Wohnung stellen der Speisesaal her, ein Anrichte- sowie ein Mädchenzimmer (13,41 m²). Letzteres konnte mit zwei Betten ausgestattet werden. Daneben befinden sich Speisekammer und Küche. Im rückwärtigen Teil liegen vier Schlafzimmer. An der Nordfront öffnet sich die Wohnung über einen Balkon in den großen grünen Hof.[72]

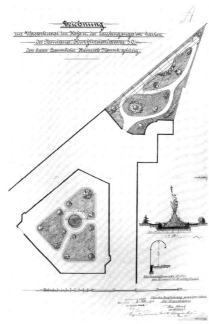

Abb. 20   Die Gartenanlagen auf dem Grundstück Kurfürstendamm 50, 1901

Von Anfang an verfügt das Haus über eine Zentralheizungsanlage.[73] Auf den Dachböden beider Häuser kommen je eine Waschküche und in ihrer Nähe Closets unter – vermutlich für das bei der »Großen Wäsche« in der Waschküche arbeitende weibliche Hauspersonal.[74] Im Quergebäude führen Wendeltreppen zum küchennahen Dienstboteneingang.[75] Charlottenburg, eine der reichsten Städte Preußens, war die »Stadt der Dienstmädchen«. Diesem Arbeitsbereich gehörten 1895 genau 16,9 Prozent aller Erwerbstätigen an, mehr als in jeder anderen deutschen Stadt.[76] Der Ausbau des Kurfürstendamms und seiner Nebenstraßen wird diese Quote noch erhöht haben.

Heinrich Munk bietet seinen Mietern und sich selbst nicht nur die Modernität der Hausorganisation, sondern auch schöne Vorgärten und grüne Höfe. Am 24. Juli 1901 be-

---

71 Bauakte Kurfürstendamm 48/49, Bd. 1, Bl. 2.

72 Plan in: Ebd., 1, Bl. 3; Haan, Gutachten, S. 3.

73 Ebd., Bl. 2.

74 Ebd., Bl. 43; Bauakte Kurfürstendamm 50/50a, Bd. 1, Bl. 31.

75 Plan in: Bauakte Kurfürstendamm 48/49, Bd. 1, Bl. 3.

76 Stillich, Oscar: Die Lage der weiblichen Dienstboten in Berlin. Berlin/Bern 1902, S. 94. Zur Situation von Dienstmädchen in Charlottenburg s. Zöbl, Dorothea: Facetten historischer Bewegungsräume, in: Klingspor, Christiane/Zöbl, Dorothea: Bewegungsräume im Wandel. Mobilität von Frauen in Charlottenburg (= ISR Diskussionsbeiträge, Nr. 46), Berlin 1997, S. 5–97, S. 64–65.

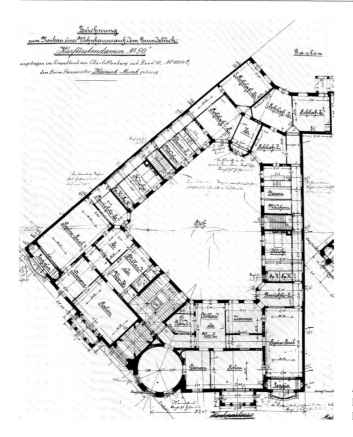

Abb. 21 Grundriss des
Ersten Obergeschosses,
Kurfürstendamm 50

scheinigt ihm Oberbürgermeister Schustehrus: »Gegen die Anlage eines Springbrunnens und gegen die Herstellung der Laubengänge auf dem Grundstück Kurfürstendamm 48/49 ist seitens der Feuerwehr nichts einzuwenden. Der Raum vor dem Stallgebäude ist genügend gross. Der Laubengang in der Mitte kommt für die mechanische Leiter nicht in Betracht. Andere Fahrzeuge werden auf den Hof nicht hinaufgefahren. Zum Aufspannen des Sprungtuchs ist überall genügend Platz vorhanden.«[77] Munk reproduziert das durchgrünte Ambiente, das ihn im Alten Westen erfreut hat, am Kurfürstendamm.

Das Haus Nr. 50 weist die noch angenehmere und repräsentativere Lage von beiden Doppelhäusern auf, denn die nach Südwesten gerichteten Fenster öffnen sich zum Platz. Der Baukörper folgt der stumpfwinkeligen Ecke von Kurfürstendamm und der Ostseite des heutigen George-Grosz-Platzes. Im Jahr 1910 ist dieser »eine mit Buschwerk dicht bepflanzte und mit Ziergitter umgebene Grünanlage«.[78] Wenn Heinrich Munk aus einem seiner Fenster sieht, hat er außer der begrünten Freifläche die vier Baumreihen auf dem

---

77 Bauakte Kurfürstendamm 48/49, Bd. 1, Bl. 132.
78 Senator für Stadtentwicklung und Umweltschutz, Plätze am Kurfürstendamm, S. 44.

Kurfürstendamm im Blick. Die um 1910 schräg gegenüber gelegene Filiale der Deutschen Bank[79] erreicht Heinrich Munk, Kunde dieses Geldinstituts, auf kürzestem Wege.[80]

Die besondere Position des Hauses unterstreicht eine turmartige Ausgestaltung. Links davon liegt der Haupteingang, im Erdgeschoss befinden sich Läden und Kleinwohnungen, unter anderem für den Portier, der auch über ein Gelass neben dem Haupteingang gebietet. Im Keller steht der Zentralheizungskessel, daneben lagern Kohlen.[81] Die Seitenflügel und Quergebäude umschließen einen schönen und großen spitzwinkligen Hof. Diesen ziert eine von Grünanlagen umgebene Brunnenanlage, die über Gartenwege zu erreichen ist. Nordöstlich liegt der Durchgang zum zweiten Hof, an den die viel kleineren nachbarlichen Freiflächen grenzen. Noch heute entsprechen die Ornamente der schmiedeeisernen Gitter an den Kellereingängen denen der ehemaligen Vorgarteneinfriedung.[82]

Auch die Fassaden entsprechen höchsten Ansprüchen. Die am aufwändigsten ausgestaltete Etage ist das zweite Obergeschoss. Atlanten rahmen die Loggien im ersten Obergeschoss. Säulen verlaufen über das zweite und das dritte Obergeschoss und werden in der obersten Etage durch karyatidengeschmückte Loggien weitergeführt.[83] Das Haus Nr. 50 ist mit einem vom zweiten bis zum vierten Geschoss reichenden Erker ausgestaltet. In den Obergeschossen befinden sich auf jeder Etage zwei 11-Zimmer-Wohnungen: zur Straße liegen das Damenzimmer, der Salon mit Erker, das Speisezimmer mit der Loggia. Das Bad ist zwischen Schlafzimmern und Dienerzimmer platziert, neben letzterem das Mädchenzimmer. In Richtung Küche schließt sich die Dienstbotentreppe an.[84]

Wie das Äußere war das Innere vieler Kurfürstendamm-Wohnungen nach heutigem Geschmack überladen.[85] Hans Sahl erinnert sich mit seinem Romanhelden Georg Kobbe an seinen Vater, der vermutlich in der Wohnung Kurfürstendamm 50 sitzt: »Wie er so dasaß, zwei Finger an der Backe, in dem grünen Salon mit den Bildern deutscher Landesfürs-

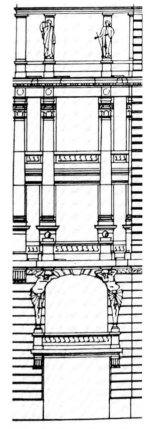

Abb. 22   Karyatiden und Atlanten an den Loggien Kurfürstendamm 50

79 Ebd., S. 46.
80 Berliner Adressbuch 1910.
81 Bauakte Kurfürstendamm 50/50a, Bd. 1, Bl. 2 Zeichnung vom 10.2.1900 (große Reproduktion); ebd., Bl. 3 Plan Keller und Erdgeschoss.
82 Haan, Gutachten, S. 19 mit Plan 22.
83 Ebd.
84 Bauakte Kurfürstendamm 50/50a, Bd. 1, Bl. 4.
85 Geist/Kürvers, Mietshaus 1862–1945, S. 473 ff. mit dem Beispiel einer Wohnung im Kurfürstendamm 181.

ten und den mit Bronze beschlagenen Prunksesseln, den goldenen Empire-Uhren und Wandleuchtern, glich er einem Mann, der zwischen zwei Bilanzen plötzlich entdeckt hat, dass er arm ist. Er war ein in das Bankfach verschlagener Künstler (…).«[86]

Walter Benjamins Kinderaugen nahmen Wohnungsausstattungen wahr: »Die Anordnung der Möbel ist zugleich der Lageplan tödlicher Fallen, und die Zimmerflucht schreibt dem Opfer die Fluchtbahn vor. […] Viel interessanter als der landschaftliche Orient in den Kriminalromanen ist jener üppige Orient in ihrem Interieur, der Perserteppich und die Otomane, die Ampel und der edle kaukasische Dolch.«[87] Der Schriftsteller beschrieb auch die Übergangsbereiche zwischen Wohnung und Öffentlichkeit, die Loggien und Balkone. Er empfand die von Karyatiden getragenen Loggien als den Bereich, in dem »der Stadtgott selber« beginnt. Die Loggia seines Elternhauses kam ihm vor, als sei sie »die Wiege, in die die Stadt den neuen Bürger legte«.[88] Benjamin spielt mit den historischen Bedeutungen. Er verweist auf die »Loggia del Bigalo im Florenz des 14. Jahrhunderts«, in die Findelkinder gelegt wurden, ebenso wie auf die Loggien der barocken Fürstenhöfe, von denen aus die Herrscher Schauspielen zusahen. Da er Loggien auch als Mausoleum deutet, interpretiert er diesen bürgerlichen Wohnbereich nicht nur als »Allegorie für seine Klassenzugehörigkeit«, sondern auch für »das Schicksal des Bürgers überhaupt«.[89]

Beschleunigung in Haus und Stadt

Die Modernität des Hauses demonstriert die Aufzugsanlage, die die Nordhäuser Maschinenfabrik montiert hat. Der Fahrstuhl ist im September 1901 »bis auf den elektrischen Anschluß fertiggestellt«.[90] Er hat eine Tragkraft von 350 Kilogramm oder vier Personen »einschließlich Führer«. Ohne diesen ist die Benutzung verboten.[91] Der geprüfte Führer ist der Hauswart namens Arnold.[92] War ein Fahrstuhlführer bei den älteren Modellen geradezu »notwendiges Teil für das Funktionieren der Maschinerie«, stellt der Munksche Aufzug, der mit einer Sicherheitsbremse versehen ist, einen Übergang zum sogenannten Selbstfahrer dar. Bei Modellen ohne eine solche Bremse hatte der Führer die Kabine stufenlos auf die Ebene des jeweiligen Stockwerks zu bringen.[93] Der Munksche Lift macht die Geschicklichkeit des Führers überflüssig, denn er lässt das Öffnen der Tür nur dann zu, wenn »das Coupé in Fussbodenhöhe des betreffenden Stockwerks« angekommen ist. Um allen Personen die Gefährlichkeit der Situation einzuschärfen, trägt jede Tür die Aufschrift

---

86 Sahl, Hans: Die Wenigen und die Vielen, München 2010, S. 54–55.

87 Benjamin, Walter: Einbahnstraße, Frankfurt am Main 1955, S. 13, zit. n. Hetmann, Frederik: Reisender mit schwerem Gepäck. Die Lebensgeschichte des Walter Benjamin, Weinheim/Basel 2004, S. 74.

88 Benjamin, Berliner Kindheit, S. 11–13.

89 Hetmann, Reisender, S. 71–72.

90 Bauakte Kurfürstendamm 48/49, Bd. 1, Bl. 150.

91 Ebd., Bl. 143; zum Lieferanten Bl. 141.

92 Ebd., Bl. 224.

93 Simmen, Jeannot/Drepper, Uwe: Der Fahrstuhl. Die Geschichte der vertikalen Eroberung, München 1984, S. 87.

»Vorsicht Fahrstuhl«.[94] So wurde aus einem Fahrgast »der *Nutzer* eines Automaten«.[95]

Die attraktive Ausstattung der Aufzüge in Berliner Mietshäusern galt um 1900 als Mittel, Menschen vom gewohnten Treppensteigen abzuhalten und in den Lift zu locken.[96] Doch kann man angesichts der repräsentativen Ausgestaltung des Treppenhauses die Bewohnerinnen und Bewohner verstehen, die die Treppe bevorzugten! Dass die Elektrifizierung nicht nur den Straßenverkehr, sondern auch die innerhäusliche Organisation beschleunigte, bejubelte August Bebel: »Die elektrische Tür öffnet sich auf einen leisen Druck mit dem Finger und schließt sich selbsttätig. Elektrische Einrichtungen schaffen Briefe und Zeitungen in alle Etagen der Häuser; elektrische Aufzüge ersparen das Treppensteigen.«[97]

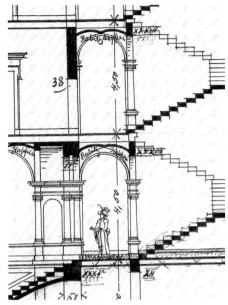

Abb. 23   Dame im Treppenhaus

Auch horizontale Beschleunigungsprozesse gestalteten das Grundstück um. Im Jahr 1908 genehmigte die Polizei auf dem Grundstück Kurfürstendamm 48/49 eine sogenannte Benzingrube: Initiator war der Referendar a. D., Oskar Manheimer. Dieser ließ »in unmittelbarer Nähe« seiner Garage »eine zur Aufnahme von etwa 250 Kilogramm Benzin bestimmte ausgemauerte und verschließbare Grube« anlegen und zwar südöstlich vor dem Stallgebäude. Im Mai 1910 folgt der Bauantrag für eine Umgestaltung des Stalles in Garage und Remise.[98] Herr Manheimer war mit seiner privaten Tankstelle auf der Höhe der Zeit, oder besser: ihr voraus, wie es ganz Charlottenburg war, das nicht nur wegen der dort ansässigen Autohersteller als Exerzierfeld des Automobils gelten konnte. Dort kamen 1910 auf einen PKW 394 Personen, wohingegen der Reichsdurchschnitt bei 2621 Personen pro PKW lag.[99]

Erreichbar ist die Garage im zweiten Hof über eine fast drei Meter breite Durchfahrt neben dem Eingang zum Haus 48/49. Später zieht die Garagennutzung allerhand behördlichen Ärger nach sich. Kaufmann Wilhelm Krojanker, Mieter im Haus Kurfürstendamm 48/49, legte sich ein Auto zu und brachte dieses ab November 1910 auf dem Grundstück

94 Bauakte Kurfürstendamm 48/49 Bd. 1, Bl. 143.
95 Hirschauer, Stefan: Die Praxis der Fremdheit und die Minimierung von Anwesenheit. Eine Fahrstuhlfahrt, in: Soziale Welt, 50 (1999), S. 221–246, S. 225.
96 Simmen/Drepper, Fahrstuhl, S. 169.
97 Bebel, August: Die Frau und der Sozialismus, Neudruck Berlin 1990, S. 512.
98 Bauakte Kurfürstendamm 48/49, Bd. 1, Bl. 244–247R.
99 Haas/Kloke, Stadt auf Rädern, S. 55 ff.

unter. In der Folge stellte die Polizei fest, dass zwei von drei Garagen wegen ihrer Lage und schlechter Entlüftung nicht den feuerpolizeilichen Vorschriften entsprachen.[100] Außerdem lagerten in einer Garage große Mengen Benzins und es wurde Gas zur Beleuchtung verwandt.[101] Hier greift der Eigentümer radikal durch, denn er durchtrennt die Gasleitung. So konnte ein Schutzmann am 31. Juli 1911 notieren: »Die Gaszufuhrleitung ist abgeschnitten. Benzin wird zurzeit nicht gelagert.«[102]

In »Hausmusik« beschreibt Hans Sahl die Vorfreude auf eine (und man kann lesen *seine*) erste Autofahrt um das Jahr 1914. Vater Rosengarten kommt nach Hause und fragt: »Kinder, wisst Ihr schon das Neueste? Ich habe ein Automobil gemietet.« »Ein Automobil mit Chauffeur. Wir fahren nächsten Sonntag an den Scharmützelsee, nehmen uns etwas Proviant mit, fahren ein bisschen mit unserem Segelboot auf dem See spazieren und sind am Abend wieder zu Hause.«[103]

Die Technik im Mietshaus wird modernisiert, Heinrich Munk lässt 1912 auf Wunsch zahlreicher Mieter den Fahrstuhl mit Druckknopfbedienung auf Selbstfahrer, also ohne Führer, umstellen. Allerdings durften im Haus 48/49 nur 12 ausgesuchte Personen allein fahren.[104] Sicherheitsschlösser hielten Unbefugte fern.[105] Nachdem die Firma Nagel aus Tempelhof den Aufzug im Haus Nr. 50 mit Druckknopfsteuerung versehen hatte[106], wurde auch dieser ab Februar 1912 als »Selbstfahrer« betrieben. Auch hier durften nur bestimmte Mieterinnen und Mieter »ohne Begleitung des verantwortlichen Aufzugsführers« fahren.[107]

Wie kompliziert die Haustechnik trotz aller Vereinfachung für die Nutzer war, erfuhr Heinrich Munk durch einen querulatorischen Mieter. Bald nach dem Umbau des Fahrstuhls im Haus 48/49 begann eine siebenjährige Klageserie des Hermann Metzenberg über die seiner Meinung nach schlechte Qualität des Lifts. Bemängelte er zunächst (1912) das »fehlerhafte Functioniren der eisernen Thür«, wies er dann bald seine Tochter an, nur mit dem Fahrstuhlführer zu fahren.[108] Im Oktober 1915, als der Weltkrieg wütete, forderte Herr Metzenberg einen sogenannten Besetztanzeiger. Die Folgen des Krieges zeigen sich deutlich, denn er verfasste seine Schreiben nicht mehr auf geprägtem, sondern auf unbedrucktem Briefpapier.[109]

---

100 Bauakte Kurfürstendamm 48/49, Bd. 2, Bl. 7–9.
101 Ebd., Bl.19–22R.
102 Ebd., Bl. 29–31, 31 das Zitat.
103 Sahl, Hausmusik, S. 51–52.
104 Bauakte Kurfürstendamm 48/49, Bd. 1, Bl. 264.
105 Simmen/Drepper, Fahrstuhl, S. 88.
106 Bauakte Kurfürstendamm 50/50a, Bd. 2, Bl. 46.
107 Das waren der Geheime Medizinalrat Prof. Dr. Fritz Rinne, seine Ehefrau Martha Rinne, die Tochter Irmgard Rinne; Jacob und Rosa Mandelbaum sowie die Söhne Siegfried und Ernst; Rittmeister Martin Weinschenk und die in seinem Haushalt wohnende Frl. Mathilde Sauerland; es gehörten ferner dazu der Geheime Regierungsrat Albert von Gröning, Ada von Gröning, der Portier Paul Deckert, und seine Ehefrau Ida; Bauakte Kurfürstendamm 50/50a, Bd. 2, Bl. 46.
108 Bauakte Kurfürstendamm 48/49, Bd. 2, Bl. 1, 2R, 37, 46.
109 Ebd., Bl. 59.

Der Hauseigentümer hat wegen des Aufzugs weiter Ärger, dazu zählt die Tatsache, dass der Betrieb eines Selbstfahrers sehr arbeitsaufwändig ist. So muss Heinrich Munk für den neuen Portier Anfang März 1913 eine neue Selbstfahrererlaubnis beantragen. Voraussetzung für die Zustimmung des Polizeipräsidenten war der Nachweis seitens des Dampfkessel-revisions-Vereins, dass der neue Portier eine Prüfung absolviert habe. Auch musste der Eigentümer für das neue Mieterehepaar, den Kaufmann Heinrich Hardt und dessen Ehefrau Marie Louise, die Selbstfahr-Erlaubnis beantragen. Rasche Wechsel der Portiers belästigen Munk mit den immer gleichen Ritualen der Beschaffung von Nachweisen.[110]

Abb. 24 Besetztanzeiger

Modernisierung und Einbau von Läden

Rasch wechselten Mietparteien und Nutzungen. Die Bewohner der Erdgeschosswohnungen verfügten zunächst über die Vorgärten, doch bald wichen die Familien den Geschäften. Deshalb versucht Heinrich Munk ab 1912 wiederholt, die Gartenflächen zu verändern.[111] Neue Wege sollen die Zugangsmöglichkeit zu den Schaufenstern und Geschäften verbessern,[112] doch wies die Genehmigungsbehörde alle Bemühungen zurück.[113] Auch das in Nr. 50 direkt am Kurfürstendamm gelegene Ladenlokal bereitet Munk Sorge.[114] Im Frühjahr 1913 lässt er durch seinen Bruder Karl den Boden des Restaurants tiefer legen, um mehr Raumhöhe zu gewinnen. Außerdem werden die Schaufenster vergrößert. Alles geht rasch: Schon bald sind die Arbeiten abgeschlossen.[115]

Allerdings hat der Hauseigentümer umfassendere Veränderungen durchgeführt als ihm genehmigt worden waren. Munk erklärt, während der Bauarbeiten habe sich die Nachfrage verändert. Jedenfalls werde im »mittleren Laden (…) ein Thee- und Kaffee-Lokal eingerichtet«. Es ist beiderseits von Geschäften flankiert.[116] Im September 1913 lässt Munk die Schaufenster vergrößern sowie eine Treppe in den Keller anlegen.[117] Die Stadtgemeinde fordert ihn auf, den Weg am Schaufenster zu verengen. Das weist der Architekt zurück: »Der Inhaber des Korbmöbelgeschäfts hat den Laden unter dem jetzt vorhandenen Zustande des Vorgartens gemietet.« Für den Fall der geforderten Veränderung fürchtet Munk Schadensersatzansprüche seines Mieters. Weil die Stadt bei ihrer Position bleibt, fügt sich der Eigentümer und reduziert den bisher zwei Meter breiten Pflasterstreifen.[118]

---

110 Bauakte Kurfürstendamm 50/50a, Bd. 2, Bl. 75, 49–52, 90.

111 Dazu Haan, Gutachten, S. 5–12, Pläne 1–8.

112 So z.B. in: Bauakte Kurfürstendamm 50/50a, Bd. 2, 5.11.1912.

113 Haan, Gutachten, S. 3; ein Beispiel für den Verzicht auf die Vorgartenpflicht – allerdings in der Königin-Augusta-Straße – Ende des 19. Jahrhunderts bei Zöbl, Zentrum, S. 100–101.

114 Zur Lage s. Bauakte Kurfürstendamm 50/50a, Bd. 2, Bl. 60.

115 Ebd., Bl. 61, 68, 72, 74, 76.

116 Ebd., Bl. 79.

117 Ebd., Bl. 94, 100, 104.

118 Ebd., Bl. 126, 127R, 134.

Da Heinrich Munk sein Haus noch wirtschaftlicher für Ladengeschäfte erschließen möchte, beantragt er am 18. August 1915 den Einbau »einer Verbindungstreppe zwischen dem Eckladen im Erdgeschoss und der darüber befindlichen Wohnung im ersten Stock«.[119] Im Gegensatz zu den bisherigen Umbaumaßnahmen zeichnet er 1913 persönlich als Bauausführender verantwortlich. Sein Bruder steht nicht zur Verfügung. Die Gründe kennen wir nicht. So könnte sich die zunehmende ökonomische Krise angedeutet haben, in die Munk während des Krieges geriet. Weil er den Umbau nicht realisieren kann, muss er für die bereits erteilte Baugenehmigung jährlich Verlängerung beantragen.[120] Am 6. September 1919 steht fest, dass die Umgestaltung nicht stattfinden wird: »Die Räume (I. Stock) haben inzwischen einen anderen Mieter gefunden und dürfte somit die beabsichtigte Neuanlage einer Treppe (…) unterbleiben.«[121]

Im Jahr 1912 geht es Munk wirtschaftlich gut, wie man daran ablesen kann, dass er 1913 noch als »einfacher« Millionär gilt.[122] Allerdings hat der Vermögensverfall schon begonnen. Ein Haus in der Viktoriastraße,[123] das Munk Ende der 1880er Jahre fertiggestellt und seither vermietet hat, gehört ihm 1913 nicht mehr. Erwerber war der Architekt Paul Schultze-Naumburg. Er brachte ab 1908 eine Zweigniederlassung der von ihm 1904 gegründeten expandierenden Saalecker Werkstätten hier unter. 1910 bezog Schultze-Naumburg die Erdgeschoss-Wohnung.[124] Den meisten Raum belegte die Ständige Ausstellung der Werkstätten. Hier pflegte der Architekt seine Korrespondenz, unter anderem mit Gustav Krupp von Bohlen und Halbach[125] und arbeitete an den Plänen für das 1917 fertiggestellte Schloss Cecilienhof in Potsdam. Mit wochentäglichen 33 Zügen zwischen Potsdam und Berlin[126] war die Baustelle leicht erreichbar.

Heinrich Munks Bruder Karl konnte zufrieden sein als Millionär und Eigentümer mehrerer Häuser.[127] Er wohnte in seinem Haus Kleiststraße 3, in dem auch Else Ullstein residierte, die Witwe des Zeitungsverlegers. Ihr Vermögen belief sich, wie das ihres ebenfalls im Haus wohnenden Sohnes Rudolf auf fünf bis sechs Millionen Mark.[128] Darüber hinaus hatte, wie bereits erwähnt, der Glasmaler Melchior Lechter seine höchst kunstvoll und individuell ausgestattete Wohnung in diesem Haus.[129]

---

119 Ebd., Bl. 138–139.
120 Ebd., Bl. 93, 139, 141, 144, 147, 150.
121 Ebd., Bl. 151 R.
122 Martin, Millionäre, S. 69.
123 Heute: ungefähr der Verlauf der Potsdamer Straße unmittelbar nördlich des Landwehrkanals.
124 Berliner Adressbuch 1887–1913.
125 http://www.saaleck-werkstaetten.de/archiv/lebensdaten1910_1919.html (28.6.2010).
126 Zöbl, Zentrum, S. 115.
127 Martin, Millionäre, S. 69.
128 Ebd., S. 8.
129 LAB, B Rep.211, Nr. 1388 und 1389.

Krieg und Hausverkauf

Im Sommer 1913 kuriert Heinrich Munk zwei Monate lang einen Luftröhrenkatarrh im Ostseebad Bansin.[130] Der Hausverkauf dürfte ihm unbeschwerte Tage ermöglicht haben. Hätte Munk im darauffolgenden Jahr seine Ferien wieder dort verbracht, vielleicht in einem preiswerteren Quartier, wäre möglicherweise auch er einer der Bürger gewesen, die nach der Kriegserklärung des Deutschen Reichs ihre Sommeraufenthalte abrupt beendeten und heimkehrten. Diese Situation auf dem Kurfürstendamm beobachtete das *Berliner Tageblatt* am 6. August 1914: »Auf dem Damm hastende, kofferbeladene Droschken, die die letzten aus Bädern und Sommerfrischen zurückkehrenden Nachzügler nach Hause fahren, dazwischen sausende Autos mit Offizieren und ihren Damen« (s. Abb. 25).[131]

Der 11-jährige Hans Sahl, der nach der Mobilmachung 1914 mit Vater und Schwester in der Nähe des Lustgartens stand, lässt den autobiographische Züge tragenden Romanhelden Georg Kobbe die Atmosphäre wiedergeben: »›Jetzt spricht der Kaiser‹, flüsterte mein Vater und wies mit dem nikotingelben Zeigefinger auf das Schloss (…). ›Pass gut auf (…). Dies ist ein historischer Augenblick.‹ […] »Mein Vater kaufte mir eine schwarz-rot-goldene Fahne. ›Davon wirst Du noch Deinen Kindern erzählen, mein Sohn.‹ Dann gingen wir in ein Café Unter den Linden und tranken heiße Schokolade.«[132]

Versorgungskrisen und andere Umstrukturierungen setzen nicht nur Heinrich Munk zu. Sie dämpften die Tanzwut in den Etablissements am Kurfürstendamm. Die Restaurants reduzierten ihr Angebot. Sebastian Haffner erinnert sich, dass er bei der schlechten Versorgungslage Kunsthonig und Magermilch als wahre Schätze empfand.[133] Die Hochburg des Amüsements, der Lunapark, räumte seinen Platz für ein Lazarett und eine Konservenfabrik, die das Heer versorgte. Im Boarding-Palast (Haus Cumberland) südlich des Hauskomplexes Kurfürstendamm 48–50 logierte das Waffen- und Munitionsbeschaffungsamt.[134]

In der Kriegszeit fehlte Heinrich Munk der wirtschaftliche Spielraum, um sein Haus mit zeitgenössischem Komfort auszustatten. Noch im Frühjahr 1919 gelang es ihm, bessere Er-

Abb. 25   Straßenszene 1915/16, George Grosz

---

130 Bauakte Kurfürstendamm 50/50a, Bd. 2, Bl. 120.
131 Zit. n. Metzger/Dunker, Kurfürstendamm, S. 98.
132 Sahl, Die Wenigen, S. 59–60.
133 Haffner, Sebastian: Geschichte eines Deutschen. Die Erinnerungen 1914–1933, München 2002, S. 27–28.
134 Metzger/Dunker, Kurfürstendamm, S. 98.

reichbarkeit der Schaufenster über Wege durch die Vorgärten von Kurfürstendamm 48/49 herzustellen. Die Pläne hat der Hausbesitzer allerdings nur auf Papier vorlegen können: »In Ermangelung von Pausleinen und Aufzugleinen können die Zeichnungen nur auf Papier überreicht werden.« Der Bauschein wird im März 1919 erteilt und noch im gleichen Monat ist einer der Wege gestaltet.[135]

Weitere Umbaumaßnahmen schafft Munk nicht mehr. Er verkauft sein Hausensemble 1919 und bezieht eine Wohnung in der Bleibtreustraße 20. Zuvor zahlt er noch die Darlehen zurück, die ihm seine Kinder aus erster Ehe gewährt haben, und diese bewilligen die Löschung ihrer Sicherheiten im Grundbuch.[136] Den am 27. September 1919 gestellten Verlängerungsantrag für die Baugenehmigung unterzeichnet er bereits in seiner neuen Wohnung, wo seine Tochter Charlotte am 8. Oktober 1919 den positiven Bescheid entgegennimmt.[137] Am 27. Februar 1920 erfolgt die Auflassung des verkauften Munkschen Grundstücks für die Grundstücksgesellschaft Kurfürstendamm 48/49 und 50 mbH. Deren Geschäftsführer ist Kaufmann Wilhelm Hermsdorff.[138] Heinrich Munk mag wohl bittere Freude empfunden haben, wenn er aus einem Fenster der Bleibtreustraße 20 in den Garten seines ehemaligen Anwesens blickte.

Das Hausensemble Kurfürstendamm 48–50 belegen 1902 sechs Haushalte: Der Eigentümer hat mit seiner Familie Nr. 50 bezogen. Seine Nachbarn sind Portier Bautz und der Kaufmann Knülle. In Nr. 48/49 wohnen Schneidermeister Dietrich, Exzellenz von Hartmann, eine Generalswitwe, und Portier Noack. Im darauffolgenden Jahr beherbergt das Hausensemble schon 25 Haushalte. Diese erste »Belegschaft« setzt sich zusammen aus Angehörigen von Adel und gehobenem Bürgertum. Auch die »guten Geister« sind anwesend: Gärtner und Portiers.[139] Bis 1918 steigert sich die Anzahl der Gewerbenutzungen in beiden Häusern.

Die Mietparteien

Im Jahr 1903 ist der Hauskomplex mit 14 Haushalten voll belegt, bis 1918 werden es 17.[140] Auffällig ist die größere Anzahl juristischer Personen, ein Hinweis auf die Kommerzialisierung. Im gleichen Zeitraum drittelte sich die Anzahl der adeligen Haushalte von drei auf einen: Frau von Hartmann, die Generalswitwe, gehörte zu den ersten drei Mietparteien im Haus. Möglicherweise lebte sie mit ihrer Tochter zusammen und starb nach einigen Jahren, denn ab 1905 lautet der Eintrag: Fräulein A. von Hartmann. Ihre Spur verliert sich bald. Ob sie sich verheiratet hat? Der zwischen 1906 und 1911 im Hause lebende Oberst

---

135 Bauakte Kurfürstendamm 48/49, Bd. 2, Bl. 65, 55, 70, 71.
136 Grundakten betreffend das im Grundbuch von Charlottenburg Bd. 172, Bl. 5977 verzeichnete Grundstück (Kurfürstendamm 50), Bd. 1, Bl. 141.
137 Bauakte Kurfürstendamm 48/49, Bd. 2, Bl. 121, 123.
138 Ebd., Bl. 78.
139 Berliner Adressbuch 1903.
140 Berliner Adressbuch 1902–1918.

Georg von Faber du Faur war Königlich Württembergischer Oberst à la suite der Armee und militärisches Mitglied des Reichsmilitärgerichts am nahegelegenen Lietzensee.[141] Sein Sohn Curt, ein Germanist, wanderte 1939 in die USA aus und befreundete sich – wie Hans Sahl – mit Thornton Wilder.[142] Frau Dr. Anna Friedmann wohnte nur 1903 im Haus. Welchen Grund hatte sie, sofort wieder auszuziehen? Im darauffolgenden Jahr mietete sie sich im Haus Uhlandstraße 133 ein. Möglich, dass Frau Dr. Emma Friedmann, die in der Schöneberger Stubenrauchstraße 1 wohnte, mit Anna verwandt war und diese ihr näher sein wollte. Denn über die Grunewaldstraße waren die Wohnorte beider Damen nur eine gute halbe Stunde Fußmarsches voneinander entfernt.[143]

1903	1918
Heinrich Munk, Eigentümer	**Heinrich Munk, Eigentümer**
Noack, P., Verwalter und Portier	König, H., Verwalter und Gärtner
Becker, A., Gärtner	*Börsenhandels-Zeitung*
Dietrich, Heinrich, Schneidermeister	*Die Konjunktur- und Finanz-Chronik*
Fickert, Carl, Kaufmann	*Krupke's Korrespondenz*
Friedmann, Dr. Anna, Frau	Krupke's Konversations Lexikonverlag
v. Hartmann, Alexandra, vw. General Inf., geb. v. Knobloch	Zeitung *Der Bankier für Alle*
Heydweiller, F., Kaufmann	Basch, Georg, Kaufmann
Heydweiller & Co., Stalleinrichtungen	Blumenstein, Joseph, Fabrikant
Kempner, Richard, Rentier	Brinn, Heinrich Richard, Apotheker
v. Pidoll zu Quintenbach, Freifrau Margarete, geb. v. Scherff, vw. Baron	Herrmann, Dr. Paul, Rentner
v. Reinhardt, Freiherr Ernst, Rittergutsbesitzer	Krojanker, Wilhelm, Fabrikbesitzer
Schramm, Edmund, Fabrikbesitzer	Krupke, Franz, Chefredakteur
Schröder, G., Bankdirektor	Krupke & Co., Depeschenbüro
Vasen, Siegmund, Kaufmann	Levin, Helene, Rentiere
	Nusspicker, K., Kraftwagenführer
	Schmidt, R., Kaufmann
	v. Wedelstädt, Wilhelm, Major

Die Mietparteien im Haus Kurfürstendamm 48/49, 1903 und 1918

---

141 Berliner Adressbuch 1910. Nach http://www.grosser-generalstab.de/lexikon/als.html (13.9.2010) um- schreibt »à la suite« eine Ehrenstellung bei der Armee ohne dienstliche Aufgabe. Außerdem zählten »einzelne Offiziere, für die in der Rangliste der Einzelstaaten und im Reichsmilitäretat kein Platz« war, dazu. Diese dienten beim Reichsmilitärgericht und bei der Zeughausverwaltung in Berlin.
142 Sammons, Christa: Guide to the Curt von Faber du Faur Papers (= Yale Collection of German Literature, MSS 23), New Haven (Conn.) 2009, S. 5.
143 Zu den Adressen s. Berliner Adressbuch, 1902–1905. Leider ist über beide Frauen nichts weiter in Erfahrung zu bringen. Die Recherche in einschlägigen Quellenwerken zur Frauenbewegung könnte weiterhelfen.

Es sieht so aus, als ob Rittergutsbesitzer Freiherr Ernst von Reinhardt, den das Adressbuch nur 1903 verzeichnet, nach kurzer Zeit starb. Denn ab 1904 folgt die Rittergutsbesitzerin Freifrau Emma von Reinhardt (geb. von Moers) in der Aufzählung der Haushaltsvorstände. Die 1902 zugezogene und bis 1905 im Haus wohnhafte Nachbarin Freifrau von Pidoll zu Quintenbach trug den Namen eines alten lothringischen Geschlechts. Dessen Stammvater wird die Erfindung des Wurfkreisels zugeschrieben.[144] Sie selbst, eine Geborene von Scharff, hatte Anlass zur Klage, denn der Putz in der Küche war, wie sie schrieb, »fast gänzlich herabgefallen«.[145]

Ferner ist festzustellen, dass etliche der im Haus angesiedelten Gewerbe eine agrarische Orientierung aufwiesen. Firma Heydweiller & Co, die bis 1916 im Haus residierte, war der Generalvertreter für die Abteilung Stall-Einrichtungen des Eisenhütten- und Emaillierwerkes in Neusalz an der Oder. Heydweiller lieferte ganze Stalleinrichtungen, wie sie im Katalog »Stall- und Geschirrkammer-Einrichtungen« angeboten wurden.[146] Der Inhaber F. Heydweiller wohnte bis 1913 auch im Haus. Anders organisierte der Nachbar, Kaufmann Carl Fickert, sein Leben. Dieser, 1903 bis 1905 im Haus wohnhaft, war am Unternehmen M. Kosmack & Co beteiligt, das mit Mühlenfabrikaten und Getreide handelte. Angesiedelt war es in der Berliner Burgstraße.[147] Möglicherweise bestand geschäftliche Kooperation mit dem Getreideagenten Siegmund Vasen[148], der 1903 bis 1907 im Kurfürstendamm 48/49 eine Erdgeschosswohnung belegte. Als seine Berliner Geschäftsadresse nennt das Berliner Adressbuch 1903 die Heilige-Geist-Straße 48. Die Firmenzentrale logierte in Hamburg.[149] Fabrikant Joseph Blumenstein, Mieter von 1918 bis 1927, war als persönlich haftender Gesellschafter an der Rheinisch-Westfälischen Sackindustrie Julius Blumenstein KG beteiligt, die in der Warschauer Straße 37/38 produzierte.[150]

Wohl für ein oder zwei Semester bot das Haus 48/49 dem Studenten I. Gorton Unterkunft. Im Jahr 1905 zog Chefredakteur F. Krupke ein. Bald erweiterte dieser sein Betätigungsfeld: 1906 brachte er im Haus sein Depeschenbüro Krupke & Co unter, dazu kam 1914 noch Krupke's Konversations-Lexikon.[151] Dieses trug den Untertitel »Praktischer Führer für Kapitalisten«. Ab 1910 logierte außerdem die *Börsenhandels-Zeitung* im Haus. Andere Wirtschaftsblätter zogen zu: Die *Finanzwirtschafts-Chronik* und die Zeitung *Der Bankier für Alle*.[152]

Der Fabrikbesitzer Edmund Schramm wohnte 1903 bis 1908 im zweiten Obergeschoss, er betrieb in Hennigsdorf ein Dampfsägewerk. Seine Nutzholzhandlung und Parkettfabrik lagen am Tegeler Weg 3. Der Unternehmer imprägnierte Holz nach dem System Hasselmann. Die Firma befand sich 1909 in Liquidation, Schramm wohnte dann an anderer

---

144 http://www.von-pidoll.com/geschich/geschich.html (17.2.2010).
145 Bauakte Kurfürstendamm 48/49 Bd. 1, Bl. 213.
146 Berliner Adressbuch 1903, 1917; http://www.antiquariat.de/angebote/GID6944018.html (17.2.2010).
147 Berliner Adressbuch 1903.
148 Vasen wohnte zwischen 1903 und 1907 im Haus Kurfürstendamm 48/49. Seine nächste Unterkunft war dann in der Bleibstreustraße 17; Berliner Adressbuch 1907.
149 Berliner Adressbuch, 1903; Bauakte Kurfürstendamm 48/49, Bd. 1, Bl. 227.
150 Berliner Adressbuch 1918.
151 Berliner Adressbuch 1904–1914.
152 Berliner Adressbuch 1903–1916.

Stelle in Berlin, immerhin im eigenen Haus.[153] 1913 wurde im Haus 48/49 D. Fischer, der schon ab 1908 dort wohnte, in die Anzahl der Millionäre eingereiht. Ihm gehörte die in der Spandauer Straße 14–15 untergebrachte Firma Fischer & Wolff (Teppiche und Möbelstoffe).[154] Ob Fischer mit dem ab 1914 im Haus untergebrachten Institut für Wohnungs- und Teppichreinigung zu tun hatte, ist fraglich. Jedenfalls wird sein Name als Haushaltsvorstand nicht mehr genannt. Zwischen 1916 und 1928 wohnte der Kaufmann Georg Basch im Haus. Er ahnt nicht das Grauen seiner letzten Tage in Theresienstadt. Auch den 1918 bis 1923 im Haus wohnenden Apotheker[155] Heinrich Richard Brinn werden die Nationalsozialisten ermorden.

Im Jahr 1903 bewohnten das Haus Kurfürstendamm 50 außer Familie Munk der Portier Bautz und Kaufmann Knülle. Kurzfristig betrieben 1903 Gustav Posse und Oscar Zeiller im Haus eine Musterausstellung ihrer Fabrik für gelochte Bleche und Heizkörperverkleidungen. Ein anderer Mieter, Kaufmann Haupt, handelte mit Heizkörpern. Im nächsten Jahr wurde die Musterschau in die Kaiser-Allee 211 (heute: Bundesallee) verlegt, während Firma Haupt & Berger, die ebenfalls Heizkörperverkleidungen verkaufte, einzog.[156] Eine Kooperation zwischen beiden Unternehmen war also weiterhin möglich. Im Jahrzehnt ab 1903 war der Rittergutsbesitzer Weinschenk, der über ein Millionenvermögen gebot, Mieter im Haus Nr. 50.[157] 1915 eröffnete eine Pension gleichen Namens im Haus.[158] Möglicherweise hatte die Familie im Krieg ihr Vermögen verloren. Da im Haushalt des 1860 geborenen Martin Weinschenk wohl keine Ehefrau lebte, sondern die 1869 geborene »Fräulein« Mathilde Sauerland, könnte diese die Pension geführt haben.[159] Reichsbankdirektor a. D. Paul Rump, der bis 1907 im Haus wohnte, war Direktor der Bank für Handel und Industrie am Schinkelplatz 1–2.[160] Ihm fiel es sicher leicht, Kontakte in die dort benachbarte Reichsbank zu stiften.

Wie der Kurfürstendamm, wo sich die Ansiedlung von Dienstleistungseinrichtungen in den Jahren vor dem Ersten Weltkrieg verstärkte, wurde auch Kurfürstendamm 48–50 umstrukturiert. Im Jahr 1907, zeitgleich mit der Eröffnung des KaDeWe, beginnt Heinrich Munk im Haus Nr. 50 mit dem Ausbau von Läden. Er hat im Erdgeschoss »eine Loggia zu einem Schaufenster (…) umwandeln lassen«. Da ihm die Baupolizei für dieses Gebilde aus Glas und Eisen keine Genehmigung erteilt hat, stellt er den entsprechenden Antrag nachträglich, der ihm im Dezember des Jahres positiv beschieden wird. Grund ist, dass ihm zuvor schon einmal ein solcher Umbau »irrtümlich« genehmigt worden war.[161] Viel-

---

153 Berliner Adressbuch 1903, 1909.
154 Martin, Millionäre, S. 97; Berliner Adressbuch 1908 ff.
155 Berliner Adressbuch 1918–1923.
156 Berliner Adressbuch 1903, 1904.
157 Martin, Millionäre, S. 97.
158 Berliner Adressbuch 1915.
159 Die Angaben in der Bauakte Kurfürstendamm 50/50a, Bd. 2, Bl. 46 zu den Selbstfahrern lassen auf diese Konstellation schließen.
160 Berliner Adressbuch 1903.
161 Bauakte Kurfürstendamm 50/50a, Bd. 2, Bl. 3, 7.

1903	1918
Heinrich Munk, Architekt	**Heinrich Munk, Architekt**
Bautz, R., Verwalter, Portier	Schmars, R., Hauswart
Alexander, Jutta, Frau	Verband Deutscher Papiergarn-Webereien
Bodenburg, A., Frau	Blydt, Erik, Kunsthandlung »Deutsche Kunst«
Haupt, H., Heizkörper	Gongola (Gompola), Louis, Rentier
Knülle, W., Kaufmann	Hardt, Heinrich, Kaufmann
Kühne, M., vw. Regierungsassess.	Humboldt, Max, Friseur
Lingel, E., Kaufmann	Keller, Prof. Dr. med. Carl, Frauenarzt; leit. Arzt b. städt. Krhs. Chbg., Sophie-Charlotten-Str.
Marruhn, H., Schankwirtsch.	Rinne, Prof. Dr. Fritz, Geh. Medizinalrat; Chirurg, Chefarzt am Elisabeth-Krhs.
Carl Otto Nachfolger, Fabrik f. gelochte Bleche u. Heizkörperverkleidungen; Fa. Usedomer Str. 31; Musterausstellung Kurfürstendamm 50; Inh. Gustav Posse u. Oscar Zeiller	Schütt, Dr. Franz, Geh. Regierungsrat
Rump, Paul, Reichsbankdirektor a. D.; Direkt. d. Bank f. Handel u. Industrie	Th. Teppich, Rentiere
Weinschenk, Martin, Rittergutsbesitzer	Weymar, Gertrud u. Käte, Frl., Schreibwaren

Die Mietparteien im Haus Kurfürstendamm 50, 1903 und 1918

leicht residierte in diesem Laden Max Humboldt, der sich »Coiffeur des Dames« nannte und vor seiner Selbständigkeit im Damensalon Gérard Unter den Linden gearbeitet hatte. Zur moderneren Ausstattung für sein Geschäft beantragte er am 22. Juni 1909 Zustimmung zum Neubau eines Trockenofens. Die einträglichere Anlage durfte der Friseur nach dem 9. September 1909 in Betrieb nehmen.[162]

Im Jahr 1908 eröffnete der Geheime Medizinalrat Prof. Dr. Fritz Rinne als Mieter im Haus Nr. 50[163] ein neues Berufsfeld. Der Chirurg betrieb eine Privatklinik in der Augsburger Straße, wo man ihn von 8 bis 9 Uhr und außer sonntags, donnerstags und sonnabends zwischen 16 und 17 Uhr konsultieren konnte.[164] 1915 zog der Frauenarzt Prof. Dr. med. Carl Keller mit seiner Familie zu, der Leitender Arzt im Städtischen Krankenhaus Charlottenburg in der Sophie-Charlotten-Straße war. Er wird zuletzt 1927 als Haushaltsvorstand genannt, 1928 folgt der Eintrag einer Witwe Keller.[165] Es hat den Anschein, als sei der Arzt verstorben. 1908 zog die Weingroßhandlung W. Schlieben & Co. zu. Zwischen 1909 und 1911 wohnte auch die Familie des Professors Dr. med. Ernst Grawitz im Haus. Dieser, dirigierender Arzt im Städtischen Krankenhaus Charlottenburg, starb bald, 1912 lebte seine

---

162 Ebd., Bl. 40, 42–43R; Berliner Adressbuch 1908 ff.
163 Berliner Adressbuch 1903–1916.
164 Berliner Adressbuch 1910.
165 Berliner Adressbuch 1914–1929.

Witwe in der Wohnung.[166] In der Biografie »Drei Karrieren im Sanitätsdienst der SS« wird ein 1899 geborener Ernst Robert Grawitz erwähnt, der später als Reichsarzt-SS für Morde an Behinderten und Gefangenen verantwortlich war. War er der Sohn?

In den Jahren 1912 bis 1917 bewohnte die Familie des Bankiers Paul D. Salomon[167] die Wohnung neben Familie Munk. Das »hochherrschaftliche« Haus des Berliner Westens, in das der Sohn Hans, später Hans Sahl, sein 1982 uraufgeführtes Stück »Hausmusik« verlegt, ist Kurfürstendamm 50.[168] Der aus der Ferne Zurückkehrende beschreibt das Haus: »Hochparterre, zweites Fenster von links. Das war mein Zimmer. Der Tisch, an dem ich meine Schularbeiten machte. Der Steinbaukasten. Der ausgestopfte Vogel, an dem die Motten fraßen. Der Globus mit dem Tintenklecks, wo Europa war. Da saß ich am Abend und sah auf den Hof hinaus, wenn meine Mutter Tristan und Isoldes ›Liebestod‹ spielte.« Und weiter zum Zimmer seiner Schwester: »Viertes Fenster von links. Mariannes Zimmer. Weiße Mullgardinen. Bilder von Kainz und Caruso. Das Poesiealbum und die grüne Botanisiertrommel.« Darüber hinaus macht er zur Größe der Wohnung Angaben: »Es war eine sehr große Wohnung, und ich bin immer den Korridor entlanggeradelt, von der Küche bis zum Esszimmer und zurück.«[169]

Einen Blick auf den Alltag gibt Sahl mit der Erinnerung an den Tapezier Rathstock. Dieser »war ein schwerer, mächtiger Mann, graue Haare, graue Bartstoppeln, so dass seine Backen wie graue Nadelkissen aussahen. Er hatte den Mund immer voller Nägel, was zur Folge hatte, dass man ihn kaum verstehen konnte, wenn er sprach. Er ging mit wiegenden Schritten lautlos in Latschen durch die Wohnung, spähend, auf der Suche nach Reparierbarem, Hammer und Schraubenzieher wie Schusswaffen bereit gegen eine Umwelt, der nicht zu trauen war, und wenn er auf eine Leiter stieg, um einen Nagel einzuschlagen, wühlte er vorher lange mit dem Zeigefinger in der Backentasche, bis er den richtigen fand. Er roch entsetzlich, ich glaube, er wusch sich nie, aber seine Güte war unermesslich.«[170]

Blick zurück

Blicken wir zurück auf die Zeit zwischen 1899 und 1919/20, schauen wir auf die Ausbaudynamik Charlottenburgs zu Beginn des 20. Jahrhunderts, in der sich der Kurfürstendamm zur gutbürgerlichen Wohnstraße konsolidierte, sehen auch Ansätze zur Umgestaltung von Wohnungen für Geschäfte. Zugleich steigerte und beschleunigte sich das Verkehrsaufkommen, was mit der Elektrifizierung des Öffentlichen Personennahverkehr und auch mit der Eröffnung neuer Linien zusammenhing.

---

166 Berliner Adressbuch 1909–1912. Hahn, Judith: Grawitz, Genzken, Gebhardt. Drei Karrieren im Sanitätsdienst der SS, Münster 2008.
167 Berliner Adressbuch 1912–1917.
168 Brief an Prof. Bröhan vom 3.10.1989.
169 Die Situationsschilderung in: Sahl, Hausmusik, S. 7–8, 10–11. Nach dem Berliner Adressbuch 1915 lag die Wohnung der Familie Salomon im Hochparterre. Sahls Schwester hieß Katharina.
170 Sahl, Hans: Memoiren eines Moralisten (= Sammlung Luchterhand), Hamburg/Zürich 1990, S. 187.

Großwohnungen, ausgestattet mit moderner Haustechnik, boten gut situierten Familien ein angemessenes Zuhause. Die im Stil der Neorenaissance gestalteten Fassaden trugen vertikale Strukturen, die eine turmartige Eckgestaltung mit der darauf platzierten Viktoria unterstrichen. Die Wohnanlage zierten gartenkünstlerisch gestaltete Höfe und breite Vorgärten. Das Grundstück bot durch seinen besonderen Zuschnitt die Möglichkeit, ein Stall- und Remisengebäude in großer Entfernung unterzubringen. Noch im Kaiserreich begann die Umnutzung des Stalles in eine Garage, ferner wurde eine Benzingrube angelegt. Das Erdgeschoss beherbergte erste Geschäfte. Zwischen 1903 und 1918 nahm die Anzahl der Haushaltsvorstände moderat zu. Die zahlenmäßige Steigerung juristischer Personen deutet eine stärkere kommerzielle Nutzung an. Heinrich Munk, Architekt, Bauherr und Eigentümer, erlitt nach langer Wohndauer im eigenen Haus einen wohl durch den Krieg forcierten Vermögensverfall, der ihn zu Verkauf und Auszug zwang.

3. *Kapitel* – Das Renditeobjekt am republikanischen Boulevard (1919/20–1932)

Zu Beginn der 20er Jahre belegte Berlin nach London und New York den dritten Rang in der Reihe der Weltstädte. Bereits während des Weltkriegs hatte sich gezeigt, dass die einzelnen Gebietskörperschaften nicht mehr in der Lage waren, ihr Terrain allein zu organisieren. So taten sich am 1. Oktober 1920 zahlreiche Städte, Landgemeinden und Dörfer zu Groß-Berlin zusammen. Charlottenburg war nun keine selbständige Stadt mehr, sondern ein Bezirk im städtischen Großraum. Das fast vier Millionen Einwohner große Berlin wurde im Lauf der 20er Jahre zum Inbegriff von Modernität. Diese Qualität begründeten unter anderem das Haus des Rundfunks, die AVUS (Automobil-Verkehrs- und Übungsstraße) und nicht zuletzt das Messegelände mit dem Funkturm. Die Straße, die zu diesen Einrichtungen führte, war der Kurfürstendamm. Dieser stellte zugleich die Leitlinie dar, an der das Prinzip »Modernität« vorgelebt wurde. Wolf Jobst Siedler nannte ihn den »republikanische(n) Boulevard«.

Der Kurfürstendamm

Krisenzeit

An Sylvester 1918/19 wurde das Tanzverbot aufgehoben, das im Krieg aus Pietätsgründen verhängt worden war.[1] Das zog die Eröffnung zahlreicher Tanzdielen am Kurfürstendamm nach sich. In dieser von einer gewissen Entspannung geprägten Zeit traten politische Gegensätze offen zutage, vor allem zwischen den im Rat der Volksbeauftragten vertretenen Parteien, SPD und USPD. In der Silvesternacht gründeten Mitglieder der USPD – unter ihnen Rosa Luxemburg und Karl Liebknecht – die KPD. Während der folgenden Sparta-

---

1 http://www.utescheub.de/docs/VerruecktNachLeben.pdf (1.7.2010).

kuskämpfe zwischen Revolutionären und dem Militär verhafteten Mitglieder der Garde-Kavallerie-Schützen-Division Luxemburg und Liebknecht in ihrer letzten Unterkunft in Wilmersdorf und misshandelten sie im Edenhotel am Kurfürstendamm 246/247.[2] Schließlich wurden beide ermordet.[3] Bald erfolgte im östlichen Umfeld des Kurfürstendamms ein weiterer politischer Mord. Am 24. Juni 1922 erschossen Mitglieder der »Organisation Consul« Walther Rathenau auf dem Weg ins Außenministerium in der Koenigsallee. Die gespannte Atmosphäre, die danach in der Stadt herrschte, schildert die Tagebucheintragung einer 16-Jährigen: »Gestern haben sie Rathenau erschossen. Ich weiß nicht, es liegt so eine Schwüle in der Luft. Ich fürchte mich vor etwas Ungreifbarem. Ich habe Angst, es könnte noch Schreckliches passieren. (…) Noch nie – (…) außer der Revolution – hat mich ein politisches Ereignis so mitgerissen wie der Tod von Rathenau. Ich habe ihn noch nie gesehen, nie sprechen hören, nichts dergleichen und doch. Es ist merkwürdig, ich traure um ihn wie um einen guten Bekannten. Ich muss immerzu weinen (…). Es lebe die Republik! Für sie will ich kämpfen, soweit es in meinen Kräften steht.«[4]

Die ökonomische Krise zu Beginn der Weimarer Republik brachte Armut, Vermögensverfall und unter den Vorzeichen der Inflation schwierige Lebensorganisation. Am 28. Juli 1923 meldete die in Charlottenburg erscheinende *Neue Berliner Zeitung*: »Der Dollar in Newyork = 1 Million Mark«.[5] Der Kurfürstendamm veränderte sich. Direkt nach dem Krieg war für diese Straße noch – wie im Kaiserreich – der Reitweg typisch. Deshalb befanden sich »unter den S-Bahnbögen am Savignyplatz (…) Pferdeställe.« Im Gegensatz zur Vorkriegszeit bestimmten zahlreiche Bettler das Straßenbild: »Die Mützen mit den schwarz-weiß-roten Kokarden (…) dienten jetzt als Bettelgerät.«[6] Anklänge an die Kaiserzeit suggerierten auch die Häuser: »Im Berlin des Jahres 1921«, so Ilja Ehrenburg, »glaubte man sich von lauter Sinnestäuschungen umgeben. An den Häuserfassaden klebten nach wie vor steinerne Walküren mit dicken Brüsten. Die Fahrstühle waren in Betrieb, aber in den Wohnungen herrschten Hunger und Kälte[…]. Die Katastrophe maskierte sich als Ordnung. In den Auslagen sah ich rosafarbene und blaue Vorhemden – Ersatz für die viel zu teuren Oberhemden. Die Vorhemden waren das Aushängeschild, der Beweis wenn nicht des Wohlstands, so doch der Wohlanständigkeit.«[7]

---

2 Die Umbenennung dieses Teils des Kurfürstendamms in Budapester Straße erfolgte nach dem tragischen Tod des Reichspräsidenten Friedrich Ebert, nach dem die vorherige Budapester Straße benannt wurde; s. Girra, Dagmar u.a.: Die Berliner Straßennamen. Kommentiertes Verzeichnis Charlottenburg-Wilmersdorf, Berlin 2001, S. 51.

3 Vgl. Hetmann, Frederik: Rosa L. Die Geschichte der Rosa Luxemburg und ihrer Zeit, Weinheim/Basel 1976, S. 266 ff.

4 Zit. n. Wenzel, Hilde: »Und mitten im glühenden Patriotismus kommt mir plötzlich der Gedanke, bin ich denn überhaupt eine Deutsche?«, in: Bartmann, Sylke u. a. (Hg.): »Wir waren die Staatsjugend, aber der Staat war schwach«. Jüdische Kindheit und Jugend in Deutschland und Österreich zwischen Kriegsende und nationalsozialistischer Herrschaft, Oldenburg 2003, S. 61–69, S. 64–65. Hilde Wenzel war die Schwester der in Auschwitz ermordeten Schriftstellerin Gertrud Kolmar.

5 Deutsches Bundesarchiv, Bundesarchiv Bild 102-00134, Berliner Tageszeitung zur Geldentwertung.jpg (12.11.2010).

6 Frick, Heinz: Mein Gloriapalast. Das Kino vom Kurfürstendamm, München 1986, S. 13–14.

7 Ilja Ehrenburg zit. n. Urban, Thomas: Russische Schriftsteller in Berlin der Zwanziger Jahre, o.O. o.J., S. 47.

Diese Wohlanständigkeit wurde auch amtlicherseits verteidigt, indem die Charlottenburger Baupolizei auf den Fortbestand kaiserzeitlicher Vorgartenästhetik größten Wert legte. Wie in den Jahren vor und im Ersten Weltkrieg erschwerte diese Position das Bestreben der Gewerbetreibenden, ihre Produkte dem Publikum möglichst direkt anzubieten. Die Bauaufsicht pochte darauf, dass die Vorgartenpolizeiverordnung aus dem Jahr 1914 Anwendung fand, die das Verhältnis von begrünter und nicht begrünter Fläche (zum Beispiel Wege) zugunsten der ersteren regelte. Darüber hinaus kämpfte sie gegen Werbeschilder. So musste beispielsweise der Wirt

Abb. 26   Reitweg in der Mitte des Kurfürstendamms

Erwin Roesch 1921 im Haus Kurfürstendamm 227 (Ecke Tauentzienstraße 37) Holztafeln mit dem Namen seiner Likörstube entfernen.[8]

Bürger mit mehr Beharrungsvermögen als Roesch setzten sich gegen die Behörde durch: Firma Naumann & Rosenbaum betrieb ebenfalls im Haus Kurfürstendamm 227 ein Parlophongeschäft, das heißt, hier wurden »Sprechapparate« und Schallplatten verkauft. Die sprachgewandten Inhaber reagierten auf die amtliche Aufforderung, die am Vorgartengitter montierten Schilder aus Eisenblech zu entfernen: »Es liegt uns völlig fern, an einer bestehenden alten Vorschrift, die zu Zeiten ergangen ist, als der Kurfürstendamm noch eine Luxusstraße war, zu kritisieren oder zu mängeln (!), denn damals wurde das Straßenbild durch Geschäftsreklame wenn auch nicht verschandelt, so doch beeinträchtigt. Heute aber, wo der Kurfürstendamm die Hauptgeschäftsader Charlottenburgs ist, würde sich die Stadt Charlottenburg ins eigene Fleisch schneiden, wenn sie diese veraltete Vorschrift strikte durchführte.« Weiter verwiesen sie auf die »hässlichen Schilder von Aerzten und Anwälten« und betonten, die Schilder seien ökonomisch unverzichtbar, »da unser Geschäft infolge der Vorgärten ca. 8 Meter hinter der Straßenfront liegt, so dass wir kein Geschäft machen können, wenn wir nicht das Publikum eben durch diese Reklameschilder auf unsere Firma aufmerksam machen. Wir bitten Sie daher, uns in dem z. Zt. an und für sich schweren Daseinskampf nicht noch mehr Schwierigkeiten zu bereiten und von einer Entfernung der wirklich gänzlich harmlosen Reklameschilder abzusehen.« Vor dem Hintergrund dieser Argumente saßen die Geschäftsinhaber das Problem aus. Sie kamen der Aufforderung zur Entfernung erst nach, als sie 1924 die Erlaubnis erhalten hatten, andere Schilder am Haus anbringen zu dürfen.[9]

8 LAB, B Rep. 207, Nr. 2205, Bl. 247R–253.
9 Ebd., Bl. 254/R–264.

Wie schwierig die Alltagsorganisation war, zeigt das Beispiel zahlreicher Streiks während der Inflation. Waren die Verkehrsmittel im Ausstand, so fuhren »auf dem Kurfürstendamm große Leiterwagen«, um die dringendsten Transporte zu übernehmen.[10] Schwierigkeiten bereitete die Inflation selbstverständlich auch hinter den Hauswänden. Das beschrieb Hilde Wenzel, die im Haus Kurfürstendamm 43 lebte: »Das Aufreibende unserer Zeit sind oft keine grossen Dinge, sondern das stete Aufeinanderplatzen durch die gesteigerte Nervosität und Abgespanntheit. Dies ewige Gereiztsein, das Sichgehenlassen, das Alltagsleben mit all' seinen ermüdenden Nichtigkeiten. Und jedes erste und letzte Wort ist: ›Geld, Geld‹ [...] Und nachmittags heisst's Licht sparen und in einem Zimmer sitzen. Und durch dieses viele Beisammensein wird man viel gereizter, als man so schon ist, und um jede Kleinigkeit gibt's Krach, Verstimmtheit und Ärger.«[11]

Armut ergriff nicht nur Kriegsinvaliden und Inflationsopfer, sondern auch viele der einst Vermögenden. Oft waren sie gezwungen, einen Großteil ihres nunmehr einzigen Besitzes, die großen Wohnungen, zu vermieten. Das beschreibt Gabriele Tergit in ihrem Roman »Käsebier erobert den Kurfürstendamm«: »Im schwarzen Musikzimmer schlief eine Serbin, im Renaissance-Herrenzimmer ein Student, ins romanische Esszimmer war ein Ungar gekommen, und in den Hinterzimmern wohnte eine russische Familie. Die Besitzerin hatte sich auf ein Stübchen neben der Toilette zurückgezogen oder hatte die ganze Wohnung vermietet, um sich ernähren zu können.«[12] Herrschte schon vor 1914 vor allem in den Großstädten Wohnungsmangel, so verstärkte das Bauverbot während des Krieges diesen noch. In der Folge kam es zur Zwangsbewirtschaftung von Wohnraum: Die Wohnungsämter erfassten den Bestand, forcierten Instandsetzungen, teilten große Wohnungen auf und ordneten Dachausbauten an. Mietpreisbindung wurde eingeführt und der Kündigungsschutz verstärkt.[13] »Gemeinsame Badestube, gemeinsame Küche wurde die Regel.«[14]

Anfang der 20er Jahre drehte der Regisseur Richard Oswald den Film »Kurfürstendamm«. Der Teufel, ausgestattet mit der Geldmaschine seiner Großmutter, wird an dieser Straße geneppt, bis er schließlich in die Hölle zurückkehrt. Schon im darauffolgenden Jahr brachte die Verlagsbuchhandlung Axel Juncker, die im Haus Kurfürstendamm 29 residierte, das Buch »Kurfürstendamm« heraus. Der Autor, Christian Bouchholtz, griff das Bild vom Teufel auf und stellte ihm einen Engel an die Seite. Beide erwiesen sich dem

---

10 Shiller, Hettie: »Die Kinder waren begeistert, erfüllt von der neuen Freiheit«, in: Bartmann, Sylke u. a. (Hg.): »Wir waren die Staatsjugend, aber der Staat war schwach«. Jüdische Kindheit und Jugend in Deutschland und Österreich zwischen Kriegsende und nationalsozialistischer Herrschaft, Oldenburg 2003, S. 101–116, S. 107–108.
11 Zit. n. Wenzel, Hilde: »Und mitten im glühenden Patriotismus kommt mir plötzlich der Gedanke, bin ich denn überhaupt eine Deutsche?«, in: Bartmann, Sylke u. a. (Hg.): »Wir waren die Staatsjugend, aber der Staat war schwach«. Jüdische Kindheit und Jugend in Deutschland und Österreich zwischen Kriegsende und nationalsozialistischer Herrschaft, Oldenburg 2003, S. 61–69, S. 66–67.
12 Tergit, Gabriele: Käsebier erobert den Kurfürstendamm, Frankfurt am Main 1978, S. 199.
13 Zur Wohnungszwangswirtschaft vgl. Stratmann, Mechthild: Wohnungsbaupolitik in der Weimarer Republik, in: Neue Gesellschaft für Bildende Kunst (Hg.): Wem gehört die Welt – Kunst und Gesellschaft in der Weimarer Republik, 4. überarb. Aufl., Berlin 1977, S. 40–49.
14 Tergit, Käsebier erobert, S. 199.

Kurfürstendamm als nicht gewachsen, denn: An dieser Straße »wirken Moralgesetze, zusammengeschweißt aus Snobismus, Bluff, Paradoxie, Sensationslüsternheit, Abgebrühtheit, Überlegenheit (…) Moralgesetze jedenfalls, die durch keinerlei alte Überlieferungen kristallisiert und normiert sind. Gesetze, mehr, als anderswo dem Hirn direkt entspringend, geboren aus dem Urteil oder der Laune der Minute.«[15]

Internationaler Zuzug

Berlin war ein bedeutendes Migrationszentrum. Das wirkte sich auf die Mentalitäten aus. Sebastian Haffner erinnert sich, wie ein großer Teil der deutschen Jugend geradezu »fremdenthusiastisch« war: »Wie viel interessanter, schöner und reicher wurde das Leben dadurch, dass es nicht nur Deutsche gab! Unsere Gäste waren uns alle willkommen, gleichgültig ob sie freiwillig kamen, wie die Amerikaner und Chinesen, oder als Vertriebene, wie die Russen. Es herrschte Aufgeschlossenheit, liebevoll-neugieriges Wohlwollen, ein bewusster Vorsatz, gerade das Fremdeste verstehen und lieben zu lernen; manche Freundschaft, manche Liebe knüpfte sich damals mit dem fernsten Osten und dem fernsten Westen.«[16]

Vor allem am Kurfürstendamm herrschte rege Nachfrage nach Unterkünften durch die vielen politischen Flüchtlinge. Schon 1920 kamen Kritiker des Horty-Regimes aus Ungarn, Moholy-Nagy zum Beispiel.[17] Die meisten Flüchtlinge aus der Sowjetunion siedelten sich in Wilmersdorf und Charlotten»grad« an, insbesondere am Kurfürstendamm. In Exilkreisen hieß dieser sogar NEPski-Prospekt. Die Anspielung auf den bekannten Newski Prospekt ist ebenso wenig zu überhören, wie die auf Lenins »Neue Ökonomische Politik«, die auf Russisch »NEP« abgekürzt wurde.[18] Ein großer Teil der 400.000 Russen, die zwischen Herbst 1921 und Ende 1923 in Berlin lebten, waren Intellektuelle und Künstler. Berlin war eine interessante Stadt, und die Inflation erlaubte den Inhabern harter Währung – wie dem Rubel – ein gutes Leben. Darüber freute sich Alexander Tolstoi, der sich in die Pension Fischer am Kurfürstendamm 31, Ecke Uhlandstraße, einquartiert hatte: »Ich wundere mich«, schrieb er einem Freund, »warum du dich so sehr dagegen sträubst, nach Berlin zu kommen. Du könntest beispielsweise von dem Geld, das du für einen Literaturabend bekommst, mit Begleitung neun Monate lang in der besten Pension im besten Stadtteil leben: du lebtest wie ein Edelmann und müsstest Dir keine Sorgen machen«.[19] In

---

15 Stange, Heike: »Oh! Kurfürstendamm«. Selbstspiegelungen in der Literatur der 1920er Jahre, in: Zajonz, Michael/Kuhrau, Sven (Hg.): Heimweh nach dem Kurfürstendamm. Geschichte, Gegenwart und Perspektiven des Berliner Boulevards, Petersberg 2010, S. 111–119, S. 114–115.

16 Haffner, Erinnerungen, München 2002, S. 79–80.

17 Haarmann, Hermann: Treffpunkt Berlin. Wechselbeziehungen der literarischen und künstlerischen Avantgarde in den zwanziger Jahren, in: Siebenhaar, Klaus (Hg.): Das poetische Berlin. Metropolenkultur zwischen Gründerzeit und Nationalsozialismus, Wiesbaden 1992, S. 123–138, S. 125.

18 Urban, Schriftsteller, S. 11. Die russischen Emigranten lebten vor allem in Schöneberg, Wilmersdorf und Charlottenburg.

19 Ebd., S. 33, das Zit. S. 36.

den frühen 20er Jahren wohnte der avantgardistische Bildhauer Archipenko, der in Berlin eine Kunstschule unterhielt, im Erdgeschoss der Kurfürstenstraße 126, also nahe dem östlichen Kurfürstendamm.[20]

Als unmittelbarer Nachbar des Hauskomplexes Kurfürstendamm 48–50 ließ sich der in Galizien geborene Joseph Roth nieder, der die Nähe von Russen suchte.[21] Anfänglich, in den frühen 20er Jahren, wohnte er zur Untermiete beim Schauspieler Alfred Beierle in der Mommsenstraße 66. Aus diesem Haus blickte man von Norden in den tiefen Hof der Häuser Kurfürstendamm 48–50. Später hielt sich Roth noch immer am Kurfürstendamm auf. Er logierte im Hotel am Zoo (Kurfürstendamm 25), besuchte das Café des Westens, dann auch die legendären Mampe-Stuben.[22] Und in der Konditorei Schneider Ecke Kurfürstendamm Schlüterstraße traf er seinen Freund Ludwig Marcuse. Dieser verliebte sich dort in die Kellnerin Erna, die seine Frau wurde. Sie war Marcuse vorgekommen wie »ein kleiner bunter Kreisel«.[23] In den Jahren 1922 bis 1925 führte W. Schneider & Co. die betreffende Konditorei im Haus Kurfürstendamm 51.[24]

Joseph Roth machte sich Gedanken über das Verschwinden der Vorgärten am Kurfürstendamm: »Am Abend gehe ich über den Berliner Kurfürstendamm. […] Manchmal muss ich ein Gitter sachte umschreiten, hinter dem sich ein Garten befindet. Man darf ihn nicht betreten. Ich beneide die Straßenbahnen, die flott und frisch über grüne Rasen in der Mitte der Fahrbahn dahingleiten dürfen. Eigens für sie hat man die Rasen angelegt, als wären sie Tiere, aus der saftigen grünen Natur nach Berlin gebracht (…). Manchmal befindet sich hinter einem Gitter allerdings kein Rasenfleck, sondern ein Kiesbeet. (…) Ich wüsste gern, wer diese steinerne Flora erfunden hat und ob man die Kieselsteine täglich gießt, damit sie nicht verdorren.«[25]

Kulturschaffende, Toleranz und Intoleranz

Die Währungsreform 1923 als Folge der Inflation verteuerte auch das Leben der russischen Zuwanderer. Viele verließen Berlin, Verlage und Buchläden mussten schließen.[26] In dieser Zeit, 1924, flüchtete die junge Tatjana Gsovsky mit ihrem Mann vor Stalin nach Berlin.[27] Sie erinnert sich an ihre Ankunft: »Es war ein harter Wurf. Es war eine schwere

---

20 Berliner Adressbuch 1923.

21 Konstantinović, Zoran: Fremde in der Stadt. Einblicke und Einflüsse, in: Siebenhaar, Klaus (Hg.): Das poetische Berlin. Metropolenkultur zwischen Gründerzeit und Nationalsozialismus, Wiesbaden 1992, S. 1–16, S. 14.

22 Siebert, Eberhard/Bienert, Michael: Joseph Roth und Berlin, (= Ausstellungskataloge/Staatsbibliothek zu Berlin – Preußischer Kulturbesitz, N.F., 9), Wiesbaden 1994, S. 51.

23 Voß, Literaturfreunde, S. 423.

24 Berliner Adressbuch 1922–1925.

25 In: *Münchener Neueste Nachrichten* v. 29.9.1929.

26 Urban, Schriftsteller, S. 212.

27 Heuermann, Michael: Tatjana Gsovsky und das »Dramatische Ballett«. Der »Berliner Stil« zwischen DER IDIOT und TRISTAN, Dissertation Universität Bremen, Münster 2001 = http://deposit.d-nb.de/cgi-bin/dokserv?idn=963777718&dok_var=d1&dok_ext=pdf&filename=963777718.pdf (25.8.2007), S. 22.

Zeit – aber«, schwärmt sie, »Berlin war herrlich. Es war immerhin das Berlin Reinhardts, Berlin vom Bauhaus, Berlin auch von Massary, von Haller Revue und von Josephine Baker, von Charleston, von Reichtum.«[28] Das junge Ehepaar Issatschenko-Gsovsky schuf sich 1928 im Haus Fasanenstraße 68 mit einer Ballettschule, der so genannten »Fasanerie«, eine Existenz. Entgegen dem zeitgenössischen Mainstream wurden hier klassische Tanztechniken vermittelt.[29] Tatjana Gsovsky wird später im Haus Kurfürstendamm 50 wohnen.[30]

Asta Nielsen bezog 1931 eine Wohnung im Nachbarhaus Fasanenstraße 69, wo sie bis 1937 lebte.[31] Die Filmdiva fand Gefallen an einem jungen Mann, der im Haus Kurfürstendamm 50 aufgewachsen war: an Hans Sahl. Nach dem Studium der Kunst- und Literaturgeschichte sowie der Philosophie schrieb er für die Berliner Zeitungen *Montag-Morgen* und *Tagebuch*. Auf eine seiner Filmkritiken reagierte die Schauspielerin mit einer Einladung. Umgeben von Möbeln der Jahrhundertwende, unterhielten sich die beiden bei Champagner bis tief in die Nacht. Dann nahm der Lebensgefährte Frau Nielsens »eine Laute von der Wand und sang ekstatisch ein russisches Lied«. Am Morgen schlug die Schauspielerin »die staubigen Samtportieren zurück, draußen war es Tag.« Diese Begegnung stand am Beginn der Freundschaft zwischen dem jungen Journalisten und dem Star.[32]

Die beiden verabredeten sich auch im Romanischen Café, das ab 1918 zum klassischen Künstler- und Literaten-Treff avancierte, wo Kreative und Mäzene aufeinandertrafen.[33] Dazu Sahl: »Es gibt einen Malertisch, einen Bildhauertisch, einen Philosophentisch, einen ›Börsen-Courier‹-Tisch, einen Tisch der Kritiker, der Dramatiker, der Essayisten, der Soziologen und der Psychoanalytiker. […] Ich hatte den Vorzug, sowohl von Alfred Polgar als auch von Egon Erwin Kisch zugelassen zu werden, sowie von den Malern

Abb. 27   Schülerinnen der Tanzschule Gsovsky, 1929

---

28 Tatjana Gsovsky 1991, zit. n. ebd., S. 57.
29 Ebd., S. 58–60.
30 Berliner Sradtadressbuch 1970.
31 http://www.berlin.de/ba-charlottenburg-wilmersdorf/bezirk/gedenktafeln/nielsen.html (13.5.2007).
32 Sahl, Memoiren, S. 94 ff., S. 108–109.
33 Schebera, Jürgen: Damals im Romanischen Café. Künstler und ihre Lokale im Berlin der Zwanziger Jahre, Berlin o.J., S. 39 ff.

Willy Jaeckel und Bruno Krauskopf und dem immer gutgelaunten, immer lachenden und immer redenden Kurt Pinthus – ganz zu schweigen von den Filmleuten, die natürlich aus Berufsgründen auf den Umgang mit den anderen Künstlern angewiesen sind.«[34] Else Lasker-Schüler zu diesem Lokal: »Das Café wurde zu unserer nächtlichen Heimat, unserer Oase, unserem Zigeunerwagen, unserem Zelt (…)«.[35]

In den Dutzenden Cafés nahe den großen Kurfürstendamm-Kinos »traf sich ganz Berlin«. »Für wenig Geld konnte man bei einer Tasse Café in schönen gepflegten Räumen bei guter Musik nicht nur seine Freunde treffen, mit denen man eine Verabredung hatte, sondern man sah meistens auch noch eine Fülle von Bekannten, die auch ›Stammgäste‹ dieses Cafés waren. […] Wir Frauen trafen uns auch nachmittags meist im Café zu einem Plauderstündchen.«[36] Wer die üppige Wandgestaltung des von 1902 bis 1977 am Kurfürstendamm 234 etablierten Cafés Schilling betrachten möchte, kann das noch heute tun. Die goldumrahmte Pracht schillert hinter den Kleiderständern eines Filialbetriebs hervor. Die traditionsreichen Mampe-Stuben sind stark verändert und im Verbund mit neuen Räumlichkeiten im Haus Kurfürstendamm 15 noch in Betrieb.

Die Künstlerin Jeanne Mammen wohnte zwischen 1919 und 1976 am Kurfürstendamm.[37] Ihre Familie hatte Paris während des Ersten Weltkrieges als »feindliche Ausländer« verlassen müssen. So kamen sie und ihre Schwester Mimi in ihre Geburtsstadt Berlin zurück. Beide waren ausgebildete Malerinnen und durch die Beschlagnahme des väterlichen Vermögens nach Kriegsausbruch gezwungen, sich selber durchzubringen. Mimi und Jeanne bewohnten eine Atelierwohnung im Hinterhaus Kurfürstendamm 29, wo Jeanne bis zu ihrem Tod 1976 blieb. Mammen war eine Chronistin des Lebens der 20er Jahre, vor allem zeichnete sie das Leben der Neuen Frau: der Girls, Garconnes und Flapper, der knabenhaften Frauen mit Bubikopf. Nachdem die Künstlerin 1927 Mitarbeiterin beim Simplicissimus geworden war, konnte sie von ihrer Arbeit leben. 1930 stellte sie erfolgreich in der Galerie Gurlitt aus.[38]

Auch in den Nebenstraßen des Kurfürstendamms ließen sich innovative Geister nieder. Dazu zählte Else Ernestine Neuländer, die im Herbst 1930 ihr Fotoatelier in der Bleibtreustraße 17 eröffnete. Unter dem Namen Yva ist sie als eine der bedeutendsten Berliner Fotografinnen bekannt. Ihr lag daran, »die lebendige Vielgestaltigkeit der Erscheinung« künstlerisch herauszuarbeiten. Nur den »einzigen Eindruck eines bestimmten Momen-

---

34 Sahl, Memoiren, S. 160.

35 Zit. n. Berger, Berlin freiheitlich, S. 180.

36 Hettie Shiller zit. n. Kirsch, Sandra: Berlin in der Weimarer Republik. Kultur und Zeitgeist, in: Bartmann, Sylke u. a. (Hg.): »Wir waren die Staatsjugend, aber der Staat war schwach«. Jüdische Kindheit und Jugend in Deutschland und Österreich zwischen Kriegsende und nationalsozialistischer Herrschaft, Oldenburg 2003, S. 337–374, S. 369.

37 In Mammens früherem Atelier befindet sich der zu besichtigende Jeanne-Mammen-Saal. Dazu http://www.jeanne-mammen.de/html/deutsch/inhalte/kontakte.html (14.6.2010).

38 Wachenfeld, Christa: Jeanne Mammen, in: Emma (1997), 6 = http://www.emma.de/hefte/ausgaben-1997/novemberdezember-1997/mammen-1997-6/ (27.11.2009). Zum Begriff der Neuen Frau Sykora, Katharina u. a. (Hg.): Die Neue Frau. Herausforderung für die Bildmedien der zwanziger Jahre, Marburg 1993.

tes« zu zeigen, war ihr zu wenig.[39] Damit verhalf sie in ihrem Metier dem demokratischen Prinzip der Vielgestaltigkeit zum Ausdruck. Helmut Newton bekannte, viel von ihr gelernt zu haben. Cläre Sonderhoff hatte ihr Fotoatelier im Kurfürstendamm 187.[40] Im Haus Nr. 14/15 fotografierte Frieda Riess ab 1918 im eigenen Studio. Sie hatte sich im Lette-Verein als Fotografiegehilfin ausbilden lassen. Mit ihren Porträts vor allem prominenter Persönlichkeiten war sie sehr erfolgreich. Sie arbeitete auch für den Film »Das indische Grabmal«. Bei ihren Einladungen zum Tee trafen sich zahlreiche Künstlerinnen, Künstler und Personen aus dem Bereich der Politik.[41] Die Fotografin Suse Byk betrieb im Haus Kurfürstendamm 230 von 1913 bis 1938 ihr einträgliches Atelier für Porträt-, Mode- und Tanzfotografie. Der Jahresumsatz betrug mehr als 60.000 RM.[42] Lotte Jacobi, die Ende der 20er Jahre das Atelier ihres Vaters in der Augsburger Straße übernahm, verlegte dieses bald in die Joachimsthaler Straße, wo es 1927 bis 1932 residierte. Von 1931 bis zur

Abb. 28   Werbung für das Atelier Riess Kurfürstendamm 14/15, 1918

Emigration im Jahr 1935 war ihre Schwester Ruth Mitarbeiterin. Nach dem Atelier an der Joachimsthaler Straße bezogen beide ihre Arbeitsstätte im Haus Kurfürstendamm 216 und 1935, kurz vor ihrer Flucht aus Deutschland, im Kurfürstendamm 35.[43]

Exzentriker und Einzelgänger belebten das Milieu am Kurfürstendamm. Zum Beispiel setzte sich »der Frauenarzt Dr. Klapper für die Abschaffung des § 218« ein. »Seine Utopie einer Welt von morgen sah er in einer Gesellschaft verwirklicht, in der es keine gehemmten Menschen mehr geben würde, keine Ängste und Phobien, weil jeder seinen Neigungen und Trieben gemäß leben, sie ausleben würde. Für die unausbleiblichen Folgen dieser Utopie würde er bis zu ihrer Verwirklichung, und zwar ohne jede Honorarforderung, Sor-

---

39 Steinmann, Carl-Peter: Von Karl May zu Helmut Newton. Spurensuche in Berlin, Berlin 2006, S. 41; dort auch das Zit. v. Hans Böhm.

40 Gundlach, F.C./Richter, Uli (Hg.): Berlin en vogue. Berliner Mode in der Photographie, Tübingen/Berlin 1993, S. 358.

41 Beckers, Marion/Moortgat, Elisabeth (Hg.): Die Riess. Fotografisches Atelier und Salon 1918–1932 in Berlin, Berlin 2008.

42 http://www.deutschefotothek.de/kue70020036.html (12.3.2010).

43 Kuhlmann, Christiane: Bewegte Körper - mechanischer Apparat. Zur medialen Verschränkung von Tanz und Fotografie in den 1920er Jahren an den Beispielen von Charlotte Rudolph, Suse Byk und Lotte Jacobi (= Studien und Dokumente zur Tanzwissenschaft, 4), Dissertation Universität Bochum 2001; s.a. http://www.jmberlin.de/main/DE/01-Ausstellungen/02-Sonderausstellungen/2008/jacobi.php (7.4.2010); Pomerance, Aubrey: Ruth Jacobi. Fotografien, Berlin 2008.

ge tragen.« Spät abends ging »man« zu Dr. Klapper. Gedämpftes Licht erfüllte den »mit Polstermöbeln ausgestatteten Raum«. »Ein paar Kandelaber brannten; ein Tisch mit Getränken, die man sich selber holte. Ein Grammophon spielte aus der Ferne, die jenseits des Ozeans zu liegen schien. […] In den Sesseln saßen Menschen herum, die einander rauchend und trinkend musterten, der Hausherr Dr. Klapper saß, als ginge ihn das ganze nichts an, weltabgewandt in einem Polsterstuhl, ein einsamer Mensch, der müde ins Leere lächelte.«[44]

Ein Freund des Arztes war der Dichter Max Herrmann-Neiße.[45] Er wohnte am Kurfürstendamm 215, an der Südseite des Boulevards zwischen Uhland- und Fasanenstraße. An diesem Haus befindet sich heute ein Porträtrelief Herrmann-Neißes nach einer Zeichnung von George Grosz.[46] Dessen Bilder wiederum brachte der Malik-Verlag heraus, der am Kurfürstendamm 76 residierte, wo der Verleger Wieland Herzfelde eine Dachwohnung innehatte. Hier campierte bei seinem Berlinbesuch 1928 auch Elias Canetti.[47] Als Robert Musil 1931 bis 1933 am Kurfürstendamm 217 wohnte – in diesem Haus war einige Jahre zuvor Josephine Baker aufgetreten – schrieb er an seinem Roman »Der Mann ohne Eigenschaften«.[48] Es war die Modernität des Boulevards, die dem Dichter Distanz und einen schärferen Blick auf die von ihm dargestellten zerfallenden Strukturen Alt-Österreichs ermöglichte.

In direkter Nachbarschaft zum Ensemble Kurfürstendamm 48–50, in Nr. 47, wohnte der literarisch und musisch begabte als Rechtsanwalt und Notar tätige Dr. Kurt Bauchwitz mit seiner Familie in den Jahren 1929 bis 1933. In seiner Wohnung traf sich ein großer Freundeskreis, zu dem auch Albert Einstein sowie Klaus und Erika Mann gehörten. Letztere vertrat der Anwalt 1930 bei ihrer Scheidung von Gustaf Gründgens. Nach der Reichspogromnacht 1938 ging Bauchwitz ins Exil nach Tokio und schließlich in die USA.[49]

Otto Dix, der 1926 nach Berlin kam, hielt interessante Berliner Persönlichkeiten in Bildern fest. Dazu zählten die Nackttänzerin Anita Berber (1925) sowie die Lyrikerin und Journalistin Sylvia von Harden, der Kunsthändler Alfred Flechtheim sowie der Dichter und Verleger Ivar von Lücken (alle Bilder 1926). Das Atelier lag südlich des Grundstücks Kurfürstendamm 48–50 im Haus Nr. 190–192. Dix blickte – vorausgesetzt sein Atelier lag auf der Nordseite[50] – auf genau dieses Gebäude. Im Hintergrund seines Porträtgemäldes des Ivar von Lücken (heute in der Berlinischen Galerie) erkennt man die von Munk auf die Kuppel gesetzte Viktoria. Noch heute sehen die Gauben auf dem Haus Kurfürstendamm 48/49 aus wie auf dem Gemälde. Deutlich ist auf dem Bild die Kranzwerferin zu erkennen (siehe Farbtafel 2: Der Dichter und Verleger Ivar von Lücken im Atelier des Malers Otto Dix, Kurfürstendamm 190–192, 1926).

---

44 Sahl, Memoiren, S. 161.
45 Ebd., S. 163.
46 http://bildhauerei-in-berlin.de/_html/_katalog/details-169.html (7.6.2007).
47 Dazu Canetti, Elias: Die Fackel im Ohr. Lebensgeschichte 1921–1931, München/Wien 1985, S. 297.
48 Gedenktafel am Haus Kurfürstendamm 217.
49 http://www.exil-archiv.de/Joomla/index.php?option=com_content&task=view&id=1608&Itemid=66 (13.6.2010).
50 Davon dürfen wir ausgehen, weil bei der Belichtung von Norden Schlagschatten ausgeschlossen sind.

Am Kurfürstendamm »schossen«, so stellte Stefan Zweig fest, »Bars, Rummelpätze und Schnapsbuden (…) auf wie die Pilze«. Hier »promenierten geschminkte Jungen mit künstlichen Taillen und nicht nur Professionelle. […] Eine Art Irrsinn ergriff im Sturz aller Werte gerade die bürgerlichen, in ihrer Ordnung bisher unerschütterlichen Kreise.«[51] Auch Kitty Schmidt half dabei: Im Jahr 1930 machte sie sich auf den Weg zum Kurfürstendamm. Schon 1922 hatte sie im Haus Budapester Straße 22 ein Bordell betrieben, das musste sie wegen unerlaubten Ausschankes von Alkohol schließen. Mit ihrem Salon weiter westlich am Kurfürstendamm war sie in »gehobenere Gefilde« vorgedrungen. Doch missfiel diese zu gut einsehbare Lage der Kundschaft. Bald zog sie in die diskretere und legendäre Giesebrechtstraße 11, einen Steinwurf vom Kurfürstendamm entfernt.[52] Hier richtete später der nationalsozialistische »Sicherheitsdienst« die berüchtigte Abhöranlage ein.[53] Von der Luxus-Prostitution am Kurfürstendamm berichtete 1930 eine Reportage.[54]

Es gab Unterhaltungsmöglichkeiten in Fülle: Weindielen, russische Teestuben, Ballhäuser, Restaurants. In den 20er Jahren verband sich der Boulevard mit einem Lebensgefühl, das die moderne Jugend bestimmte. Die älteren Generationen betrachteten die Läden in der Gegend der Kaiser-Wilhelm-Gedächtnis-Kirche als »ordinär«, während junge Leute »die modernen Geschäfte in den Straßen um die Gedächtniskirche« frequentierten. Hier traf »man« sich, hier im Westen »lagen die weltstädtischen Kinos, hier gab es ein paar elegante Restaurants und viele Cafés (…). In manchen dieser Cafés wurde Eiskrem-Soda serviert, was als sensationeller Import aus den Vereinigten Staaten galt«, erinnert sich der Historiker Felix Gilbert.[55]

Zahlreiche »Illusionsfabriken« ließen sich nieder: Revuen, Theater, Kabaretts und Kinos.[56] Das 1921 in den umgebauten Räumen der Berliner Secession am Kurfürstendamm 208/209 eröffnete »Theater am Kurfürstendamm« nannte der Kritiker Ihering »das Hoftheater der Revolutionsgewinnler«. Im Jahr 1928 übernahm es Max Reinhardt und ließ es umbauen.[57] Zunächst bemühte sich der Architekt Oskar Kaufmann vergeblich, eine Genehmigung für die Bebauung des früheren Vorgartens zu erhalten. Nach langer Unterbrechung des Spielbetriebes galt das Gebäude als »Schandfleck im Bilde einer der beliebtesten Straßen Berlins«, denn es zeigte »dem eleganten Kurfürstendamm nur seinen Bauzaun und einen verwüsteten Hof«.[58] Der Teil des Neubaues, der auf dem Vorgartenterrain geplant war, sollte ein Geschäftshaus werden. Das aber untersagte die Baupolizei. Stattdessen

---

51 Zit. n. Döpp, Hans-Jürgen: Musik und Eros, Frankfurt am Main o.J., S. 100–101.
52 Norden, Peter: Salon Kitty. Ein Report, München 1970, S. 11–12. Allerdings übersieht der Autor, dass die Budapester Straße erst ab 1925 so hieß und 1922 noch den Anfang des Kurfürstendammes bildete.
53 Dazu mehr im folgenden Kapitel.
54 Weka (d.i. Willy Pröger): Stätten der Berliner Prostitution. Von den Elends-Absteigequartieren am Schlesischen Bahnhof und Alexanderplatz zur Luxus-Prostitution der Friedrichstraße und des Kurfürstendamms. Eine Reportage, Berlin 1930.
55 So erinnert sich Gilbert, Felix: Lehrjahre in alten Europa. Erinnerungen 1905–1945, o. O. o. J., S. 65–66.
56 Metzger/Dunker, Kurfürstendamm, S. 126.
57 Worbs, Dietrich: »Komödie« und »Theater am Kurfürstendamm«. Das Erbe von Oskar Kaufmann und Max Reinhardt, München/Berlin 2007, S. 18 ff.
58 Silbereisen, Secession, S. 380.

Abb. 29   Werbeplakat für den Film »Casanova«
im Marmorhaus Kurfürstendamm 236, 1919

entstand bis Januar 1931 ein »vielfach ge-stufter, streng kubischer Baukörper«.[59] Max Reinhardt führte auch Regie in der eben-falls von Kaufmann 1924 auf den Nachbar-grundstücken Kurfürstendamm 206/207 errichteten »Komödie«. Bald zwang die Wirtschaftskrise Reinhardt, die Regielei-tung abzugeben.[60]

Was immer in den Theatern inszeniert wurde, es waren die Kinos, die die spekta-kulärsten Illusionen vermittelten. Sie er-oberten die West-Stadt vom Bereich des Zoos aus. Hier öffnete der Ufa-Palast (heu-te: Zoo-Palast) 1919 mit 1.740 Plätzen. Dann drangen die Filmbühnen am Kur-fürstendamm rasch bis zur Wilmersdorfer Straße vor: 1922 eröffnete im Haus Kur-fürstendamm 68 das »Alhambra«, wo noch im selben Jahr der erste Tonfilm zur Urauf-führung kam und vier Jahre später der le-gendäre »Panzerkreuzer Potemkin« lief. Im Dezember 1925 startete das »Capitol« süd-lich des Zoologischen Gartens mit dem »Dieb von Bagdad«.[61] 1919 lief im Marmorhaus der Film Casanova – galante Abenteuer. Als 1926/27 im Ufa-Palast am Zoo die Filme der jungen Aktrice Leni Riefenstahl – sie hatte ihre Karriere als Tänzerin und Schauspielerin begonnen – und 1929 auch »Die weiße Hölle vom Piz Palü« gezeigt wurden[62], war die Tendenz zur Vergötterung von »Natur« und »Körper«, wie sie für den Nationalsozialismus typisch werden würde, bereits in vollem Gange.

Beim Kräftemessen mit dem alten Zentrum um die Friedrichstraße kam dem Kurfürs-tendamm in Bezug auf die Uraufführungskinos, die vor allem das gutsituierte Publikum ansprachen, der erste Rang zu. Der Boulevard wandelte sich zum »exquisite(n) Unter-haltungszentrum«.[63] Vor allem hier wurden die ausländischen Streifen uraufgeführt.[64]

59 Worbs, Theater, S. 35–36; S. 36 der aus der Bauakte zit. Eintrag.
60 Ebd., S. 24–37.
61 Metzger/Dunker, Kurfürstendamm, S. 130–134. Am Haus befindet sich eine Gedenktafel, die auf die Auffüh-rung am 17. September 1922 verweist.
62 Rother, Rainer: Leni Riefenstahl. Die Verführung des Talents, München 2002, S. 281–282. Zu den Filmen s. Lenssen, Claudia: Leben und Werk, in: Filmmuseum Potsdam (Hg.): Leni Riefenstahl, Berlin 1999, S. 12–117, S. 24–27.
63 Borstorff, Stadt, S. 58.
64 Metzger/Dunker, Kurfürstendamm, S. 127.

Am Lehniner Platz (Kurfürstendamm 156) entstand 1928 ein Großbau für kulturelle Nutzungen. Er war Teil einer 40.000 Quadratmeter umfassenden Wohnanlage, des so genannten WOGA-Komplexes der Wohnhausgrundstücksverwertungs AG. Architekt war Erich Mendelsohn. Zur Anlage gehörten auch ein Hotel, Läden, Tennisplätze. Hier spielte Vladimir Nabokov, der mit seiner Familie Ende August 1932 in die nahe Nestorstraße 22 übergesiedelt war.[65] Im genannten Neubau kamen das Uraufführungskino »Universum« und das »Kabarett der Komiker« unter. Heute residiert hier die »Schaubühne am Lehniner Platz«.[66]

In dieser Kinowelt war der Kritiker Hans Sahl ganz in seinem Element. »Ich liebte die Straßenbahn 76, die durch meine Jugend fuhr, den Kurfürstendamm hinunterfuhr, von den Villen im Grunewald über die Halenseer Brücke, wo nachts tief unten die Bahngleise im Mondschein blinkten, zur Gedächtniskirche und zu den Malern und Dichtern im Romanischen Café, die wie Fische im Aquarium herumschwammen und nach Bonmonts schnappten.«[67]

Beschleunigung

Der Bewegungsrausch der 20er Jahre brachte nicht nur die Bilder zum Laufen und Sprechen, sondern er äußerte sich auch in zahlreichen anderen Beschleunigungen. Den Kurfürstendamm wies Ende der 20er Jahre der Berliner Fluchtlinienplan als reine Verkehrsstraße aus.[68] Gehetzt zu sein, war das Gefühl der Schriftstellerin Ricarda Huch, die in die Uhlandstraße 194 gezogen war: »In unserer Wohnung bin ich ganz eingelebt und in unserem Quartier auch, sogar an die Straßenbahnübergänge habe ich mich gewöhnt. Zuerst, wenn ich ausging, dachte ich immer, wer weiß, ob Du heil oder lebendig wiederkommst, es ist ja auch egal, einmal muß es doch sein; jetzt habe ich mir die Methode, seelenruhig zwischen Autos, Trams und anderen Vehikeln durchzuschleichen, leidlich angeeignet.«[69] Furcht vor dem beschleunigten Verkehr war begründet. In den 20er Jahren kamen zahlreiche Menschen durch Unfälle mit Autos ums Leben. So jagte 1928 ein Fahrer mit 100 Stundenkilometern über den Kurfürstendamm und tötete am Beginn der Koenigsallee einen Fußgänger, der »mit gebrochenem Rückgrat und zerschmettertem Schädel tot zu Boden stürzte«. Unfallschwerpunkte mit Autos waren im westlichen Berlin der Kurfürstendamm (665 Unfälle) und die Kaiserallee (heute: Bundesallee) (351 Unfälle).[70]

Diese Situation griff Bertolt Brecht in seiner Erzählung »Barbara« auf. Der Dichter lässt den Protagonisten die Realität noch toppen: Dessen rasende Fahrt begann mit 90 Stundenkilometern vor dem Haus Lietzenburger Straße 53 und steigerte sich auf dem

65 Schlögel, Karl: Das Russische Berlin. Ostbahnhof Europas, München 2007, S. 211; s. a. Zimmer, Dieter E.: Nabokovs Berlin, Berlin 2001.
66 Metzger/Dunker, Kurfürstendamm, S. 135–136.
67 Sahl, Memoiren, S. 96, das Zit. auf S. 134.
68 Christoffel, Udo (Hg.): Berlin Wilmersdorf. Die Jahre 1920–1945, Berlin 1985, S. 179.
69 Zit. n. Voß, Literaturfreunde, S. 459.
70 Christoffel, Die Jahre, S. 47.

Kurfürstendamm über 100 auf 120. Anlass war Eddies Eifersucht auf einen Mann, den er bei der pyjamatragenden Barbara in der Lietzenburger Straße angetroffen hatte.[71] Hauptsächlich auf der AVUS wurde der Beschleunigung Tribut gezollt. Ihre halsbrecherischen Rennen, die Stuck d. Ä., Bernd Rosemeyer und Rudolf Caracciola hier fuhren, machten diese weltbekannt. Auch Erika Mann erlag dem Geschwindigkeitsrausch und gab 1931 auf einer 10.000-Kilometer-Rallye ihr Letztes. Zufällig traf sie Bruder Klaus in Rapallo, wo sie und ihr Begleiter gerade einen kurzen Stop einlegten: »Mit dunkel fleckigen, verzerrten Mienen sahen die zwei (…) nicht anders aus als ein Paar von fliegenden Holländern, das eben gehetzt an Land gesprungen ist«. Die Kürze der Pause trug dann auch dazu bei, dass sie als Sieger am Ziel Kurfürstendamm anlangten.[72]

Nicht unter Stress, sondern zu ihrem bloßen Vergnügen zeigten sich viele Damen in ihren Kraftwagen auf dem Kurfürstendamm. Nachdem Autofahrerinnen an den Feldzügen des Ersten Weltkrieges teilgenommen hatten, und nachdem das Auto infolge des Schließens der ursprünglich offenen Karosserie nahezu wohnzimmerähnliche Züge angenommen hatte,[73] konnte zumindest theoretisch seine Aneignung durch die Frau erfolgen. Im Jahr 1928 erschien folgende Charakteristik der Dame am Steuer: »beherrscht, besonnen, im besten Sinne selbstbewusst und befreit, ein neuer Typ von Frau, wie ihn unsere Kraft und Willen heischende Zeit geschaffen hat und braucht.« Und im darauffolgenden Jahr war das Sportive in das Bild der »Neuen Frau« eingegangen: »Sie geht allein ins Café und zum Tanz, raucht, fährt natürlich ihren Wagen selber und ist durch selbstverdientes Geld unabhängig. Ihr Lebenswandel verkörpert den schnellebigen und genußorientierten Rhythmus, den die Großstadt vorgibt.«[74] Völkische Kritiker attackierten: »Man wird am Kurfürstendamm kaum eine Dame zu sehen bekommen, die nicht wie ein Indianer auf dem Kriegspfade bemalt ist; man nennt dies Farbe im Stadtbild. Jedem natürlichen Menschen kommt der Ekel vor solch einer Frau; der Kurfürstendamm-Besucher aber ist entzückt, und ich habe wiederholt Männer gesehen, die sich selbst Lippen und Augenbrauen gefärbt haben.«[75]

Berlin entwickelte sich zum Zentrum der deutschen Autoindustrie. Zahlreiche Autosalons bevorzugten Standorte Unter den Linden, in der Hardenbergstraße und am Kurfürstendamm. Im Haus Kurfürstendamm 66 betrieb Rudolf Caracciola 1927 die Mercedesfiliale. Für Chrysler errichteten die Architekten Luckhardt & Anker einen modernen Verkaufssalon am Kurfürstendamm 40/41. Sogar Wertheim präsentierte Autos am Boulevard.[76] Ab 1932 hatte Renault eine Filiale am Kurfürstendamm, 1934 befand sich dann sogar die Berliner Hauptverwaltung an dieser Straße, in Nr. 161.[77] Die Vertriebsgesell-

---

71 Holtz-Baumert, Gerhard: Nichts ist hier heilig. Literaten in Berlin. Berlin in der Literatur, o. O. o. J., S. 56–58.
72 Zit. n. Dohrmann, Anja Maria: Erika Mann – Einblicke in ihr Leben, Dissertation Albert-Ludwigs-Universität zu Freiburg i. B. 2003, S. 72–73.
73 Haas/Kloke, Stadt auf Rädern, S. 36–37.
74 Ebd., S. 41.
75 Korherr, Richard: Berlin, in: Süddeutsche Monathefte, März 1930, S. 365–412, S. 391 ff., zit. n. Metzger/Dunker, Kurfürstendamm, S. 108.
76 Engel, Helmut: Das Auto. Geburt eines Phänomens. Eine Berliner Geschichte, o. O. 2000, S. 96–97.
77 Dahlern, Ingo von: Schnellstarter. 1907 begann die Erfolgsstory von Renault in Berlin, in: *Der Tagesspiegel* v. 17.10.2007, S. 11.

schaft Austro Daimler-Steyr war in der Nestorstraße 23–25 untergekommen und Citroën in der Heilbronner Straße 1–6. Wenn jemand Anhänger suchte, ging er zur Deutschen Fahrzeug-Gesellschaft am Kurfürstendamm 36.[78] Auch im Haus Kurfürstendamm 48/49 wurden Autos angeboten.

Das Haus, in dem das Theater »Komödie« residierte, gehörte einer Aktiengesellschaft. Zur Straße hin lag der von Geschäften flankierte Haupteingang. Auf der Ostseite des Gebäudes warb die Firma Ford für ihre Automobile. Hier logierten auch das Schuhwarengeschäft »Bärenstiefel«, die Bremer Privatbank, die Deutsch-Amerikanische Automobil Industrie AG, die Feldbahn Fabrik AG, die Eisenhandel AG, eine AG, die Autos verkaufte, auch eine Mineralöl Handels AG sowie die Erdöl-Industrie AG. Außerdem war hier eine GmbH für Benzin- und Öl-Zapfstellen untergebracht.[79] Diese Nutzungen unterstrichen die starke Präsenz der Autobranche und ihrer Zulieferer am Kurfürstendamm.

Vor allem durch Auslagerungen aus Alt-Berlin wandelte sich der Kurfürstendamm bis 1925 zu einer Cityfiliale.[80] Dabei stiegen die jährlichen Ladenmieten bis auf 50.000 Mark.[81] Nun konnte sich die vornehme Welt am Kurfürstendamm mit allen Requisiten der Distinktion eindecken, ihr Aussehen in Mode- und Friseursalons modellieren lassen, sogar Autos auswählen und bestellen. Dafür wurden zahlreiche Häuser umgebaut, manche nur teilweise, andere in Gänze. Wo noch im Kaiserreich Kuppeln und Fahnenstangen in den Himmel gewiesen hatten, betonten die Architekten nun, wie am Kurfürstendamm Ecke Uhlandstraße (Nr. 211 und Nr. 31), die Horizontale.[82] Diese neue Gestalt bildete den Rahmen für die Beschleunigung des Lebens: Den Blicken aus den vorbeiflitzenden Autos boten horizontale Linien die angemessene Fassade. Wie der Fließvorgang mit der Verbreitung des Fließbandes mehr und mehr das Arbeitsleben bestimmte, so wurde dieser zum allgemeinen Leitbild von Bewegung und Wahrnehmung.

Infolge der Finanzspritzen des Dawesplanes kam es zu zahlreichen baulichen Veränderungen, die dem Credo des Wiener Architekten Adolf Loos »Ornament und Verbrechen« verpflichtet waren. Neue Materialien charakterisierten den Umbruch von der Kaiserzeit zur Neuen Sachlichkeit. Das beschrieb Gabriele Tergit in ihrem Roman »Käsebier erobert den Kurfürstendamm«: »Jeder Laden, der auf sich hielt, ließ den Marmor der wilhelminischen Zeit abreißen, weil er zu prunkhaft war, und mit dem teuren italienischen Travertin die Wände verkleiden, die Ladentische aus geschnitzter Eiche oder deutschem Nussholz wurden herausgerissen und glattes, kostbares Makassarebenholz dafür genommen. Der Stuck wurde abgeschlagen und einfache Querbänder angebracht, denn es musste einfach gebaut werden, koste es, was es wolle.«[83] Siegfried Kracauer reflektierte in seinem Essay »Straße ohne Erinnerung« das rasende Tempo des Wandels am Kurfürstendamm: »Man hat vielen Häusern die Ornamente abgeschlagen, die eine Art Brücke zum Gestern bilde-

---

78 Berliner Adressbuch 1932.

79 Berliner Adressbuch 1925.

80 Metzger/Dunker, Kurfürstendamm, S. 110.

81 Tergit, Käsebier erobert, S. 175.

82 Vgl. die Abbildungen bei Metzger/Dunker, Kurfürstendamm, S. 145–147.

83 Tergit, Käsebier erobert, S. 175.

ten. Jetzt stehen die beraubten Fassaden ohne Halt in der Zeit und sind das Sinnbild des geschichtslosen Wandels, der sich hinter ihnen vollzieht. Nur die marmornen Treppenhäuser, die durch die Portale schimmern, bewahren Erinnerungen: an die Vorkriegswelt erster Klasse.«[84]

Befreite Körper

Die neue Art der Stilisierung des Körpers kann als Abgrenzung dem Kaiserreich gegenüber gesehen werden. Schon um 1900 hatte im Zuge der allgemeinen Lebensreformbewegung ein erstes Licht-Luft-Sport-Bad für Freikörperkultur am Kurfürstendamm eröffnet.[85] In der Weimarer Republik war dann für breite Bevölkerungsschichten nicht mehr der eingeengte und uniformierte, mit Statusinsignien und Orden geschmückte Körper Mittel der Distinktion, sondern der mehr oder weniger nackte, vor allem aber der gesunde Körper. Dieser galt nun »als Besitz (...), der gepflegt, modelliert und verbessert werden kann.«[86] Freikörperkultur, Tanz, Sport, Ernährung halfen, der »›Kriegsdemütigung‹ durch die Restitution und massenmediale Dauerverherrlichung schöner, starker und gesunder Körper ein neues nationales Selbstbewusstsein entgegenzusetzen.«[87]

Körperkultur, wie sie in zahlreichen Gymnastikstudios und Massagepraxen geübt wurde, konnte nicht mit den Freibädern und verwunschenen Badeseen rund um Berlin konkurrieren. Hans Borgelt und Günter de Bruyn erlebten in der Umgebung Berlins die Freikörperkultur, die trotz der Nacktheit Sittlichkeit verhieß. Wie stark entblößte Körper die Menschen betroffen machten, zeigen die 30 Auflagen, die das Buch »Deutsches Baden« von Magnus Weidemann in den 20er Jahren erzielte.[88] Die in den Freibädern dargebotene Körperlichkeit wertete der Schriftsteller Jean Giraudoux, der sich 1930 in Berlin aufhielt, als bahnbrechende Neuheit. In seinem Werk »Rues et visages de Berlin« empfand er den Kurfürstendamm mit seinen Nachtlokalen »als schon veraltete Parade eines intellektuellen und künstlerischen Lebens«. Im Gegensatz dazu entdeckte er das Neue, die freien Körper, »wie sie zu Hunderttausenden in den Gärten oder an den Stränden ausgestreckt liegen«.[89] Genauso sah Hans Sahl die Fortschrittlichkeit Berlins: »Ich nahm Paris zur Kenntnis und stellte fest, dass Berlin ungleich lebendiger, dynamischer, moderner war als das Paris des Montparnasse und des Café ›Dome‹. Berlin war das 20. Jahrhundert, in Paris

---

84 Kracauer, Siegfried: Straße ohne Erinnerung, in: ders: Straßen in Berlin und anderswo, Berlin 1987, S. 15–18, S. 18; das Original in: *Frankfurter Zeitung* v. 16. Dezember 1932.

85 Klose-Lewerentz, Cornelia: Natürliche Körper? Zwischen Befreiung und disziplinierender Norm. Diskurse der Lebensreformbewegung (in Deutschland, etwa 1890 bis 1930) und das Aufkommen des Wunsches nach Geschlechtsumwandlung (etwa 1910 bis 1925), Hausarbeit zur Erlangung des akademischen Grades Magistra Artium (M.A.) an der Philosophischen Fakultät III der Humboldt-Universität zu Berlin, Berlin 2007, S. 28.

86 Alkemeyer, Thomas: Aufrecht und biegsam. Eine politische Geschichte des Körperkults, in: Aus Politik und Zeitgeschichte, 18 (2007), 30.4. 2007, S. 6–18, S. 7.

87 Ebd., S. 13.

88 Borgelt, Hans: Der lange Weg nach Berlin. Eine Jugend in schwieriger Zeit, Berlin 1991, S. 181 ff.

89 Konstantinović, Fremde, S. 12.

aber gab man sich mit Genuß dem Ende des 19. Jahrhunderts hin.«[90] Ähnlich äußerte sich Ilja Ehrenburg: In Europa gibt es nur eine zeitgemäße Stadt – es ist Berlin.«[91]

Ganz oben in der Schönheitsskala rangierten die Körper der Schwarzen. Die Menschen, die im 19. Jahrhundert in »Reservaten« am Kurfürstendamm gezeigt wurden, kamen nun in Shows nach Berlin. Vor allem Josephine Baker, die »auf den Straßen, in den Häusern und Höfen des Schwarzenviertels von Saint Louis tanzen gelernt« hatte, eroberte die Herzen der Europäer im Fluge.[92] Der in Paris lebende Star reüssierte auf seiner Tournee selbstverständlich auch in Berlin. Ihr Charleston »bedeutete Freiheit, Unabhängigkeit, das Abwerfen alter Beschränkungen, (…) auch sexueller. Und so war er der angemessene Tanz für

Abb. 30   Charleston, Mehrfachbelichtung 1926/27, Fotografie von Yva

die zwanziger Jahre.« Die Improvisationen hatte sie mit dem Jazz gemein.[93] Die Baker gastierte 1926 im Nelson-Theater an der Ecke Fasanenstraße Kurfürstendamm (Nr. 217; später: Astor-Kino, jetzt: Tommy Hilfiger). Der legendäre Tanz im Bananenschurz war hier zu sehen. Josephine Baker verwies Nackttänzerinnen wie Anita Berber in den zweiten Rang.[94]

Harry Graf Kessler platzierte 1926 die Revuen der Schwarzen sowie den Jazz »zwischen Urwald und Wolkenkratzer«. Im Gegensatz zur Spannung zwischen »ultramodern und ultraprimitiv« sah er die Europäer als »schlappe Bogensaite«.[95] Mit dem Charleston kamen der Shimmy und der Foxtrott. Sie alle »gestatteten ein Massenerlebnis.« Im Gegensatz zum Ausdruckstanz ging es nun darum, »sich im Rhythmus zu verlieren und den

90 Sahl, Memoiren, S. 113.

91 Zit. n. Schlögel, Russisches Berlin, S. 210.

92 Rose, Phyllis: Josephine Baker oder Wie eine Frau die Welt erobert. Biographie (aus dem Amerikanischen von Liselotte Julius), München 1994, S. 76.

93 Rose, Josephine Baker, S. 46.

94 Metzger/Dunker, Kurfürstendamm, S. 138. Zu Anita Berber vgl. Fischer, Lothar: Tanz zwischen Rausch und Tod. Anita Berber 1918–1928 in Berlin., 3. verb. Aufl., Berlin 1996.

95 http://www.projekt.gutenberg.de/?id=5&xid=4742&kapitel=9&cHash=ba34547ca2chap009#gb_found (7.3.2010).

Körper dabei zu erleben«.[96] Diese Kunstform des Tanzes trat während der 20er Jahre aus ihrer »Hintergrundposition in der Hierarchie der Künste plötzlich ins Zentrum« (Abb. 30). Tanz wurde »zum Symbol der Moderne und zum Schlüsselmedium aller Künste, die das neue Zeitalter als eine durch Bewegung definierte Epoche zu reflektieren suchen«.[97] Das Prinzip »Bewegung« entsprach den Zeichen der Zeit.

Zur weiblichen Körperinszenierung diente in besonderem Maße – man denke nur an den Film »Der blaue Engel« – teure Unterwäsche. Die Dame konnte sich im Laden »Le Dessous« in der Schlüterstraße 19 eindecken. Dessen Inhaber bemühte sich, durch einen Schaukasten am Vorgartengitter des Hauses Kurfürstendamm 48/49 um Mitnahmeeffekte vom Boulevard.[98] Da knabenhafte Figuren Leitbildcharakter entwickelten, kamen Korsetts aus der Mode. Nun schlug die Stunde des »Hautana«-Büstenhalters und des »Hüftgürtels aus Gummi«: »Der Kampf um die ›schlanke Linie‹« begann.[99] Dessen mehr oder weniger großen Erfolg konnten die Käuferinnen in den Modesalons am Kurfürstendamm und seinen Nebenstraßen überprüfen und mit den dort erworbenen Träumen inszenieren.

Der Nationalsozialismus formiert sich

Am Ende der Weimarer Republik nahmen reaktionäre Kräfte und Nationalsozialisten den Kurfürstendamm »ins Visier«. Die Morde an Luxemburg, Liebknecht und Rathenau hatten einen militanten Antisemitismus gezeigt. Schon 1920 waren jüdische Berliner im Café des Westens verprügelt worden. Rechtsgerichtete Blätter hetzten auch über den Kurfürstendamm als »Boulevard der Neureichen, Schieber und Kriegsgewinnler«. Trotz aller Hetze ließ sich der Reichsbund jüdischer Frontsoldaten im Haus Kurfürstendamm 200 nieder.[100] Diese Vereinigung gründete Selbstschutzabteilungen in Berlin und in ganz Deutschland. »Die Mitglieder setzten sich ein für den Schutz von Synagogen und Friedhöfen, für den Schutz jüdischer Bürger und ihrer Versammlungen; sie besuchten auch antisemitische Versammlungen, um sie zu beobachten oder zu stören; sie rissen antisemitische Plakate und Klebezettel ab.«[101] Im Jahr 1924 zogen zionistische Organisationen in die Nähe des Kurfürstendamms, viele in die Meinekestraße 10.[102]

96 Metzger, Rainer/Brandstätter, Christian: Berlin. Die Zwanzigerjahre. Kunst und Kultur 1918–1933, Wien 2006, S. 160.

97 Brandstetter, Gabriele: Tanz-Lektüren, Frankfurt am Main 1995, S. 35 zit. n. Heuermann, Tatjana Gsovsky, S. 23–24.

98 Bauakte Kurfürstendamm 48/49, Bd. 3, Bl. 1, 3.

99 Kupschinsy, Elke: Die vernünftige Nephertete. Die »Neue Frau« der 20er Jahre in Berlin in: Boberg, Jochen u. a. (Hg.): Die Metropole. Industriekultur in Berlin im 20. Jahrhundert (= Industriekultur deutscher Städte und Regionen, Berlin 2), München 1986, S. 164–172, S. 168. Zur »Flachheit der Linie« s. Junker, Almut/Stille, Eva: Zur Geschichte der Unterwäsche 1700–1960, Frankfurt am Main 1988, S. 280 ff.

100 Metzger/Dunker, Kurfürstendamm, S. 152, 94.

101 Ernst, Ilse: Antisemitismus in der Weimarer Republik, in: Bartmann, Sylke u. a. (Hg.): »Wir waren die Staatsjugend, aber der Staat war schwach«. Jüdische Kindheit und Jugend in Deutschland und Österreich zwischen Kriegsende und nationalsozialistischer Herrschaft, Oldenburg 2003, S. 293– 336, S. 322.

102 Metzger/Dunker, Kurfürstendamm, S. 94.

Neben antisemitischen kam es zu antirepublikanischen Ausschreitungen, wie am Verfassungstag, dem 9. August 1925, vor dem Kino »Alhambra« am Kurfürstendamm 68: Von dem schwarz-rot-goldenen Bändchen, mit dem sich der Kaufmann Rudolf Schnapp geschmückt hatte, fühlten sich 30 Stahlhelm-Männer provoziert und griffen ihn an. In seiner Not erschoss der von ihnen arg Bedrohte einen der Angreifer. Der wurde später zum Helden stilisiert und als »erster SA-Mann« bezeichnet, »der im Kampf um ein deutsches Berlin nicht zufällig auf dem Kurfürstendamm von dem Gesindel ermordet wurde«.[103]

Nachdem Joseph Goebbels 1927 Gauleiter von Berlin geworden war und sich die »Eroberung« der Stadt zum Ziel gesetzt hatte, kam es zu weiteren Ausschreitungen. Der Hetzruf »Schlagt die Juden tot!« führte dazu, dass am Kurfürstendamm »jüdisch aussehende« Passanten niedergeprügelt und verletzt wurden.[104] Bald überfielen SA-Trupps auch das Romanische Café. Solche Vorfälle wiederholten sich, 1931 stürmte SA die Konditorei Reimann am Kurfürstendamm.[105] Der »Jüdische Abwehrdienst« konnte bei den Übergriffen am 12. September 1931 auf »jüdisch aussehende« Passanten das Schlimmste verhindern.[106] Das Lebensgefühl der Juden im »Neuen Westen«, wo die Wohlhabenden schon lange lebten, wurde stark verunsichert.[107] Das muss auch auf die Haushalte Basch, Gongola und Ehrmann im Hausensemble Kurfürstendamm 48–50 zugetroffen haben.[108]

Schon am 27. Januar 1929 hatte Friedrich Hussong geschrieben: »Keine Partei kann uns vor dem Kurfürstendamm schützen. Keine Kirchenbehörde kann unsere Seele bewahren.«[109] Rund zwei Jahre später machte Goebbels klar, wer den Kurfürstendamm »retten« werde. Nachdem Nationalsozialisten im Kino Metropol am Nollendorfplatz die Aufführung des Filmes »Im Westen nichts Neues« gestört hatten, formierten sie sich auf dem Wittenbergplatz zu einem Demonstrationszug. Da diesem der Weg über die Tauentzienstraße verboten war, führte er über die Lietzenburger Straße zum Kurfürstendamm. Auf Höhe des Lokals »Uhlandeck« geiferte Goebbels: »Man hat es gewagt, einen Zug von zwanzigtausend nationalen Deutschen, einen Zug von zwanzigtausend Patrioten mit dem Gummiknüppel auseinander zu dreschen. Kommen wird einst der Tag, an dem wir die Straße säubern, aber nicht mit dem Gummiknüppel, sondern mit der blanken Waffe in der Faust!«[110]

Sebastian Haffner beschreibt aus eigenem Erleben die weite Verbreitung extremer Positionen auch in der Bewertung des Kurfürstendamms. Einer Gruppe von angehenden

---

103 Ebd., S. 128, das Zit. S. 152.

104 Ebd., S. 154.

105 Silbereisen, Gabriele: Das »Romanische Café« im neuen Romanischen Haus, Kurfürstendamm 238, später Budapester Straße 53/ Ecke Tauentzienstraße 12 b, in: Helmut Engel u. a. (Hg.): Charlottenburg Teil 2: Der Neue Westen (= Geschichtslandschaft Berlin. Orte und Ereignisse, Bd. 1), Berlin 1985, S. 325–335, S. 333–334.

106 Ernst, Antisemitismus, S. 322.

107 Fürst, Max: Gehen durch Berlin, in: Mattenklott, Gert (Hg.): Jüdisches Städtebild Berlin, Frankfurt am Main 1997, S. 282–286, S. 282.

108 Nach Günther-Kaminski, Michael/Weiß, Michael: »… als wäre es nie gewesen.« Juden am Ku'damm, Berlin 1989, S. 107–112 zählt das Jüdische Adress-Buch für Groß-Berlin 1929/1930 am Kurfürstendamm 690 Mietparteien jüdischen Glaubens.

109 Hussong, Friedrich: Kurfürstendamm. Zur Kulturgeschichte des Zwischenreichs, Berlin 1934, S. 45.

110 Frick, Gloriapalast, S. 40.

Juristen, die sich gemeinsam auf das Assessorexamen vorbereiteten, gehörten höchst unterschiedliche junge Männer an. Aus Freude an der Diskussion bildeten sie »einen kleinen, intimen Debattierclub«. Trotz aller Unterschiede mochten sich »alle recht gern«. Und weiter: »Auch konnte man nicht sagen, dass die Ansichten sich einfach frontal gegenüberstanden; sie bildeten eher – sehr typisch für das intellektuelle junge Deutschland von 1932 – einen Kreis, und die scheinbar entferntesten Enden berührten sich wieder.« Er teilt uns mit, wie sowohl der am meisten links Stehende, ein Arztsohn, und der am meisten rechts Stehende, ein Offizierssohn, bündisch dachten, antibürgerlich und antiindividualistisch. »Für beide waren das eigentliche rote Tuch Jazzmusik, Modejournale, »Kurfürstendamm«, kurz die Welt des leichtfertigen Geldverdienens und Geldausgebens«.[111]

Vielleicht trug zu dieser Haltung bei, dass trotz des Börsencrashs 1929 die Geschäfte und Lokale am Kurfürstendamm weiter blühten. Die Krise erfasste zunächst die Mitte Berlins. Die Schließung von Lokalen dort ließ die Zahl der Unterhaltungsstätten am Kurfürstendamm noch zunehmen. Im Jahr 1932 eröffnete die Filiale des Café Kranzler, und das KaDeWe erhielt einen Erweiterungsbau. Das konnte die Menschen nicht beruhigen. Gabriele Tergit stellte fest: »Die Leute sind aufgeregt. Sie politisieren. Sie bangen um ihre Guthaben […]. Sie sind belastet von Sorgen. Sie wissen nicht, was der kommende Tag bringt.«[112] Entsprechenden Zulauf konnte der »Wahrsager« Hanussen verbuchen, der am Kurfürstendamm 216 residierte und bald in der Lietzenburger Straße 16 einen »Palast des Okkultismus« eröffnete. Ein bekannter Innenarchitekt hatte eine Zauberbar eingebaut und spezielle Lichteffekte möglich gemacht.[113]

Die Häuser und ihre Menschen

Die Eigentumsverhältnisse

Bereits Anfang August 1919 wohnte der Erbauer und bisherige Eigentümer des Hauskomplexes Kurfürstendamm 48–50, Architekt Heinrich Munk, in der Bleibtreustraße 20.[114] Dieses repräsentative Haus hatte 1903/1904 Regierungsbaumeister a. D. Ignatz Grünfeld errichtet.[115] Im Jahr 1920 verzeichnet ihn das Adressbuch noch als Eigentümer des Grundstücks. Vermutlich ereilte auch ihn das Schicksal Munks, dass er in den Jahren nach dem Ersten Weltkrieg sein Haus nicht mehr halten konnte. Wohl um den Preis der Verwaltertätigkeit wohnte er dort noch kurze Zeit. Heinrich Munk musste zwar sein Haus verlassen, arbeitete aber weiter als Architekt. Sein Büro lag im vierten Obergeschoss des genannten

---

111 Haffner, Erinnerungen, S. 207.
112 Gabriele Tergit, zit. n. Metzger/Dunker, Kurfürstendamm, S. 155.
113 Frei, Bruno: Der Hellseher. Leben und Sterben des Jan Erik Hanussen, hrsg. v. Antonia Grunenberg, Köln 1980, S. 104, 106.
114 Bauakte Kurfürstendamm 48/49, Bd. 2, Bl. 121.
115 Treiber, Baumeister, S. 25; Berliner Adressbuch 1921.

Hauses. Zwischen 10 und 12 Uhr sowie von 16 Uhr 30 bis 18 Uhr war er dort noch 1930 zu konsultieren.[116]

Die Käuferin der Munkschen Häuser war eine juristische Person, die im November 1919 zum Zweck des Hauserwerbs und der Verwaltung gegründete Grundstücksgesellschaft Kurfürstendamm 48–50 m.b.H.[117] Über die Eigentumsverhältnisse während der 20er Jahre existieren verwirrende Aussagen. Das Adressbuch, das Nr. 48/49 als Eigentum der Konfektionsfirma Kersten & Tuteur angibt und Ende der 20er Jahre der Zigarettenfabrik Maikapar, geht von anderen Tatsachen aus als das Grundbuch.[118] Eigentümer waren die Genannten im grundbuchrechtlichen Sinne nicht, denn bis 1942 bleibt die Grundstücksgesellschaft mbH als Eigentümerin eingetragen. Allerdings stellt das rechtliche Konstrukt der GmbH eine Hülle dar, die mit der Kapazität der wirtschaftlich einflussreichen Personen gefüllt wird. Diese nennt das Adressbuch Eigentümer, was zwar falsch ist, aber die realen Kapital- und Verfügungsverhältnisse abbildet.

Da die Grundstücksgesellschaft beiden Firmen die Möglichkeit bietet, Einlagen in die GmbH einzubringen, liegt die Vermutung nahe, dass diese zum Zweck der Geldanlage gegründet worden ist. Kersten und Tuteur bestimmen gemeinsam mit dem im Juli 1920 bestellten alleinigen Geschäftsführer der Grundstücksgesellschaft, Wilhelm Hermsdorff, am 28. Januar 1922 in einem notariellen Vertrag die Bedingungen für Kredite.[119] Welch enge Verbindungen zwischen den Unternehmern sowie der Grundstücksgesellschaft bestehen, lässt sich daran erkennen, dass das Büro Hermsdorffs in der zweiten Hälfte der 20er Jahre im Gebäude des Bekleidungsgeschäfts der Firma Kersten & Tuteur in der Leipziger Straße 36 liegt. Außerdem residiert die Grundstücksgesellschaft Anfang 1924 in der Charlottenstraße 24.[120] Da dieses Gebäude mit der Leipziger Straße 36 als Eckhaus eine Einheit bildet, bestehen direkte Verbindungen zwischen den Beteiligten. Diese Unterkunft nutzt die Grundstücksgesellschaft dem Adressbuch zufolge bis 1927.[121]

Im Dezember 1926 verkauft Jacob Tuteur seinen Geschäftsanteil an der Grundstücksgesellschaft dem lettischen Kaufmann Ulrich Mühlmann.[122] 1927 wird die Grundstücksgesellschaft umgebildet und erhält zwei neue Geschäftsführer: Karl Küster und Joseph Per-

---

116 Berliner Adressbuch 1920, 1930, 1931.

117 Grundakten betreffend das im Grundbuch von Charlottenburg Bd. 172, Bl. 5977 verzeichnete Grundstück (Kurfürstendamm 50), Bd. 1, Bl. 190.

118 Berliner Adressbuch 1923, 1927–1930. Bauakte Kurfürstendamm 48/49, Bd. 5, Bl. 1; Bauakte Kurfürstendamm 48/49, Bd. 2, Bl. 128; Berliner Adressbuch 1928 bezeichnet Maikapar als Eigentümerin noch unter der Adresse Rosenthaler Str. 40/41. Für die Jahre 1929 und 1930 wird als Niederlassung der Eigentümerin Maikapar Kurfürstendamm 48/49 genannt. Im Jahr 1930 weist das Berliner Adressbuch wieder die Grundstücksgesellschaft als Eigentümerin aus.

119 Grundakten betreffend das im Grundbuch von Charlottenburg Bd. 172, Bl. 5977 verzeichnete Grundstück (Kurfürstendamm 50), Bd. 1, Bl. 160, 172, 178.

120 Nach Westphal, Konfektion, S. 185 bezog Kersten & Tuteur 1913 das Haus Leipziger Straße 36. Zur Unterkunft der Grundstücksgesellschaft in: Grundakten betreffend das im Grundbuch von Charlottenburg Bd. 172, Bl. 5977 verzeichnete Grundstück (Kurfürstendamm 50), Bd. 1, Bl. 203.

121 Berliner Adressbuch 1923–1928.

122 Grundakten betreffend das im Grundbuch von Charlottenburg Bd. 172, Bl. 5977 verzeichnete Grundstück (Kurfürstendamm 50), Bd. 1, Bl. 282 ff.

nikoff. Beider Büros liegen in der Rosenthaler Straße 40/41, also in den Hackeschen Höfen. Dort befindet sich kurzfristig die lettische Zigarettenfabrik Maikapar,[123] die wenig später im Adressbuch als Eigentümerin der Grundstücke Kurfürstendamm 48–50 firmiert. Im Jahr 1927 erhält Firma Maikapar die Kündigung ihrer Fabrikationsstätte in den Hackeschen Höfen. Die Vermieterin und Eigentümerin dieses Grundstückskomplexes, die Terra AG, gehörte zum Immobilienimperium des Jakob Michael.[124] Maikapar löst schon 1927, als die Firma noch in den Hackeschen Höfen residiert, Willi Kersten und Jacob Tuteur als Gesellschafter der Grundstücksgesellschaft ab.[125] Die Zigarettenfabrik geriert sich kurzfristig als Eigentümerin des Hauskomplexes Kurfürstendamm 48–50.[126]

1924 hatte Jakob Michael die Hackeschen Höfe erworben und beteiligte sich ab 1926 an der Emil Köster AG, die verstärkt ab 1930 immer mehr Fläche in den Höfen belegte.[127] Vermutlich hat die Kündigung des Mietverhältnisses der Firma Maikapar zum 1. Oktober 1928 mit dieser Expansion in der Rosenthaler Straße 40/41 zu tun. In der Folge beabsichtigt Maikapar, ihre Maschinen im zweiten Obergeschoss des Hauses Kurfürstendamm 48/49 aufzustellen und dort auch die Büros und Räume für den Zigarettenversand unterzubringen. Die Produktion gehe »völlig geräuschlos« vonstatten, argumentieren Firmenvertreter. Außerdem solle die Anzahl der Arbeitskräfte von 52 auf 38 – die 19 Packerinnen eingeschlossen – reduziert werden.[128] Der Charlottenburger Gewerberat befürwortete den Einzug.[129] So werden ab 1928 im Haus Zigaretten produziert, im Hof verpackt und auf Lieferwagen

Abb. 31   Werbung der Firma Maikapar für Larissa-Zigaretten

---

123 Grundakten betreffend das im Grundbuch von Charlottenburg Bd. 229, Bl. 7646 verzeichnete Grundstück, (Kurfürstendamm 48/49), Bd. 1, Bl. 109, 119–120. Pernikoff, der sich im Adressbuch von 1929 Fabrikdirektor nannte, wohnte in der Brandenburgischen Straße 32. In der Häuserabteilung des Adressbuchs 1929 ist K. Küster als Verwalter des Hauses Kurfürstendamm 50 zu finden. Den einzigen Karl Küster, der als Kaufmann firmierte, findet man unter der Adresse Große Hamburger Straße 28 und nicht, wie bei Kurfürstendamm 50 angegeben, unter Große Hamburger Straße 20.

124 Bauakte Kurfürstendamm 48/49, Bd. 4, Bl. 89–92.

125 Bauakte Kurfürstendamm 48/49, Bd. 5, Bl. 1, 19.

126 Das geht aus den Bauakten hervor und aus den Adressbüchern. Zu einer Eintragung ins Grundbuch allerdings kam es nicht.

127 http://www.hackesche-hoefe.com/index.php?id=36 (Verfasser: Ernst Siebel) (2.8.2007).

128 Bauakte Kurfürstendamm 48/49, Bd. 4, Bl. 89/R. Jakob Michael kaufte in den Jahren 1926/27 am Kurfürstendamm und dessen Umgebung zahlreiche Grundstücke auf. Nicht immer trat er als Eigentümer in den Grundbüchern in Erscheinung. So Worbs, Komödie, S. 35.

129 Bauakte Kurfürstendamm 48/49, Bd. 4, Bl. 92.

geladen. In den beiden darauffolgenden Jahren gilt Maikapar im Berliner Adressbuch als Eigentümerin von Kurfürstendamm 48–50.[130]

Ab Ende Juli 1930 ist als Eigentümerin die GmbH, nun vereinfacht als »Grundstücks-gesellschaft des Westens«, im Adressbuch eingetragen.[131] Vor der neuen Namensgebung findet ein Wechsel der Geschäftsführer statt. Am 13. März 1930 ist der am Kurfürsten-damm 97/98 wohnhafte und mit dem persönlich haftenden Gesellschafter der GmbH, Ulrich Mühlmann, verwandte Wladimir Mühlmann in die Grundstücksgesellschaft ein-getreten. Friedrich Senf ist Prokurist, der die Gesellschaft gemeinsam mit einem Ge-schäftsführer vertritt.[132] Am 24. Juli 1930 führen notarielle Verhandlungen zu einem Kre-ditvertrag mit der Hamburger Hypothekenbank. Anwesend sind die Geschäftsführer Jo-seph Pernikoff und Wladimir Mühlmann sowie Ulrich Mühlmann, der sich durch einen lettischen Reisepass ausweist. Die beiden ersteren verschränken als Geschäftsführer der Grundstücksgesellschaft und als Vorstandsmitglieder der A. S. Maikapar Zigarettenfabrik AG die zwei Unternehmen eng miteinander.[133] Wahrscheinlich ist Ulrich Mühlmann, der sich Generaldirektor nennt, der Kopf des Unternehmens Maikapar.

Wohnungszwangswirtschaft

Die Wohnungszwangswirtschaft wurde zur möglichst sozial gerechten Verteilung und Nutzung des knappen Wohnraumes während des Ersten Weltkrieges eingeführt. Durch staatliche Eingriffe wurde Wohnraum bewirtschaftet, Mieterschutz verhängt und Miet-preise festgeschrieben.[134] In Ausführung dieser Maßnahmen konnten per Dekret des Wohnungsamtes unter anderem Wohnungsteilungen vorgeschrieben werden. Davon ist den Bauakten des Hauskomplexes Kurfürstendamm 48–50a nichts zu entnehmen. Ob die Haushalte in der Nachkriegszeit gezwungen waren, Untermieter aufzunehmen, ist nicht festzustellen. Möglicherweise bleiben die Bewohnerinnen und Bewohner des Hauses Kur-fürstendamm 48–50 bis auf einen Fall zunächst von Wohnungsaufteilungen und Zwangs-einweisungen seitens der Wohnungsämter verschont.

Die staatliche Bewirtschaftung erfasst einen kleinen Teil des Hauskomplexes, nämlich das ehemalige Stall- und Kutschergebäude. In die leer stehende Kutscherwohnung wird die kinderreiche Familie des Bahnarbeiters Kieseler eingewiesen. Das missfällt der Grund-stücksgesellschaft: »Wir haben die Räume nicht zur Vermietung bestimmt«, protestiert sie

---

130 Berliner Adressbuch 1920 ff.
131 Zum Namen LAB, B Rep. 025–07, Nr. 7 WGA 1896/50, Bl. 9; die Eintragung im Adressbuch erst ab 1931 als Grundstücksgesellschaft des Westens.
132 Grundakten betreffend das im Grundbuch von Charlottenburg Bd. 229, Bl. 7646 verzeichnete Grundstück (Kurfürstendamm 48/49), Bd. 1, Bl. 125R, 126; zum Wohnort Mühlmanns s. Berliner Adressbuch 1930–1932.
133 Grundakten betreffend das im Grundbuch von Charlottenburg Bd. 229, Bl. 7646 verzeichnete Grundstück (Kurfürstendamm 48/49), Bd. 1, Bl. 130–135.
134 Stratmann, Mechthild: Wohnungsbaupolitik in der Weimarer Republik, in: Neue Gesellschaft für Bildende Kunst (Hg.): Wem gehört die Welt – Kunst und Gesellschaft in der Weimarer Republik, 4. überarb. Aufl., Berlin 1977, S. 40–49.

bei den zuständigen Stellen. Allenfalls sei die Wohnung für den Chauffeur eines Garagenmieters vorgesehen. Das aber widersprach den allgemeinen mietrechtlichen Bestimmungen, die Dienstwohnungen nur für Portiers erlaubten.[135] Weil die Wohnung durch die kinderreiche Familie überlegt war, befürwortete das Wohnungsamt bald einen Tausch. Dazu erklärte sich Ende 1922 ein älteres Ehepaar bereit.[136] So bezog Familie Kieseler eine Wohnung im Erdgeschoss des Hauses Mommsenstraße 65, und das Ehepaar mietete sich im ehemaligen Stallgebäude ein.[137]

Verbesserung der Verkaufsmöglichkeiten zulasten von Grünflächen und Wohnraum

Während der Inflation, der nachfolgenden kurzen Stabilisierung und der erneuten Krise zeigen sich gesellschaftliche Veränderungen, für die der mehr und mehr zum Nobelboulevard entwickelnde Kurfürstendamm symptomatisch war. Das zeigte sich vielfach auch am Kurfürstendamm 48–50. Die Vorgärten werden dem Bedürfnis nach leichterer Zugänglichkeit zu den Geschäften angepasst und im Erdgeschoss die Erker beseitigt, später auch im ersten Obergeschoss des Hauses 48/49. Diese Maßnahmen sollen den Geschäften einen ungehemmten, möglichst gleichmäßig fließenden Kundenstrom zuführen. Dass die Kundschaft auf diese Weise quasi von Laden zu Laden »gezogen« wird, bewerkstelligt unter anderem die geglättete Fassade der Ladenzeile. Insgesamt bemächtigte sich die »Horizontale« des Hauskomplexes, der schrittweise seine vertikalen Akzente und im Erdgeschoss auch seinen ornamentalen Charakter verliert. Mit der Umgestaltung des Äußeren geht ein Nutzungswandel einher.

Den ersten Antrag für die Verkleidung der Läden mit Travertin im Erdgeschoss reicht der Architekt Hermann Muthesius im November 1924 ein.[138] Um die Jahreswende 1924/25 beginnt am Haus Kurfürstendamm 48/49 die Umgestaltung des Vorgartens.[139] Ende August 1927 teilt Firma Maikapar der Baupolizei mit, dass alle Fassadenflächen, wie beim Bettermannschen Laden bereits geschehen, Travertin-Verkleidung erhalten sollen.[140] Da auch die Erker mit ihren Windschatten verschwanden, ließen sich die Passantenströme ungehindert an den Schaufenstern vorbeischleusen, zumal der Vorgarten bis auf kleinste Reste Pflasterung erhielt. Da die öffentlichen Stellen das Grün zu erhalten suchten, ging die Umgestaltung der Vorgärten nicht ohne Konflikte vonstatten. Nach langem Hin und Her mit der Bauverwaltung unterlagen letztendlich die Kriterien der Ästhetik (der Baupolizei) denen der Wirtschaftlichkeit (der Nutzer).

---

135 Bauakte Kurfürstendamm 48/49, Bd. 2, Bl. 130–131. Dem Berliner Adressbuch von 1922 zufolge war Herr Kieseler Bahnarbeiter.
136 Bauakte Kurfürstendamm 48/49, Bd. 2, Bl. 134–137.
137 Berliner Adressbuch 1924.
138 Bauakte Kurfürstendamm 48/49, Bd. 2, Bl. 219.
139 Die Firma überreicht die Umgestaltungspläne der Baupolizei, Bauakte Kurfürstendamm 50/50a, Bd. 2, Bl. 209.
140 Bauakte Kurfürstendamm 48/49, Bd. 5, Bl. 19.

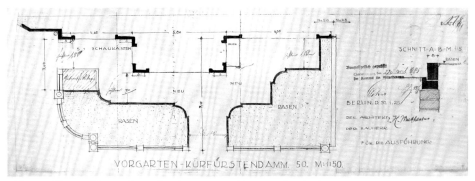

Abb. 32   Plan zur Umgestaltung der Vorgärten von Hermann Muthesius, 1925

Zu den Veränderungen trugen auch die Ladeninhaber bei. Im Januar 1925 erklärte sich der Inhaber der Kunsthandlung Blydt bereit, die fast ausschließlich gepflasterten Flächen vor seinem Schaufenster im Haus Nr. 50 zu entsiegeln und dort Rasenflächen anzulegen: Diese »sollen mit bearbeitetem Werkstein in anständiger, gärtnerischer Weise eingefasst, besät und gepflanzt werden, so-dass die ganze Vorgartenfläche einen einheitlichen guten Eindruck macht.« Mit der Um-setzung beauftragte Blydt den Architekten Hermann Muthesius.[141] Anfang 1925 forderten Tiefbauverwaltung und städtische Straßenpolizei, unter anderem die Wegebreite in den Vorgärten Kurfürstendamm 48/49 auf 1,50 Meter einzuschränken. Muthesius empfahl dem Bezirk Charlottenburg, die Verhandlungen über das weitere Vorgehen so lange aus-zusetzen, bis über die Vorschläge des Herrn Blydt zur Gestaltung des Vorgartens vor Nr. 50 entschieden sei.[142] Die nach Entwürfen von Hermann Muthesius gebaute, im Zweiten Weltkrieg stark beschädigte Ladenzeile wurde in den 1980er Jahren von Architekt Rupert Stuhlemmer saniert und teilweise rekonstruiert. Die Vorgärten existieren nicht mehr.

Am 22. Oktober 1928 werden für das Haus Kurfürstendamm 48/49 »Zugänge für die beiden Ladentüren rechts der Durchfahrt und die Neugestaltung der verbliebenen Rasen-fläche« beantragt. Um vor allem den Zugang besser bewerkstelligen zu können, sollen »die beiden hohen Säulen, die jetzt auf der Vorderkante der Vorgarteneinfriedung stehen«, be-seitigt werden. Es kommt zu langwierigen Auseinandersetzungen mit den Ämtern. Diese fordern erneute Begrünung ehemaligen Vorgartenterrains. Dass die Eigentümerin diese Vorgaben nicht erfüllt hat, wird Ende 1929 bemängelt.[143] Im Gegensatz dazu beantragt

141 Bauakte Kurfürstendamm 50/50a, Bd. 2, Bl. 174, dort der Brief des Herrn Blydt vom 31. Januar 1925 an die Charlottenburger Baupolizei.
142 Bauakte Kurfürstendamm 48/49, Bd. 2, Bl. 210, 216.
143 Bauakte Kurfürstendamm 48/49, Bd. 5, Bl. 84, 90.

diese Ende August 1930, die »jetzt mit Kies beschütteten Rasenflächen pflastern zu dürfen«. Ihr liegt daran, vor dem Haus Nr. 48/49 den Abstand zwischen Läden und Bürgersteig möglichst leicht passierbar zu gestalten. Es habe sich herausgestellt, »dass das Publikum nur, wenn es ungehindert an die Schaufensterauslagen herantreten kann, diese besichtigt«. Die Eigentümerin argumentiert, die Umgestaltung mache die Läden »wieder existenzfähig«, hingegen gefährdeten die von der Berliner Bauordnung von 1929[144] festgelegten Vorgaben »die jetzt schon stark notleidenden Ladenmieter noch weiter«.[145]

Trotz allem beharrte die Charlottenburger Baupolizei auf Einhaltung der Groß-Berliner Bauordnung von 1929, der zufolge die Eigentümer die Vorgartenflächen angemessen zu bepflanzen und zu unterhalten hätten. Die Grundstücksgesellschaft leistet dieser Anordnung keine Folge, weil sie die freistehenden Läden noch vermieten will, bevor »der trennende Vorgartenstreifen zwischen Schaufenster und Bürgersteig angelegt« wird. Schließlich erklärt sie sich im September 1931 bereit, die Kiesfläche des Vorgartens mit Rasen zu begrünen. Doch nimmt sie davon Abstand, weil die Ladenmieter befürchten, dass auf diese Weise »die wenigen Kauflustigen« ferngehalten würden.[146] Wie bedrohlich die Lage war, zeigt das Beispiel von Kurfürstendamm 47. Dort versuchte die Betreiberin des »Ladens der Gelegenheiten«, die neue und gebrauchte Möbel verkaufte, durch Herausstellen der Angebote Kundschaft anzulocken. Sie teilte mit: »Wir machen Sie darauf aufmerksam, dass unser Geschäft nur noch durch das Herausstellen von Gegenständen lebensfähig ist. Wir haben an den Tagen schlechten Wetters gar keine Kundschaft.«[147]

Gegen Ende 1928 passt Firma Maikapar den Hauskomplex der gesteigerten Nachfrage nach Läden an und wandelt einen Teil der noch vorhandenen Wohnflächen im Erdgeschoss um. Das war sogar während der Wohnraumbewirtschaftung möglich, wenn der Eigentümer eine Ablöse an den Wohnungsbaufonds leistete oder Ersatzwohnraum zur Verfügung stellte. Den entsprechenden Forderungen kommt Maikapar 1927 und 1928 in vielen Fällen nach. Anfang April 1927 beantragt das Unternehmen den Einbau eines weiteren Ladens im Erdgeschoss des Hauses Kurfürstendamm 48/49. Mit dieser Umgestaltung ist der Architekt Hermann Muthesius beauftragt. Platz soll unter anderem die ehemalige Portierswohnung bieten, die vom Vestibül nahe dem Fahrstuhl im Vorderhaus ins Hochparterre des Quergebäudes verlegt wird. An das Geschäft Bettermann schließen sich Richtung Osten drei Läden an,

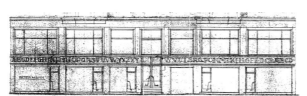

Abb. 33   Horizontalisierung durch Umbau der gesamten Ladenfront Kurfürstendamm 48/49, 1927

---

144 Es geht hier um § 25 Ziff. 3 der Berliner Bauordnung vom 9.11.1929. Die Grundstücksgesellschaft gab sich den neuen Zusatz »des Westens«.
145 Bauakte Kurfürstendamm 48/49, Bd. 5, Bl. 91.
146 Ebd., Bl. 94, 98, 102.
147 LAB B Rep. 207, Nr. 5422, Bl. 289.

einer links vom Eingang und zwei weitere rechts davon. Vor allem für die letzteren sind diverse bauliche Veränderungen vorgesehen.[148]

Neben der möglichst effizienten Ausnutzung der Erdgeschossflächen für Läden erhält das neue Geschäft ein größeres Fenster.[149] In Anlehnung an die bereits modernisierte Fassade des Feinkostgeschäfts Bettermann »soll auch das neue Fenster Travertinverkleidung erhalten« und später das ganze Erdgeschoss.[150] Darüber hinaus ist am östlichen Seitenflügel ein flacher Anbau geplant, um die leer stehenden Hinterräume, in denen früher die Herrenschneiderei Braun und Fertikowski arbeitete, wieder benutzbar zu machen.[151] Dieser Plan wird nicht realisiert. Es ziehen weitere Geschäfte ins Haus, und die Umwandlung von Wohn- in Geschäftsräume schreitet weiter fort, ergreift auch obere Geschosse. Nachdem Ablösesummen an den Woh-

Abb. 34   Treppenhaus Kurfürstendamm 48/49 in der Gestaltung von Hermann Muthesius, 2010

nungsbaufonds überwiesen beziehungsweise Ersatzwohnräume gestellt sind, erteilt das Bezirkseinwohneramt im Januar 1928 seine Zustimmung zur »Umwandlung von 3 Vorderzimmern der 10-Zimmer-Wohnung Kurfürstendamm 48/49, Hochparterre links, in Geschäftsräume«. Im Verlauf des Jahres sind weitere Wohnungen von ähnlichen Veränderungen betroffen.[152] Auch das Treppenhaus erhält ein zeitgenössisches Aussehen.

Auch das Haus Kurfürstendamm 50 wird marktgerecht angepasst. Maikapar beantragt am 20. April 1928 eine Verbreiterung der Schaufenster im Erdgeschoss. Diese sollen, entsprechend Nr. 48/49, bronzene Rahmen erhalten. Ferner ist geplant, den Haussockel mit Travertin zu verkleiden. Die Straßenbaupolizei verlangt am 8. Mai 1928 die Bepflanzung des bekiesten Vorgartens am Kurfürstendamm. Am darauffolgenden Tag fordert das Wohnungsamt Ersatzwohnraum für den Umbau von Wohn- zu Geschäftsräumen im Haus Nr. 50. Dieser konnte gestellt werden, weil »Stube und Küche der Ladenwohnung Weymar als Wohnküche hergerichtet und zu Wohnzwecken weiter benutzt werden«.[153]

148 Bauakte Kurfürstendamm 48/49, Bd. 5, Bl. 1, 19, 45.
149 Ebd., Bl. 19.
150 Zum Erker beim Laden »Bettermann« s. Bauakte Kurfürstendamm 48/49, Bd. 5, Bl. 11–12.
151 Ebd., Bl. 21, 23. Das Berliner Adressbuch von 1925 nennt als Mieter im Haus Kurfürstendamm 48/49 Fertikowski & Braun, Damen- und Herrengarderobe sowie den Kaufmann Alex Fertikowski.
152 Bauakte Kurfürstendamm 48/49, Bd. 5, Bl. 63, 33/R, 35, 62/R.
153 Bauakte Kurfürstendamm 50/50a, Bd. 3, Bl. 64, 67–70; Bl. 74 ff. zur Genehmigung.

Beim Jonglieren mit Umwandlungen und Ersatzwohnraum hilft das eine Haus dem anderen. Die Teilung der Parterrewohnung Asenjo im Kurfürstendamm 48/49 (für die neuen Mieter Schmars und Gongola) führt 1929 zum Umzug der Familie Gongola vom Haus Nr. 50 ins Haus Nr. 48/49:[154] Mit Zustimmung des Wohnungsamtes wandelt die Eigentümerin ein Zimmer der Pförtnerwohnung Schmars, die im Haus Kurfürstendamm 50 zum Hof liegt, in Ladenflächen um. Allerdings muss der Ersatzwohnraum[155] – hierbei handelt es sich um die Restwohnung Gongola – vor Beginn des Ladenumbaues bezugsfertig sein. Eine andere 30 Quadratmeter große Wohnung ist als Ausgleich für die Pförtnerloge zur Verfügung zu stellen. Der Ersatzwohnraum besteht aus der ehemaligen Küche und Kammer der Wohnung Kochanek im Erdgeschoss des Seitenflügels.[156]

Die baulichen Veränderungen durch das »Atelier Muthesius« sind Anfang Januar 1929 beendet – Hermann Muthesius war am 26. Oktober 1927 durch einen Unfall zu Tode gekommen. Die Durchfahrt zum Hof Kurfürstendamm 50 ist verbreitert und die von Nr. 48/49 geschlossen. Sinnvollerweise wird der Zugangsverkehr zum Hof nun über die etwas abseits gelegene Einfahrt des Hauses Nr. 50 bewerkstelligt. Durch diese Veränderung war die Wohnung Paul Gongolas im Februar 1929 ins Abseits gerückt: »Ich muss (…) über zwei Höfe gehen und gelange auf Umwegen durch das Haus Kurfürstendamm 50 auf die Straße.« Er betonte, wie unangenehm diese Umwege besonders bei Nacht und gerade für die »weiblichen Familienangehörigen« wären.[157]

Wegen der nunmehr leichteren Zufahrtsmöglichkeit können die Höfe besser für die Zigarettenfabrikation genutzt werden. Am 16. Januar 1931 beantragt die ab 1930 im Adressbuch wieder als Hauseigentümerin genannte Grundstücksgesellschaft, den dritten Hof des Hauses Kurfürstendamm 48/49 mit einem Glasdach überspannen zu dürfen.[158] »Wir benötigen zum Abstellen versandfertiger Waren bzw. eingehender Sendungen einen überdeckten, ebenerdigen Raum. Hierfür ist bei der vorliegenden Bewirtschaftung des Grundstückes nur der dritte Hof verfügbar und geeignet, weil er sich an die vorhandenen Betriebsräume gut anfügt. […] Durch die vorgesehene Überdachung tritt eine Beeinträchtigung der Licht- und Luftverhältnisse weder für die Nachbargrundstücke noch für unser Grundstück ein.« Das Argument, »die Raumfrage« lasse sich »in horizontaler Ausdehnung viel wirtschaftlicher lösen«, überzeugt die Baupolizei. So genehmigt diese trotz leichter Überschreitung des zulässigen Maßes der Bebauung am 2. Juni 1931 den Antrag.[159]

Die Zigarettenfirma erfreut sich nicht lange der für sie sinnvoll organisierten Räumlichkeiten. Sie ist gezwungen, die Produktion einzustellen. Im Anschluss werden die Räume von Maikapar an andere Unternehmen vermietet. Das Gewerbeaufsichtsamt verwies

---

154 Ebd., Bl. 94–95.
155 Dabei handelte es sich um Stube, Küche, Bad, Klosett und Speisekammer im rechten Seitenflügel, Erdgeschoss links.
156 Bauakte Kurfürstendamm 50/50a, Bd. 3, Bl. 103, 98.
157 Ebd., Bl. 102, 104–105.
158 Bauakte Kurfürstendamm 48/49, Bd. 5, Bl. 146; aus den Berliner Adressbüchern von 1930 und 1931 geht hervor, dass sich die Grundstücksgesellschaft ab 1931 »Grundstücksgesellschaft des Westens« nannte.
159 Bauakte Kurfürstendamm 48/49, Bd. 5, Bl. 147, 148, 150, 151, 153, 156.

darauf, der überdachte Hof sei nur für die Nutzung durch die Zigarettenfabrik zugelassen: Da mehrere Betriebe diverse Wege auf dem Grundstück versperrten,[160] forderten die Aufsichtsbehörden, einen Weg für den Notfall freizuhalten. Prompt legt die Grundstücksgesellschaft die Zeichnung für einen zusätzlichen Flur vor.[161] Dieser wird angelegt, und am 10. Oktober 1932 ist ein zweiter Ausgang zum zweiten Hof fertiggestellt.[162]

Wenig später kommt es zu einer grundlegenden Veränderung am Äußeren des Hauses: Am Jahresende wird die bekrönende Skulptur von der Kuppel entfernt. Zusätzlich zur ästhetischen und funktionalen Horizontalisierung des Hauses bringt am Ende der Weimarer Republik die Beseitigung der zweieinhalb Meter hohen kranzwerfenden Viktoria eine weitere Minderung der vertikalen Linien. Schon bei mäßigem Wind drehte sich die Figur, und Risse an einem Flügel bedrohten ihre Standfestigkeit. Außerdem waren Turmhelm und Laternenaufbau stark verwittert. All diese Bauteile verschwanden im Dezember 1932.[163] Lässt sich daraus ein Symbol von Aufstieg und Niedergang der Seele des Kurfürstendamms lesen? Im Dezember 1932 war der kurzfristig regierende Kanzler General von Schleicher an der Macht und bald bereitete Paul von Hindenburg die Machtübertragung auf Adolf Hitler vor. Danach herrschte der blanke Terror.

Aufteilung von Wohnungen

Mit den äußeren Veränderungen geht die innere Umgestaltung einher, denn 1929 hält die Krise am Kurfürstendamm und in der Hardenbergstraße sogar in den riesigen Wohnungen Einzug: »Die große Wohnung, vor kurzem eine Rente, die große Wohnung war kein Kapital mehr, das Zinsen trug, die große Wohnung war die große Sorge.«[164] So kommt es im Haus Kurfürstendamm 48–50 ab 1930 zur Aufteilung der Großwohnungen in zahlreiche kleine Wohn- und Geschäftseinheiten. Aber die Rechnung geht nicht auf, denn die Anzahl der Vermietungen stagniert. Auf die Eigentümer kommen schwierige Zeiten zu, wie im Restitutionsprozess 1950 der Prozessvertreter Ulrich Mühlmanns mitteilt. Diese hätten versucht, ihre »sogenannte(n) Komfortgrundstücke« am Kurfürstendamm, die »keineswegs überlastet« gewesen seien, angemessen zu vermarkten. Doch habe die Notverordnung vom 8. Dezember 1931 außerordentliche Kündigungen ermöglicht, in deren Folge es zu Mietausfällen gekommen sei. Dadurch wiederum sei eine finanzielle Schieflage entstanden und die Zinszahlungen an die Hamburger Hypothekenbank seien nicht mehr pünktlich erfolgt.[165] Da die Anzahl der vermieteten Wohnungen in den Jahren 1930 bis

---

160 Ebd., Bl. 180. Im Haus produzierten folgende Firmen: »Pharma« (chemisch pharmazeutische Produkte), Dr. Croy & Emi (kosmetische Mittel), Universal Stordie & Co (photographische Artikel), Mäschle (Schuhfabrikation) und Bostanjoglo (Zigaretten).
161 Ebd., Bl. 181–182; Bl. 184 der Plan.
162 Ebd., Bl. 127.
163 Bauakte Kurfürstendamm 50/50a, Bd. 3, Bl. 57.
164 Tergit, Käsebier erobert, S. 200–201.
165 LAB, B Rep. 025–07, Nr. 7 WGA 1896/50, Bl. 10R.

1932 nahezu gleich bleibt, lassen sich die Kündigungen nicht nachvollziehen. Allerdings können gekündigte Wohnungen dann von anderen Mietern für geringere Preise gemietet worden sein.

	1919	1920	1921	1922	1923	1924	1925	1926	1927	1928	1929	1930	1931	1932
48/49	20	20	21	27	23	?[166]	17	19	15	13	13	13	12	11
50	13	13	19	15	18	?	18	14	14	15	9	11	13	13
	33	33	40	42	31	?	35	33	29	28	22	24	25	24

Anzahl vermieteter Wohnungen in den Häusern Kurfürstendamm 48–50 im Zeitraum 1919–1932

Mit dem Umbau des Hauses vollzog sich auch der Umbau des Unternehmens Maikapar, das im Adressbuch ab 1930 nicht mehr als Hauseigentümer genannt ist. Nach dem Firmenzusammenschluss zur Maikapar-Bostanjoglo AG Zigaretten- und Tabakfabrik belegte ab 1932 dieser Verbund Räume im Haus.[167] Bostanjoglo war ein bekanntes Unternehmen. Schon der Schüler Thomas Mann hatte von »einer Bostanjoglo zwischen den Lippen« geträumt.[168] Joseph Pernikoff, Geschäftsführer der Grundstücksgesellschaft Kurfürstendamm 48–50, stellt die Geschäftskontinuität her, wie bei Maikapar ist er nun bei der Maikapar-Bostanjoglo Vorstandsmitglied.[169] Doch bald konstatierte das Gutachten des Preußischen Gewerbeaufsichtsamtes Charlottenburg-Spandau vom 6. Juli 1932, der Betrieb der Firma Bostanjoglo sei stillgelegt, sie nutze nur noch einen Kontorraum im Dachgeschoss des Kurfürstendamms 48/49.[170] Dem Berliner Adressbuch zufolge belegte die Firma noch bis 1933 Räume im Haus.[171]

Trotz vieler Umbaumaßnahmen ging die Zahl der Mietparteien zwischen 1919 und 1932 von 33 auf 24 zurück, in den Jahren 1921 und 1922 gab es einen erheblichen Anstieg auf bis zu 42 Mietparteien. Nach der Umwandlung von Wohnungen in Läden, der Verbesserung von Produktionsbedingungen durch funktionale Einbauten sowie die kundenfreundliche Gestaltung der Fassaden und Vorgartenbereiche macht die Eigentümerin weitere Schritte zur Steigerung der Wirtschaftlichkeit mit Wohnungsverkleinerungen.

Am 25. Februar 1932 wird die im vierten Obergeschoss gelegene Neun-Zimmer-Wohnung in eine Sechs- und eine Zwei-Zimmer-Wohnung zerlegt. Wegen Schwierigkeiten bei der Vermietung beantragt die Eigentümerin die weitere Teilung in eine Vier- und eine Drei-Zimmer-Wohnung. Jeweils müssen Be- und Entwässerungsanlagen angepasst werden. Obwohl die Berliner Bauordnung von 1929 den Bau selbständiger Wohnungen in Seiten- und Querflügeln verbot, wird der Bauschein zu dieser Veränderung im September

---

166 Der Straßenteil des Berliner Adressbuchs von 1924 ist nicht verfügbar.
167 Berliner Adressbuch 1931–1933.
168 Kurzke, Hermann: Thomas Mann. Das Leben als Kunstwerk. Eine Biographie, München 1999, S. 333.
169 Berliner Handels-Register Verzeichnis der Einzelfirmen, Gesellschaften und Genossenschaften nach dem Stande vom 31. Dezember 1929, Ausgabe 1930 (66. Jahrgang), Berlin 1930, S. 720, 869.
170 Bauakte Kurfürstendamm 48/49, Bd. 5, Bl. 180.
171 Berliner Adressbuch 1932, 1933.

1932 erteilt.[172] Und schon Ende des Monats sind die Wohnungen fertig gestellt. Zeitgemäß wird »von der Aufstellung einer Kochherdfeuerung Abstand genommen« und »nur ein kleiner Gasherd aufgestellt«.[173] Die zögernd vorgenommenen Wohnungsverkleinerungen zeigen, dass die Eigentümer anfänglich davor zurückschrecken, die als Proletarierwohnungen bezeichneten 1½- bis 3½-Zimmerwohnungen zu gestalten, wie das Gabriele Tergit in ihrem Roman »Käsebier erobert den Kurfürstendamm« beschrieb.[174]

Verstärkte Strahlkraft und Emissionen

In der Folge des Zuzugs zahlreicher Firmen kommt es nicht nur zu grundlegenden Umbauten. Auch den Werbemaßnahmen wurde mehr Bedeutung beigemessen: Sie begannen – im Gegensatz zum Bereich Unter den Linden[175] – zu strahlen. Und mit ihnen erstrahlte das Hausensemble Kurfürstendamm 48–50. Schon 1927 mietete sich das Geschäft »Der Autokoffer« im Haus Nr. 49 ein und ließ im ersten Obergeschoss die entsprechende Leuchtreklame anbringen.[176] Zwischen 1930 und 1933 zählte das Autohaus Saint Didier,

Abb. 35   Werbeschilder Der Autokoffer, Bettermann, Regina Friedländer am Kurfürstendamm 49, 1927

172 Bauakte Kurfürstendamm 48/49, Bd. 5, Bl. 115–117, 122/R.
173 Ebd., Bl. 126.
174 Tergit, Käsebier erobert, S.178.
175 Das Verbot der Außenreklame Unter den Linden formulierte das Ortsstatut von 1923; m.w.N. Metzger/Dunker, Kurfürstendamm, S. 108 f., 266.
176 Bauakte Kurfürstendamm 48/49, Bd. 2, Bl. 230; Bl. 231 die Abbildung.

das sich bald ALAG nannte, zu den Mietern: Automobile, Lastfahrzeuge Aktiengesellschaft.[177] Die für dieses Unternehmen im November 1928 genehmigte Neon-Leuchtrohr-Anlage war 14,5 Meter lang. Auch flammten vor den Schaufenstern die Firmennamen »Ford« in Rotorange und »Lincoln« in Blau auf. Im Jahr 1929 warb die Firma »Jordan & Hartmann«, die Innenausbauten bewerkstelligte, mit Leuchtbuchstaben. Die Leuchtbuchstaben »Juweliere« gibt die Firma Jacob Bernstein & Söhne 1927 in Auftrag. Erik Blydt lässt den Schriftzug »Deutsche Kunst« nur bestrahlen.[178] Nachdem die M. Pech AG Ende 1930 im Haus Nr. 50 eine Ladenfläche gemietet hatte, lässt auch sie Leuchtreklame anbringen. Schon 1928 hatten die langjährigen Inhaberinnen des Papiergeschäfts im Haus Kurfürstendamm 50, Gertrud und Käte Weymar, das Wort »Papier« über ihrem Ladeneingang aufleuchten lassen. Der zeitliche Zusammenhang mit der Lichtwoche vom 13. bis 16. Oktober 1928 liegt auf der Hand: Die Schwestern stellten am 26. Oktober den entsprechenden Antrag.[179]

Für »die neue Lichtstadt Europas« komponierte Kurt Weill im Auftrag des Magistrats den Berlin im Licht-Song.[180] Am ersten Abend der Lichtwoche erstrahlte die ganze Stadt vom Kurfürstendamm bis zum Alexanderplatz von 19 Uhr bis 1 Uhr morgens. Illuminiert waren nicht nur die wichtigen öffentlichen Gebäude. Die Monatsausgabe des Berliner Tageblatts für Ausland und Übersee freute sich schon im September, als die Vorrichtungen für die »Lichtwoche« montiert wurden: »Die großartigste Anlage dieser Art befindet sich am Kurfürstendamm, wo ein ganzes Eckhaus durch neuartige Lichtreklame taghell erleuchtet wird. Der Anlagewert der Lichtreklamen, der bisher auf zehn Millionen Mark geschätzt wird, dürfte sich durch die Veranstaltung um ein Beträchtliches erhöht haben.«[181]

Wegen des stark gesteigerten Stromverbrauchs erließ die BEWAG am 30. Mai 1928 Richtlinien zum Einbau von Netzstationen, die zur Verteilung der durch neue Netze in die Stadt eingespeisten Elektrizität notwendig waren. Wie Kurfürstendamm 47 erhielt das Doppelhaus Nr. 48/49 eine solche Neuerung, für die ein Kabelkanal im Keller verlegt wurde.[182] Der Strom für die Privathaushalte »ging an diverse Stützpunkte, die wiederum Netzstationen und Transformatorensäulen speisten, in denen die Spannung auf 220 Volt reduziert wurde«. Das war eine Voraussetzung für die »Lichtstadt Berlin«.[183]

Während die Straßenfassade strahlte, sandten verschiedene Gewerbebetriebe, wie die Zigarettenfabrik Maikapar und eine Großgarage, im Hofbereich störende Emissionen aus.

---

177 Bauakte Kurfürstendamm 48/49, Bd. 3, Bl. 102: Alag-Stempel über dem alten Briefkopf »Saint Didier, Automobile A.G. Namensänderung: Alag, Automobile, Lastfahrzeuge Aktiengesellschaft«.
178 Bauakte Kurfürstendamm 50/50a, Bd. 2, Bl. 182, Bl. 196 ff.
179 Ebd., Bl. 364, 254 ff.; Bauakte Kurfürstendamm 48/49, Bd. 3, Bl. 5, 6, 97–106.
180 Schebera, Jürgen: »Das ist 'ne ziemliche Stadt …«. Kurt Weill in der Kunst- und Geisteslandschaft von Berlin 1918–1933, in: Kortländer, Bernd u. a. (Hg.): Vom Kurfürstendamm zum Broadway. Kurt Weill (1900–1950) (= Veröffentlichungen des Heinrich-Heine-Instituts, Düsseldorf), Düsseldorf 1990, S. 28–39, S. 28.
181 Schrader, Bärbel/Schebera, Jürgen: Kunstmetropole Berlin 1918–1933, Berlin/Weimar 1987, S. 138, das Zit. n. S. 139.
182 Bauakte Kurfürstendamm 48/49, Bd. 3, Bl. 39, 43.
183 Michel, Kai: Denkmäler der Vernetzung. Nachmieter gesucht. Die Berliner Elektrizitätsbetriebe haben historische Prachtbauten der Stromversorgung im Angebot, in: Berliner Zeitung v. 15.7.2000 = http://www.berlinonline.de/berliner-zeitung/archiv/.bin/dump.fcgi/2000/0715/magazin/0252/index.html (20.6.2007).

Darüber klagte im Januar 1930 die Nachbarin Elfriede Walther. Sie verwies auf die Beeinträchtigung ihrer Mieter im Haus Mommsenstraße 66: »Schon durch die bislang erfolgten Bauten sah der Hof wie ein Gefängnishof aus!«[184] Tatsächlich hatte das Unternehmen Maikapar anfänglich nur Büro- und Lagerräume im Haus genutzt, dann aber – in geringem Ausmaß – Zigaretten hergestellt. Jedoch ging die Produktion bald über den ursprünglichen Rahmen »erheblich« hinaus. Ganz im Sinne der Nachbarn stellte sich der Gewerberat gegen eine bauliche Erweiterung der Zigarettenfabrik, zumal die Anwohner auch von den Wagen des Autosalons gestört wurden.[185] Das hatten schon drei Jahre zuvor die Mieter des Hauses Bleibtreustraße 20 bemängelt, in dem Heinrich Munk wohnte und arbeitete.[186] Auch der Chemiker Dr. Ernst Falk beklagte sich am 25. Juli 1927 bei der Baupolizei über eine nahe an der Grundstücksgrenze befindliche Garage. Diese nahm den Mietern »Licht und Luft«, außerdem quälten diese Lärm und Auspuffgase. Die Beschwerde war der Abgesang auf den gärtnerisch gestalteten grünen Hof, den Heinrich Munk hatte anlegen lassen.[187] Wie die Mieter hatten auch die Anwohner ihren Tribut dem möglichst ungehinderten Waren- und Kapitalumschlag zu zollen.

Die Mietparteien

Im Vergleich zu 1918 wohnten 1919 drei Mietparteien mehr im Doppelhaus Kurfürstendamm 48/49. Einige der 20 Mieter wohnten schon längere Zeit dort: Chefredakteur Krupke zum Beispiel belegte seine ab 1905 innegehabte Wohnung noch bis Mitte der 20er Jahre. So lange logierten auch die von ihm herausgegebenen Blätter dort. Dann verlegte er seinen Wohnsitz in den vierten Stock der Pfalzburger Straße 9. Im Haus befand sich auch sein Depeschenbüro; die Zeitungen und das Lexikon, die er im Kaiserreich auch herausgegeben hatte, existieren nicht mehr.[188] Wieweit ihn die ökonomischen Verhältnisse gezwungen hatten, diese aufzugeben, und ob deren Sichtweise nicht mehr hilfreich für die neue Zeit waren, sei dahingestellt. Hauswart Wilhelm Kügler löste im Haus Kurfürstendamm 48/49 den langjährigen Verwalter König ab. Weitere Nachbarn waren Kaufmann Georg Basch (bis 1931), Fabrikant Blumenstein (bis 1922) und Apotheker Heinrich Richard Brinn, der sich ab 1921 Fabrikbesitzer nannte und 1923 in die Tannebergallee 30 zog. Der Apotheker und Chemiker war 1895 vom jüdischen zum protestantischen Glauben konvertiert. Er leitete die Lackfabrik Warnecke & Böhm in Weißensee als Mitinhaber.[189] Ferner beherbergte das Haus Kurfürstendamm 48/49 die Fabrikbesitzer Dr. P. Herrmann (bis

---

184 Bauakte Kurfürstendamm 48/49, Bd. 3, Bl. 119/R.

185 Ebd., Bl. 121–126, 129–130. Das Gutachten des Gewerberats vom 20.2.1930.

186 Das Berliner Adressbuch 1927 teilt mit: »Heinrich Munk, Architekt (B.d.A.) Charlottenburg, Bleibtreustraße 20, IV. Etage, Tel. Steinplatz 3218, Sprechzeiten 10–12, 4½–6«.

187 Bauakte Kurfürstendamm 48/49, Bd. 2, Bl. 223; der Beruf Dr. Falks in Berliner Adressbuch 1927.

188 Berliner Adressbuch 1925.

189 Weissberg-Bob, Nea/Irmer, Thomas: Heinrich Richard Brinn (1874–1944). Fabrikant – Kunstsammler – Frontkämpfer. Dokumentation einer »Arisierung«, Berlin 2002; Berliner Adressbuch 1924.

1919	1932
Grundstücksgesellschaft des Westens mbH, Eigentümerin	**Grundstücksgesellschaft des Westens mbH, Eigentümerin**
Kügler, Wilhelm, Hauswart	Alag, Automobil, Lastfahrzeug AG
Börsenhandelszeitung	Berghausen, B., Pension
Finanzwirtschaftschronik	Bettermann, August, Fische
Krupkes Korrespondenz	»Bostanjoglo« Zigaretten- und Tabakfabrik AG
Krupkes Konversationslexikonverlag	Ehrmann, Rudolf, Dr. med., Prof. a. d. Universität
Der Bankier für Alle	Gongola, Erna, Frau
Asenjo, M., Dr. Arzt	Jordan & Hartmann, Innenausbaut.
Basch, Georg, Kaufmann	Kroeber-van Eyk, Toni, Schauspielerin
Blumenstein, Joseph, Fabrikant	Kügler, Wilhelm, Hausmeister
Brinn, Heinrich Richard, Oberapotheker	Logenheim am Kurfürstendamm
Herrmann, Dr. P.	Maikapar AS, Zigarettenfabrik AG
Hirschberg, Irma, Gymnastikinstitut	
Krojanker, Wilhelm, Fabrikbesitzer	
Krupke, Franz, Chefredakteur	
Krupke & Co, Depeschenbüro	
Levin, Helene, Privatiere	
Luther, Martin, Masseur	
Nußpicker, K., Kraftwagenführer	
Schmidt, R., Kaufmann	
v. Wedelstaedt, W., Major	

Die Mietparteien im Haus Kurfürstendamm 48/49, 1919 und 1932

1922) und Krojanker (bis 1923), Kommerzienrat Schmidt (bis 1928), die verwitwete Privatiere Helene Levin (bis 1928) und Major von Wedelstaedt (bis 1920). Außerdem wohnte der Arzt Dr. M. Asenjo dort (bis 1928), der sich zwischen 1923 und 1928 auch als Schriftsteller bezeichnete.[190] Als Dr. Asenjo 1928 aus seiner Parterrewohnung im Haus Kurfürstendamm 48/49 auszog, wurde davon ein Teil für die Umbauten benötigt[191]: Portier Schmars erhielt den abgetrennten Teil als Ausgleich für seine Dienstwohnung, die zu Ladenflächen umgewandelt worden war.[192]

Hingegen sank die Anzahl der Mietparteien zwischen 1919 und 1932 auf fast die Hälfte und betrug gerade noch elf. Eine ganze Anzahl von Großwohnungen stand leer. Die Zusammensetzung der Mieterschaft wandelte sich grundlegend, denn keine Mietpartei des Jahres 1919 wohnte 1932 noch im Haus. Außerdem vollzog sich eine Umschichtung

---

190 Berliner Adressbuch 1918–1928.
191 Bauakte Kurfürstendamm 50/50a, Bd. 3, Bl. 95.
192 Ebd., Bl. 103.

Abb. 36   Autosalon Saint-Didier, Kurfürstendamm 48/49, 1929

von Privathaushalten zu juristischen Personen, was auf die verstärkte Herausbildung des Kurfürstendamms zur Geschäftsstraße zurückzuführen war und auf den allgemeinen Ausbau des Dienstleistungssektors.

Im Jahr 1932 gab es nur noch vier natürliche Personen als Haushaltsvorstände: Frau Erna Gongola sowie UFA-Star Toni Kroeber-van Eyk. Letztere hatte noch im vorausgegangenen Jahr van Eyk geheißen. Hatte sie sich verheiratet oder einen Künstlernamen angenommen? Ferner wohnten die Familie des Arztes Professor Dr. Ehrmann und Hausmeister Kügler im Haus. Andere Mieter waren die Automobil und Lastfahrzeug AG »Alag«, Pension Berghausen, die Zigarettenfabriken Maikapar und Bostanjoglo sowie das Logenheim am Kurfürstendamm.[193] Spätestens ab 1927 war der Autosalon »Saint Didier« eingemietet. Außerdem zogen Geschäfte für Autozubehör zu. Im Herbst 1932 genehmigte die Baupolizei dem Fabrikanten Fuss, zur Herstellung von Essenzen einen Destillierapparat aufzustellen.[194]

Einem Trend der Zeit folgend, konnte man im Haus Kurfürstendamm 48/49 mehr aus sich machen oder machen lassen: Im Jahr 1919 zog Irma Hirschberg mit ihrer Gymnastik-

---

193 Berliner Adressbuch 1932.
194 Bauakte Kurfürstendamm 48/49, Bd. 6, Bl. 1–9 zum Vorgang »Fuss«.

schule (bis 1920) zu, auch mietete sich der Masseur Luther (bis 1929) ein.[195] Wir wissen nicht, ob Frau Hirschberg der Philosophie der Käthe Kowalski anhing, die 1932 bis 1996 ihr Gymnastikstudio in der Leibnizstraße 55 nahe dem Kurfürstendamm betrieb. Diese ging nämlich davon aus, die Männer bewegten sich nicht richtig: »Zu eitel, zu behäbig und unfähig, die Kritik einer Frau zu ertragen.«[196]

Abb. 37   Ankündigung der Ladeneröffnung von Regina Friedländer am Haus 48/49 und Modell aus dem Hause Friedländer

In den Jahren 1929 bis 1931 residierte der Modesalon der Regina Friedländer im Hauskomplex, zunächst in Nr. 48/49, dann in Nr. 50,[197] ihr Hauptgeschäft lag in der Berliner Innenstadt. Der Niederlassung am Kurfürstendamm hatte die Inhaberin ein Hutatelier angegliedert, wie das für die großen Mode-Firmen üblich war. Durch diese Kombination konnte »die richtige Toilette zu einer reinen Gesamtwirkung« kommen.[198] Salon Friedländer war »einer der bekanntesten und ältesten« seiner Art. Er wurde ab 1909 »regelmäßig in allen einschlägigen Zeitschriften aufgeführt«.[199] Friedländer lieferte Hüte auch für die Requisite von Filmen wie »Aus Liebe gefehlt«.[200] Im Jahr 1931 verlegte sie ihren Salon von Charlottenburg weg.[201]

Eine Besonderheit war die Fisch-, Wild- und Geflügelhandlung Bettermann. Zunächst in der Lietzenburger Straße 15 (Ecke Bleibtreustraße) ansässig, schloss August Bettermann 1924 einen Mietvertrag für die Geschäftsräume im Haus Kurfürstendamm 48/49.[202] Mit dem Umzug in dieses Haus verbesserte sich die Lage der Handlung.[203] Im Dezember 1924 können Bettermanns das Weihnachtsgeschäft noch nicht nutzen, denn die bauliche Gestaltung ist grundlegend und dauerte lange. So wurde wegen der »schweren mit Wasser gefüllten Fischkästen (…) eine Verstärkung der Decke notwendig«. Erst am 2. März 1925 erfolgte die Gebrauchsabnahme.[204] Die Verkaufsräume lagen im (westlichen) Erdgeschoss des Hauses Kurfürstendamm 48/49. Daran schloss sich die Wohnung der Bettermanns an.[205]

Mit seinem Angebot war dieses Fachgeschäft einer der für den Kurfürstendamm typischen Luxusläden, zu denen Feinkosthändler ebenso zählten wie »teure Modegeschäfte,

195 Berliner Adressbuch 1919–1930.
196 Wenzel, Kirsten: Käthe Kowalski, in: *Der Tagesspiegel* v. 4.5.2007, S. 14.
197 Berliner Adressbuch 1929–1932.
198 Elias, Julia: Die Mode, in: *Berliner Tageblatt* (Morgenausgabe) v. 10.3.1925, S. 7.
199 Wagner, Gretel: Die Mode in Berlin, in: Gundlach, F.C./Richter, Uli (Hg.): Berlin en vogue. Berliner Mode in der Photographie, Tübingen/Berlin 1993, S. 113–146, S. 126; s. a. S. 360.
200 Devoucoux, Daniel: Mode im Film. Zur Kulturanthropologie zweier Medien, Bielefeld 2007, S. 121.
201 Berliner Adressbuch 1931.
202 Stürickow, Regina: Der Kurfürstendamm. Gesichter einer Straße, Berlin 1995, S. 178.
203 Berliner Adressbuch 1924.
204 Bauakte Kurfürstendamm 48/49, Bd. 2, Bl. 198–199, 206R.
205 Bauakte Kurfürstendamm 48/49, Bd. 4, Bl. 31.

Parfümerien, Blumenläden«. Den anspruchsvollen Kundinnen wurden am Kurfürstendamm Hummer, Kaviar und Austern geboten. Die könnten bei Bettermann gekauft worden sein.[206] Die Wild- und Geflügelhandlung Bettermann bleibt bis 1958 im Haus, wo zeitweise auch Familienmitglieder wohnen.[207]

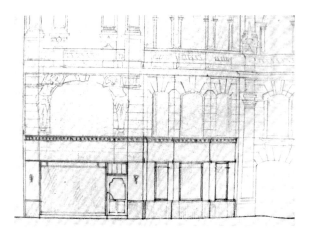

Abb. 38   Ladenmodernisierung Kurfürstendamm 48/49

Das »Westbad« richteten zwei ehemalige Polizeibeamte 1928 in einer Wohnung im zweiten Obergeschoss links ein. Im Zeichen der Zwangsbewirtschaftung hatte das Wohnungsamt gegen die Zahlung einer Ablösesumme der beantragten Umwandlung von Wohn- in Geschäftsräume zugestimmt. Die finanzielle Basis des Unternehmens stellte die Abfindungssumme für ihren vorzeitigen Abschied vom Beamtenverhältnis dar. Das Rundum-Wellness-Angebot umfasste russisch-römische Bäder, nach Geschlechtern getrennt. Massagen waren vorgesehen, ebenso Höhensonne, Lichtkasten, Blau- und Rotlichtbestrahlung. Wie im bekannten »Admiralsbad« (im Admiralspalast, Friedrichstraße) sollte es einen Friseursalon geben. Im Angebot waren auch alkoholfreie Getränke.[208] Konflikte mit anderen Mietparteien waren vorprogrammiert. Alexander Stenbock-Fermor beschreibt das Innere einer solchen Einrichtung: »Kammer Nummer drei: Heißluftraum. Temperatur – fast achtzig Grad. […] Eine tropi-

sche Glutwelle fegte uns brausend entgegen, raubte uns den Atem. Holzbänke glühten. Wir warfen unsere nassen Handtücher darauf, sie dampften. […] Unser Schweiß floß nicht, spritzte aus den Poren. Lösten wir uns nicht in Wasserdampf auf? Nach drei Minuten wankten wir aus der Kammer, die Zunge hing uns zum Halse heraus.«[209]

Abb. 39   Werbeschild »Westbad«

---

206 Zu den Luxusgeschäften s. Stürickow, Kurfürstendamm, S. 80. Das Angebot des Feinkostgeschäfts »Bettermann« in der Bauakte Kurfürstendamm 48/49, Bd. 2, Bl. 186.
207 Berliner Adressbuch 1924 ff.
208 Bauakte Kurfürstendamm 48/49, Bd. 3, Bl. 11, 13, 14, 19, 20.
209 Stenbock-Fermor, Alexander: Der rote Graf. Autobiographie, Berlin 1973, S. 243.

Kein Wunder, dass das am 15. August 1928 eröffnete Unternehmen bald allseits Ärger erregte. Schon nach zwei Wochen klagte Professor Dr. Ehrmann über eine starke Wärmeeinwirkung aus dem »Westbad«. Feucht-heiße, bis zu 30 Grad Celsius warme Luft quälte seine Familie im Schlaf. Das Öffnen der Fenster war wegen des Lärms nicht möglich, den das Ankurbeln der im Hof geparkten Autos verursachte – oft zu früher Morgenstunde. Alle Maßnahmen zur Dämmung halfen nicht. Der Inhaber des Autosalons »Saint Didier« beklagte im Februar 1929 Wasserschäden durch das »Westbad«, das direkt über seinem Laden lag.[210] Schließlich gaben die Betreiber auf.[211]

Das Haus Kurfürstendamm 50 beherbergte im Jahr 1919 die gleichen 14 Parteien wie 1918. Den Bauakten ist zu entnehmen, dass der Eigentümer Munk in diesem Jahr seine Wohnung aufgab und in die Bleibtreustraße 20 verzog.[212] Bis 1921 arbeitete und wohnte der Portier und Verwalter Schmars im Haus Kurfürstendamm 50. Danach übernahm die neue Eigentümerin, die Grundstücksgesellschaft Kurfürstendamm 48–50, selbst diese Funktion; die Adressbücher weisen keinen Verwalter mehr aus. Insgesamt logierten 1932 im Kurfürstendamm 50 zwei Parteien mehr als 1919, und zwar 16. Zwei Parteien hielten dem Haus die Treue: Der Geheime Regierungsrat F. Schütt sowie die Schwestern Gertrud und Käte Weymar. Schon 1918 war der Rentier L. Gompola zugezogen, der 1919 und 1920 als Schneidermeister Gonojola im Adressbuch auftaucht und sich ab 1921 Privatier nannte. Möglicherweise änderte er 1922 seinen Namen in Gongola. 1926 nennt ihn das Berliner Adressbuch nicht mehr. Im darauffolgenden Jahr belegten die Geschwister Erna und Paul Gongola die Wohnung, sicherlich die Kinder des Rentiers. Während des bereits beschriebenen Hausumbaues verlegten diese 1928 ihren Wohnsitz ins Haus 48/49, wo sie einige Jahre blieben. Paul war Vertreter und Erna trug die Statusbezeichnung »Frau«. Ab 1932 wohnt nur noch letztere im Haus.[213]

Wie im Kurfürstendamm 48/49 traten auch in diesem Haus an die Stelle der natürlichen eine ganze Anzahl juristischer Personen. Kunstmaler Richard Mette in der vierten Etage zog schon 1921 zu. Im Gegensatz zu diesem langjährigen Mieter (bis 1934) bewohnte die Tänzerin Sengbusch das Haus nur kurz. War 1919 als juristische Person ausschließlich der Verband der deutschen Papiergarn-Webereien dort untergebracht, belegten 1932 das Haus auch eine Aktiengesellschaft für Strahlentherapie, die Pension Iven, das Strumpfwarengeschäft Etam (1926–34), Firma Reiser, die zahnärztliche Artikel exportierte, sowie der Zahnarzt Dr. S. B. Bernstein. Es wurden auch Hüte verkauft (Krelle). In den Jahren 1930 bis 1932 vertrieb Afau »Alles fürs Auto«. Darunter waren solch ausgefallene Gegenstände wie eine Sprechverbindung zum Fahrer (Abb. 41).[214]

Im Erdgeschoss eröffnete 1930 eine Filiale der M. Pech AG für sanitären Bedarf, deren Zentrale Am Karlsbad 15 saß. Prothesen-Pech nannten die Berliner dieses Geschäft. Das

---

210 Bauakte Kurfürstendamm 48/49, Bd. 3, Bl. 59–62, 11.
211 Ebd., Bl. 94–95.
212 Bauakte Kurfürstendamm 48/49, Bd. 2, Bl. 76.
213 Berliner Adressbuch 1931, 1932.
214 Berliner Adressbuch 1919–1935.

Abb. 40   Kurfürstendamm 50, 1932

1919	1932
Munk, Heinrich Architekt, Eigentümer	**Grundstücksgesellschaft des Westens m. b. H., Eigentümerin**
Schmars, R., Portier	»Achduth« Verband russischer Juden
Verband deutscher Papiergarn-Webereien	»Afau« Alles fürs Auto, B.L. Böhmer & Co.
Blydt, Erik, Kunsthandlung	Aktiengesellschaft für Strahlentherapie
Gonojola, Louis, Schneidermeister	Bonnet, Syndikus
Hardt, Heinrich, Kaufmann	Etam, Strumpfwaren
Humboldt, Max, Friseur	Goegginger, L.W. AG, Konservenfabrik
Juhl, P.	Kresse, Hüte
Keller, Carl, Prof. Dr., Frauenarzt	Mette, R., Kunstmaler
Rinne, F., Prof. Dr., Geh. Medizinalrat	Pech, M., AG für sanitären Bedarf
Schaie-Rotter, Alfred, Dramaturg	Pension Iven, Inh. Sarré
Schütt, F., Geh. Regierungsrat	Reiser, F.C., & Co a.A., Export zahnärztlicher Artikel
Teppich, Th., Rentiere	Schütt, F., Dr. Geh. Oberregierungsrat a. D.
Weymar, Gertrud u. Käte, Frls., Schreibwaren	Weymar, Gertrud u. Käte, Papier

Die Mietparteien des Hauses Kurfürstendamm 50, 1919 und 1932

Abb. 41   Komfort im Wagenfonds, Briefkopf der Firma Afau

Unternehmen hatte 1917 der bereits in jungen Jahren in Posen erfolgreiche Inhaber einer Apotheke und einer Verbandstofffabrik, Oskar Skaller, gekauft. Mit der Prothesenproduktion im Krieg kam weiterer Erfolg. Der angesehene Kaufmann legte sich eine eindrucksvolle Sammlung persischer Keramik und impressionistischer Gemälde zu. Er bezog mit seiner Familie eine Wohnung in der Schlüterstraße 45. Hier, im Gebäude des heutigen Hotel Bogota, wurden große Festlichkeiten gegeben. Sogar Benny Goodman spielte dort zum Tanz. Doch war Skaller Mitte der 20er Jahre aus finanziellen Gründen gezwungen, seine Firma zu veräußern.[215] In seiner Wohnung hatte er 1920 den mit ihm befreundeten SPD-Vorsitzenden Otto Wels versteckt. Dieser hatte sich an die Spitze des Generalstreiks gegen den Kapp-Putsch gestellt und wurde deshalb von den Aufständischen gesucht.[216]

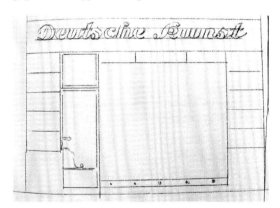

Abb. 42   Ansicht Geschäft »Deutsche Kunst« von Erik Blydt

Erik Blydt verkaufte ab 1916 in seinem Geschäft »Deutsche Kunst« Kunstgewerbe, Inneneinrichtungen und Kleinmöbel.[217] Er nutzte seinen Laden bis 1928. Der Friseur Humboldt betrieb, wie der Zigarrenhändler Juhl, sein Geschäft noch bis 1920. Beide hatten Nachfolger: den Friseur Kochanek und Elfriede John als Inhaberin der Zigarrenhandlung.[218] Im Gegensatz zu den Geschwistern Gongola, die ebenso wie der Friseur Kochanek von den Umbaumaßnahmen Ende

---

215 Berliner Adressbuch 1929 ff.; Steinmann, Spurensuche, S. 38–39.
216 http://library.fes.de/fulltext/sozmit/1945-072.htm (2.7.2010); zur Adresse Berliner Adressbuch 1920.
217 Bauakte Kurfürstendamm 50, Bd. 2, Bl. 241.
218 Berliner Adressbuch 1921.

der 1920er Jahren in Mitleidenschaft gezogen waren, verließ Kochanek den ganzen Gebäudekomplex.[219]

Frauenarzt Professor Dr. Carl Keller wohnte bis zu seinem Tod im Jahr 1927 im Haus Kurfürstendamm 50. Seine Witwe gab die Wohnung im darauffolgenden Jahr auf. Der Geheime Medizinalrat Professor Dr. Fritz Rinne hatte seinen Wohnsitz bis 1921 im Haus. Der Chirurg und Chefarzt am Elisabeth-Krankenhaus wohnte im zweiten Obergeschoss. Sein Nachbar, der Geheime Regierungsrat Dr. Franz Schütt, avancierte 1926 zum Geheimen Oberregierungsrat und wurde 1927 pensioniert, bis 1933 wohnte er im Haus.[220] Auch gab es zwei Frauenhaushalte: denjenigen der Rentiere Th. Teppich und den der Schwestern Gertrud und Käte Weymar. Letztere betrieben ihr Papiergeschäft bis mindestens 1943.

Zwischen 1921 und 1927 wohnte der Direktor der Mitteleuropäischen Gesellschaft für Handel und Industrie GmbH »Mehamid«, Dr. A. Kubatz, im Haus. Dieses Unternehmen umfasste Schiffs- und Abbruchwerften, die Schiffe der Kriegsflotte auseinandernahmen. Es war in der Folge des Versailler Vertrages als Abwrackbetrieb an zahlreichen Standorten im Deutschen Reich entstanden, unter anderem in Wilhelmshaven-Rüstringen, das als »größter Schrottplatz Europas« boomte. In den frühen 20er Jahren führte die umfassende Abwracktätigkeit einige Jahre lang zu florierenden Geschäften. Die Verwaltung logierte lebensnah in der Berliner Lützowstraße 89/90, nicht weit vom Gebäude des Reichsmarineamts (heute: Verteidigungsministerium).[221] Bei seiner Tätigkeit war Kubatz oft unterwegs, deshalb nutzte er den Hof für seine Autos. Schon im Frühjahr 1923 gab der Polizeipräsident dem Unternehmer die Erlaubnis »zur Umwandlung des Stallraumes in eine Garage«. Kubatz ließ auf dem zweiten Hof zwei Behältnisse für je 1.500 Liter Benzin installieren.[222] Bald darauf errichtete die Reichskraftsprit GmbH auf dem heutigen George-Grosz-Platz eine öffentlich zugängliche Tankstelle.[223]

Im Haus Kurfürstendamm 50 logierten 1931 drei Modegeschäfte: Regina Friedländer, der Modesalon Werner & Danzer und I. Weißmann. Bei letzterem konnte man Wiener Strickmoden erwerben. Außerdem boten F. Reiser & Co Hüte an. Im darauffolgenden Jahr – 1932 – war keines dieser Geschäfte mehr im Haus, doch blieb die Anzahl der Mietparteien unverändert. Die Konservenfabrik Gögginger, die auch Konfitüren verkaufte, war dazugekommen, ebenfalls ein Syndikus sowie der Verband russischer Juden (Achduth).[224] Doch zogen diese rasch wieder aus: Schon 1933 waren die ersten beiden nicht mehr als Mieter ausgewiesen. Achduth blieb bis 1934.[225]

Alfred Rotter-Schaie war 1919/20 Mieter einer Wohnung im Kurfürstendamm 50. Der Doppelname setzte sich zusammen aus seinem Familiennamen und dem von ihm und

---

219 Berliner Adressbuch 1928 ff.

220 Berliner Adressbuch 1919–1934.

221 http://de.wikipedia.org/wiki/Wilhelmshaven (22.7.2010); Berliner Adressbuch 1921–1928.

222 Bauakte Kurfürstendamm 48/49, Bd. 2, Bl. 140, 148, Bl. 139 eine Abbildung der Anlage.

223 Zur Geschichte der Tankstelle allgemein Kleinmanns, Joachim: Alles super. 75 Jahre Tankstelle, Detmold 2002.

224 Berliner Adressbuch 1931, 1932.

225 Berliner Adressbuch 1932–1935; zu Gögginger s. Bauakte Kurfürstendamm 48/49, Bd. 3, Bl. 143.

seinem Bruder Fritz Anfang 1919 gewählten Bühnennamen Rotter. Die Brüder betrieben in der Weimarer Republik sechs Privattheater. Schon 1908 hatte der Vorlauf zum späteren Theater-Imperium mit der Gründung der Akademischen Bühne begonnen. Dort und in gemieteten Spielstätten kamen zahlreiche Werke zur Erstaufführung, unter anderem Frank Wedekinds »Die junge Welt«. Die Geschäfte gingen gut,[226] bis antisemitische Repressalien einsetzten. Fritz Schaie wurde eine Konzession verweigert, die kaiserzeitlichen Behörden nahmen Ermittlungen gegen die Brüder auf. Während der Weimarer Republik blieb der Beamtenapparat in der Theaterabteilung des Polizeipräsidiums personell weitgehend bestehen. Der schon vorher mit der Angelegenheit befasste Beamte lehnte auch den erneuten Antrag auf Konzessionserteilung ab. Von nun an nannten sich die Schaie-Brüder »Rotter«. Im Jahr 1919 wurde das Trianon-Theater in der Georgenstraße 9 zwangsweise geschlossen. Diesen Schritt konnte der Protest des Ensembles rückgängig machen. Künftig trat Alfred Rotter und nicht mehr – wie bisher – sein Bruder Fritz nach außen auf.[227]

Im Jahr 1920 erwarben die Brüder die Spielerlaubnis für das Residenz- und 1922 auch für das Zentral-Theater. Darüber hinaus bestimmte Alfred Rotter den Spielplan des Kleinen Theaters mit. Als dieser eine seiner Konzessionen auf das bereits 1919 erworbene Lessing-Theater übertragen wollte, begann eine vom *Vorwärts* unterstützte Kampagne der Bühnengenossenschaft gegen sein Vorhaben. Man behauptete, die »deutsche Theaterkunst« werde »dem rein profitmäßig eingestellten Managertum ausgeliefert«.[228] Die Brüder hatten auch das Metropol-Theater gepachtet[229], so dass sie am Ende der Weimarer Republik einem Gesamtbetrieb von neun Bühnen vorstanden.[230] Als Max Reinhardt 1932 seine Kurfürstendamm-Theater aufgab, erfasste die Wirtschaftskrise auch das Deutsche Theater. In dieser Situation zeichnete sich die Übernahme durch die Brüder Rotter als Alternative ab. Doch bahnte sich gerade deren Konkurs an.[231] Am 17. Januar 1933 stellte die Eigentümerin des von den Brüdern gepachteten Metropol-Theaters Konkursantrag, weil diese Mietzahlungen schuldig geblieben waren.[232]

---

226 Kamber, Peter: Zum Zusammenbruch des Theaterkonzerns der Rotter und zum weiteren Schicksal Fritz Rotters, Neue Forschungsergebnisse, in: Jahrbuch des historischen Vereins für das Fürstentum Liechtenstein, 106 (2007), S. 75–100, S. 86 ff.

227 Ebd., S. 90–92.

228 Zit. n. ebd., S. 92–93.

229 http://www.schichtwechsel.li/progr0303.html (12.8.2007).

230 Kamber, Peter: Der Zusammenbruch des Theaterkonzerns von Alfred und Fritz Rotter im Januar 1933. Die Berichte über den Berliner Konkurs und die gegen die Rotter gerichtete Stimmung im Prozess gegen ihre Entführer, in: Jahrbuch des historischen Vereins für das Fürstentum Liechtenstein, 103 (2004), S. 30–46, S. 39. Herrn Dr. Peter Kamber danke ich herzlich für zahlreiche Informationen über die Familie Rotter. Derzeit verfasst er die Biografie von Fritz und Alfred Rotter.

231 Zimmer, Dieter E.: Max Reinhardts Nachlass, in: *Die Zeit/Dossier* v. 15.7.1994, S. 9–12 = http://www.d-e-zimmer.de/PDF/1994reinhardt.pdf (9.10.2009) geht in einem Artikel von 1994 davon aus, dass dieser Bankrott betrügerisch war. Hingegen besteht auch die Ansicht, die Unternehmer Rotter seien in den Konkurs getrieben worden; dazu http://www.schichtwechsel.li/progr0303.html (12.8.2007).

232 Kamber, Zusammenbruch (2004), S. 42.

Das Haus Kurfürstendamm 50 bot auch russischen Einrichtungen Unterkunft. Dort kam in den Jahren 1923 bis 1925 die »Teegesellschaft Tschaj m.b.H.« unter.[233] Ab 1932 logierte im Haus Kurfürstendamm 50 der Verband Achduth, dem Adressbuch zufolge ein »Russisch-Jüdischer Sozial- und Kulturverein«. Kinder der russischen Einwanderer hatten 1928 den »Klub der Berliner Poeten« gegründet, um den sich vor allem die Historikerin Dr. Raissa Bloch und Dr. Michail Gorlin verdient machten. Der Klub sprach die »jüngeren Dichter und Dichterinnen (des russischen) Berlins« an. Für diese organisierten die Initiatoren öffentliche Lesungen, meist im Klub Achduth. Obwohl das frühere Mitglied Vladimir Nabokov gegen die Veranstaltungen polemisierte, waren sie gut besucht: »Es kamen viele Leute, ungeachtet der Intrigen des Paradiesvogels (gemeint war Nabokov, D. Z.) und seiner Spießgesellen.« Es gab auch einen Abend in deutscher Sprache, und zwar im nahe dem Kurfürstendamm gelegenen Haus Fasanenstraße 23, dem heutigen Literaturhaus.[234]

Blick zurück

Blicken wir zurück auf die Zeit 1919/20 bis 1932, betrachten wir den Wandel des Kurfürstendamms von der Wohn- zur Geschäfts- und Amüsierstraße. Internationaler Zuzug und Kultureinrichtungen verliehen dem Boulevard neue Akzente. Künstlerische Avantgarde siedelte sich an, auch Verkaufsstätten von Autos. Die Straße selbst wurde fast schon zur innerstädtischen Rennstrecke. Die Bereiche an der Ost- und an der Westseite des Kurfürstendamms gelangten wegen politischer Attentate rechtsgerichteter Kreise zu trauriger Berühmtheit.

Beim Hausensemble Kurfürstendamm 48–50 haben wir es mit einer juristischen Person als Eigentümer zu tun, deren Teilhaber und Geschäftsführer wechseln. Das Haus erfuhr grundlegende Veränderungen durch die Umwandlung von Wohn- in Geschäftsräume, durch die Aufteilung von Groß- in Kleinwohnungen. Ferner verbesserten modernisierte Fassaden und reduzierte Vorgärten die Anziehungskraft der zahlreichen Läden und beschleunigten den Kundenstrom. Das Kalkül der Eigentümerin, mehr Mietparteien akquirieren und die Einkünfte steigern zu können, ging krisenbedingt nicht auf. Es herrschte Leerstand, vor allem den zweiten Hof bestimmten gewerbliche Tätigkeiten, die zahlreiche Klagen nach sich zogen. Mieter und Anwohner hatten ihren Tribut dem möglichst ungehinderten Waren- und Kapitalumschlag zu zollen. Die Umschichtung der Mietparteien verlief weiter hin zu juristischen Personen, unter ihnen zahlreiche Fachgeschäfte.

233 Berliner Adressbuch 1919–1932.
234 Urban, Schriftsteller, S. 222.

4. Kapitel – Schwierige Verwertung
und Enteignung des Hauses an der Hassmeile der Nationalsozialisten
(1933–1945)

In den Kurfürstendamm-Bezirken Charlottenburg und Wilmersdorf lebten 1933 viele jüdische Berlinerinnen und Berliner. Betrug ihr Anteil an der Wohnbevölkerung in Berlin-Mitte 9,18 Prozent und in Charlottenburg 7,93 Prozent, so lag er in Wilmersdorf mit 13,54 Prozent berlinweit an der Spitze.[1] Im Gegensatz zum Zentrum und zum Nordosten Berlins, wo zahlreiche Orthodoxe beheimatet waren, hatten sich in den genannten westlichen Bezirken »liberalere, zumeist auch wohlhabendere Juden« angesiedelt.[2] Das jüdische Adressbuch von 1929/30 nennt für den Kurfürstendamm 680 Haushaltsvorstände, im Kurfürstendamm 48/49 Jacob Fraenkel, Joseph Blumenstein, Georg Basch und Prof. Dr. Rudolf Ehrmann, und in Nummer 50 die Familien des Paul Gongola und des Dr. med. Alfred Rosenberg.[3]

Der Kurfürstendamm

Vertreibung der kulturell tonangebenden Kreise

Nach der »Machtergreifung« erfasste den Kurfürstendamm eine Welle des Hasses. Friedrich Hussong, Chefredakteur im Medienkonzern Hugenberg, geiferte über die »Perversitäten« und »Ohnmächte«: »Jazzband, Niggersong und Negerplastik, Verbrechergloire, Proletkult, wurzelloser Pazifismus, blutloser Intellektualismus, Dramatik für Abtreibungs-

---

1 Engeli, Christian/Ribbe, Wolfgang: Berlin in der NS-Zeit (1933–1945), in: Ribbe, Wolfgang (Hg.): Geschichte Berlins, Bd. 2: Von der Märzrevolution bis zur Gegenwart, München 1987, S. 927–1024, S. 953.
2 Hoffmann, Andreas: Das Quellbad II im Leben der jüdischen Gemeinde zu Berlin, Bleibtreustraße 2, in: Engel, Helmut u. a. (Hg.): Charlottenburg, Teil 2: Der Neue Westen (= Geschichtslandschaft Berlin. Orte und Ereignisse, Bd. 1), Berlin 1986, S. 230–239, S. 233.
3 Die namentliche Aufzählung von Martin Seredszun in: Günther-Kaminski/Weiß, Ku'damm, S. 107–112.

propaganda, Salonkommunismus, schwarzrotgoldene Repräsentationsversuche, Futurismus, Kubismus, Dadaismus, demokratische Knopflochschmerzen, Tyrannis der Zivilisationsliteraten und jede Fäulniserscheinung einer sich zersetzenden Gesellschaft. Der Kurfürstendamm«, resümierte er 1934, »das war der Feind«.[4] Dennoch repräsentierte auch für die Nationalsozialisten der Kurfürstendamm das, was man das Herz von »Berlin W« bezeichnete: gehobenes Wohnen und weltstädtische Atmosphäre,[5] als internationales Aushängeschild. Darauf wollte und konnte das nationalsozialistische Regime nicht verzichten. Demgemäß bestimmte Zwiespältigkeit auch Goebbels' Verhalten zu dem Boulevard. Angriffe der SA am Kurfürstendamm verurteilte er in »Der Kampf um Berlin«, veröffentlicht in der *BZ am Mittag*: »Der Berliner Westen gehört zu den repräsentativen Gegenden Berlins, seine Diskreditierung durch so abscheuliche, gemeine Szenen bringt Berlin in den übelsten Ruf.«[6] Pöbeleien, tätliche Angriffe, Vertreibungen und später Deportationen sollten möglichst »unsichtbar« vonstatten gehen. Goebbels' Kalkül ging auf.

Als Simone de Beauvoir mit Jean-Paul Sartre 1934 Berlin besuchte, schrieb sie: »Der oberflächliche Besucher hatte nicht den Eindruck, dass auf Berlin eine Diktatur lastete. Die Straßen waren belebt und fröhlich. [...] Wir spazierten oft vom Kurfürstendamm zum Alexanderplatz.« Doch blickten die beiden Intellektuellen hinter die Kulissen und fühlten die neue Atmosphäre: »Sartre führte mich auch ins ›Romanische Café‹, den einstigen Treffpunkt der Intellektuellen; seit ein oder zwei Jahren mieden sie es. Ich sah nur einen großen Raum voll kleiner Marmortische und steiflehniger Stühle.«[7] Das verwundert nicht, denn rasch nach der »Machtergreifung« zerschlugen die Nationalsozialisten die Existenzen der ihnen missliebigen Personen. Nach dem 30. Januar 1933 begann der Exodus. Als erste mussten viele Gäste der Künstlerlokale um die Gedächtniskirche aus Deutschland fliehen. Der Theaterkritiker Alfred Kerr machte sich schon vor dem Reichstagsbrand grippekrank auf den Weg nach Prag. Die folgende Auswanderung seiner Familie beschreibt Tochter Judith in ihrem Kinderbuch »Als Hitler das rosa Kaninchen stahl«.[8] Heinrich Mann und viele andere Intellektuelle taten es Kerr gleich. Theodor Wolff, Chefredakteur des in der Weimarer Republik tonangebenden liberalen *Berliner Tageblatts* musste 1933 in der Nacht des Reichstagsbrands flüchten. Er fand in Nizza Exil, von wo er 1943 nach Oranienburg ausgeliefert wurde.[9]

Im März 1933 stellte Hussong zufrieden fest: »Es ist etwas wunderbares (sic) geschehen. Sie sind nicht mehr da.« Damit meinte er die Repräsentanten der linksliberalen Presse, gegen die er lange Jahre gewettert hatte.[10] Ab Herbst 1933 mussten Journalisten »arisch« sein »und sich verpflichten (...), ihren Beruf nur im Sinne und im Interesse der national-

---

4 Hussong, Kurfürstendamm, S. 115.
5 Metzger/Dunker, Kurfürstendamm, S. 158 ff.
6 Goebbels, Joseph: Kampf um Berlin, München 1943, S. 170.
7 Zit. n. Metzger/Dunker, Kurfürstendamm, S. 168.
8 Kerr, Judith: Als Hitler das rosa Kaninchen stahl, Ravensburg 1987.
9 Bröhan, Margrit: Theodor Wolff. Erlebnisse, Erinnerungen und Gedanken im südfranzösischen Exil (= Schriften des Bundesarchivs; 41), Boppard 1992.
10 Hussong 1935, S. 115 zit. n. Metzger/Dunker, Kurfürstendamm, S. 159.

sozialistischen Staatsführung auszuüben.«[11] Harry Graf Kessler notierte am 23. Juni 1933 im Pariser Exil: »Der ganze Kurfürstendamm ergießt sich über Paris.«[12] Die Zahl der Emigranten in Frankreich stieg von 25.000 Ende 1933 auf 35.000 bis 40.000 zwei Jahre später. Die Großzahl von ihnen lebte in Paris.[13] Der Kurfürstendamm wurde gewissermaßen in alle Richtungen exportiert. In Schanghai nannte man die Chusan Road den neuen Kurfürstendamm. Hier konnte man sogar Berliner Weiße trinken.[14]

Ihren Beruf verlor auch die Malerin Jeanne Mammen, denn die Zeitungen, für die sie arbeitete, wurden nach der »Machtergreifung« verboten. Und vom *Simplicissimus* zog sie sich zurück. Mit Gelegenheitsarbeiten musste sie ihr Leben fristen: Sie schob einen Bücherkarren durch die Nebenstraßen des Kurfürstendamms und verkaufte antiquarische Zeitungen sowie Grafiken. »Sie igelt(e) sich ein in ein Eremitendasein in ihrer Malhöhle im Hinterhaus.« »Sie dekoriert Schaufenster, bemalt Puppenköpfe für ein Marionettentheater und schnitzt orthopädische Holzschuhe.« Was Jeanne Mammen sich nicht nehmen ließ, ist die Teilnahme am Aktkurs der Kunsthochschule in der Hardenbergstraße.[15]

Bald verließen Max Reinhardt, Erwin Piscator und Herbert Ihering das Land.[16] Reinhardt hatte seine Theater am Kurfürstendamm schon 1932 abgegeben. Nach kurzfristiger Nutzung, Leerstand und einer Übergangszeit übernahm die Schauspielerin Agnes Straub 1935 das Theater am Kurfürstendamm. Sie verkörperte das, was der zeitgenössische Jargon als »Darstellerin heldischer arischer Frauengestalten« bezeichnete. Bald fiel auch sie in Ungnade, denn Straubs Lebensgefährte war Jude. Allerdings konnte sie ihre Schauspielerinnen-Karriere an den Kurfürstendamm-Theatern fortsetzen. Die Direktion des Theaters am Kurfürstendamm hatte ab April 1936 Hans Wölffer inne.[17]

Das zweite der ehemaligen Reinhardt-Theater, die Komödie am Kurfürstendamm, leiteten 1933 und 1934 Hans Effenberger und Wolfgang Hoffmann-Harnisch, die beide an den Reinhardt-Bühnen gespielt hatten. Ihnen folgte im Juli 1934 Hans Wölffer. Dieser hatte in Den Haag die Brüder Alfred und Fritz Rotter kennengelernt. Sie holten Wölffer als Regisseur und Kapellmeister ans Theater des Westens. Nach ihrem Konkurs und der Flucht aus Deutschland setzte der Zwangsverwalter des Rotter-Vermögens Hans Wölffer im Februar 1933 zum Treuhänder und Interimsdirektor am Theater des Westens ein. Das Theatergesetz vom 15. Mai 1934 forderte von Theaterdirektoren neben der »sittlichen und fachlichen Eignung« »das Bewußtsein nationaler Verantwortung«. Dennoch besetzte Wölffer im September 1934 die Hauptrolle in »Das kleine Café« zunächst mit Ralph Benatzky. Doch bewirkte die Androhung der Einweisung Wölffers ins KZ Oranienburg

---

11 Metzger/Dunker, Kurfürstendamm, S. 164.

12 http://www.projekt.gutenberg.de?id=12&xid=4742&kapitel=16&cHash=d1225960c3chap016 (12.2.2010).

13 Maas, Lieselotte: Kurfürstendamm auf dem Champs-Elysées? Der Verlust von Realität und Moral beim Versuch einer Tageszeitung im Exil, in: Koebner, Thomas u. a. (Hg.): Exilforschung. Ein internationales Jahrbuch, Bd. 3: Gedanken an Deutschland im Exil und andere Themen, München 1985, S. 106–126, S. 106.

14 Schomann, Stefan: Gerettet in Schanghai, in: *Der Tagesspiegel* v. 2.11.2008, S. S 7.

15 Wachenfeld, Christa: Jeanne Mammen, in: *Emma*, (1997), 6.

16 Metzger/Dunker, Kurfürstendamm, S. 164.

17 Worbs, Dietrich: »Komödie« und »Theater am Kurfürstendamm«. Das Erbe von Oskar Kaufmann und Max Reinhardt, München/Berlin 2007, S. 39–40, 44.

eine Umbesetzung.[18] Bald präsentierte die Zweigniederlassung der Adam Opel AG auf dem Grundstück Kurfürstendamm 207/208, auf dem das Theater Komödie stand und noch immer steht, ihre Wagen.[19] Drei vom Neuköllner Zwangsarbeiterlager Siegfriedstraße 55 zum Arbeitseinsatz hierher abkommandierte Franzosen erhielten Haftstrafen, weil sie die Gelegenheit nutzten, Nachrichten sowie Musik in den Autoradios zu hören.[20]

An der Technischen Hochschule nördlich des Kurfürstendamms hatte sich das nationalsozialistische »Lager« formiert. Bereits im Wintersemester 1930/31 belegten die Vertreter des nationalsozialistischen Deutschen Studentenbundes 20 von 30 Sitzen in der Studentenschaft.[21] Sie begrüßten das Gesetz vom 7. April 1933, das die Entlassung jüdischer Deutscher aus öffentlichen Ämtern vorschrieb. Im Jahr 1936 war dann auch die Herkunft der Ehefrau ein »Kriterium für den Verbleib im Amte« beziehungsweise für die Beendigung des Beamtenverhältnisses.[22] Wie die Staatsspitze über diese Vorgänge dachte, zeigt folgende Begebenheit: Als der Chemiker Carl Bosch »vor der Entlassung ›nichtarischer‹ Forscher warnte«, soll Hitler geantwortet haben: »Dann arbeiten wir eben einmal hundert Jahre ohne Physik und Chemie!«[23]

Trotz des allgegenwärtigen nationalsozialistischen Zugriffs auf alle Lebensbereiche konnte man sich im »Windsor« am Kurfürstendamm 14/15 weiterhin anglophil geben, hier wurde zum Five o'clock tea gebeten. Und sogar Jazz, ab 1935 im Rundfunk verboten, konnte man am Kurfürstendamm als einer Art »Rückzugsgebiet« noch hören. Doch spielten jetzt andere als in den 20er Jahren: Zahlreiche Musiker waren geflüchtet und vertrieben worden. Schon 1933 hatten Rudolf Nelson sowie Friedrich Hollaender und dessen Vater Victor Hollaender Berlin verlassen, ebenso Paul Dessau.[24] Dennoch verloschen Widerspruchsgeist und intellektuelles Leben am Kurfürstendamm nicht ganz. So konnte Werner Finck bis zu seiner Einberufung im KaDeKo (heute: Gebäude der Schaubühne) auftreten und seine legendäre Frage stellen: »Kommen Sie mit, oder muss ich mitkommen?« Erich Kästner, als Schriftsteller gemaßregelt, gelang es, unter Pseudonym das Drehbuch für den wohl erfolgreichsten UFA-Film »Münchhausen« zu schreiben. Man traf sich im Café Leon neben dem KaDeKo. Kästner besuchte auch eine kleine Bar, das Bardinet in der Schlüterstraße Ecke Kurfürstendamm. Ecke Kurfürstendamm und Waitzstraße gab es ein Lokal, in dem sich die antinazistischen Gäste wohlfühlten, ebenso wie im »Mehlgarten« am Olivaer Platz, wo Ernst Rowohlt einen Kreis um sich versammelte. Platten kaufen und tauschen konnten Musikfreunde, die nicht der offiziellen Linie folgten, bei Günther Rosenthal in der Momm-

---

18 Ebd., S. 40–44.
19 Berliner Adressbuch 1939–1941.
20 http://www.zwangsarbeit-forschung.de/lagerstandorte/Neukoelln/neukoelln.html (23.2.2009).
21 Ebert, Hans: Die Technische Hochschule Berlin und der Nationalsozialismus: Politische »Gleichschaltung« und rassistische »Säuberungen«, in: Rürup, Reinhard (Hg.): Wissenschaft und Gesellschaft. Beiträge zur Geschichte der Technischen Universität Berlin 1879–1979, Bd. 1 Berlin u. a. 1979, S. 455–468, S. 456.
22 Ebd., S. 457, 464.
23 Schottlaender, Rudolf: Antisemitische Hochschulpolitik. Zur Lage an der Technischen Hochschule Berlin 1933/34, in: Rürup, Reinhard (Hg.): Wissenschaft und Gesellschaft. Beiträge zur Geschichte der Technischen Universität Berlin 1879–1979, Bd. 1, Berlin u. a. 1979, S. 445–453, S. 448.
24 Metzger/Dunker, Kurfürstendamm, S. 169.

senstraße 43. Max Wolf in der Mommsenstraße 57 hatte seine Wohnung zum Treff von Jazzliebhabern gemacht. Er und seine jüdische Familie wurden deportiert.[25]

Das Medium Schallplatte ebnete Publikumslieblingen den Weg nach Berlin zurück: In der Augsburger Straße warb eine der ersten »Diskotheken«, die Restaurant-Kaffee-Bar »Swing«: »Die besten Orchester der Welt spielen auf Schallplatten zum Tanz und zur Unterhaltung«. Bis in die Kriegsjahre schlenderten die »Swing-Boys« über den Kurfürstendamm. Diese Jungen trugen lange Haare, waren bekleidet mit dunklen Mänteln, weißem Seidenschal und mit promenierten lässig mit Zigarette über den noch immer internationalen Boulevard.[26] Ihr Treffpunkt war der »Delphi-Palast«.[27] Am Kurfürstendamm war es möglich, sich nicht nur der Deutschtümelei zu verweigern, sondern dem zunehmenden Elend in eine kulissenartige Traumwelt zu entkommen. Der Mangel erreichte den Kurfürstendamm verzögert. Deshalb konnten Gastronomie und Luxusgeschäfte ihre Angebote bis in den Krieg hinein aufrechterhalten. Jedoch hatten zahlreiche »Arisierungen« viele Eigentümer und Eigentümerinnen vertrieben.[28]

Das Nobelhotel Kempinski am Kurfürstendamm blieb nur nach außen das alte. Der jüdische Eigentümer wurde 1937 enteignet und der Betrieb von der Aschinger AG übernommen. Da aber ein großer Teil des Personals geblieben war, konnte der neue Eigentümer eine gewisse Kontinuität und weltstädtisches Flair, das noch immer im Hause herrschte, präsentieren. Die Veränderungen waren vor allem denjenigen unter den Gästen offensichtlich, die die frühere Atmosphäre kannten. Nun traf sich hier die neue Elite: Leni Riefenstahl, Ernst Udet, Zarah Leander, Gustaf Gründgens, Marika Rökk, Winifred Wagner. Wie viele andere Betriebe wurde auch das frühere Uhlandeck am Kurfürstendamm 31 »arisiert«. Ab 1936 hieß es Café Olympia. Hier spielten noch immer drei Orchester gleichzeitig. Es wurde vor allem von jungen Leuten besucht.[29]

Am 15. Juli 1935 kam es auf dem Kurfürstendamm zu gewalttätigen Ausschreitungen gegen Menschen »jüdischen Aussehens«. Vorangegangen waren die Störungen des schwedischen Films »Petterson & Brendel« durch lautes Reden und Pfeifen junger jüdischer Männer. Anlass zu diesem Verhalten war die Darstellung eines Ostjuden, der seine Kontakte zu einem blonden Schweden ausnutzt. Daraufhin wurde Hans Hinkel, der Geschäftsführer der Reichskulturkammer, zum »Sonderbeauftragten für die Überwachung und Beaufsichtigung der Bestätigung aller im deutschen Reichsgebiet lebenden nichtarischen Staatsangehörigen auf künstlerischem und geistigem Gebiet« berufen.[30] Seine Aufgabe

---

25 Wörmann, Heinrich-Wilhelm: Widerstand in Charlottenburg, o. O. o. J. (neue Auflage), S. 13 ff., 20.

26 Zit. n. Metzger/Dunker, Kurfürstendamm, S. 169.

27 Stürickow, Kurfürstendamm, S. 139.

28 Metzger/Dunker, Kurfürstendamm, S. 178 nennen die Häuser Kurfürstendamm 220, 216, 211, 237, 233, 33, 30, 227, 228, 214, 220, 213, 205, 29.

29 Metzger/Dunker, Kurfürstendamm, S. 168–169; Zur Übernahme durch Aschinger s. Stürickow, Kurfürstendamm, S. 136.

30 Choy, Yong Chan: Inszenierungen der völkischen Filmkultur im Nationalsozialismus: »Der Internationale Filmkongress Berlin 1935«, Dissertation Technische Universität Berlin, Berlin 2006 = opus.kobv.de/tuberlin/volltexte/2006/1214/pdf/choy_yongchan.pdf (9.11.2010), S. 190; http://www.dhm.de/lemo/html/nazi/antisemitismus/kulturbund/index.html (16.5.2008).

war dem Film-Kurier vom 26. Juli 1935 zufolge, »die Ausdehnung des jüdischen Einflusses auf die deutsche Kultur zu unterbinden«.[31]

Später ging es um den Ausschluss jüdischer Deutscher aus der »Reichskulturkammer«. Im September 1935, also in der Zeit des Nürnberger »Reichsparteitags der Freiheit«, stand fest, dass Juden nur noch bis Dezember 1935 als Inhaber von Kinos »geduldet« würden. Außerdem mussten bis zum 15. September diesen Jahres alle kulturschaffenden jüdischen Deutschen dem »Reichsverband der jüdischen Kulturbünde« angehören, der wiederum dem »Reichspropagandaministerium« unterstand.[32] Als »Petterson & Brendel« im Dezember 1938 – nun in synchronisierter Fassung – in den Ufa-Theatern Friedrichstraße und Kurfürstendamm lief, galt dieser antisemitische Film als »staatspolitisch wertvoll«. Das Kinopublikum applaudierte. Der Film hatte seine Funktion erfüllt: In der Folge der früheren Störungen war es zum Ausschluss des jüdischen Kinopublikums überhaupt gekommen.[33] Schon 1934 war im »Capitol am Zoo« die Uraufführung des Films »Katharina die Große« von SA-Kommandos gestört und in der Folge der Film wegen »Volksprotesten« verboten worden. Die aus Deutschland emigrierte Elisabeth Bergner hatte die Hauptrolle gespielt und ihr jüdischer Ehemann Czinner Regie geführt.[34]

»Die Kabarett-Könige vom Kurfürstendamm«, Kurt Robitschek, Inhaber des KaDeKo, und Rudolf Nelson, bei dem Josephine Baker aufgetreten war, verließen Berlin.[35] Während der Olympischen Spiele im August 1936 spürte man von Ausgrenzungen – zumindest oberflächlich – wenig. Viele der Berlin-Besucher überraschte die »kulturelle Liberalität«, ganz besonders der Gegend um den Kurfürstendamm.[36] Für das internationale Publikum waren die am meisten besuchten westlichen Stadtbereiche begrünt worden. Man erklärte den Kurfürstendamm im Februar 1936 kurzerhand zur »Parkstraße« und eröffnete in der Nähe der Gedächtniskirche einen Informationskiosk für die Olympischen Spiele.[37] Ab dem 20. Juli 1936 wurde der Kurfürstendamm ebenso wie die Straße Unter den Linden für die »schwer und langsam beweglichen Fahrzeuge« gesperrt.[38] Überhaupt wurden die Berliner Straßen im Sinne besserer Überwachungsmöglichkeiten umgestaltet. Das Tiefbauamt forderte den Inhaber der Tankstelle auf dem heutigen George-Grosz-Platz, die Reichskraftsprit GmbH, auf, die Baulichkeiten dort in einem sogenannten Gemeinschaftsbau zusammenzufassen. Dieser sollte einen Tankwärterraum, eine Stehbedürfnisanstalt, einen Zeitungsverkaufsraum, eine Fernsprechzelle sowie drei Zapfsäulen mit sechs Kesseln von je 5.000 Liter Benzin aufnehmen. Es war geplant, die Anlage zu überdachen, um den Tankvorgang bei Regen zu schützen.[39] Wie auf dem Gemälde von Michael Bohnen zu sehen ist, fand die Umgestaltung nicht statt. Bohnen, der im Kurfürstendamm 50 wohnte, malte am

---

31 Zit. n. Choy, Filmkultur, S. 203.

32 Ebd., S. 204–210.

33 Ebd., S. 220–221.

34 Metzger/Dunker, Kurfürstendamm, S. 168.

35 Stürickow, Kurfürstendamm, S. 132.

36 Metzger/Dunker, Kurfürstendamm, S. 164.

37 luise-berlin.de/Kalender/Jahr/1936.htm (2.6.2008).

38 Metzger/Dunker, Kurfürstendamm, S. 165.

39 LAB, B Rep. 207, Nr. 5421, Bl. 2, 31.

1. Januar 1945 den Blick aus seiner Wohnung auf den Platz mit den freistehenden Zapfsäulen (siehe Farbtafel 3: Der heutige George-Grosz-Platz am Neujahrsmorgen 1945).[40]

Thomas Wolfe, der sich während der Olympischen Spiele in Berlin aufhielt, schilderte in seinem Roman »Es führt kein Weg zurück« das vermeintlich kultivierte Ambiente am Kurfürstendamm: Er sah aus seinem Hotelfenster am Kurfürstendamm 25 »die schönen Baumkronen, die in der Mitte des Fahrdamms die Straßenbahnschienen überwölbten« und freute sich über das »intensive Dunkelgrün der deutschen Bäume«. Dieses schien ihm als »das grünste Grün auf Erden, das ein Gefühl von märchenhaftem Waldesdunkel und von zauberhafter Kühle erweckt«. Auch beobachtete er die »saubere, kremfarbene Straßenbahn« und nahm sogar die »kleinen Pflastersteine zwischen den Schienen« wahr. Und »samtweich wie ein Oxforder Rasen« wirkten auf ihn die »Grasstreifen zu beiden Seiten der Schienen«. Am meisten aber beeindruckte ihn die Improvisationsgabe eines Verkäufers: Der groß gewachsene Wolfe konnte in der ganzen Stadt kein Frackhemd in seiner ausgefallenen Größe finden. So ließ der Verkäufer eines der eleganten Kurfürstendamm-Geschäfte ein Hemd am Rücken aufschneiden und die Ärmel verlängern. Die Teilnahme am Empfang der Ozeanflieger in der amerikanischen Botschaft war gerettet![41] Einen zutreffenderen Eindruck vermittelt eine andere Begebenheit. Peter Werner Haupt zog als Schüler die Aufmerksamkeit der Gestapo auf sich, als der Sportbegeisterte und seine Clique den vierfachen Olympiasieger Jesse Owens auf dem Boulevard begleiteten. Die von dieser Situation angefertigte Fotografie legte die Gestapo dem Direktor der Schule mit dem Vorwurf vor: »Ein deutscher Junge läuft keinem Schwarzen hinterher«.[42]

Terror, »Arisierungen« und Flucht aus Berlin

Wegen gesteigerten Verkehrsaufkommens fielen bald die grünen Baumkronen. Schon ein Jahr vor den Olympischen Spielen war ein Wettbewerb für die Umgestaltung des Kurfürstendamms durchgeführt worden. Wie Hans Stephan 1935 im Zentralblatt der Bauverwaltung ausführte, sollte die »Unordnung« »auf dem ehemaligen Vorgartengelände in Form von Schaukästen, Gittern und Reklame« beseitigt werden. Ganz im Denken der Zeit war das Ziel die »Einheitlichkeit«. Auch hier also eine »Gleichschaltung«![43] Der Gewinner des Wettbewerbs ordnete Straßenmöbel so, dass der Passantenstrom beschleunigt wurde.[44]

---

40 Für den Hinweis auf dieses Gemälde danke ich Herrn Dr. Ing. habil. Dietrich Worbs. Herr Klaus Märtins von der Galerie Taube in Wilmersdorf vermittelte mir dankenswerterweise den Kontakt zur Familie Michael Bohnens. Angela und Daniela Bohnen gilt mein Dank für die Zustimmung zum Druck des Bildes, dessen Original sich im Stadtmuseum Berlin befindet.

41 Das Zitat aus: »Es führt kein Weg zurück« nach Voß, Literaturfreunde, S. 414.

42 Zit. n. Wörmann, Charlottenburg, S. 37.

43 Zur Konzeption Stephan, Hans: Wettbewerb zur Umgestaltung des Kurfürstendamms in Berlin, in: Zentralblatt der Bauverwaltung, 55 (1935), 41, S. 813–816.

44 Ebbing, Georg: Der Kurfürstendamm – Vorbilder und Leitbilder, in: Zajonz, Michael/Kuhrau, Sven (Hg.): Heimweh nach dem Kurfürstendamm. Geschichte, Gegenwart und Perspektiven des Berliner Boulevards, Petersberg 2010, S. 25–39, S. 32.

Mit der »Gleichschaltung« ging Terror gegen Juden einher. Dieser erreichte in der Pogromnacht vom 9. zum 10. November 1938 einen furchtbaren Höhepunkt am Kurfürstendamm. Erich Kästner fuhr in einem Taxi über den Boulevard. Er sah, wie brutale Schläger zahlreiche Schaufenster zertrümmerten: »Glaskaskaden stürzten berstend aufs Pflaster. Es klang, als bestünde die ganze Stadt aus nichts wie krachendem Glas. […] Zwischen Uhland- und Knesebeckstraße ließ ich halten, öffnete die Wagentür und setzte gerade den rechten Fuß auf die Erde, als sich ein Mann vom nächsten Baum löste und leise und energisch zu mir sagte: ›Nicht aussteigen! Auf der Stelle weiterfahren!‹ […] ›Na hören Sie mal‹, begann ich, ›ich werde doch wohl noch …‹ ›Nein‹, unterbrach er drohend. ›Aussteigen ist verboten! Machen Sie, dass Sie sofort weiterkommen!‹ Er stieß mich in den Wagen zurück.«[45] In dieser Nacht verwüsteten Nationalsozialisten die Synagoge in der Fasanenstraße und steckten sie in Brand.[46]

Tags darauf bot »der Boulevard (…) ein Bild der Verwüstung. Die Glasscherben knirschten unter den Schuhen, der breite Gehweg war übersät mit zerrissenen Kleidungsstücken aus den eleganten Modegeschäften. Da lagen zerrissene Hemden und Strümpfe zwischen Scherben, zerschnittene und in den Schmutz getretene Kleider und Roben aus den kostbarsten Stoffen. Die Einrichtung war meist zertrümmert oder zerhackt worden«.[47] In der Zeit von Berufsverboten, Vertreibungen und Verhaftungen gab es am Kurfürstendamm zwischen Gedächtniskirche und Knesebeckstraße vor dem 1. November 1938 von 118 Ladeninhabern noch 25 jüdischen Glaubens. »Arisiert« und »in Arisierung begriffen« waren 14 Geschäfte. Das meldete die *Zeitschrift des Vereins Berliner Kaufleute und Industrieller* in ihrem ersten Heft 1939. Diese Bestandsaufnahme hatte der »Erlass zur Ausschaltung des jüdischen Einzelhandels« initiiert.[48]

Nach der Pogromnacht begannen massenhaft Geschäftsenteignungen und Vertreibungen aus den Wohnungen. Nationalsozialisten zerstörten die Existenz zahlreicher Berliner Juden und verschleppten viele in das KZ Sachsenhausen. Die außerdem verhängte »Judenbuße« in Höhe von einer Milliarde RM raubte jedem deutschen Juden, dessen Vermögen 5.000 RM überschritt, 20 Prozent davon.[49] In der Folge des Novemberpogroms boomte der Immobilienhandel, und ein Dreivierteljahr später war ein Großteil des Grundbesitzes jüdischer Berliner an andere Eigentümer übergegangen.[50] In dieser Zeit schrieb die »Verordnung zur Ausschaltung der Juden aus dem deutschen Wirtschaftsleben« vom 12. November

---

45 Zit. n. Wörmann, Charlottenburg, S. 19–20.

46 Reissig, Harald: Die Synagoge (1912–1958) und das jüdische Gemeindehaus (seit 1959) Fasanenstraße 79/80, in: Engel u. a. (Hg.): Charlottenburg, Teil 2: Der Neue Westen (= Geschichtslandschaft Berlin, Orte und Ereignisse, Bd. 1), Berlin 1985, S. 410–423, S. 418–420.

47 Stürickow, Kurfürstendamm, S. 134.

48 Nach Metzger/Dunker, Kurfürstendamm, S. 175–176. s. a. Stürickow, Kurfürstendamm, S. 135–136.

49 Aly Götz: Hitlers Volksstaat. Raub, Rassenkrieg und nationaler Sozialismus, 3. Aufl. Frankfurt am Main 2005, S. 60; Aly, Götz/Sontheimer, Michael: Fromms. Wie der jüdische Kondomfabrikant Julius F. unter die deutschen Räuber fiel, Frankfurt am Main 2007, S. 152–153.

50 Willems, Susanne: Der entsiedelte Jude. Albert Speers Wohnungsmarktpolitik für den Berliner Hauptstadtbau (= Publikationen der Gedenk- und Bildungsstätte Haus der Wannsee-Konferenz, Bd. 10), Berlin 2000, S. 125.

1938 Juden vor, ihre Geschäfte bis Jahresende aufzugeben. Wer noch nicht geflohen war, wurde nun zum Weggang gezwungen.

Das Eigentum am renommierten Wäschehaus Grünfeld Kurfürstendamm 227 war schon vor dem genannten Erlass an die Firma Kühl übergegangen.[51] »Arisiert« wurden auch Glaser & Goetz, Joe Straßner (Kurfürstendamm 233)[52] und das Konfektionsgeschäft Wachtel (Kurfürstendamm 38),[53] ferner die Filiale des Bekleidungshauses Kersten & Tuteur am Kurfürstendamm 237. Diese übernahmen 1937 die Brüder Rolf und Herbert Horn.[54] Willi

Abb. 43   Fanny Wachtel mit Tochter Gitta

Kersten starb 1934 eines natürlichen Todes, Jacob Tuteur führte die Firma bis 31. Dezember 1937 weiter. Unter finanziellen Druck geraten, musste er verkaufen. Den Verlust seines Unternehmens verkraftete er nicht.[55] Er nahm sich 1939 in einer Pension am Kurfürstendamm das Leben. Dazu der junge Gerd Staebe: »Die ganze Arisierung war sehr fühlbar und bedrückend.«[56] Bereits im Juni 1933 war ein »deutsches Modebüro« gegründet worden, dessen »Ehrenpräsidentin« Magda Goebbels hieß.[57] Wie verblendet diese noch am 1. Februar 1945 war, zeigt ihre Bestellung beim Salon Bèrthe am Kurfürstendamm 28. Hier orderte sie »einen grünen Samthut, einen schwarzen Turban und einen braunen Stoffhut mit Nerz«. Genau einen Tag zuvor hatte der 1942 zum Rüstungsminister ernannte Albert Speer Hitler mitgeteilt, dass die Truppen kein Benzin und keine Munition mehr erhielten.[58]

Nur rund zwei Wochen nach den Angriffen im Bereich der Wirtschaft legten die »Polizeiverordnung über das Auftreten der Juden in der Öffentlichkeit« und wenig später eine Anordnung des Berliner Polizeipräsidenten »Judenbannbezirke« in Berlin fest. Dieses Zugangsverbot galt für bestimmte Berliner Stadtbereiche, zu denen der Kurfürstendamm nicht zählte. Da aber auch der Aufenthalt in öffentlichen Einrichtungen wie Museen, Theatern, Kinos, ja sogar Rummelplätzen verboten wurde, betraf die Reglementierung zahlreiche Orte am Kurfürstendamm.[59]

---

51 Nach Metzger/Dunker, Kurfürstendamm, S. 175–176. s. a. Stürickow, Kurfürstendamm, S. 135–136; RGBl. I 1938, S. 1642 dazu Blau, Bruno: Das Ausnahmerecht der Juden in Deutschland 1933–1945, Düsseldorf 1954.

52 Wagner, Mode in Berlin, S. 113–146, S. 126.

53 Günther-Kaminski/Weiß, Ku'damm, S. 19 ff. Dort auch zum Schicksal der Familie im Nachkriegs-Berlin.

54 Stürickow, Kurfürstendamm, S. 135.

55 Westphal, Uwe: Berliner Konfektion und Mode. Die Zerstörung einer Tradition 1936–1939, Berlin 1986 (= Stätten der Geschichte Berlins, Bd. 14), S. 185 f. Zum Ort des Selbstmordes http://www.wams.de/data/2004/04/04/260451.html?prx=1 (16.2.2006).

56 Zit. n. Westphal, Konfektion, S. 151.

57 O. Verf.: Magnet für Modemacher, in: Der Spiegel v. 4.1.1993, S. 132–136, S. 135.

58 Zit. n. Widmann, Carlos: Gefährtin des Bösen, in: Der Spiegel v. 24.9.2001, S. 206–216, S. 216.

59 Metzger/Dunker, Kurfürstendamm, S. 180.

Abb. 44   Auswanderer vor dem Buchungsbüro der Schifffahrtsgesellschaft Palestine & Orient Lloyd
GmbH in der Meinekestraße 2, Januar 1939

Bald flüchteten monatlich ca. 3.000 jüdische Berlinerinnen und Berliner aus ihrer Hei-
matstadt.[60] Dabei konnten Speditionen wie die »Paketfahrt des Westens« am Kurfürstendamm 94 und die »Gepäckfahrt« am Kurfürstendamm 211 helfen. Zunächst für die Auswanderung von Zionisten nach Palästina gegründet, erhielten sie durch die Emigranten
zahlreiche Aufträge eher als Fluchthilfeunternehmen.[61] Wer nach Palästina auswandern
wollte, wandte sich an das nahe dem Kurfürstendamm – im Haus Meinekestraße 10 – gelegene Palästinaamt der Jewish Agency. Dieses half bis zu seiner Schließung 1941 rund
50.000 Menschen. Im gleichen Haus logierten auch die Zionistische Vereinigung für
Deutschland und andere zionistische Organisationen, ferner die Jugendalija, die Jugendlichen die Auswanderung nach Palästina ohne ihre Eltern ermöglichte. »Tausende von Kindern nahmen auf dem Anhalter Bahnhof für immer von ihren Eltern Abschied, die zu-
rückblieben und später deportiert wurden.«[62] Das Haus gehörte bis 1942 dem Zeitungsverlag der *Jüdischen Rundschau* G.m.b.H. Im Jahr 1943 war der Eigentümer dann »ungenannt« und der Zeitungsverlag zum Mieter geworden.[63] In der Meinekestraße 2 befand

60 Willems, Wohnungsmarktpolitik, S. 104.
61 Günther-Kaminski/Weiß, Ku'damm, S. 40.
62 Richarz, Monika: Jüdisches Berlin und seine Vernichtung, in: Boberg u. a. (Hg.): Die Metropole. Industriekultur in Berlin im 20. Jahrhundert, München 1986, S. 216–225, S. 224; s. a. Gedenktafel am Haus Meinekestraße 10.
63 Berliner Adressbuch 1941–1943.

sich das Buchungsbüro der Schifffahrtsgesellschaft Palestine & Orient Lloyd GmbH (Abb. 44).[64] Südlich des Kurfürstendamms waren in den benachbarten Häusern Emser Straße 42 und Pariser Straße 44 bis zum Verbot 1938 der Centralverein deutscher Staatsbürger jüdischen Glaubens und der ihm gehörende Philo-Verlag untergekommen.[65]

Innere Umgestaltung Berlins und »judenreines« Gebiet Kurfürstendamm

Der 1937 von Hitler zum Generalbauinspektor (GBI) ernannte Architekt Albert Speer verstärkte die Bedrängnis jüdischer Berlinerinnen und Berliner, als er mit der Umgestaltung Berlins zur »Welthauptstadt Germania« begann.[66] Abrisse für die anzulegende Nord-Süd-Achse vertrieben zahlreiche Menschen und Institutionen. Dazu zählten die Firmen Lohmann-Blicker und Miele Waschmaschinen. Sie ließen sich, von der Potsdamer Straße kommend, in den Häusern Kurfürstendamm 210 beziehungsweise 219 nieder.[67] In der Folge nutzte man innerstädtischen Wohnraum für andere Einrichtungen, unter anderem Behörden und Konzernverwaltungen. Obwohl dafür schon ab November 1936 die Genehmigung seitens der Stadt erforderlich war, konnten solche Umnutzungen nicht verhindert werden. Die Stadtgemeinde war im Zuge der Umsetzung des Vierjahrplanes von 1936 verpflichtet, Umwandlungen durch öffentliche Körperschaften und die NSDAP zu gestatten. Albert Speer versuchte einerseits, diesem Prozess in den bevorzugten Wohngegenden des Berliner Westens entgegenzuwirken. Andererseits forcierte seine Umgestaltung der Reichshauptstadt diesen Trend.[68]

Die unmittelbare Umgebung des Hauses Kurfürstendamm 48–50a[69] erfasste dieser Prozess schon vor 1933. Zum Beispiel gehörte das Haus Schlüterstraße 38 im Jahr 1930 der Berliner Verwaltungsgemeinschaft und Nr. 39 den Hamelschen Erben. Ab dem darauffolgenden Jahr gehörte das Haus bis in die späten 30er Jahre der Urania Terrain Gesellschaft m.b.H. Nach dem Umbau 1939 war die Hauptvereinigung der deutschen Gartenbauwirtschaft die Eigentümerin. Eine weitere Nutzerin war die Deutsche Gartenbau-Kredit AG. Beide Einrichtungen hatten zuvor im Haus Schlieffenufer 21 logiert, das für die im Speerplan vorgesehene Nord-Süd-Achse hatte geräumt werden müssen. 1941 belegten das Doppelhaus in der Schlüterstraße neben den bereits genannten folgende Einrichtungen: die Buchstelle für Gartenbau und verwandte Betriebe m.b.H., die Deutsche Gartenbauge-

---

64 Berliner Adressbuch 1938.
65 Gedenktafel Pariser Straße 44.
66 Das Faksimile der Bekanntgabe von Planungen in: Schäche, Wolfgang/Reichhardt, Hans J.: Von Berlin nach Germania. Über die Zerstörungen der Reichshauptstadt durch Albert Speers Neugestaltungsplanungen, Berlin 1985, S. 48.
67 Metzger/Dunker, Kurfürstendamm, S. 178.
68 Willems, Wohnungsmarktpolitik, S. 120–121.
69 Am 28. November 1934 wurde verfügt, das Haus Kurfürstendamm 50 nun mit 50/50a zu bezeichnen. Grundakten betreffend das zu Charlottenburg belegene im Grundbuche von der Stadt Charlottenburg, Bd. 172, Bl. 5977 verzeichnete Grundstück (Kurfürstendamm 50), Bd.1, Bl. 42.

Abb. 45   Schlüterstraße 38/39, 2008

sellschaft, die Deutsche Hagel-Versicherungs-Gesellschaft auf Gegenseitigkeit, die Schriftleitung der Zeitschrift *Die Obst- und Gemüseverwertungs-Industrie*, die Hauptschriftleitung der Zeitschrift *Gartenbauwirtschaft*, das Rechtsanwaltsbüro Moeser, die Schriftleitung der Zeitschrift *Obst und Gemüse*, die Studiengesellschaft für Technik im Gartenbau e. V., der Verein Bücherei des Deutschen Gartenbaus, der Verlag der Gartenkunst M. Mappes und der Hauswart Wilms. Noch 1943 gehörte das Haus der Hauptvereinigung der deutschen Gartenbauwirtschaft.[70]

Für die Realisierung der Speerschen Pläne wurde am 16. Juni 1938 bei der Planungsstelle eine Durchführungsstelle eingerichtet, deren Aufgabe es war, die Abrisse für die Neugestaltung Berlins vorzubereiten.[71] Der GBI setzte dann ein Zustimmungserfordernis seiner Behörde für Umwandlungen und Abrisse öffentlicher Bauträger, von Behörden, Verbänden und Privaten durch:[72] Am 26. November 1938 erlaubte ihm ein Erlass Hermann Görings die Neubelegung entmieteter Wohnungen.[73] Diese Position festigte die »Verordnung über die Neugestaltung der Reichshauptstadt Berlin und der Hauptstadt der Bewegung München« vom 8. Februar 1939. Sie regelte, dass geräumte Wohnungen nur mit Genehmigung der Durchführungsstelle wieder vermietet werden durften.[74] Diese Stelle erfasste auch die von Juden verlassenen Wohnungen, die dann Umsetzmietern aus dem Neugestaltungsbereich angeboten wurden.[75]

Ferner richtete die Durchführungsstelle ihr unerbittliches Auge auf die »Arisierung« von Betrieben. Schon Anfang 1939 meldete sie: »In Berlin sind im Schnellverfahren die in Betracht kommenden Einzelhandelsunternehmen im wesentlichen arisiert worden. […] Ermittlung bezüglich freiwerdender Großwohnungen von Juden im Gange.«[76] Obwohl vier von fünf »arisierten« Geschäften nicht weitergeführt wurden, bestand Anfang 1939 großer Mangel an Gewerberäumen und der Umwandlungsdruck auf Wohnraum war

---

70 Berliner Adressbuch 1930–1943.

71 Geist, Johann Friedrich/Kürvers, Klaus: Tatort Berlin, Pariser Platz. Die Zerstörung und »Entjudung« Berlins, in: Düwel, Jörn u. a. 1945. Krieg – Zerstörung – Aufbau. Architektur und Stadtplanung 1940–1960 (= Schriftenreihe der Akademie der Künste, Bd. 23), o. O. o. J., S. 55–118, S. 66, 68.

72 Willems, Wohnungsmarktpolitik, S. 120–121.

73 Ebd., S. 86; S. 87 das Faksimile.

74 Faksimile der Verordnung über die Neugestaltung der Reichshauptstadt Berlin und der Hauptstadt der Bewegung München vom 8. Februar 1939 in: Willems, Wohnungsmarktpolitik, S. 99.

75 Willems, Wohnungsmarktpolitik, S. 105–111.

76 Zit. n. Geist/Kürvers, Tatort Berlin, S. 70.

enorm.[77] Am 2. Juni 1939 konstatierte Dr. Dickmann von der Rechtsabteilung der Durchführungsstelle bezüglich des Kurfürstendamms und seiner Nebenstraßen »ein immer stärkeres Vordringen der Behörden und Wirtschaftsverwaltungen gerade in diese Gegend (…), so dass jetzt bereits eine große Anzahl von Wohngrundstücken (…) ihrer Zweckbestimmung entzogen sind«.[78]

Wie wenig erfolgreich die Durchführungsstelle beim Schutz der Wohnnutzung war, zeigte sich in der Nachbarschaft zum Hauskomplex Kurfürstendamm 48–50. Im Oktober 1938 standen die Häuser Schlüterstraße 40–42 zur Disposition, deren Eigentümer ebenso wie ein Großteil der 59 Mietparteien Juden waren. Doch bestanden »schwerste Bedenken« gegen eine Umwandlung der »sehr schöne(n) Großwohnungen« mit acht bis zehn Zimmern in Geschäftsräume. So wurde der Nutzungswunsch der Deutschen Arbeitsfront (DAF)[79] abgewiesen. Schließlich gelang es dem Reichsfinanzministerium, die Häuserflucht zu ersteigern und für seine Zwecke umzuwandeln.[80] Entsprechend nennt das Berliner Adressbuch von 1940 als Eigentümer den Fiskus. Das Haus Nr. 41 befand sich im Umbau, in beiden anderen Gebäuden wohnte nur noch jeweils ein Hauswart. Verwaltet wurden die Grundstücke ab 1942 von der »Reichstreuhand für den öffentlichen Dienst«. In dem großen Komplex residierte neben dieser auch die »Reichsausführungsbehörde für die Unfallversicherung und das Reichsversorgungsgericht«.[81]

Im Haus Schlüterstraße 45, wo Oskar Skaller bis Anfang der 30er Jahre gewohnt hatte, unterhielt noch in nationalsozialistischer Zeit die Fotografin Yva (Else Ernestine Neuländer-Simon) ihr Atelier (Abb. 46). Der junge Helmut Neustädter lernte 1936 bei ihr. Seine Lehrmeisterin arbeitete, so erinnert sich der Schüler, »wie ein Filmregisseur. Wir bauten alles auf, aber die Aufnahmen machte sie selbst. […] Alles musste nach genauen Regeln ablaufen. Wenn die Assistenten mir das Stichwort gaben, lief ich den breiten Gang entlang, klopfte an ihre Bürotür und sagte: ›Frau Yva, es ist alles für Sie be-

Abb. 46   Die Fotografin Yva mit dem Bildhauer Hugo Lederer in dessen Atelier, 1930

77 Willems, Wohnungsmarktpolitik, S. 119–120.
78 LAB, Pr.Br.Rep. 107, Nr. 235/4 (Film 83).
79 Nach Willems, Wohnungsmarktpolitik, S.135 Anm. 424 erhob diese Einrichtung auf Anordnung des Generalbauinspektors die Großwohnungen in den westlichen Bezirken.
80 Ebd., S. 124.
81 Berliner Adressbuch 1943.

reit.‹« Die schöne Zeit als Inhaberin eines großen Ateliers mit mehreren Angestellten war bald vorbei. Die »gleichgeschaltete« Presse druckte keines ihrer Fotos, die Zahl der Aufträge ging stark zurück. Dann übernahm eine gute Freundin, Dr. Charlotte Weidler, Yvas Atelier. Das Angebot der Illustrierten *Life*, nach New York zu kommen, schlug Yva aus, weil ihr Mann sich nicht vorstellen konnte, Berlin zu verlassen. Im Jahr 1938 war das Ehepaar gezwungen, Wohnung und Atelier in der Schlüterstraße 45 zu verlassen. Die Fotografin arbeitete nun als Röntgenassistentin im Jüdischen Krankenhaus. Beide wurden am 1. Juni 1942 verhaftet und schon zwölf Tage später vom Bahnhof Grunewald aus nach Majdanek deportiert. Im KZ verliert sich ihre Spur, 1944 wurden beide für tot erklärt.[82] Anders als das Ehepaar Simon emigrierte der Hauseigentümer, B. Libermann. Ab 1939 war im Adressbuch der Eigentümer »ungenannt«. Dieses Kürzel weist darauf hin, dass ihm das Grundstück im Zuge der »Arisierung« entrissen wurde.[83]

Yvas Lehrling wanderte aus und reüssierte mit seinem Können: Helmut Newton wurde einer der bekanntesten Fotografen weltweit. Auch der Schriftsteller und spätere Bibliotheksleiter des Marbacher Literaturarchivs, Ludwig Greve, bereitete sich als Heranwachsender auf die Emigration durch eine Lehre bei der Fotografin »Fräulein« Möller vor. Ihr Studio lag, wie das Yvas, in der Schlüterstraße. Sie trug nach Greves Worten »das kurze Haar nach Männerart gescheitelt und sprach mit rauher Stimme.« Er erinnert sich: »Ich hatte mir beim ersten Besuch die Kamera nach Art von Globetrottern über die Schulter gehängt, aber weit gefehlt, die Lehrerin empfing mich im Arbeitskittel. ›Erst musst Du in der Dunkelkammer firm sein.‹«[84]

Für die Häuser Schlüterstraße 44 und 45 wurden Umwandlungsanträge abgelehnt und dennoch die Umnutzung vollzogen. Zunächst erhielt das Luftgaukommando III bezüglich der Nr. 45 einen negativen Bescheid: »Es entspricht einer ausdrücklichen Anordnung des Generalbauinspektors, Herrn Professor Speer, dass einer weiteren Zweckentfremdung von Wohngrundstücken in dieser Gegend mit allen Mitteln Einhalt geboten werden soll.«[85] Nur zwei Tage danach unterstrich Albert Speer seinen Wunsch, »die alten und bevorzugten Wohngegenden im Berliner Westen ihrer Bestimmung zu erhalten«. Deshalb wolle er diesen »den erforderlichen Schutz angedeihen lassen«.[86] Mit der Zeit »effektivierte« die Neugestaltungsbehörde ihre Ablehnungspraxis von Umwandlungsanträgen seitens tertiärer Einrichtungen. Sie wies den Kurfürstendamm und dessen Nebenstraßen als erstes »Wohnschutzgebiet« aus. Angefangen hatte diese Entwicklung im Oktober 1938 mit der Ablehnung von Umwandlungsanträgen durch die Behörde zum Schutz von Wohnhäusern auf Grundstücken jüdischer Eigentümer.[87] Das alles aber hatte für das Haus Schlüterstra-

---

82 Newton, Helmut: Autobiographie, aus d. Englischen von Rudolf Hermstein, 2. Aufl., München 2002, S. 71 das Zit., 77–78. Helmut Neustädter (später: Newton) begann 1936 seine Lehre bei Yva.
83 Berliner Adressbuch 1938–1943.
84 Greve, Ludwig: Wo gehörte ich hin? Geschichte einer Jugend, Frankfurt am Main 1994, S. 127.
85 Zit. n. Willems, Wohnungsmarktpolitik, S. 132, s. a. Anm. 416, 418.
86 LAB, Pr. Br. Rep 107, Nr. 235/4, Schr. v. 14. 6. 1939.
87 Willems, Wohnungsmarktpolitik, S. 132.

ße 45 keine Auswirkung, denn 1942 zog die am Wilhelmplatz 8/9 ausgebombte Reichskulturkammer ein.[88]

Da zahlreiche Mieter infolge der Abrisse wegen der geplanten Umgestaltung Berlins Anspruch auf eine Umsetzwohnung hatten, griff Albert Speer auf die Wohnungen jüdischer Berlinerinnen und Berliner zu. Trotz des gigantischen Jahresbedarfs von 22.400 bis 34.000 lag die Anzahl der Neubauwohnungen weit unter dieser Zahl.[89] Der Mangel sollte »durch Aneignung bewohnter Altbauwohnungen« ausgeglichen werden. Im September 1938 schlug Speer vor, jüdische Mieterinnen und Mieter ihrer Wohnungen zu berauben. Bereits Ende des Monats erging an die Vermieter in den Bezirken Tiergarten, Charlottenburg, Wilmersdorf, Schöneberg, Steglitz und Zehlendorf die Aufforderung, jüdische Mieter und die Qualität der betreffenden Wohnung zu melden. Zunächst waren Umsiedlungen aus den innerstädtischen Großwohnungen in kleine Neubauwohnungen am Stadtrand geplant, wie zum Beispiel in eine »Judensiedlung« bei Berlin-Buch.[90] Nach Aufhebung des Mieterschutzes für Juden aber wurde dieses Vorhaben nicht weiter verfolgt.[91]

Stattdessen wurden die aus den besonders beliebten Wohngegenden Vertriebenen in sogenannte »Judenhäuser« beziehungsweise »Judenwohnungen« eingewiesen. Als solche dienten Häuser, deren jüdische Eigentümer nur noch an Juden vermieten durften. Das galt auch für Wohnungsmieter. Das »Gesetz über die Mietverhältnisse mit Juden« vom 30. April 1939 legte in § 4 I fest: »Ein Jude hat in Wohnräumen, die er als Eigentümer oder auf Grund eines Nutzungsrechts innehat oder die er von einem Juden gemietet hat, auf Verlangen der Gemeindebehörde Juden als Mieter oder Untermieter aufzunehmen.«[92] Entsprechend verkündete der Berliner Lokal-Anzeiger am 25. Mai 1939: »Alle jüdischen Mieter, die in einem Hause wohnen, das nicht einem Juden gehört, müssen damit rechnen, dass sie i n d e r n ä c h s t e n Z e i t i h r e W o h n u n g z u r ä u m e n h a b e n.«[93] Im Januar 1941 stand fest: »Juden sollen nur noch in Judenhäusern untergebracht werden. Zu diesem Zweck erhält die SS (…) eine entsprechende Liste.«[94]

Ab Mai 1939 wurde in den Akten des Generalbauinspektors der Begriff »judenreine Gebiete« verwendet. Und noch in diesem Jahr umschrieb die Neugestaltungsbehörde mehrere solcher Stadtbereiche. Diese, allesamt im Westen Berlins gelegen, wollte Albert Speer vor dem Umwandlungsdruck von Wohn- in Geschäftsräume bewahren und dort

---

88 Dazu und zum weiteren Schicksal Skallers und Yvas s. Steinmann, 2006, S. 39 ff.

89 Willems, Wohnungsmarktpolitik, S. 48 ff.

90 Ebd., S., 71–80, 94; nach S. 78–79 befragte schon im September 1938 die DAF in den Bezirken, Tiergarten, Charlottenburg, Wilmersdorf, Schöneberg, Steglitz und Zehlendorf die nichtjüdischen Vermieter über Lage, Ausstattung und Miethöhe der Wohnungen, die Haushalte jüdischer Deutscher belegten. Darüber hinaus hatten die Vermieter Namen und Beruf der Haushaltsvorstände anzugeben.

91 Ebd., S. 86–93. Die Regelung der Mietverhältnisse, an denen Juden beteiligt waren, in: RGBl. I 1939, S. 864, Nr. 84. vom 4.5.1939; in Geist/Kürvers, Tatort Berlin, S. 82: Liste mit 16 Adressen zu räumender »Judenwohnungen« = Räumungsliste 3 in LAB, Pr.Br.Rep. 107, Nr. 144/37 vom 10.2.1941.

92 RGBl. I 1939, S. 846. »Judenhäuser« lassen sich durch die Häufung von Zwangsnamen der Haushaltsvorstände feststellen. Bei »Judenwohnungen« ist dieses Verfahren nicht möglich, denn Untermieterinnen und Untermieter werden in den Berliner Adressbüchern nicht genannt.

93 Das Faksimile in Willems, Wohnungsmarktpolitik, S. 143.

94 Geist/Kürvers, Tatort Berlin, S. 75–81.

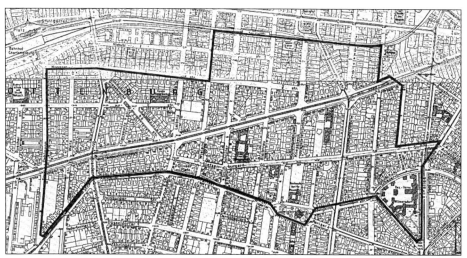

Abb. 47   Das »judenreine Gebiet« um den Kurfürstendamm

Umsetzmieter aus den Neugestaltungsvierteln ansiedeln. Dazu sicherte er seiner Behörde das Zustimmungsrecht im Falle der Neuvermietung.[95] Im Sommer 1939 waren vier Gebiete abgegrenzt, die »völlig judenfrei zu machen sind«, wie es hieß. Das erste umfasste den Kurfürstendamm und seine Nebenstraßen.[96] Wie die Karte (Abb. 47) zeigt, lag der Hauskomplex Kurfürstendamm 48–50a genau im Zentrum dieses Areals. Ursula von Kardorff erinnerte sich im Sommer 1945 an die Zeit der Deportationen: »Kurfürstendamm vor drei Jahren, ordensgeschmückte Offiziere, stramme deutsche Soldaten, unkompliziert und naiv. In den Nebenstraßen die gebückten, bleichen Juden …«.[97]

Als die Vertreibung aus diesen Wohnvierteln des Westens begann, nahm die Bleibtreustraße 2, wo sich ein »Quellbad« befand, zahlreiche Menschen auf. Das hier in der Nacht vom 9. zum 10. November 1938 gelegte Feuer hatte gelöscht werden können. Im Vorderhaus sammelten sich die »bedrängten Juden«. Dort gab es eine Armenküche, Kinder erhielten Unterricht und Ausgewiesene Unterkunft. Nach dem Mietgesetz vom Mai 1939 wurde das Haus zu einem der »Judenhäuser« und dann 1942 »arisiert«. Im Umfeld des Quellbades hatten sich nicht nur zahlreiche jüdische Händler niedergelassen, wie das Eiergeschäft Blumenfeld und das Lebensmittelgeschäft Stern in der Bleibtreustraße 3, sondern auch viele Institutionen wurden von jüdischen Deutschen besucht. Jeder vierte Schüler des nahen Kaiser-Friedrich-Gymnasiums (später: Schlüterschule) war jüdischen Glaubens. Die Vertreibungen führten dazu, dass die Schule 1940 wegen zu geringer Klassen-

---

95 Willems, Wohnungsmarktpolitik, S. 134 ff.; S. 147 zur Doppelfunktion als Ansiedlungsbereiche für die Entmieteten der Neugestaltungsbereiche und als »Umwandlungssperrgebiete«.

96 Ebd., 135; S. 136–137 die Karten der »judenreinen Gebiete«; nach S. 134, Anm. 422 befindet sich die Originalkarte für die Gegend um den Kurfürstendamm als Karte 3 in: BArch, R 4606/3560, Bl. 3; s. a. Geist/Kürvers, Tatort Berlin, S. 95 ff.

97 Kardorff, Ursula von: Aufzeichnungen aus den Jahren 1942–1945, München 1981, S. 277.

stärken schließen musste.[98] Auf dem Grundstück des kriegszerstörten Hauses, Bleibtreustraße 2, befindet sich heute ein Kinderspielplatz.

Im so genannten »judenfreien Bereich« Kurfürstendamm gab es außer der Bleibtreustraße 2 eine Anzahl weiterer Häuser, die jüdische Deutsche bezogen, wie zum Beispiel Mommsenstraße 55. So kam diesen eine Statthalterfunktion zu, die Umwandlung zu vermeiden und »disponible« Wohnungen für Umsetzmieter aus Neugestaltungsbereichen »vorzuhalten«. Im Jahr 1941 wohnten im Haus Mommsenstraße 55 samt dem Eigentümer Alfred Stettner 20 Mietparteien. Von diesen mussten sich ab 1. Januar 1939 mit Zwangsnamen kennzeichnen:[99]

Bruck, K. »Sara«, Frau

Cohn, R. »Sara«, Witwe

Gorski, Bernhard »Israel«, Kaufmann

Guthaner, Nathalie »Sara«, Witwe eines Privatiers

Leser, Max »Israel«, Fabrikant

Littmann, Margarete »Sara«, Stenotypistin

Loeffler, R. »Sara«, Witwe

Schwalbe, Alfred »Israel«, Kaufmann.[100]

Insgesamt wurden aus diesem Haus 27 Menschen deportiert oder wählten den Freitod.[101] Der 1872 geborene Herr Gorski wurde, wie seine 1875 geborene Ehefrau Martha, geb. Levy, am 16. Juli 1942 mit dem 23. Alterstransport nach Theresienstadt verschleppt. Er starb am 1. Oktober, seine Frau am 29. November 1942. Herr Leser, Jahrgang 1870, hatte sich dem 41. Alterstransport im November anzuschließen und verlor noch im gleichen Monat in Theresienstadt sein Leben. Auch Lotte Leser musste mitkommen. Sie wurde in Auschwitz ermordet. Die 64-jährige Frau Littmann zwangen Nationalsozialisten am 25. Januar 1942 in den 10. Transport nach Riga, wo sie starb. Herr Schwalbe und seine Ehefrau Nelly wählten 1943, in ihrem 62. beziehungsweise 53. Lebensjahr, den Freitod.[102] Vor dem Haus erinnert heute ein Stolperstein an Martha Konicki, geb. Rothmann, die 1865 geboren war. Sie wurde am 17. August 1942 nach Theresienstadt deportiert und am 3. Januar 1943 ermordet.

Nelly Schwalbe, auch sie jüdischen Glaubens, betrieb im Haus Mommsenstraße 55 eine Pension, in die am 4. Juli 1941 Georg Basch eingewiesen wurde. Es ist anzunehmen, dass der alte Mann zuvor als Untermieter in der Knesebeckstraße 64 gewohnt hatte, von wo ihn der Räumungsbefehl des Generalbauinspektors vertrieben hatte. Am 30. August

---

98 Hoffmann, 1986, S. 236–238, zur »Arisierung« S. 230. Zur Vertreibung aus den modernen Vierteln allgemein Engeli/Ribbe, Berlin in der NS-Zeit, S. 958.

99 Das schrieb die 2. Verordnung zur Durchführung des Gesetzes über die Änderung von Familien- und Vornamen vom 17. August 1938 in: RGBl. II 1938, S.1044 vor (i.V.m. dem Erlass des Reichsministers des Innern vom 18.8.1938).

100 Berliner Adressbuch 1939.

101 Verein zur Förderung des Gedenkbuches für die Charlottenburger Juden e.V. (Hg.): Juden in Charlottenburg. Ein Gedenkbuch, Berlin 2009, S. 371–372.

102 Freie Universität Berlin, Zentralinstitut für sozialwissenschaftliche Forschung (Hg.): Gedenkbuch Berlins der jüdischen Opfer des Nationalsozialismus, 1. Aufl., Berlin 1995, passim.

1942 schloss der fast 70-Jährige einen »Heimeinkaufsvertrag für Theresienstadt«. Seine Deportation (Nummer O 8096) stand ab Anfang August fest. Vom Sammellager in der Großen Hamburger Straße aus kam Herr Basch mit dem 54. Alterstransport am 1. September 1942 nach Theresienstadt.[103] Zwischen 1917 und 1931 hatte er im Haus Kurfürstendamm 48/49 gewohnt, danach bis 1939 in der Knesebeckstraße 78/79. Später verzeichnen ihn die Adressbücher nicht mehr.[104] Am 8. November starb Georg Basch.[105] Ab 1942 vermerkt das Berliner Adressbuch keine jüdischen Bewohner mehr in der Mommsenstraße 55. Eine der neuen Mieterinnen war die Filmschauspielerin Lia Condrus-Breuer. Sie wohnte dort wohl mit ihrem 1941 geborenen Sohn Wolfgang. Dessen Vater war der österreichische Theater- und Filmschauspieler Siegfried Breuer.[106] Bewohnt waren 1942 nur noch 14 Wohnungen, im Jahr 1943 nur noch 12. Noch immer gehörte das Haus Herrn Stettner.[107]

Auch aus der Schlüterstraße 48 wurde deportiert. Karl Bernstein, ein jüdischer Kaufmann aus Hameln, musste sich am 15. August 1942 in den 18. Osttransport der Gestapo nach Riga einreihen. Schon drei Tage später wurde er für tot erklärt.[108] Dieses Haus war eher kein sogenanntes »Judenhaus«, sonst hätten mehrere der dort Wohnenden die Zwangsnamen »Sara« oder »Israel« tragen müssen.[109] Allerdings besteht die Möglichkeit, dass an Mitglieder der jüdischen Gemeinde untervermietet wurde, so dass diese nicht vom Adressbuch erfasst worden wären.

Wie der Weg in ein »Judenhaus« verlief, zeigt das Schicksal Ernst Günter Fontheims.[110] Die Familie des Rechtsanwalts und Notars Fontheim wohnte ab 1929 im Haus Kaiserdamm 67, wo der 1922 geborene Ernst Günter harmonische Kinderjahre verlebte. Doch zerbrach dieses Leben ab Januar 1933. Zunächst vom NSDAP-Hausobmann, dann von mehreren Mitbewohnern ignoriert, steigerte sich die Isolierung. Mit der Praxis des Vaters ging es nach dem Entzug seiner Zulassung 1938 bergab. Das Leben verschob sich in die für Juden ausgewiesenen Bereiche: Die jüdischen Gottesdienste, die in Westend in öffentlichen Schulen stattgefunden hatten, wurden ab 1933 in die Theodor-Herzl-Schule am Kaiserdamm verlegt. Im Mommsengymnasium aus dem Fach »Nationalpolitischer Unterricht« ausgeschlossen und vom Direktor mit antisemitischen Bemerkungen »bedacht«, mussten Ernst Günter und ein anderer jüdischer Junge diese Schule verlassen. Ab Herbst 1935 besuchte er das Gymnasium der Israelitischen Synagogengemeinde in Siegmunds-

103 Willems, Wohnungsmarktpolitik, S. 416 mit Anm. 1037.
104 Berliner Adressbuch 1917–1940.
105 Freie Universität Berlin, Gedenkbuch Berlins, S. 71.
106 http://german.imdb.com/namenm0174455/bio (27.7.2008).
107 Berliner Adressbuch 1942.
108 Freie Universität Berlin, Gedenkbuch Berlins; http://www.gelderblom-hameln.de/juden/gemeinden/gem-hameln2.html.
109 RGBl. I 1938, S.1044 (i.V.m. dem Erlass des Reichsministers des Innern vom 18.8.1938).
110 Die Darstellung der Vita erfolgt nach Fontheim, Ernst Günter: Meine Jugendjahre als Jude im Stadtteil Berlin-Westend, in: Heimatmuseum Charlottenburg (Hg.): Westend. Über Charlottenburgs »feinste Provinz«: Materialien, Berlin 1996 und Burchard, Armory: Ernst Fontheim überlebte im Untergrund und legt jetzt im Centrum Judaicum Zeugnis ab, in: *Der Tagesspiegel* v. 7.5.2000.

hof. Nach Schließung der Schule Anfang 1939 wechselte Fontheim auf die American School in der Platanenallee 18. Während des Krieges wurden die Lebensmittelrationen gekürzt, »das Betreten bestimmter Straßenzüge (...) und aller Parks ... verboten«. Auch durften Juden weder Telefon noch Radio nutzen, die Geräte wurden »konfisziert«.

Da dem Abiturienten Fontheim das Studium untersagt war, machte er eine Schlosserlehre zur Vorbereitung der Auswanderung. Anfang 1941 musste die Familie die Wohnung am Kaiserdamm innerhalb von fünf Tagen räumen. Dann erfolgte die Einweisung in die »Judenwohnung« Eisenzahnstraße 64. Die Bewohnerinnen und Bewohner wurden mit Ausnahme Ernst Günter Fontheims am 24. Dezember 1942 deportiert. Er selbst »war als Zwangsarbeiter in der Rüstungsindustrie (...) noch von der Verschleppung zurückgestellt«. Der bei der Firma Siemens Arbeitende konnte mit falschen Papieren in einer Gartenlaube überleben. Diese gehörte der ehemaligen Bürovorsteherin in der väterlichen Kanzlei, Frieda Kunze. Im Jahr 1947 wanderte Fontheim nach Amerika aus.

Das Hetzblatt *Der Angriff* freute sich über die Vertreibung jüdischer Deutscher vom Kurfürstendamm: »Heute rücken die Juden, soweit sie nicht schon ausgewandert sind, in den jüdischen Häusern Berlins zusammen und machen die Wohnungen in deutschen Häusern frei. Der Polizeipräsident von Berlin hat jetzt verfügt, dass der Kurfürstendamm künftig nicht mehr Wohngegend für Juden sein wird.« Willkommen waren Ausländer nur als Gäste am Kurfürstendamm, der »in Arisierung begriffen« war.[111]

Am 17. April 1941 notierte die Behörde des GBI: »Gemäß Speer-Anordnung sind auf Wunsch des Führers vorab 1.000 Wohnungen für obdachlos gewordene Volksgenossen zur Verfügung zu stellen. In Auswirkung dieser Anordnung werden in den Neugestaltungs-Bereichen Gebiete geräumt. Die Mieter dieser Wohnungen, die so genannten Abrißmieter, werden in Judenwohnungen untergebracht. Den Juden wird von der Jüdischen Gemeinde die Unterkunft bei anderen Juden zugewiesen.«[112] Nach dem Überfall auf die Sowjetunion wurden die jüdischen Berlinerinnen und Berliner nicht mehr in »Judenwohnungen« eingewiesen, sondern direkt deportiert. Die Enteignung von »Judenhäusern« »effektivierte« die »11. Verordnung zum Reichsbürgergesetz« vom 25. November 1941.[113] Sie entzog jüdischen Deutschen mit »gewöhnlichem Aufenthalt im Ausland« die deutsche Staatsangehörigkeit. In der Folge fiel deren Vermögen an das Deutsche Reich.[114]

Der Terrorapparat fraß sich mit zahlreichen Dienststellen auch in die Gegend des Kurfürstendamms. Im Haus Cumberland (Kurfürstendamm 193/194), das dem Deutschen Reich gehörte und gegenüber dem Hauskomplex Kurfürstendamm 48–50 liegt, logierten in den 20er Jahren diverse Institutionen wie das Reichswirtschaftsministerium, die Oberpostdirektion, das Statistische Reichsamt und schließlich auch das Landesfinanzamt Berlin. Ab 1937 hieß letztere Behörde Oberfinanzpräsidium. Der Oberfinanzpräsident wohn-

---

111 Sittengeschichte des Zweiten Weltkriegs zit. n. Metzger/Dunker, Kurfürstendamm, S. 159.
112 Zit. n. Geist/Kürvers, Tatort Berlin, S. 82.
113 RGBl. I 1941, S. 722.
114 Gruber, Michael/Tüchler, Michael: Rechtsfragen der Entziehung, Bereinigung und Rückstellung von Wertpapieren, Teil 1, Wien 2004, S. 68.

Abb. 48   Kurfürstendamm 140 nach dem Umbau in nationalsozialistischer Zeit

te im Nachbargebäude, auch das Reichseigentum.[115] Bei den Oberfinanzpräsidenten ressortierten die Dienststellen, die »mit der Überwachung und Verfolgung von Juden und der Einziehung und Verwertung ihres Vermögens zu tun [hatten]: die 1931 gegründeten Devisenstellen (…) und die seit Ende 1941 eingerichteten »Dienststellen für die Einziehung von Vermögenswerten« (ab Mitte 1942 »Vermögensverwertungsstellen«). Letztere waren nach Erlass der 11. Verordnung zum »Reichsbürgergesetz« vom 25. November 1941 zuständig für die »Erfassung, Verwaltung und Verwertung des Vermögens der deportierten, ausgewanderten oder verstorbenen Juden«.[116] Der Oberpräsident der Provinz Mark Brandenburg (Kurfürstendamm 165/166) arbeitete eng mit dem Oberfinanzpräsidenten (Kurfürstendamm 193) zusammen.[117] Im Haus Kurfürstendamm 193/194 wurde die Kartei der mehr als 50.000 deportierten Berliner Jüdinnen und Juden erstellt.

Ab 1942 logierte im Haus Kurfürstendamm 140 der »Reichskommissar für die Festigung deutschen Volkstums«. Dessen Stellen, die durch den Krieg gegen die Sowjetunion ihre Betätigungsfelder erweiterten, arbeiteten den »Generalplan Ost« aus.[118] Diese Arbeit begann einen Tag vor dem Angriff auf die Sowjetunion – am 19. Juni 1941. Die Version des Plans von 1942 projektierte im Bereich zwischen Leningrad und der Krim die »Vertreibung

---

115 Berliner Adressbuch 1938.

116 staatsarchive.niedersachsen.de/master/C1246199_N1224124_I503_L20_D0.html (16.6.2008).

117 Dazu das Schreiben in: Westphal, Konfektion, S. 154.

118 Aly, Götz/Heim, Susanne: Vordenker der Vernichtung. Auschwitz und die deutschen Pläne für eine neue europäische Ordnung, Frankfurt am Main 1993, S. 394 ff. zum »Generalplan Ost«.

und Assimilierung von Millionen sowie die Ansiedlung von Deutschen in drei sogenannten Siedlungsmarken« sowie »eine Kette von 36 deutschen Siedlungsstützpunkten zur Auf-
spaltung der einheimischen Bevölkerung«.[119] Nach den Plänen Heinrich Himmlers sollten 30 Millionen Deutsche im Osten siedeln, »den Pflanzgarten germanischen Blutes im
Osten errichten« und die sogenannte »Wehrgrenze weit nach Osten hinausschieben«.[120]

Im Haus Kurfürstendamm 140 saß auch eine Niederlassung der IG Farben.[121] Schon
1941 residierten der »Reichsführer SS« und eine Stelle der »Deutschen Polizei« in den
Nachbarhäusern, Nr. 142 und 143. Im Frühjahr 1941 begannen Umbauarbeiten an den
Gebäuden. Nach der Bestätigung des Generalbauinspektors handelte es sich dabei um eine
kriegswichtige Maßnahme, für die Baumaterialien zu liefern waren. Außerdem erteilte Albert Speer eine Ausnahmegenehmigung
zur Umnutzung von Wohn- in Büroraum.
Schon im Juni waren die Wohnungen geräumt.[122] Ende 1943 stand der siebenge-
schossige Bau mit 35 Fensterachsen. In dem
mit tarnfarbenem Putz versehenen Gebäude befand sich eine Filiale der Sparkasse der
Stadt Berlin, davor Benzinzapfsäulen der
Olex und der Shell (Abb. 48).[123]

Der »Sicherheitsdienst des Reichsfüh-
rers SS« legte 1940 eine ganz besondere
Dependance an. Er zwang die Inhaberin
des Bordells Salon Kitty in der Giesebrechtstraße 11 (nahe dem Kurfürstendamm)
zur Bespitzelung ihrer Kundschaft. Die Betreiberin, Frau Schmidt, war gestellt worden, als sie im Sommer 1939 versuchte,
nach England auszuwandern. Nach Verhö-
ren in der Prinz-Albrecht-Straße kam sie
unter der genannten Auflage wieder frei.
Im Keller des Hauses in der Giesebrechtstraße ließ der »Sicherheitsdienst« eine Abhöranlage installieren. Es kam nicht auf
den Mitschnitt galanter Worte an, sondern

Abb. 49   Frau Liesel A., die frühere Prostituierte
im Salon Kitty, 1976 vor einem Plakat des Films
»Salon Kitty«

119 Hofmann, Wolfgang: Abstraktion und Bürokratie. Raumplaner im NS-Staat, in: Forum Wissenschaft,
(1993), 2, S. 12–18, S. 17.
120 Heinrich Himmler zit. n. Zipfel, Friedrich: Krieg und Zusammenbruch, in: Aleff, Eberhard (Hg.): Das Dritte Reich, 15. Aufl., Hannover 1980, S. 177–245, S. 218.
121 LAB, B Rep. 209, Nr. 2508, Bl. 1 ff.; aus dem Berliner Adressbuch 1942 geht hervor, dass eine Erbengemein-
schaft das Haus vermietete. Für das Jahr 1943 erfahren wir aus dem Berliner Adressbuch 1943, dass die Häuser
Kurfürstendamm 140–143 im Eigentum einer Person standen und an zahlreiche NS-Stellen vermietet waren.
122 LAB, B Rep. 209, Nr. 2508, Bl. 1, 8.
123 Fotografie vom 21.12.1934 hinten in der Akte LAB, B Rep. 209, Nr. 2508, ohne Zählung.

auf ausgeplauderte Geheimnisse in vermeintlich intimer Situation. Besonders geschulte Damen waren im Etablissement tätig. Nach Abschluss der Umbauten im Mai 1940 hatte das Unternehmen »Salon Kitty«, das für den deutschen Auslandsnachrichtendienst arbeitete, mehrere Abteilungen. Die Eingeweihten bezeichneten das Etablissement selbst als Nachrichtenbasis und die Tätigkeit der Damen, die sich auch in Fremdsprachen weiterzubilden hatten, als Agenteneinsatz.[124]

Die Freier, deren Zahl 1940 immerhin 10.000 betragen haben soll, kamen auch aus dem Inland, denn so mancher Parteibonze und Staatsfunktionär wurde dem Bordell gezielt zugeführt. Das »Reichssicherheitshauptamt« schnitt die Gespräche auf Wachsplatten mit und sammelte diese in seinem Archiv. Mit dem Abhören wurden Mitglieder der Waffen-SS betraut, die nach einem halben Jahr ausgewechselt und in vielen Fällen einem stark gefährdeten Truppenteil zugewiesen wurden. Neben dem bespitzelten Etablissement, in Giesebrechtstraße Nr. 12, lag die Wohnung Ernst Kaltenbrunners, des späteren Chefs des »Reichssicherheitshauptamtes«.[125] Bei der Modernisierung des Hauses in den 60er Jahren wurden die Abhörvorrichtungen gefunden.[126]

Im Krieg

Am 1. September 1939 hatten die Berlinerinnen und Berliner mit dem Schock des Kriegsbeginns zu kämpfen. Sicher traf auf den Kurfürstendamm zu, was Irina Liebmann beschreibt: »Radio wurde noch nicht gehört, Zeitungsverkäufer brüllten die Schlagzeilen raus, in den Straßen der großen Städte. Auch das muss furchtbar gewesen sein, dieses Rufen.«[127] Nun musste verdunkelt werden, waren Lebensmittel nur noch auf Karten zu erhalten und Benzin rationiert. Auf das kurzfristig verhängte Tanzverbot kam eine prompte Reaktion mit dem »Stuhl-Swing«: alle blieben sitzen, fassten die Nachbarn an den Händen und »tanzten« im Sitzen. Der Film »Swing-Kids« von 1992 zeigt das. Noch während des Krieges blieben die Vergnügungsstätten des Kurfürstendamms geöffnet, und man konnte dort Swing und Jazz hören. Es liefen sogar amerikanische Filme. Im »Bio«, gleich neben der »Filmbühne Wien«, war 1940 »Die blonde Venus« mit Marlene Dietrich zu sehen. Die ersten Ausgebombten mischten sich unter das Publikum am Boulevard,[128] zu dessen Reinigung Zwangsarbeiterinnen verpflichtet wurden.[129]

Im Jahr 1941 bildeten sich am Kurfürstendamm Schwarzmarktstrukturen: »In Berlin schimpften die Leute bereits 1941« – so Hanna Sohst – »ganz unverhohlen über die Le-

124 Norden, Peter: Salon Kitty. Ein Report, München 1970, S. 13 ff., 115.
125 Ebd., S. 321–326.
126 Film von Claus Räfle im RBB im Mai 2007. http://www.berlin.de/ba-charlottenburg-wilmersdorf/bezirk/kiezspaziergaenge/080412.html (27.2.2009).
127 Liebmann, Irina: Wäre es schön? Es wäre schön! Mein Vater Rudolf Herrnstadt, Berlin 2008, S. 101.
128 Stürickow, Kurfürstendamm, S. 137–139; s. a. Schäfer, Hans Dieter (Hg.): Berlin im Zweiten Weltkrieg. Der Untergang der Reichshauptstadt in Augenzeugenberichten, 2. überarb. Aufl., München u. a. 1991.
129 Bergmann, Christine von: Dill, in: Köhler, Jochen: Klettern in der Großstadt. Volkstümliche Geschichten vom Überleben in Berlin 1933–1945, 2. durchgesehene Aufl., Berlin 1981, S. 210–211.

bensmittel- und Heizmittelknappheit. […] Ich bewohnte am Kurfürstendamm 29 eine Dienstwohnung, unten war ein Modegeschäft mit einer Passage. Wenn ich an der Uhland-straße aus der U-Bahn stieg, begegnete ich den Schwarzhändlern. Sie standen immer in solchen Passagen. Man kennt nach einer Weile seine Leute.« In der Cicerostraße gab es sogar im Dienstgebäude einer Wehrmachtsbehörde eine nahezu öffentlich zugängliche Passfälscherei.[130]

Genau zehn Jahre nach Übertragung der Kanzlerschaft auf Hitler kam es zu einem der stärksten Luftangriffe auf Berlin. Auch der Kurfürstendamm wurde bombardiert. Dazu der Wehrmachtsbericht: »Am Sonntagabend griffen die britischen Terrorbomber ausge-dehnte Gebiete der Reichshauptstadt an, wodurch schwere Schäden in Wohnvierteln, an Kulturbauten, sozialen Einrichtungen und öffentlichen Gebäuden entstanden. Die Bevöl-kerung erlitt Verluste.« Mit vielen anderen kam der 55-jährige Maler Willy Jaeckel im Keller des Hauses Kurfürstendamm 180 ums Leben.[131] Aus seinem Refugium Hiddensee war er kurzfristig nach Berlin gekommen. Wegen Diffamierungen wollte er seine Professur an der Hochschule für Kunsterziehung (Grunewaldstraße 1–5) kündigen. In diesem Entschluss sah er sich bestärkt, nachdem kurz zuvor seine unverkäuflichen Werke, die er in der Hoch-schule lagerte, dort bei einem Angriff zerstört worden waren. In einem Nachruf schrieb Max Osborn: »Er war zurückgekehrt, um Fesseln zu lösen, einen neuen Weg zu beginnen«.[132] Die Malerin Jeanne Mammen überlebte im Kurfürstendamm 29. Als Brandwache zwangs-verpflichtet, verbrachte sie »auf dem Dach des Gartenhauses (…) viele Nächte«. Ihren Le-bensunterhalt bestritt sie durch die Unterstützung von Freunden. Intensiv war sie damit beschäftigt, »Nahrungsmittel, Kleidung und Brennmaterial zu beschaffen«.[133] Dabei konn-te ihr bestimmt der Schwarzmarkttreffpunkt in ihrem Wohnhaus nützlich sein.

Die Angriffe im November und Dezember 1943 fügten dem Kurfürstendamm massive Schäden zu. Ins KaDeWe stürzte ein Bomber, der darin steckenblieb, aus dem Zoologi-schen Garten flüchteten zahlreiche Tiere, zwei Zebras und eine Giraffe stoben »in pani-scher Flucht über den Kurfürstendamm«, bis sie die SS erschoss. »Es folgten Wölfe, Hyä-nen, Affen, einige blutüberströmt.«[134] Ursula von Kardorff beschrieb die Situation am 25. November in der Rankestraße: »Durch die Fenster (…) fällt von dem brennenden Haus gegenüber ein Schimmer herein. Im Hof auf der anderen Seite das gleiche Schauspiel, auch dort brennt ein Haus ab. Schlafen kann ich bei diesen ungewöhnlichen Beleuch-tungseffekten nicht.« Kardorff sah vom Kurfürstendamm aus die Gedächtniskirche als

---

130 Hanna Sohst: Unglaubliche Begebenheiten, in: Köhler, Jochen: Klettern in der Großstadt. Volkstümliche Geschichten vom Überleben in Berlin 1933–1945, 2. durchgesehene Aufl., Berlin 1981, S. 159–163, das Zit. S. 159–160.

131 Jäckel, Hartmut: Menschen in Berlin. Das letzte Telefonbuch der alten Reichshauptstadt, München 2000, S. 210.

132 Klein-Elsässer, Dagmar: Willy Jaeckel – ein biographischer Überblick, in: Bröhan, Margrit u. a.: Willy Jaek-kel (1888–1944). Gemälde, Pastelle, Aquarelle, Berlin 2003, S. 34–51, S. 46–48.

133 Lütjens, Annelie: Jeanne Mammen und die Berliner Kunstszene der Nachkriegszeit 1945–1950, in: Berlini-sche Galerie (Hg.): Profession ohne Tradition. 125 Jahre Verein der Berliner Künstlerinnen, o. O. 1992, S. 183–191, S. 183.

134 Althoff, Johannes: Der Kurfürstendamm, Berlin 2001, S. 51–52, die Zit. auf S. 52.

»leuchtende Brandfackel«. Sie rettete aus einem Juwelierladen »einen ganzen Sack voll Silbersachen, weil der Besitzer abwesend war und niemand löschte«.[135] Als die Rote Armee die Außenbezirke von Berlin eroberte, »konnte man in einigen Kurfürstendamm-Restaurants noch zu Mittag speisen, und im Café Schilling gab es (…) ›sehr guten Kuchen mit einer fingerdicken braunen Cremeschicht‹.« Daneben schlugen zuweilen Granaten ein, Menschen kamen ums Leben.[136]

Der Bereich um den heutigen Breitscheidplatz mit dem Romanischen Café und der Kaiser-Wilhelm-Gedächtniskirche sowie das KaDeWe brannten aus. Manche Etablissements, wie das KaDeKo, suchten nach der Zerstörung ihrer bisherigen Unterkunft wieder ein Lokal an dieser Straße. Am Zoo stand ein Bunker, der rund 18.000 Personen fasste. Wer diesen nicht erreichte, konnte noch in den »Zigeunerkeller« flüchten, der seiner tiefen Lage und seines guten Mauerwerks wegen Schutz bot.[137] Ende Januar 1944 verwüstete ein schwerer Bombenangriff den Bereich des Kurfürstendamms.[138] Im September 1944 schlossen auf Anordnung Goebbels' alle Vergnügungslokale und Kultureinrichtungen, später alle Geschäfte, die nicht für die unmittelbare Versorgung nötig waren. Angriffe wurden bis zum 19. April 1945 geflogen.[139] Dann folgte die Einnahme durch die Rote Armee. Vermutlich bombardierten die britischen Piloten neben den Industrieflächen vor allem die »judenreinen« Innenstadtflächen.[140] Trotz seiner Lage inmitten dieses Bereichs wurde der Hauskomplex Kurfürstendamm 48–50a nur wenig beschädigt.

Bis kurz vor Kriegsende entstanden immer wieder neue Verteidigungspläne. So erging am 23. März der Befehl des Luftflottenkommandos 6, innerhalb des S-Bahnrings eine Landebahn von mindestens 50 bis 60 Meter Breite anzulegen. Dabei war an den Kurfürstendamm gedacht. Zusätzlich sollten Häuser und Haustrümmer in einer Breite von 290 Metern, der Höhenunterschied zu den Bürgersteigen sowie die Straßenbahngleise auf dem Mittelstreifen beseitigt werden.[141] Wie Ruth Andreas-Friedrich berichtete, taten sich einen Monat später zahlreiche oppositionelle Gruppen zu einer Großaktion zusammen und schrieben Tausende Mal das Wort NEIN an die Wände: »Fünf Minuten nach sieben biegen wir vom Kurfürstendamm in die Uhlandstraße ein.« Am Treffpunkt mit den Initiatoren der Aktion wurde ganz Berlin anhand einer großen Karte der Stadt aufgeteilt die einzelnen Aktivitäten koordiniert. Als Frau Andreas-Friedrich und ihr Freund am 19. April über den Kurfürstendamm gingen, sahen sie: »Der Kurfürstendamm ist die Glanzleistung. Hier müssen Künstler am Werk gewesen sein. Nicht eine Schaufensterscheibe hat man ausgelassen. Wohin wir blicken, leuchten weißfarbene Proteste.« Wenig später, es war Hitlers letzter Geburtstag, folgte eine Flugblattaktion.[142]

---

135 Kardorff, Aufzeichnungen, S. 84–86. S. 88: Die Familie wohnte in der Rankestraße 21.

136 Zit. n. Schivelbusch, Wolfgang: Vor dem Vorhang. Das geistige Berlin 1945–1948, Frankfurt a. M. 1997, S. 65.

137 Stürickow, Kurfürstendamm, S. 140–142; s. a. Schäfer, Berlin im Zweiten Weltkrieg, S. 57.

138 Metzger/Dunker, Kurfürstendamm, S. 186.

139 Stürickow, Kurfürstendamm, S. 142.

140 Geist/Kürvers, Tatort Berlin, S. 93.

141 Burkert, Hans-Norbert u. a.: Zerstört, besiegt, befreit. Der Kampf um Berlin bis zur Kapitulation 1945 (= Stätten der Geschichte Berlins, Bd. 7), Berlin 1985, S. 48–49.

142 Burkert u. a., Kampf um Berlin, S. 69–77, die Zit. S. 70, 77.

Die Aktionen fielen zusammen mit dem Beginn der Schlacht um Berlin. Als »die Feuerglocke über Berlin lag«, konnte man nicht mehr entfliehen, Menschen versuchten vergeblich, »über die Uhlandstraße hinauszukommen bis zur Mecklenburgischen«. Die Sowjetsoldaten rückten bereits vom Roseneck über den Breitenbachplatz vor. »Wir kamen genau bis zur Güntzel- Ecke Uhlandstraße«, schrieben die Waghalsigen. »Da waren die Maschinenfeuergefechte so dicht, dass wir zurückflitzten in Ilses Parterrewohnung in der Meinekestraße. Das muss so gewesen sein zwischen dem dreiundzwanzigsten und fünfundzwanzigsten April. Es war hörbar, dass der Kessel immer enger wurde. Und auch sichtbar, denn wir gingen manchmal in einer Feuerpause auf's Dach, mitten in der Nacht, und guckten durch so'ne Luke. Dabei hatten wir den Eindruck, dass nichts mehr von Berlin existierte. Es brannte allerorten.«[143]

Die Häuser und ihre Menschen

Die Eigentumsverhältnisse

Von 1919 bis 1933 lebte Heinrich Munk in der Bleibstreustraße 20, während der darauffolgenden drei Jahre im Haus Schlüterstraße 48, wo ab 1936 auch ein Herr G. von Seebach wohnte. Dieser ist Familienmitglied, denn Heinrich Munks Tochter Freya hat den Chemiker H. U. Bebo von Seebach geheiratet. Nach 1936 findet sich für Heinrich Munk bis zu dessen Tod 1942 kein Eintrag mehr in den Berliner Adressbüchern.[144] Der Erbauer des Hausensembles Kurfürstendamm 48–50a stirbt am 22. August 1942 in Berlin.[145] Mit seiner Frau und Familienmitgliedern, zu denen auch sein Schwiegersohn Bebo von Seebach zählt, ruht er in einer Grabstelle auf dem Alten Matthäuskirchhof. Es ist naheliegend, dass er seine letzten Lebensjahre im Sprengel der Matthäuskirche verlebte, also dorthin zurückgezogen ist, wo er seine Berliner Karriere begonnen hat.

Im Todesjahr des Erbauers erwirbt die Vacuum Oel AG das Grundstück. Zuvor versucht die Hamburger Hypothekenbank vergeblich, ihre Ansprüche an die Grundstücksgesellschaft auf dem Wege von Zwangsmaßnahmen zu befriedigen. Zunächst greift sie zum Mittel der Mobiliarvollstreckung.[146] Im August 1933 kommen die überschuldeten Grundstücke Kurfürstendamm 48/49 unter Zwangsverwaltung.[147] 16 Mietparteien haben 1933 das Haus genutzt, 1943 sind es 34. Rasche Wohnungswechsel beruhen auf der politischen Situation und auf der Aufteilung einer Anzahl von Großwohnungen. Ab Februar 1934

---

143 Zit. n. Steinmann, Spurensuche, S. 45.
144 Berliner Adressbuch 1920–1943. Kurz zu Munk bei Treiber, Baumeister, S. 97.
145 Die Lebensdaten lassen sich dem Grabstein auf dem Alten Matthäus-Kirchhof entnehmen. Es handelt sich um das Grab K-005-003.
146 LAB, B Rep. 025–07, Nr. 7 WGA 1896/50, Bl. 10/R.
147 Grundakten betreffend das zu Charlottenburg belegene im Grundbuche von der Stadt Charlottenburg, Bd. 229 Bl. 7646 verzeichnete Grundstück (Kurfürstendamm 48/49), Bd. 1, Bl. 163, Schr. v. 16.8.1933.

steht auch das Grundstück Kurfürstendamm 50/50a unter Zwangsverwaltung.[148] Der gerichtlich bestellte Verwalter, Dr. Emil Lehmann, hat sein Büro in der Französischen Straße 8, dem Sitz seines Dienstherrn, der Abteilung Bauberatung in der Hamburger Hypothekenbank. Lehmann versucht, durch Umbauten und andere Neuerungen die Vermietungskonditionen zu verbessern. So lässt er beispielsweise eine beleuchtete Schauvitrine aufstellen.[149] Die Veränderungen im Frühjahr 1934 erhöhen die Kundenfrequenz und steigern die Mietnachfrage. Die Zahl der Vermietungen steigt für Kurfürstendamm 48–50a ab 1934 von 45 auf 50 im Jahr 1936.[150] Schon im Januar 1934 wird die Zwangsverwaltung aufgehoben und im darauffolgenden Jahr verzichtet die Gläubigerin auf die Zwangsversteigerung.[151]

Nun macht die Bank Vorschläge zur höheren Wirtschaftlichkeit: Zur besseren Übersichtlichkeit erhält das Doppelhaus Nr. 50 im Jahr 1934 die Bezeich-

Abb. 50   Grabstein Heinrich Munks und anderer Familienmitglieder auf dem Alten Matthäuskirchhof, 2010

nung 50/50a.[152] Sie regt auch an, mit einem neuen Kredit die Immobilie durch Wohnungsaufteilungen ertragreicher zu gestalten. Die Rechnung geht auf: Zahlreiche der Kleinwohnungen finden Mieter, und die Einnahmen steigen.[153] 1938 sind insgesamt 51, 1940 genau 57 und 1943 sogar 65 Wohnungen vermietet.

Zur Kostenminderung verlegt die Grundstücksgesellschaft Anfang 1935 ihren Sitz vom Kurfürstendamm 48/49 in die günstigere Brandenburgische Straße 42.[154] Dieses Haus gehört schon ab 1922 Generaldirektor Ulrich Mühlmann. Joseph Pernikoff, Vorstandsmitglied der 1922 gegründeten Firma Maikapar sowie der Maikapar-Bostanjoglo Zigaretten-

---

148 Bauakte Kurfürstendamm 48/49, Bd. 6, Bl. 11.

149 Ebd., Bl. 14 ff.; Berliner Adressbuch 1934.

150 Berliner Adressbuch 1934–1936.

151 LAB, B Rep. 025–07, Nr. 7 WGA 1897/50, Bl. 9 (zweite Abteilung).

152 Grundakten betreffend das zu Charlottenburg belegene im Grundbuche von der Stadt Charlottenburg, Bd. 172, Bl. 5977 verzeichnete Grundstück (Kurfürstendamm 50), Bd. 1, Bl. 42.

153 LAB, B Rep. 025–07, Nr. 7 WGA 1896/50, Bl. 10R–11.

154 Bauakte Kurfürstendamm 48/49, Bd. 6, Bl. 46.

	1930	1931	1932	1933	1934	1935	1936	1937	1938	1939	1940	1941	1942	1943
48/49	13	12	11	16	25	33	31	30	26	34	36	26	34	34
50/50a	11	13	13	16	20	14	19	15	25	20	21	18	28	31
		24	25	24	35	45	47	50	45	51	54	57	44	62	65

Anzahl vermieteter Wohnungen in den Häusern Kurfürstendamm 48–50a 1930–1943,
nach: Berliner Adressbuch

und Tabakfabrik,[155] wohnt ab 1926 auch in der Brandenburgischen Straße 42.[156] Darüber hinaus kommen dort später beide Geschäftsführer der Grundstücksgesellschaft, Senf und Wolkoff, unter. Diese erklären sich am 29. März 1935 mit der Eintragung von Sicherungsrechten auf den Parzellen der Grundstücksgesellschaft Kurfürstendamm 48–50a und Mommsenstraße 65, die der Grundstücksgesellschaft auch gehört, einverstanden.[157] Das Haus in der Mommsenstraße, das unmittelbar an das Kurfürstendamm-Grundstück grenzt, hat die Gesellschaft 1930 von der Firma Maikapar erworben.[158] Wie eng Maikapar und die Grundstücksgesellschaft miteinander verwoben sind, zeigt dieses Geschäft und auch die gemeinsame Nutzung des Hauses in der Brandenburgischen Straße.

Umbauarbeiten am Haus Nr. 48/49 führt im März 1935 Architekt Otto Walther aus.[159] Zwei Monate später wird zusätzlich zu der schon ab 1933 bestehenden Zwangsverwaltung die Zwangsversteigerung angeordnet.[160] Diese wird aber nicht durchgeführt, sondern es folgen weitere Wohnungsaufteilungen.[161] Kleine Appartements waren en vogue, was beispielsweise 1938 der Ausbau des Dachgeschosses des Romanischen Hauses am Kurfürstendamm 238 zeigte. Die neuen hochpreisigen Wohneinheiten mit Service kosteten 125 Mark monatlich. Im Vergleich: eine Drei-Zimmer-Wohnung im Charlottenburger Goethepark belief sich auf 93 Mark Miete, eine Fachverkäuferin verdiente rund 180 Mark.[162] Die Beziehungen der Grundstücksgesellschaft zum Architekten Walther sind eng: Zunächst Angestellter im Büro Muthesius, war er dessen Nachfolger bei der Umgestaltung des Hauskomplexes Kurfürstendamm 48–50a. Walthers Büro lag in der Mommsenstraße 65. Ende 1937 sind Ulrich Mühlmann und Samuel Maikapar, der im darauffolgenden Jahr in Riga lebt, sowie Friedrich Senf in Berlin mit je 100.000 Reichsmark Stammeinlage Ge-

---

155 Berliner Handels-Register Verzeichnis der Einzelfirmen, Gesellschaften und Genossenschaften nach dem Stande vom 31. Dezember 1929, Ausgabe 1930 (66. Jahrgang), Berlin 1930, S. 720, 869.
156 Berliner Adressbuch 1930.
157 Grundakten betreffend das zu Charlottenburg belegene im Grundbuche von der Stadt Charlottenburg, Bd. 229 Bl. 7646 verzeichnete Grundstück (Kurfürstendamm 48/49), Bd. 1, Bl. 202.
158 Berliner Adressbuch 1928–1930.
159 Bauakte Kurfürstendamm 48/49, Bd. 6, Bl. 52–54.
160 Grundakten betreffend das zu Charlottenburg belegene im Grundbuche von der Stadt Charlottenburg, Bd. 229, Bl. 7646 verzeichnete Grundstück (Kurfürstendamm 48/49), Bd. 1, Bl. 218; zum Eigentum am Haus Kurfürstendamm 48/49 die Berliner Adressbücher bis 1943.
161 Bauakte Kurfürstendamm 48/49, Bd. 6, Bl. 46.
162 Stürickow, Kurfürstendamm, S. 131.

sellschafter der GmbH.[163] Das weitere Schicksal der Firma Maikapar ist vermutlich die Verstaatlichung in Riga zur Tabakfabrik No. 1 nach dem Hitler-Stalin-Pakt.[164]

Die positive Entwicklung der Mieteinnahmen nach den Wohnungsaufteilungen stoppen Anordnungen vom 1. April 1938. Speziell für die Bonität jüdischer Grundstückseigentümer sind diese katastrophal, da sie ihnen jeglichen Steuererlass nach den sogenannten Billigkeitsrichtlinien entziehen. Somit kommt die Gesellschaft nicht in den Genuss der finanziellen Erleichterungen für nichtjüdische Eigentümer geteilter Wohnungen.[165]

In der Folge kann die Grundstücksgesellschaft nur einen Teil der Steuern begleichen, und es kommt zur Zwangsversteigerung wegen »angeblich rückständiger Gewerbesteuern aus der Zeit bis 1941«. Schließlich folgt im Herbst 1941 die »Arisierung« der Grundstücksgesellschaft. Dabei überträgt Ulrich Mühlmann seine GmbH-Anteile auf seinen langjährigen Angestellten, Friedrich Senf. Ehepaar Senf bestätigt nach dem Krieg, dieses Geschäft sei »aus alter Freundschaft« zustandegekommen. Das bereits vor dem Eigentumsübergang auf Senf eingeleitete Versteigerungsverfahren betreibt die Hamburger Hypothekenbank, die den Erwerb des Grundstücks durch die Deutsche Vacuum Oel AG Hamburg forciert.[166] Das geschieht: Als Meistbietender werden der Vacuum Oel AG im Versteigerungstermin am 12. März 1942 die Grundstücke zugeschlagen.[167] Dieses Unternehmen, das 1894 in Hamburg als Agentur der amerikanischen Muttergesellschaft gegründet worden ist, unterhielt eine Dependance in Berlin. Wegen guter Geschäfte wurde dann 1899 eine selbständige Vacuum Oil Company gegründet. Bald kamen Raffinerien in Bremen und Wedel dazu sowie zahlreiche deutsche Verkaufsniederlassungen, eine davon in Berlin. Ab 1914 (bis 1955) firmiert sie als Deutsche Vacuum Oel Aktiengesellschaft.[168] Die Berliner Firmenniederlassung wurde in der zweiten Hälfte der 30er Jahre aus der Potsdamer Straße 91 in die Pariser Straße 44 verlegt, wo sie noch 1943 war.[169]

Im Übrigen befanden sich auf dem heutigen George-Grosz-Platz Benzin-Zapfsäulen, betrieben von der Reichskraftsprit GmbH als Tankstelle 67.[170] Diese Einrichtung war 1925 gegründet worden, um den Agraralkohol (heute: Bio-Ethanol) als Ottokraftstoff zu vermarkten.[171] Ab 1924 brachte der Benzol-Verband seinen Kraftstoff BV-Aral heraus.[172] Es ist anzunehmen, dass die Zapfsäulen auf dem jetzigen George-Grosz-Platz von Aral stammten. Auf dem Bild von Michael Bohnen (siehe Farbtafel 3) erkennt man die übliche Gestaltung der damaligen Araltankstellen.[173]

---

163 LAB, B Rep. 025–07, Nr. 7 WGA 1896/50, Bl. 7.

164 Für diese Aussage danke ich Herrn Stephan Rahner, Reemtsma-Archive, Museum der Arbeit, Hamburg.

165 LAB, B Rep. 025–07, Nr. 7 WGA 1896/50, Bl. 11/R.

166 Ebd., Bl. 12–13R.

167 Grundakten betreffend das zu Charlottenburg belegene im Grundbuche von der Stadt Charlottenburg, Bd. 229 Bl. 7646 verzeichnete Grundstück (Kurfürstendamm 48/49), Bd. 1, Bl. 236.

168 Mobil Oil AG (Hg.): Jahresringe. Jubiläumsmagazin für Mitarbeiter und Freunde 1999, o. O. 1999, S. 6–7, 12–13.

169 Berliner Adressbuch 1934 ff.

170 LAB, B Rep. 207, Nr. 5421.

171 http://de.academic.ru/dic.nsf/dewiki/1169461#Geschichte (4.6.2010).

172 http://de.wikipedia.org/wiki/Ottokraftstoff (28.9.2010).

173 Mobil-Oil AG, Jahresringe, S. 86; dass es sich um eine Aral-Tankstelle handelte, bestätigte Herr Hans-Jürgen Pluta der Autorin am 14.4.2009.

Ulrich Mühlmann, der Teilhaber der Grundstücksgesellschaft, dem auch die Häuser Brandenburgische Straße 42/43 gehören, hält sich ab 1939 in Paris auf. Das Haus Nr. 42 erwirbt Rechtsanwalt E. Magnus in Riga. Nr. 43 behält Mühlmann, der ab 1942 in New York lebt. In diesem Jahr wird das Haus Nr. 42 sehr wahrscheinlich »arisiert« oder befindet sich auf dem Weg dahin. Im Adressbuch ist der Eigentümer »ungenannt«. So werden 1943 auch die Grundstücke Kurfürstendamm 48–50a und Mommsenstraße 65 im Adressbuch bezeichnet. Alle drei verwaltet für den »ungenannten« Eigentümer ein Dr. Mattern, Tauentzienstraße 14.[174]

Kurfürstendamm 48–50a wurde im Gegensatz zum Nachbargebäude, Kurfürstendamm 47, im Krieg nur leicht beschädigt. Frau Lippe, eine Augenzeugin aus der Mieterschaft, berichtet: »Mein Mann war im Krieg hier, als auf den zweiten Aufgang eine Bombe fiel, hinten, dort, wo heute Maredo ist. Mit dem Ingenieur Herrn Lagerquist haben sie dann den Schutt geschippt. Wir Frauen haben Wasser vom Brunnen in der Bleibtreustraße geholt.«[175] Die zu Bruch gegangenen Schaufenster wurden mit Brettern vernagelt.[176] Mangels Fensterglases geschah das in vielen Wohnungen, wie das auf Farbtafel 3 am Haus Kurfürstendamm 52 sowie am südlich gegenüberliegenden Haus Nr. 187/188 und auf Farbtafel 5 oben an der Rückfront von Kurfürstendamm 48/49 zu sehen ist.

Umbauten

In den Jahren ab 1933 ging die Umgestaltung des Hauses innen, außen und im Bereich der Vorgärten weiter. 1935 wurden die Werbeschilder für die in der ersten Etage gelegene Pension der Cläre Gubisch erneuert.[177] In den Jahren 1932 bis 1940 residierte zum Beispiel das traditionsreiche Schuhgeschäft Mäschle, ein ehemaliger Hoflieferant, im Haus Kurfürstendamm 48/49[178], das seine Ware in zahlreichen Vitrinen präsentierte. Ferner warb das renommierte Geschäft ab Frühjahr 1936 mit Leuchtbuchstaben in orangefarbener Umrahmung.[179]

1933 kommt es zu Umbaumaßnahmen durch die Eigentümerin: zahlreiche Wohneinheiten werden verkleinert und außerdem Umbauten für tertiäre Nutzungen durchgeführt. Im Frühjahr entsteht in einer Wohnung im ersten Obergeschoss des Hauses Kurfürstendamm 48/49 durch eine gläserne Trennwand ein Modegeschäft mit Schneiderei- und Vorführraum.[180] Neuerungen vollziehen sich auch vor dem Haus und an seiner Fassade. Nachdem der Bezirk Charlottenburg »Vorschläge für die gleichmäßige Neugestaltung der

---

174 Berliner Adressbuch 1939–1943.
175 Gespräch Frau Dr. Margrit Bröhans mit Frau Lippe im Jahr 2000.
176 Gespräch der Autorin mit Herrn Hans-Jürgen Pluta am 5.2.2009.
177 Bauakte Kurfürstendamm 48/49, Bd. 6, Bl. 73–82.
178 Berliner Adressbuch 1925, 1932–1937. Allerdings verzeichnet das Berliner Adressbuch 1938 noch »Robert Mäschle Maßschuhe« im Haus Kurfürstendamm 48/49. Das Berliner Adressbuch 1925 nennt noch die alte Anschrift in der Zimmerstraße.
179 Bauakte Kurfürstendamm 48/49, Bd. 6, Bl. 84, 87, 125–130.
180 Bauakte Kurfürstendamm 48/49, Bd. 5, Bl. 141, 142.

Vorgärten« ausgearbeitet hat, beauftragt der Geschäftsführer Senf den Gartenbaubetrieb Götze in Grunewald mit der entsprechenden Instandsetzung.[181]

Ende Dezember 1933 beantragt Diplomingenieur Franz Domany[182] für die Grundstücksgesellschaft des Westens »im Rahmen des Winterarbeitsbeschaffungsprogramms« Wohnungsteilungen im ganzen Hauskomplex. Erst im darauffolgenden Frühjahr wird die Genehmigung erteilt.[183] Ende Juni 1934 ergeht sogar ein Dispens von den Vorschriften der Berliner Bauordnung von 1929. Bauliche Veränderungen vom Keller- bis zum Dachgeschoss werden genehmigt. Im Juli 1934 erhalten das Quergebäude Kurfürstendamm 48/49 und der linke (nördliche) Seitenflügel des Hauses Kurfürstendamm 50 Treppenhäuser. Es kommen drei Fahrstühle für die Erschließung der durch Wohnungsteilungen entstehenden Kleinwohnungen dazu.[184] Solche Veränderungen lagen im Trend, denn auch der Eigentümer des Hauses Kurfürstendamm 47 erhielt den entsprechenden Dispens und begann 1934 mit den Aufteilungen.[185] Die neuen Wohnungen in Kurfürstendamm 48–50a werden schon im November 1934 zur Vermietung angeboten. Domany beabsichtigt außerdem, »einen Verbindungsweg zwischen dem Hauseingang 48/49 und dem neuen Treppenhaus über den Hof zu legen, und diesen Zugang (…) mit einem Markisendach abzudecken«.[186] Auch er wird genehmigt, wie der Bauschein vom 19. Dezember 1934 zeigt.[187]

Beseitigung von Produktionsstätten

Aufgrund des untypischen dreieckigen Zuschnitts der Parzellen Kurfürstendamm 48–50a ist an der Grundstücksspitze, also im Norden, eine Remise errichtet worden, die – später erweitert – als Fabrikgebäude genutzt wird. Da dieses näher zur Mommsenstraße als zum Kurfürstendamm lag, störten die hier produzierenden Unternehmen die Nachbarschaft in der Mommsenstraße durch Emissionen, vor allem durch Lärm. Das ließen sich die Nachbarn nicht gefallen, zumal sich der Hauskomplex Kurfürstendamm 48–50a in einem nach der Bauordnung für die Stadt Berlin vom 9.11.1929 geschützten Gebiet befand, in dem gem. § 8 Ziff. 25 Abs. 3 keine Anlagen errichtet werden durften, »die beim Betrieb ungewöhnliche Geräusche hervorrufen«.[188] Doch setzten sich erst nach langwierigen Kämpfen die Anwohnerinnen und Anwohner durch, so dass die störenden Gewerbebetriebe – Schuhfabrik, Druckerei und Weberei – das Haus 48/49 verlassen mussten. Die Gründe für die Einstellung der Betriebe liegen im gewerberechtlich nicht korrekten Verhalten der Un-

---

181 Bauakte Kurfürstendamm 48/49, Bd. 6, Bl. 69, 71.

182 Mehr zu Ferenc (Franz) Domány unter http://deu.archiforum.net/arch/18045.html (24.7.2010).

183 Bauakte Kurfürstendamm 50/50a, Bd. 3, Bl. 131–133.

184 Bauakte Kurfürstendamm 48/49, Bd. 6, Bl. 22–23; Bauakte Kurfürstendamm 50, Bd. 3, Bl. 131–133, 144, 167, 177, 208. Franz Domany hatte sein Ingenieurbüro in der Friedenauer Stierstraße 17.

185 LAB, B Rep. 207, Nr. 5422, Bl. 315.

186 Bauakte Kurfürstendamm 48/49, Bd. 6, Bl. 28–29.

187 Ebd., Bl. 32.

188 Bauakte Kurfürstendamm 48/49, Bd. 7, Bl. 2; s. a. Bauakte Kurfürstendamm 48/49, Bd. 6, Bl. 221/R; § 8 Ziff. 25 Abs.3 der Bauordnung für die Stadt Berlin vom 9.11.1929 in: Amtsblatt der Stadt Berlin, S. 1188.

ternehmer, aber auch in der bau-
rechtlich unzureichenden Qualität
des Gebäudes.[189] Die Gewerbeauf-
sicht hat die Betriebe nur unter folgender Bedingung genehmigt: »Der
Betrieb ist so zu führen, dass die
Nachbarschaft nicht durch Staub,
Dünste (!), Geruch, Rauch, Ruß,
Geräusche und Erschütterungen belästigt wird.«[190]

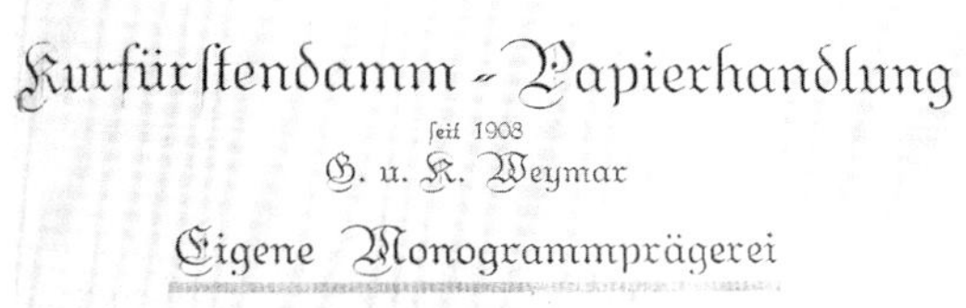

Kurfürstendamm - Papierhandlung

seit 1903
G. u. K. Weymar

Eigene Monogrammprägerei

Abb. 51   Briefkopf der Papierhandlung Weymar, 1935

Schon im August 1935 legten die Schwestern Weymar gegen den Einzug einer Buch-
druckerei mit Schnellpressbetrieb »schärfsten Protest ein«. Obwohl der damalige Betrieb
des Moses Weinberg nicht nur eine Schnellpresse, sondern auch einen Druckautomaten
und eine Schneidemaschine umfasste, hatte das Gewerbeaufsichtsamt keine Bedenken gegen die Eröffnung, die am 19. November 1935 erfolgte.[191] Ab Dezember 1935 kam es von
der Eigentümerin der Mommsenstraße 66, Frau Walther, den Mietern ihres Hauses sowie
der Verwaltung des Nachbarhauses zu einer Flut von Beschwerden gegen den zwölfstün-
digen Maschinenlärm aus der Druckerei. Am Heiligen Abend 1935 übersandte Frau Walther eine lange Unterschriftenliste stark beeinträchtigter Mieter. Im Januar 1936 fand die
Polizei bei einer Kontrolle in der Druckerei an diversen Maschinen zwölf Beschäftigte vor.
Die Motorengeräusche bewertete sie nicht als übermäßig laut.[192]

Am 26. Februar 1936 stellte die Baupolizei fest, dass sich die Geräusche der Druckma-
schinen über das Mauerwerk auf das Nachbargebäude übertragen konnten. Deshalb ordnete die Behörde die Isolierung an. Frau Walther klagte am 16. Mai 1936 dennoch über
»nervenraubenden Lärm«. »Ich verstehe nicht«, schreibt sie, »dass in diesem g e s c h ü t z -
t e n Gebiet aus Büroräumen ohne weiteres Fabrikräume gemacht werden und sich dadurch die Besitzer des Kurfürstendamm 48 auf unsere Kosten bereichern und uns damit
ruinieren. Ich mache höflichst darauf aufmerksam, dass es in Berlin genügend leere Plätze
gibt, um Fabrikräume aufzubauen, wo weder Vermieter noch Mieter eines Wohnhauses in
solchem unerhörtem Mass geschädigt werden.«[193] Bis 1939 nennt das Berliner Adressbuch die Druckerei als Mieterin im Haus.[194]

Auch die Schuhfabrik Mäschle konnte sich nicht im Fabrikgebäude halten. Die bau-
ordnungswidrige Arbeit in einem nur 2,2 Meter hohen Raum sollte ab dem 1. Dezember
1935 eingestellt werden. Robert Mäschle erbat eine Fristverlängerung: »Durch die Aufgabe
dieses Raumes kommen 7 Gefolgschaftsmitglieder zur Entlassung, was verständlicherwei-
se zu großen Schwierigkeiten führen wird.« Schließlich forderte die Baupolizei, unter-

---

189 Vgl. Bauakte Kurfürstendamm 48/49, Bd. 6, Bl. 242, 246; Bl. 250–252 beschreibt Kurt Wollram seinen Betrieb am 16. März 1936.
190 Bauakte Kurfürstendamm 48/49, Bd. 6, Bl. 221R–225R.
191 Ebd., Bl. 91, 94–95R, 100.
192 Ebd., Bl. 102–112.
193 Bauakte Kurfürstendamm 48/49, Bd. 7, Bl. 99/100, das Zit. Bl. 105.
194 Berliner Adressbuch 1939, 1940.

stützt vom Gewerbeaufsichtsamt Charlottenburg-Spandau, Mäschle habe die Werkstatt zum 31. Dezember 1936 zu räumen.[195] Das hielt der Unternehmer nicht ein.

Eine weitere Besichtigung ergab im Februar 1936, dass im Dachgeschoss des Hintergebäudes, wo 22 Beschäftigte arbeiteten, die Wände zu dünn und die Nutzlast der Decke zu gering sei. Außerdem bemängelten die Beamten die Lage im geschützten Gebiet. Mäschle war zu umfassenden baulichen Verbesserungen bereit, auch zur Schallisolierung der Maschinen und zur Einrichtung eines Aufenthaltsraumes für die »Gefolgschaft«. Von großer Wichtigkeit war dem Inhaber die Nähe der Werkstatt zum Verkaufsraum am Kurfürstendamm. Trotz Dispensantrags und einer Beschwerde erreichte er aber nichts und die Werkstätten mussten geschlossen werden.[196]

Im Dezember 1936 klagte Frau Walther erneut über die Entwertung ihres Grundstücks durch die immer wieder verlängerten Arbeitsmöglichkeiten der drei verhassten Unternehmen: »Bezüglich der Schuhfabrik Mäschle möchte ich noch betonen, dass Mäschle mehrere Filialen unterhält und ausserdem eine Privatvilla in Dahlem besitzt. Es ist keinesfalls richtig, dass Mäschle eine orthopädische Schuhfabrik ist, sondern ausschließlich die teuersten Luxusschuhe herstellt.« Ferner wies sie auf ihre Nervenerkrankung, die sie ins Bett zwinge, und schloss dann: »Man kann wohl von mir nicht erwarten, dass ich mir meinen Besitz und mein mit Mühe aufgebautes Unternehmen durch fremde Betriebe ruinieren lasse«. Vorsorglich wies sie die Unterstellung einer Geräuschpsychose zurück.[197]

Gegen Robert Mäschle, der 16 Maschinen betrieb, klagten auch andere Personen. Dieser erhielt Fristverlängerung für sein Unternehmen bis 1. Oktober 1938. Im März 1939 hatte Mäschle die serielle Schuhproduktion sowie den größten Teil der Herstellung von Massschuhen an einen anderen Ort verlagert. Vergeblich versuchte er, für Änderungen und Reparaturen »eine kleine Werkstatt« nahe seinem Geschäft im Haus Kurfürstendamm 48/49 zu unterhalten.[198] Ab 1941 existierte kein Schuhgeschäft dieses Namens mehr in Berlin.[199]

Stark erregten sich die Gemüter über die Handweberei für seidene Krawattenstoffe, die Kurt Wollram betrieb. Dort begann die Arbeit um sieben Uhr und endete um 20 oder 21 Uhr, wie Herr Warner beklagte: »Sie können sich keine Vorstellung davon machen, wie nervös meine Frau und ich geworden sind bei diesen dauernden stampfenden und schlagenden Geräuschen.«[200] Wenn wir bedenken, dass Herr Warner Musiklehrer war, ist die Qual nachzuvollziehen.[201] Dagegen setzte Kurt Wollram in einem Schreiben vom 2. September 1936 an »Herrn Staatskommissar Dr. Lippert« seine »nationalen« Verdienste: Er biete – so betonte er – die Stoffe an, die früher führende Herrenausstatter ausschließlich

---

195 Bauakte Kurfürstendamm 48/49, Bd. 6, Bl. 114–115, 120–122, 218R–219.
196 Bauakte Kurfürstendamm 48/49, Bd. 7, Bl. 2, 56, 9, 25–56.
197 Bauakte Kurfürstendamm 48/49, Bd. 6, Bl. 228–229.
198 Bauakte Kurfürstendamm 48/49, Bd. 7, Bl. 57 ff, 79–81R, 86–89.
199 Bauakte Kurfürstendamm 50, Berliner Adressbuch 1925, 1932–1937; s. a. Berliner Adressbuch 1925. Allerdings verzeichnet das Berliner Adressbuch 1938 noch »Robert Mäschle Maßschuhe« im Haus Kurfürstendamm 48/49.
200 Bauakte Kurfürstendamm 48/49, Bd. 7, Bl. 93.
201 Berliner Adressbuch 1936.

von englischen Handwebereien bezogen hatten. Der Unternehmer unterstrich dabei, dass er etliche zuvor arbeitslose Weber beschäftige und »handwerkliches Können« auf diese Weise wieder »neue Geltung erlangt« habe. Wollram pochte nicht nur auf den hohen Stellenwert des Handwerks im Nationalsozialismus; er appellierte auch an antisemitische Einstellungen und beklagte mögliche Erfolgsaussichten der Beschwerde »zweier jüdischer Mommsenstraßen-Mieter über angebliche Geräusche«, weil er befürchtete, bis 1. Oktober 1936 seinen Betrieb verlegen zu müssen. Unterzeichnet mit »Heil Hitler!«, wünschte Herr Wollram die Überprüfung der Situation durch Staatskommissar Lippert in seinem Sinne. Zugleich deutete er seine Bereitschaft zum Auszug an, wenn er Passendes gefunden habe.[202]

Die Klagen wegen Geräuschbelästigung rissen nicht ab. Die Mieterin Christensen drohte mit Kündigung, sie habe die Wohnung vor 15 Jahren wegen deren ruhigen Lage gemietet. Andere fordern, dass die Emittenden des »nervenzermürbenden« Lärms ausziehen. Auch Frau Walther wurde wieder aktiv, da Mieter wegen des Webereilärms mit Kündigung gedroht hatten.[203] Im Jahr 1937 bestätigt Wollram »dass wir bereits mit der Verlegung des Betriebes begonnen haben, soweit diese durch Unterbringung der geräumten Gegenstände auf dem erworbenen und neuerrichteten Gelände bzw. Betriebsgebäude nur irgend möglich ist«. Die Räumung erfolge schrittweise, deshalb bat er, »eine Schließung bis zur gänzlichen Räumung gütigst nicht anordnen zu wollen«. Zwangsgeld und die Androhung der Zwangsvollstreckung beschleunigten den Auszug nicht. Schließlich notierte die Baupolizei am 7. Juni

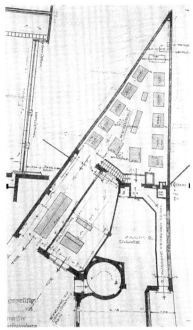

Abb. 52   Wollramsche Weberei im Erdgeschoss des Fabrikgebäudes, Anordnung der Webstühle

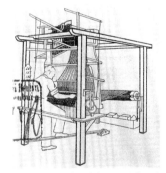

Abb. 53   Webstuhl im Briefkopf der Wollramschen Weberei

1937: »Die Räumung der Arbeits- sowie Büroräume hat begonnen.« Wollram hatte in Neubabelsberg eine neue Unterkunft gefunden.[204]

---

202 Bauakte Kurfürstendamm 48/49, Bd. 6, Bl. 220–220R. Zur Belästigung Bl. 221 ff.
203 Ebd., Bl. 235–236, 239–241.
204 Ebd., Bl. 274, 276, 280/R, 288R, 289.

Im Sommer 1939 zieht ein neuer Gewerbemieter ein: Richard Hegermann stellt am 3. Juni 1939 den Antrag auf Einrichtung einer Filiale seiner Lichtpauserei im dritten Geschoss des Fabrikgebäudes Kurfürstendamm 48/49. Die Zentrale befand sich in der Invalidenstraße 16, die Werkstatt ging wegen starken Arbeitskräftemangels erst ab Mitte Januar 1941 in Betrieb. Dann aber lief das Geschäft sehr gut, weil er »als Rüstungs- und Spezialbetrieb mit sehr umfangreichen Aufträgen seitens des Oberkommandos des Heeres und anderen bedeutenden Rüstungsfirmen bedacht« wurde. Im Frühjahr 1941 kommt eine zweite Lichtpausmaschine dazu. Wegen dieser gerät der Unternehmer prompt mit der Baupolizei aneinander. Er mag nicht einsehen, warum »in den westlichen Geschäftsräumen strengere Maßstäbe seitens der Baupolizei angelegt werden, wie im Norden«, bei der Firmenzentrale in der Invalidenstraße. Er versuchte, sich die Baupolizei gewogen zu machen, indem er die Möglichkeit seines Auszuges skizzierte: »Ich will nach dem Kriege in der Bundesallee (sic!) ein Geschäftshaus errichten und den größten Teil meines Betriebes nach dort verlegen, aber leider macht mir auch hier die Baupolizei die größten Schwierigkeiten.« Hegermann hofft, wegen der Qualität als Rüstungsbetrieb die Genehmigung für einen Neubau zu erhalten und beantragt, sechs Personen beschäftigen sowie die zwei Lichtpausmaschinen weiter betreiben zu dürfen. Er selbst wohnt im Parterre Kurfürstendamm 48/49 in einer ca. 40 Quadratmeter großen Wohnung. Das Gewerbeaufsichtsamt genehmigt die befristete Anstellung von zwölf Personen. Die Baupolizei stimmt der Erweiterung des Betriebes zu, allerdings »nur unter Vorbehalt des jederzeitigen Widerrufes für die Dauer des Krieges, jedoch nicht länger als bis zum 31.12.1945«.[205]

Die Mietparteien

Vermutlich lebten 1933 nicht mehr als drei private Haushaltsvorstände im Kurfürstendamm 48/49: Prof. Dr. med. Rudolf Ehrmann, Frau Erna Gongola und Frau Dr. Neve-Menz. Drei andere Mieter von 1933 belegten auch nach zehn Jahren noch Räumlichkeiten im Haus: das Delikatessengeschäft August Bettermann, die Pension Gubisch und der Hersteller kosmetischer Produkte, die Dr. Croy & Erni GmbH. Vielleicht haben sich in der Nähe dieser GmbH diverse Firmen niedergelassen, die mit dieser kooperierten. 1943 beherbergte das Haus die Kosmetikerin Sybille Oerder, eine Filiale der Careel Parfümerien und die Firma Dr. I. Schaffner & Co, die pharmazeutische Artikel vertrieb. Möglicherweise wurden Betriebe »arisiert«, etwa M. Loebinger & Co., pharmazeutische Präparate. In den Jahren 1933 und 1934 findet sich nur noch ein Eintrag für A. Bettermann, Fische. Schließlich ist Emma Bettermann 1935 als Witwe eingetragen.[206]

Einige Gewerbetreibende haben im Haus zugleich ihren Wohn- und Geschäftssitz. Im Jahr 1943 waren etwa zehn Parteien Privatpersonen: Mehrere Kaufleute, ein Bauingenieur, ein Buchalter, ein Diplomvolkswirt. Eine Mieterin nannte sich »Witwe«. Schneidermeister

---

205 Bauakte Kurfürstendamm 48/49, Bd. 7, Bl. 117–121R, 132–133, 144, 160.
206 Berliner Adressbuch 1924 ff.

1933	1943
Grundstücksgesellschaft des Westens, Eigentümerin	**Eigentümer ungenannt, Verw.: Dr. Heinz Mattern (Tauentzienstr. 14)**
Alag, Automobil Lastfahrzeug A.G.	Bauer, E. & Co., kunstgewerbliche Erzeugnisse
Bannet, B., Syndikus	Behrend, M., Grundstücksmakler
Bettermann, August, Fische	Bettermann, Emma, Geflügel
»Bostanjoglo«, Zigaretten- u. Tabakfabr. A.G.	Bi, Franz, Architekt
Dr. Croy & Erni GmbH, kosmet. Produkte	v. dem Bongart, Ludwig, Freiherr
Ehrmann, Rudolf, Dr. med., Prof. a. d. Universität	v. Borris, A., Kfm.
Gongola, Erna, Frau	Careel, Parfümerien, F. H. Prignitz
Gubisch, Pension	v. Carnap u. Franck Automobil-Handelsges. (vorm. Neumann & Co.)
Kügler, W., Hausmeister	Dr. Croy & Erni GmbH, kosmet. Produkte
Lauder, L., Pedicure	Frankenhäuser, Doris, Inneneinrichtungen
Liebschütz, I., Dr. phil., Kfm.	Gastes, Johann Edmund, Kaufmann
Loebinger, M. & Co., pharmazeutische Präparate	Glauer, H., Kaufmann
Logenheim am Kurfürstendamm	Grapenthin, Paul, Schneidermeister
Mäschle, Robert, Schuhwaren	Gubisch, A., Major a. D.
Neve-Menz, Dr., Frau	Gubisch, Cläre, West-Pension
Sandra, L., Körperpflege	v. Hartmann, Anna Sabine, Frau
	v. Haza-Redlitz, Eberhard, Kaufmann
	HBG Herren-Bekleidungs GmbH
	Herrmann, I., Diplomvolkswirt
	Keller, R., Buchhalter
	Lagerquist, Th., Bauingenieur
	Lewkowitz, S., Witwe
	Lippe, M., Kaufmann
	Oerder, Sybille, Kosmetikerin
	Pixis, Peter, Architekt
	Raabe, B., Modesalon
	Rinka, Ernst, Architekt
	Schaffner & Co., I., Dr., pharmazeut. Artikel
	Schmid, W., Autovermietung

Die Mietparteien des Hauses Kurfürstendamm 48/49, 1933 und 1943

Grapenthin war, wie vielleicht der ab 1935 im Haus angemeldete Kunstmaler Franz Bi, der sich später Filmarchitekt nannte, auch beruflich im Haus tätig. Bi konstruierte Filmbauten, beginnend mit der »Rheinischen Brautfahrt« von 1939 bis in die 60er Jahre hinein.[207]

---

207 http://www.filmportal.de/df/59/Uebersicht,,,,,8A8C8C9787F74662BA0A70C56501D8F5,,,,html (3.3.2011).

Abb. 54   Das Haus Kurfürstendamm 48/49, zweite Hälfte der 1930er Jahre

Im Gegensatz zu 1933 waren zehn Jahre später außer der Firma v. Carnap & Franck sechs Angehörige des Adels eingemietet. Ließ sich Doris Frankenhäuser, die in Kurfürstendamm 50/50a Einrichtungsgegenstände verkaufte, von dieser Nähe zum Adel animieren, 1942 und 1943 im Adelsblatt unter der Rubrik »Verschiedenes« zu annoncieren?[208]

Die Anwesenheit der Firma Ford, vor allem aber die Autoabgase, belästigten den im Haus untergebrachten Modesalon von Wolf Langelott.[209] Als das Autohaus im Oktober 1934 für sich werben wollte, ließ man im Vorgarten Kurfürstendamm 48/49 zwei Fahnenstangen errichten. Doch verzog die Filiale kurz darauf zur Mecklenburgischen Straße 27/28. Dann wird im Kurfürstendamm 48/49 die interne Erschließung verbessert, damit das Personal nicht den komplizierten Weg über den Hof gehen muss.[210] Ab Januar 1935 kann die Gesellschaft das Ladenlokal nach einem kleinen Umbau wieder vermieten. Ob allerdings der Autohändler Neumann & Co. weniger Emissionen verursachte als Ford, kann angezweifelt werden. Zumindest kurzfristig dürften sich Langelott, auch der Krawattenladen Wollram, das Schuhgeschäft Mäschle, der Modesalon von Mizzi Landau und natürlich alle anderen Mieterinnen und Mieter über den Auszug gefreut haben.

Am 28. Februar 1933 setzte eine von Reichskanzler Hitler und Reichspräsidenten von Hindenburg erlassene Notverordnung die Grundrechte außer Kraft. Damit hatten SA-Männer eine Rückendeckung für die »legalisierte« Verfolgung missliebiger Personen.

---

208 home.foni.net/~adelsforschung1/anz04.htm (17.6.2008); home.foni.net/~adelsforschung2/anz08.htm (17.6.2008).
209 Bauakte Kurfürstendamm 48/49, Bd. 5, Bl. 144.
210 Bauakte Kurfürstendamm 48/49, Bd. 6, Bl. 19–21R, 48.

§ 1 der Verordnung des Reichspräsidenten »Zum Schutz von Volk und Staat« vom 28. Februar 1933
»Die Artikel 114, 115, 117, 118, 123, 124 und 153 der Verfassung des Deutschen Reichs werden bis auf weiteres außer Kraft gesetzt. Es sind daher Beschränkungen der persönlichen Freiheit, des Rechts der freien Meinungsäußerung, einschließlich der Pressefreiheit, des Vereins- und Versammlungsrechts, Eingriffe in das Brief-, Post-, Telegraphen- und Fernsprechgeheimnis, Anordnungen von Haussuchungen und von Beschlagnahmen sowie Beschränkungen des Eigentums auch außerhalb der sonst hierfür bestimmten gesetzlichen Grenzen zulässig.«[211]

Der nationalsozialistische Terror erfasste zahlreiche Menschen aus dem Mietshauskomplex Kurfürstendamm 48–50a. Viele von ihnen lebten hier schon lange, manche für eine gewisse Zeit, wenige suchten nur die Pension auf. Einen Tag nach der Reichstagswahl vom 5. März 1933, bei der die NSDAP 43,9 Prozent der Stimmen erhalten hatte, stürmten Nationalsozialisten die Pension Gubisch im Haus Kurfürstendamm 48/49. Sie hatten es auf Nathaniel S. Wolff abgesehen, einen amerikanischen Touristen, der dort logierte. Dieser beklagte sich beim Innenminister: »Heute morgen, um 5 Uhr, kamen fünf oder sechs Nazis mit gezogenen Revolvern in mein Zimmer. Sie beschimpften mich, nannten mich einen schmutzigen russischen Juden und fingen an, meine Sachen zu durchsuchen.« Möglicherweise schrieb er diesen Brief auf der Fahrt nach Paris: In der Pension hatten die Nationalsozialisten auf Wolff eingeschlagen und ihn – gefesselt an Händen und Füßen – in ein Haus in der Knesebeckstraße verschleppt. Vor seiner Freilassung im Grunewald wurde er zu folgender Erklärung gezwungen: »1. Ich bin Jude. 2. Ich werde heute Abend nach Paris abreisen. 3. Ich verspreche, nie wieder meinen Fuß auf deutschen Boden zu setzen.« Als eine Beschäftigte der Pension die Polizeidienststelle in der Grolmannstraße von dem Vorfall benachrichtigte, erklärte diese, das ginge sie nichts an, Nationalsozialisten hätten das Recht, in jedes Haus einzudringen.[212] Hierbei handelte es sich nicht um einen Einzelfall. Zahlreiche Diplomatische Vertretungen protestierten beim Auswärtigen Amt wegen Überfällen auf nichtdeutsche Juden.[213]

Der Apotheker und Kunstliebhaber Heinrich Richard Brinn und seine Gattin Paula wohnten – umgeben von ihren Sammlungen – 1918 bis 1922 im Haus Kurfürstendamm 48/49. Brinn, der ab 1921 als Fabrikbesitzer firmierte, wurde Opfer des nationalsozialistischen Regimes. Es nützte nichts, dass er 1895 zum Protestantismus konvertiert und im Ersten Weltkrieg Frontkämpfer gewesen war. Zunächst als Mitinhaber aus der Lackfabrik Warnecke & Böhm verdrängt, konnte er sich erst zu spät – 1942 – zur Flucht entschließen.

211 RGBl. I 1933, S. 83.
212 BArch, R 1501/125 721, Bl. 18 ff. Dort auch das Zit.
213 Schreiber, Beate: »Arisierung« in Berlin 1933–1945. Eine Einführung, in: Biggeleben, Christof u. a. (Hg.): »Arisierung« in Berlin, Berlin 2007, S. 13–53, S. 20.

Diese misslang, er wurde Ende 1942 nach Theresienstadt deportiert und wenig später in Auschwitz ermordet.[214]

Die schrittweise Minderung der Lebensmöglichkeiten deutscher Bürger jüdischen Glaubens[215] kommt in den Adressbuch-Einträgen der Frau Erna Gongola – Mieterin im Haus Kurfürstendamm 48/49 – deutlich zum Ausdruck. Im Jahr 1933 lautete der Eintrag im Berliner Adressbuch genau wie ein Jahr zuvor: »Erna Gongola, Frau«. Schon 1934 fehlte die Statusbezeichnung »Frau«, außerdem erfahren wir, dass Frau Gongola ab diesem Jahr einen Altwarenhandel betrieb. Daran änderte sich bis 1939 nichts. Bis zu diesem Jahr verfügte sie noch über einen Telefonanschluss. Das Adressbuch von 1940 nennt sie nicht mehr.[216] Das Auktionshaus Spik versteigerte am 3. Februar 1938 Gegenstände der Firma Erna Gongola.[217] Da Frau Gongola im Berliner Gedenkbuch nicht erfasst ist, hat sie vielleicht das nationalsozialistische Regime überlebt. Ihre Verwandte, Lucia Schlesinger, geb. Gongola, wurde zusammen mit ihrem Mann, beide wohnhaft im Haus Kurfürstendamm 48/49, am 9. Dezember 1942 nach Auschwitz deportiert. Die Opferliste des Charlottenburger Gedenkbuches nennt für das Haus Kurfürstendamm 48/49 außerdem Ingobert Bach, der sich das Leben nahm, sowie David Friedmann, Mila Glaser, Frieda Hirschfeld und Alfred Preuss. Sie wurden 1941, 1942 und 1944 deportiert.[218]

Gute Beziehungen und herausragendes Können als medizinische Kapazität retteten Professor Dr. Rudolf Ehrmann und seine Familie. Der 1879 Geborene wurde 1903 promoviert, 1912 habilitiert und erhielt 1915 eine außerordentliche Professur. Der Spezialist für Stoffwechsel-, Magen-Darm-Krankheiten und Diabetes war Direktor der Inneren Abteilung des Städtischen Krankenhauses Neukölln.[219] Auf Grundlage des »Gesetzes zur Wiederherstellung des Berufsbeamtentums« und seiner Durchführungsverordnung beschloss die »gleichgeschaltete« Stadtverordnetenversammlung, die jüdischen Ärzte aus den städtischen Krankenhäusern zu entlassen.[220] Davon war auch Professor Ehrmann betroffen. Da er noch 1933 als Dr. med. im Berliner Adressbuch (Straßenteil) firmierte, könnte er eine Praxis betrieben haben. Dann erscheint er zweimal nicht und wird 1936 bis 1939 als Professor und Arzt bezeichnet.[221] Aus seiner Personalakte der Friedrich-Wilhelms-Universität geht hervor, dass er 1935 nach der »Rassezugehörigkeit« seiner Großeltern befragt wurde.[222]

---

214 Weissberg-Bob, Nea/Irmer, Thomas: Heinrich Richard Brinn (1874–1944). Fabrikant, Kunstsammler, Frontkämpfer. Dokumentation einer »Arisierung«, Berlin 2002.

215 Der Auszug aus dem jüdischen Adressbuch Groß-Berlins von 1929/30 nennt Paul Gongola. Dazu Günther-Kaminski/Weiß, Ku'damm, S. 108.

216 Berliner Adressbuch 1933–1940.

217 LAB, A Rep. 243-04, Findbuch, S. 55.

218 Verein zur Förderung des Gedenkbuches, Juden in Charlottenburg, S. 342.

219 Humboldt-Universität zu Berlin, Universitätsarchiv zu Berlin, UK, E 032a (Personalakte Ehrmann), Bl. 1; Bauakte Kurfürstendamm 48/49, Bd. 3, Bl. 58; s. a. whonamedit.com/doctor.cfm/460.html (19.8.2008) = Mitteilung von Barbara Wolff.

220 Schreiber, »Arisierung«, S. 22–23 (nach Ludwig, Korruption, S. 206 ff.).

221 Berliner Adressbuch 1932–1940.

222 Humboldt-Universität zu Berlin, Universitätsarchiv zu Berlin, UK, E 032a (Personalakte Ehrmann).

Die Approbation entzog ihm dann die 4. Verordnung zum »Reichsbürgergesetz« vom 25. Juli 1938[223] mit Wirkung zum 30. September. Das Adressbuch (Straßenteil) bezeichnete Professor Ehrmann 1936 bis 1939 noch als außerordentlichen Professor an der Universität, 1937 und 1938 dann (Namenteil) als »Facharzt für Innere Krankheiten«. Familie Ehrmann war nach dem Berliner Adressbuch bis 1939 im Haus Kurfürstendamm 48/49 gemeldet.[224] Zunächst verließen die beiden Kinder, dann die Eltern Deutschland. Freunde, zu denen auch Albert Einstein gehörte, halfen bei der Flucht 1939 nach New York. Dort gelang es Ehrmann, eine Praxis aufzubauen und bis 1944 an der New York University Medical School einen Lehrstuhl innezuhaben. Zusammen mit weiteren vier Ärzten und dem Röntgenspezialisten Dr. Gustav Bucky behandelte Rudolf Ehrmann den Patienten Albert Einstein in dessen letzten Lebenstagen.[225] Bucky und Ehrmann waren einander als »old friends from Germany« verbunden.[226] Beide kannten Einstein vermutlich von ihrer Tätigkeit an der Berliner Universität.

In Kurfürstendamm 48/49 richtete 1931 der Besitzer des Hotels Berghausen (Kurfürstendamm 23) eine Pension ein. Ab 1932 betrieb Cläre Gubisch den eine halbe Etage umfassenden Betrieb. Nachdem ihre Nachbarn 1933 emigriert waren, erweiterte Frau Gubisch die Pension. Das Berliner Adressbuch weist sie ab 1933 als Inhaberin aus. Zahlreiche bekannte Persönlichkeiten waren ihre Gäste, unter anderen Henny Porten. Die Gäste bildeten zumindest unter den Bedingungen des Krieges eine Gemeinschaft: Das Berliner Zimmer wurde als Musikzimmer genutzt, und als eine Bombe Zimmer Nummer 7 zerstörte, haben alle Gäste zusammen gelöscht.[227]

Fritz Leipziger beantragt am 15. Dezember 1934 bei der Charlottenburger Baupolizei die Genehmigung für eine Leuchtreklame der Automobilhandelsgesellschaft Neumann & Co. Bevor diese ihr Verkaufsgeschäft am Kurfürstendamm 48/49 eröffnete, war sie auf dem Grundstück Salzufer 4 angesiedelt, das Daimler-Benz erwarb.[228] Neumann & Co blieb bis 1939 Mieter. Die Nachfolgerin, Firma von Carnap & Franck Automobil-Handelsgesellschaft, nutzte nicht nur die Verkaufsstätten der früheren Firma Neumann & Co., sondern firmierte auch mit dem Zusatz »vorm. Neumann & Co«.[229] Das war wie bei Firma Max Kühl »vorm. F.V. Grünfeld«[230] vermutlich der Hinweis auf »Arisierung«, denn der Autosalon gehörte vormals einem jüdischen Eigentümer.[231] Hauptschriftleiter K. Schwarz,

---

223 RGBl. II 1938, S. 969–970.
224 Berliner Adressbuch 1933–1939.
225 whonamedit.com/doctor.cfm/460.html (19.8.2008) = Mitteilung von Barbara Wolff, s.a. Goren, Arthur A. (Hg.): Dissenter in Zion. From the Writings of Judah L. Magnes, Cambridge (Mass.) 1982, S. 241.
226 Die Nachricht im *Daily Princetonian* vom 18. April 1955 nannte die beiden deutschen Ärzte als »old friends from Germany« in: dailyprincetonian.com/archives/2006/10/05/news/16076.shtml (7.8.2008).
227 Gespräch Frau Dr. Margrit Bröhans mit Frau Elsner am 4.5.2001. Letztere war der Ansicht, Familie Ehrmann sei schon 1933 ausgewandert und deren Wohnung zur Vergrößerung der Pension genutzt worden. Die Angaben im Berliner Adressbuch sprechen aber genauso dagegen wie die von Barbara Wolff unter whonamedit. com/doctor.cfm/460.html ins Netz gestellte Vita Professor Ehrmanns. S. a. Berliner Adressbuch 1931, 1932.
228 Bauakte Kurfürstendamm 48/49, Bd. 6, Bl. 38; Berliner Adressbuch 1930–1935.
229 Berliner Adressbuch 1941.
230 Die Werbung in: Westphal, Konfektion, S. 117.
231 Kreutzmüller, Christoph: Kaffee, Vergnügen und Kommerz. Geschäfte am Kurfürstendamm, in: Zajonz,

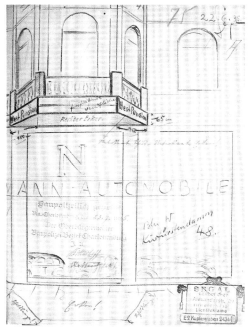

Abb. 55   Neumann-Automobile und West-Pension, 1935

der nur im Jahr 1940 im Haus wohnte, könnte in der Schlüterstraße 38 beschäftigt gewesen sein, wo die Hauptschriftleitung der Zeitschrift *Gartenbauwirtschaft* residierte.[232]

Die Schauspielerin Hanne Schünzel wohnte 1938 bis mindestens 1943 im Haus 48/49. 1890 als Hanne Brinkmann geboren, stand sie 1914 erstmalig vor der Kamera. Vier Jahre später heiratete sie ihren Schauspielerkollegen und Regisseur Reinhold Schünzel.[233] Doch wurde die Ehe mit dem Bonvivant geschieden, den Hitler einige Jahre als sogenannten Ehrenarier schützte. »Marlene Dietrich lag ihm zu Füßen. Max Schmeling nannte ihn seinen Freund. Adolf Hitler fand ihn brillant. Thomas Mann war entzückt von ihm. Alfred Hitchcock wollte ihn unbedingt haben. Inge Meysel war in ihn verliebt.«[234] Im Jahr 1942 zog der Schauspieler Beppo Schwaiger ins Haus und blieb bis mindestens 1943.[235] Einige Jahre zuvor hatte er in dem Käutner-Film »Kitty und die Weltkonferenz« mitgewirkt, in dem auch Paul Hörbiger spielte.[236] Der Kaufmann Eberhard von Haza-Redlitz kam 1939 nach Berlin und mietete sich im Haus Kurfürstendamm 48/49 ein. Albert von Borris – im Namenteil des Berliner Adressbuches wird er Borries geschrieben – zog 1941 aus der Händelallee 24 zu.

Im Jahrzehnt nach 1933 stieg die Anzahl der Haushalte im Haus Kurfürstendamm 50/50a durch Wohnungsaufteilungen, die ab 1943 möglicherweise an Bombengeschädigte vergeben wurden, von 17 auf 32. Noch immer – ab 1910 bis mindestens 1943 – betrieben die »Fräulein« Weymar ihr Papiergeschäft. Im Jahr 1943 waren noch vier der Parteien von 1933 im Haus. Dabei handelte es sich um den Friseur Willi Druck, der bereits ab 1935

Michael/Kuhrau, Sven (Hg.): Heimweh nach dem Kurfürstendamm. Geschichte, Gegenwart und Perspektiven des Berliner Boulevards, Petersberg 2010, S. 73–83, 78–79.

232 Berliner Adressbuch 1939–1941.

233 http://de.wikipedia.org/wiki/Hanne_Brinkmann (3.4.2010).

234 So Blumenberg, Hans-Christoph: Beim nächsten Kuß knall ich ihn nieder!, in: *FOCUS* (1994), 44.

235 Berliner Adressbuch 1941–1943.

236 http://www.transitfilm.de/fr/verleih/filmbestand.asp?view=3&medium=4 (4.3.2010).

237 Diese Partei wird fälschlicherweise im Adressbuch als »Wegner« geführt. Die Berufsangabe »Monogramme« rührt bestimmt daher, dass die Damen, die das Papiergeschäft führten, auch Monogramme prägten.

1933	1943
Grundstücksverwaltung des Westens mbH, Eigentümerin	**Eigentümer ungenannt, Verw.: Dr. Heinz Mattern (Tauentzienstr. 14)**
»Achduth«, Verband russ. Juden	Adelmann, H., Opernsänger
Aktienges. F. Strahlentherapie	Ahlefeld, S. J., Frau
Bernstein, S. B., Dr. Zahnarzt	Balázs, Frieda, Hüte
Druck & Hagen, Friseur	Bellmann & Co., Kunstharz
Etam, Strumpfwaren	Böhlendorff, E., Verkäuferin
Graff, H., Kfm.	Bohnen, Michael, Kammersänger
Kausche, S., Kolonialwaren	Boscher, Innenarchitekt
Krelle, Hüte	Brosig, Egon, Schauspiel.
Krisch, Kunsthandelsges. mbH	Busse, A. & Co., AG, Verwaltungsgesellsch.
Mette, Richard, Kunstmaler	v. Cornberg, W., Frhr., Oberstltn.
Pech, M., AG f. sanitär. Bedarf	Dienst, H., Dr. Ing., Bauing. Büro
Reiser, F.C. & Co., AG, Export zahnärztl. Artikel	Druck, Willi, Friseur f. D.
Schmars, M., Portier	Eggebrecht, Paul, Weinstube, Filiale
Schütt, Franz, Dr., Geh. Ob. Reg. Rat a. D.	Fernolt, I., Frau
Sengbusch, Carla Charlotte, Tänzerin	Gondi, Harry, Filmschauspiel.
Weymar, Gertrud u. Käte, Papierwaren[237]	Hegermann, Richard, Lichtpauserei
	Kaligowski, K., Hauswart
	Kausche, S., Delikatessen
	Krisch, Lucie, Kauffrau
	Kurth, I., Frau
	Mattner, D., Frau
	Neuse, Neuheiten-Fabrikation GmbH, Emballagen
	Putze, S., Frau
	v. Quadt-Isny, L. Gräfin
	Reinecke, Walter, Dr. med., Arzt
	Sämann, A., Frau
	Schmidt, F. K., Kfm.
	Schneider, R., Pensionsinhaberin
	Traitler & Co. KG, Schrift-, Keramik-Großh.
	Traitler, I., Kfm.
	Weymar, Gertrud u. Käte, Papierwaren

Die Mietparteien des Hauses Kurfürstendamm 50/50a, 1933 und 1943

ohne seinen Kompagnon Hagen firmierte. Das Kolonialwarengeschäft Kausche umschrieb sein Angebot später mit Feinkost und ab 1941 mit Delikatessen. Aus der Kunsthandelsgesellschaft mbH Krisch war die Kauffrau Lucie Krisch geworden; sie betrieb im Haus Kurfürstendamm 45 einen Handel mit Orientteppichen.[238]

Auffallend viele Künstlerinnen und Künstler wohnten im Haus Nr. 50. Waren es 1933 der Kunstmaler Richard Mette und die Tänzerin Carla Charlotte Sengbusch, so zog 1937

---

238 Berliner Adressbuch 1933–1943.

der Schauspieler Egon Brosig ins Haus, wo er bis mindestens 1943 wohnte. Da er außer an der Komischen Oper auch Engagements an Schiller- und Renaissance-Theater sowie an der Tribüne hatte, war dieser Wohnort wegen der Nähe zu seinen beruflichen Tätigkeitsfeldern ideal. Seine Kolleginnen und Kollegen, Harry Gondi (1937 bis mindestens 1943 im Haus) und Frau B.[239] Gronau (1937 bis 1939 im Haus), waren Nachbarn. Vermutlich trafen sie sich eher im Haus als auf der Bühne. Brosig spielte mit keiner dieser Personen gemeinsam in Theaterstücken oder Filmen.[240] Er war 1915 nach Berlin gekommen, seine Filmkarriere begann 1922 mit »Heinrich Heines erste Liebe«, ab 1938 spielte er in »Menschen, Tiere, Sensationen«, »Wie einst im Mai« und hatte 1944 Uraufführung mit »Das kleine Hofkonzert«.[241] Ob Kontakte zum Filmarchitekten Franz Bi im Haus Nr. 48/49 bestanden, kann nur gemutmaßt werden. Möglicherweise frequentierten die Bewohnerinnen das Friseurgeschäft Druck in Nr. 50/50a, probierten bei Frieda Balàzs Hüte auf kauften das eine oder das andere Stück. Immerhin lebten neun alleinstehende Damen im Haus, und auch die Inhaberinnen des Papiergeschäfts sowie die Pensionsinhaberin R. Schneider waren potentielle Kundinnen. Wahrscheinlich lag die Filiale der traditionsreichen Weinstube von Paul Eggebrecht zum heutigen George-Grosz-Platz hin. Außerdem wohnte 1942 und 1943 der Opernsänger H. Adelmann im Haus.[242]

Der Kammersänger, Schauspieler und Filmproduzent (Bohnen Film GmbH) Michael Bohnen bezog im Oktober 1936 im Kurfürstendamm 50 eine Dreieinhalb-Zimmer-Wohnung.[243] Zuvor war der Gesangsstar ein Jahrzehnt lang als Bassbariton an der Metropolitan Opera in New York aufgetreten. Dann setzte er 1935 bis 1945 seine Karriere am Deutschen Opernhaus in Charlottenburg fort, ergänzt von zahlreichen Filmengagements.[244] Nach der Bombardierung am 23. November 1943 wurde die Spielstätte wegen starker Kriegsschäden von der Bismarckstraße ins Theater des Westens und in den Friedrichstadtpalast verlegt.[245]

»Während SA-Gruppen durch Berlins Straßen marschierten und ›Deutschland, erwache!‹ grölten, luden die Berliner Poeten um Raissa Bloch und Michael Gorlin für den 23. Februar – also wenige Tage vor dem Reichstagsbrand – noch einmal zu einem öffentlichen Lyrikabend in den Klub Achduth«, Kurfürstendamm 50, ein. Kurz darauf wurde diese Vereinigung jüdischer Russen verboten. Dann verloren Dr. Raissa Bloch und Dr. Michail Gorlin, die an der Universität arbeiteten, ihre Anstellung. Im Jahr 1935 heirateten sie im Pariser Exil, wo die Nationalsozialisten bald ihr Glück zerstörten.[246]

---

239 Im Verzeichnis der Einwohner nach Namen wird diese Dame »Wera« Gronau genannt. Möglicherweise kam das B. durch einen Hörfehler zustande, als W. gesagt wurde. Dazu Berliner Adressbuch 1937–1939.
240 Das ergaben diverse Recherchen in Filmographien.
241 defa-sternstunden.de/stars/ebrosig.htm (6.8.2008).
242 Berliner Adressbuch 1942, 1943.
243 Borgelt, Hans: Mann ohne Maß, in: *Der Tagesspiegel* v. 2.7.1967. Für den Hinweis auf die in zahlreichen Folgen im *Tagesspiegel* erschienene Biographie und die Einsichtnahme danke ich Frau Danilea Bohnen.
244 http://www.cellconsept.de/carlem/ysinger2.html (10.04.2010).
245 http://www.operundtanz.de/archiv/2006/04/portrait-berlin.shtml (9.4. 2010).
246 Urban, Russische Schriftsteller, S. 224/225.

Im März 1933 entschloss sich unser Zeitzeuge Hans Sahl zur Flucht. Er berichtet über die letzte Versammlung des Schutzverbandes deutscher Schriftsteller, die er wie eine Leichenfeier empfand: »Man drückte einander stumm die Hand, schritt stumm an einem (unsichtbaren) Sarg vorbei und setzte sich, in Erwartung der Leichenredner, die bereits verstört ihre Brillen putzten.« Wenig später mahnte ein Freund während eines Spazierganges: »Du mußt fort. Du darfst keinen Tag länger hier bleiben.« Die Entscheidung war weniger der Fürsorge des Freundes geschuldet, als einem Erlebnis mit Fußball spielenden Jungen. Diese baten die Spaziergänger, ihnen den über den Drahtzaun des Bolzplatzes gekickten Ball zurück zu werfen. Als Sahl zögerte, begannen die Spieler zu schreien, zu fluchen, zu drohen: »Wir standen jetzt einander gegenüber. Nur der Draht war noch zwischen uns. Da wusste ich, dass ich fliehen mußte. Ich hatte ihre Gesichter gesehen, ihre Abzeichen. Sie sagten nichts, als ich den Ball in hohem Bogen zurückwarf. Sie bedankten sich nicht einmal.«[247]

Sahl vermied es, zu Hause zu übernachten: »Ich ging ins Kino, vier- oder fünfmal am Tag, ich wohnte im Kino, ich wohnte in Warenhäusern und Cafés, fuhr zwischendurch in meine Wohnung, stellte fest, dass noch niemand dagewesen war, verbrannte Papiere oder warf sie ins Klosett, holte sie wieder heraus, weil sie das Klosett verstopft hatten, lief über den Dachgarten auf das Nachbarhaus, weil ich glaubte, es hätte geklingelt. Jemand hatte mir gesagt, ich wäre auf der schwarzen Liste.« Noch ein Besuch im Romanischen Café. Dort erschrak Hans Sahl über die erstarrten Posen der Gäste, wieder andere sah er Kursbücher wälzen, Landkarten lesen. Und schließlich kam der Abschied von seiner Mutter am Roseneck. »Neben ihr auf dem Tisch lag ihr Handschuh. Er zeigte noch die Spur ihrer Hand und ihrer fleischigen, dicken Finger. Ich nahm ihn, als sie nicht hinsah, an mich und steckte ihn in die Tasche.«[248] Sahl floh zunächst nach Prag, dann über Zürich nach Paris, Marseille und schließlich, 1941 nach New York.

Einen schrecklichen Tod erlitten die Eheleute Alfred und Gertrud Rotter-Schaie. Alfred hatte 1919/20 im Haus Kurfürstendamm 50 gewohnt und 1931 mit seiner Frau und seinem Bruder das Liechtensteiner Bürgerrecht erworben. Von der nationalsozialistischen Presse als »Könige des gehassten unmoralischen Berliner Amüsierbetriebs« verunglimpft, flüchteten die Brüder Alfred und Fritz Rotter mit ihren Frauen nach Liechtenstein.[249] Da dieses Land seine Staatsangehörigen nicht auslieferte,[250] konnten sie sich sicher fühlen. Wie zahlreiche andere Exilanten, wohnten das Ehepaar und auch Fritz Rotter mit seiner Begleiterin im Vaduzer Waldhotel. Liechtensteiner und deutsche Nationalsozialisten versuchten am 5. April 1933, die Brüder zu entführen. Die vier Personen wurden in ein Felsmassiv gelockt, bedrängt und bedroht. In dieser Situation stürzte das Ehepaar von den Felsen unterhalb von Gaflei in den Tod.[251] Fritz Rotter rettete sich ins amerikanische Exil.

---

247 Sahl, Memoiren, S. 208–214.
248 Ebd., S. 214–216.
249 http://schichtwechsel.li/progr0303.html (12.8.2007).
250 Rotters in Liechtenstein, in: *Berliner Tageblatt* (Sonntags-Ausgabe) vom 5. Februar 1933, S. 4.
251 Kamber, Zusammenbruch (2007), S. 75 ff.; Bellasi, Andreas: Ein glückliches Volk mit kurzer Vergangenheit. Im Nu vom armen Bauernland zum Finanzparadies = http://www.nzzfolio.ch/www/d80bd71b-b264-4db4-afd0-

Abb. 56   Hans Sahl 1933 am Anhalter Bahnhof, wo seine Emigration begann

Zwei Wochen zuvor hatte er geschrieben: »Jetzt heißt es, seine ganze Nervenkraft zusammenzunehmen, um das Leben noch weiter zu ertragen. […] Wir haben fast keine Fühlung zu Berlin; und wir wollen nur hoffen, dass die aufgebauschten Nachrichten bei sorgfältiger Prüfung der gesamten wirtschaftlichen Verhältnisse und auch der unsrigen sich als völlig übertrieben, grundlos und von übelwollender Seite inspiriert herausstellen werden. Und dass uns wieder die Möglichkeit gegeben wird, mit unserer *Tätigkeit* dem Leben eine materielle Grundlage zu geben.«[252]

Nach Einziehung der ärztlichen Approbation und dem Berufsverbot für Anwälte durften ab Januar 1939 jüdische Zahn- und Tierärzte ihren Beruf nicht mehr ausüben.[253] Die im Jahr 1907 geborene Zahnärztin Dr. Käthe Klein, die ihre Praxis im Haus

Abb. 57 v. l. n. r.: Fritz Rotter, Richard Tauber, Alfred Rotter, Gertrud Rotter, um 1930

Kurfürstendamm 50 betrieb, wurde durch Verordnung vom 2. Juni 1933 mit Berufsverbot belegt: »Die Tätigkeit von Zahnärzten und Zahntechnikern endet, wenn sie nichtarischer Abstammung sind oder sich im kommunistischen Sinn betätigt haben.«[254] Die Kassenzulassung verlor Dr. Klein am 29. Juni 1933.[255] Das Regime schloss auch elf andere Kolleginnen und Kollegen, die ihre Praxen am Kurfürstendamm hatten, von der Berufsausübung aus, zwang sie in die Emigration oder in die Deportation.[256] Schon der sogenannte Judenboykott vom 1. April 1933 hatte zahlreiche Rechtsanwälte und Notare dazu gebracht, ihre Praxen am Kurfürstendamm und in den Nebenstraßen zu schließen.[257] Zahlreiche ergänzende Regelungen schlossen jede mögliche berufliche Betätigung aus und schalteten Verbände »gleich«.[258]

277884b93470/showarticle/58a23e51-543b-40e4-97ee-ff788f8cbe2e.aspx (12.8.2007); schichtwechsel.li/progr 0303. html (12.8.2007). Zum Konkurs s. a. Huesmann, Heinrich: Welttheater Reinhardt. Bauten, Spielstätten, Inszenierungen (= Materialien zur Kunst des 19. Jahrhunderts, Bd. 27), München 1983, S. 69 f.

252 Zit. n. Kamber, Zusammenbruch (2007), S. 76.
253 Geist/Kürvers, Tatort Berlin, S. 68.
254 RGBl. I 1933, S. 350–351.
255 Köhn, Michael: Zahnärzte 1933–1934. Berufsverbot, Emigration, Verfolgung, Berlin 1994, S. 136.
256 http://vdzm.de/Opferliste.htm (15.5.2008).
257 Stürickow, Kurfürstendamm, S. 133.
258 Dazu Köhn, Zahnärzte, S. 16 ff.

Hilfe für jüdische Berlinerinnen und Berliner vor allem polnischer Herkunft bot Rechtsanwalt Dr. jur. Roman Pretzel in seiner Praxis am Kurfürstendamm 51 an. Er beriet in »polnischen Rechtsangelegenheiten«, wie Staatsangehörigkeitsfragen oder Frontdienstnachweis.[259] Wenn er 1933 im Berliner Adressbuch als Advokat firmierte, so entsprach das genau den Angaben seiner Annonce vom 8. September 1933 in der *Jüdischen Rundschau*, in der er für sich warb. Zwischen 1935 und 1939 wohnte er im Haus Kurfürstendamm 48/49 und hatte möglicherweise auch seine Praxis dort. Allerdings durfte er sich nicht mehr Advokat nennen, sondern nur noch Sachverständiger und ab 1937 schließlich gar nur Dolmetscher. Schon Mitte der 20er Jahre hatte er für sich Werbung in der Zeitung *Der Israelit* gemacht, die sich im Untertitel als *Ein Centralorgan für das orthodoxe Judentum* bezeichnete.[260]

Dem Charlottenburger Gedenkbuch zufolge wurden folgende Personen, die im Haus Kurfürstendamm 50/50a gewohnt hatten, deportiert: Abraham Nawratzki, Theodor Rosenfeld, Johanna Rosenfeld, Elise Ehrlich, Bruno Weiss. Alle hatten vor der Deportation in anderen Häusern gewohnt. Eine Bewohnerin des Hauses Nr. 50, Gertrud Fraenkel, geb. Pintus, nahm sich am 15. Oktober 1942 das Leben. Zuvor hatte sie in die Bayerische Straße 4 umziehen müssen.[261]

Wie in Nr. 48/49, wurde 1932 auch im Haus Kurfürstendamm 50 eine Pension eingerichtet. Noch im gleichen Jahr übernahm den Betrieb Marie Schlesinger. Ab 1935 unterstützte sie ihr Mann oder Bruder Willy, der möglicherweise aus seiner bisherigen Tätigkeit entlassen worden war. Schon 1932 war für die Pension ein Schild mit folgender Aufschrift beantragt worden: »Pension Schlesinger / Luxus – Komfort / Wiener u. Französische Küche, jede Diät«. Im Sommer 1934 war dann für den Vorgarten des Hauses Kurfürstendamm 50 ein anderes Schild geplant, das jede Orientierung an französischer und sogar an österreichischer Kultur unterließ: »Pension Schlesinger / Pension ersten Ranges / Kurfürstendamm 50«. Obwohl der Antragsteller Willy Schlesinger »Mit deutschem Gruss« unterschrieb[262], ordnete der Charlottenburger Bezirksbürgermeister an: »Ich bitte den Antrag gemäss § 25, 3 B.O. abzulehnen.«[263] Trotz dieser Benachteiligung bestand die Pension bis 1939 fort. Den Schlesingers folgte kurzfristig Frau Rosenfeld, die ihrem Vornamen Johanna den Zwangsnamen »Sara« hinzufügen musste. Frau Rosenfeld, 1885 in Pommern geboren, wurde in den 14. Transport vom 14. April 1942 nach Trawniki befohlen und gilt als verschollen. Mit ihr wurde Theodor Rosenfeld deportiert, der mutmaßlich ihr Ehemann war.[264] Danach führte den Betrieb R. Schneider weiter. Wie lange das der Fall war, ist nicht festzustellen, da die Adressbücher nur bis 1943 geführt wurden.[265]

259 Günther-Kaminski/Weiß, Ku'damm, S. 23.
260 *Der Israelit* (1924), 16/17, S. 9; *Der Israelit* (1925), Nr. 46, S. 8. Zum Untertitel s. S. 1.
261 Verein zur Förderung des Gedenkbuches, Juden in Charlottenburg, S. 342.
262 Bauakte Kurfürstendamm 50/50a, Bd. 3, Bl. 60, 139; Bl. 140 die Abbildung des beantragten Schildes.
263 Ebd., Bl. 141R; gemeint ist die Berliner Bauordnung.
264 Freie Universität, Gedenkbuch Berlins, S. 1057; s. a. Juden in Charlottenburg, 342.
265 Berliner Adressbuch 1932–1943.

1932	1933–1934	1935–1939	1940	1941–1943
Iven, Inh. Sarre	Schlesinger, Marie	Schlesinger, Marie u. Willy	Rosenfeld, Johanna »Sara«	Schneider, R.

Pensionsinhaberinnen und -inhaber, Kurfürstendamm 50

In seiner Szenenfolge »Hausmusik« lässt Hans Sahl seinen Protagonisten Rosengarten die früheren
Teilnehmer an den Hausmusika-
benden seiner Mutter fragen, wie
sie die Zeit des Nationalsozialismus überstanden haben. Herr Bu-
kofzer antwortet: »Ich war mit Leib
und Seele Soldat. Einjähriger-Frei-
williger. Frontkämpfer. Dreimal ver-
wundet. Eisernes Kreuz I. Klasse.
Wir haben deutsch gebetet in unse-
ren Gotteshäusern, und der Sab-

Abb. 58   Deckblatt des Stücks Hausmusik von Hans Sahl

bath wurde bei uns nicht am Samstag gefeiert, sondern wie bei allen vernünftigen Menschen am Sonntag. Männer und Frauen saßen nicht getrennt und wir haben uns beim
Beten nicht den Kopf bedeckt. Nein, Herr Rosengarten, wir hatten uns nichts vorzuwer-
fen, wir haben unsere Pflicht getan als deutsche Staatsbürger und Patrioten. Uns konnte
man nichts vorwerfen, im Gegensatz zu Ihnen, der Sie sich, wenn ich mich recht erinnere,
auf eine geradezu unverantwortliche Weise politisch exponierten und für gewisse Publikationen schrieben, die unsereiner nicht mal mit der Feuerzange anfassen würde.« Der Pro-
tagonist fragt: »Soviel ich weiß, sind Sie nicht eines natürlichen Todes gestorben, wozu Sie
auf Grund Ihrer staatserhaltenden Gesinnung durchaus berechtigt gewesen wären. Verzei-
hen Sie, dass ich so taktlos bin, es zu erwähnen, aber wenn mich nicht alles täuscht, sind
Sie eines grässlichen Todes gestorben, dort, wo alle Geschichten enden ---.«[266]

Blick zurück

Zwischen 1933 und 1945 veränderte sich die Atmosphäre am Kurfürstendamm stark. An
der Hassmeile der Nationalsozialisten tobte sich der nationalsozialistische Terror bis hin
zur Ausweisung des »judenreinen« Gebiets Kurfürstendamm aus. Die Bezeichnung Kurfürstendamm nahmen Emigranten zuweilen mit, sie wurde zum Synonym für »Heimat«.
Während der Olympischen Spiele erklärte man den Kurfürstendamm zur »Parkstraße«.

266 Sahl, Hausmusik, S. 28–29.

Später siedelten sich Terror- und Überwachungseinrichtungen an. Aber selbst noch in dieser Situation blieben Inseln der Freiheit von Deutschtümelei bestehen.

Im Hausensemble Kurfürstendamm 48–50a begann eine Phase schwieriger wirtschaftlicher Verwertung. Zwar trugen erneute Kredite dahingehend Früchte, dass durch Teilung die Anzahl der vermieteten Wohnungen stieg. Im Haus Nr. 50/50a wohnten viele Künstlerinnen und Künstler. In beiden Doppelhäusern kamen zahlreiche Modesalons unter. Den zweiten Hof, insbesondere das Kutscherhaus, belegten Produktionsstätten, die wegen belastender Emissionen noch vor Kriegsbeginn schließen mussten. Viele Mieterinnen und Mieter wurden zur Emigration gezwungen oder deportiert und ermordet. Die gegen Juden gerichtete Steuergesetzgebung forcierte die finanzielle Belastung der Grundstücksgesellschaft, die teilweise in der Hand von jüdischen Berlinern lag, bis der Hauskomplex schließlich 1942 zur Zwangsversteigerung kam.

5. *Kapitel* – Das Haus im Schaufenster des Westens und auf der Bühne politischer Demonstration (1945–1967/68)

Der Kurfürstendamm

Leben in Ruinen

Die nationalsozialistische Ära hatte das bürgerliche und das kulturelle Leben weitgehend zum Erliegen gebracht und zahlreiche Existenzen am Kurfürstendamm zerstört. Die Bombardements ab 1943 und besonders die Kämpfe der letzten Kriegstage vernichteten erhebliche Teile der Bausubstanz in Charlottenburg und Tausende Menschenleben. Im Jahr 1945 wurden von den 235 Häusern am Kurfürstendamm 190 als Totalschaden eingestuft.[1] Dennoch hatten die Angriffe diese Straße im Vergleich zu Gesamtberlin nur »mittelschwer« getroffen.[2] Kriegsschadenskarten von Charlottenburg und Wilmersdorf konkretisieren das.

Als der Schriftsteller Günther Weisenborn im Sommer 1945 nach Berlin kam, berichtete er über seine Unterkunft im Hotel am Zoo: »Zwar waren die Glasfenster durch Pappe ersetzt, es gab keine Bettlaken und nur stundenweise Licht, aber im Vorgarten servierte man bereits eine unbeschreibliche Mischung von gekochtem Wasser und Chemie mit Namen ›Heißgetränk‹. Von irgendwo drang klapprig-hartes Geräusch. Trümmerfrauen warfen die Ziegelreste zuhauf«.[3] Über das Romanische Café sagte Alfred Döblin 1949: »Man kann hineingehen, wenn man Lust hat: Es steht enorm weit offen. Man kann von der Straße in die Hinterräume blicken, in den ersten Stock.«[4] Gleich um die Ecke stellten die sow-

---

1 Metzger/Dunker, Kurfürstendamm, S. 194; Haemmerling, Konrad: Charlottenburg 1905–1955. Lebensbild einer Stadt, Berlin 1955, S. 28 nennt andere Zahlen: von 237 Häusern standen noch 117.
2 Schivelbusch, Vorhang, S. 65.
3 Das Zit. aus dem Jahr 1964 n. Voß, Literaturfreunde, S. 415.
4 Döblin, Alfred: Schicksalsreise. Bericht und Bekenntnis, Frankfurt am Main 1949, S. 441 f. zit. n. Metzger/Dunker, Kurfürstendamm, S. 204.

Abb. 59   Kriegsschäden Kurfürstendamm Ecke Knesebeckstraße,
nach 1945

jetischen Soldaten in Mampes guter Stube (Kurfürstendamm 15) ihre Panjepferde ein.[5] Und wer sich nachts auf den Straßen aufhielt, wie der Brite Stephen Spender, sah nur »zerbrochene, schartige Ränder« der Ruinen (s. Abb. 59). »Als Geräusche hörte man nur Knattern und Flattern; die zwei oder drei Menschen, die auch jetzt wieder in diesen Straßen umgingen, waren amerikanische Soldaten auf dem Weg zur Bar auf dem Kurfürstendamm, wo man sich aus Höflichkeit einen Drink kauft und ihn aus Selbstachtung nicht trinkt.«[6]

In seinen Berliner Miniaturen beschrieb Georg Holmsten 1946 trotz allem lebhafte Aktivität: »Irgendwoher hört man die abgerissenen Klänge einer Jazzkapelle. Der Menschenstrom reißt nicht ab. Der Kurfürstendamm lebt, lebt weiter, lebt wieder. Ohne Lichterglanz und Alkohol. Ohne Austern und Luxuslimousinen. Trotz Ruinen und Lebensmittelkarten.«[7] Ein Franzose, den eine Pariser Zeitung abgesandt hatte, »um darüber zu schreiben, wie die Berliner verhungerten«, bezeichnete Berlin als »gelebten Surrealismus«. Er sah Frisiersalons, die wegen der Kontingentierung von Elektrizität ihren Kundinnen morgens um 5 Uhr Dauerwellen legten, und »Drogerien, wo man hintenherum Kohle bekam und (…) Kohlenhandlungen, in denen man hintenherum Hasenbraten kaufen konnte«.[8]

Vor allem lag der Bereich um die Gedächtniskirche in Trümmern. Andreas Kilb machte »ein Stück preußisches Pompeji am leergeräumten, mit Barackenläden und Trümmergrundstücken gepflasterten Kurfürstendamm« aus.[9] Hingegen blieb die Nordseite des Kurfürstendamms zwischen Fasanen- und Uhlandstraße »weitgehend erhalten«, westlich dieses Abschnitts hatten »vereinzelte Bombentreffer« Zerstörungen angerichtet.[10] Im relativ gut erhaltenen Teil hatte Jeanne Mammen (Abb. 61) im Haus Kurfürstendamm 29 den

5 Siedler, Wolf Jobst: Wir waren noch einmal davongekommen, Teil 3 = http://print.perlentaucher.de/artikel/1831.html (6.4.2007).
6 Spender, Stephen: Deutschland in Ruinen. Ein Bericht, Frankfurt am Main 1998, S. 279. Abb. 59 aus: Reiher, Monika: Tendenzen der städtebaulichen Entwicklung Charlottenburgs seit 1945, in: Ribbe, Wolfgang (Hg.): Von der Residenz zur City. 275 Jahre Charlottenburg, Berlin 1980, S. S.497–692, Fotografie 40.2.
7 Holmsten, Georg: Berliner Miniaturen. Großstadt-Melodie, Berlin 1946, S. 18.
8 Riess, Curt: Berlin Berlin 1945–1953, Berlin o. J., S. 150.
9 Kilb, Andreas: Herr Lehrer, was haben Sie im Krieg gemacht? Eine Edition von Kästner-Verfilmungen der fünfziger Jahre, in: *Frankfurter Allgemeine Zeitung* v. 26.5.2010, S. 31.
10 Metzger/Dunker, Kurfürstendamm, S. 194.

Abb. 60   Café am Kurfürstendamm, nach 1945

Krieg überstanden. Bei Kriegsende saßen »die Über-
reste von Jeanne Mammen in den Überresten von
Berlin«, so die Künstlerin 1946.[11] Die Ecke Schlüterstraße und Kurfürstendamm war, wie die Häuser bis
zur Leibnizstraße, nahezu unbeschädigt. Westlich
von Wilmersdorfer und Brandenburgischer Straße
waren Gebäude stark in Mitleidenschaft gezogen.[12]
An der Kreuzung von Brandenburgischer Straße und
Kurfürstendamm sah der junge Curth Flatow einen
»bis zum Geschützturm eingegraben[en]« Panzer.
Dessen Kanone war noch immer auf den S-Bahnhof
Halensee gerichtet, denn der S-Bahn-Ring hatte als
Hauptverteidigungslinie gedient. Die Straßenbahn
fuhr nicht: Die Drähte der Oberleitung hingen herab,
und die Schienen waren verbogen.[13]

Abb. 61   Jeanne Mammen,
Selbstbildnis, um 1932

11 Lütjens, Jeanne Mammen, S. 183.
12 Metzger/Dunker, Kurfürstendamm, S. 194.
13 Flatow, Curth: Am Kurfürstendamm fing's an. Erinnerungen aus einem Gedächtnis mit Lücken, München
2000, S. 14.

Abb. 62   Arnold Blitz und Tony Mast (mit Hut) auf dem Kurfürstendamm, 1945

Flatow erinnert sich, wie er als politisch Unbelasteter zum Hausobmann der Nestorstraße 15 ernannt wurde. In dieser Funktion führte er die Mieterschaft zum Aufräumen an die Ecke von Kurfürstendamm und Karlsruher Straße. Die Gruppe musste »Ziegelsteine säubern und aufschichten«.[14] Es waren überwiegend die legendären Berliner »Trümmerfrauen«, die diese Aufräumarbeiten leisteten. In seiner Erzählung »Geschäft ist Geschäft« lässt Heinrich Böll eine der Frauen erklären: »Mein Lebensunterhalt wurde ein bisschen knapp. Und da habe ich mich kurz entschlossen, zur Baufirma Hagen und Co zu gehen, mich anzumelden, und das war binnen 24 Stunden erledigt und habe dann am Montag Schippe und Hacke in die Hand gedrückt bekommen und rauf auf den Bau und rein in die Trümmer.«[15] Bis 1972 wurden große

Mengen des West-Berliner Kriegsschutts über den Grundmauern der im Nationalsozialismus geplanten »Wehrtechnischen Fakultät« aufgeschüttet. Noch heute türmt er sich dort zum 115 Meter hohen Teufelsberg;[16] den krönten die Alliierten mit ihrer Abhörstation. Hier liegen in chronologischer Reihenfolge demnach die Kriegsvorbereitungen, das Resultat des Krieges und die Folgen der Besetzung in Schichten übereinander.

Die jüngste Vergangenheit hielt der niederländische Jude Arnold Blitz mit seinem Freund Tony Mast den Berlinern vor Augen. Beide waren im KZ Sachsenhausen interniert gewesen. Mitte Juli 1945 spazierten sie in gestreifter Häftlingskleidung über den Kurfürstendamm (Abb. 62).

Institutionelle Wiederbelebung unter Kuratel

In etwa zehntägigen Kämpfen hatte die Rote Armee Berlin erobert. Schon am 30. April 1945 war die Gruppe Ulbricht aus dem Moskauer Exil zurückgekehrt und hatte dann die Macht in Berlin im Sinne Stalins etabliert: »Es muß demokratisch aussehen, aber wir müs-

---

14 Flatow, Kurfürstendamm, S. 47.

15 Geschäft ist Geschäft, in: Böll, Heinrich: Erzählungen, Köln 1994, S. 364 ff.

16 Christoffel, Die Jahre, S. 429. Zur geplanten Wissenschaftsstadt als Teil der »Germania«-Planung durch Speer s. Reichhardt/Schäche, Germania.

sen alles in der Hand haben.« Nach diesen Vorgaben organisierten die Gruppenmitglieder unter straffer Führung Walter Ulbrichts die Bezirksverwaltungen.[17] Bald ermöglichten die Sowjets die Gründung von Parteien. Wolfgang Leonhard, Mitglied der Gruppe Ulbricht, sollte nach dem Gründungsaufruf der KPD dazu die Stimmung in der Bevölkerung eruieren. Er kriegte zu hören: »Habense denn jar keene andern Sorjen, junger Mann?« Oder: »Wat, schon wieder 'ne Partei? Ich hab' noch von der vorigen die Neese voll!« Schließlich half ihm ein Funktionär der Charlottenburger Bezirksverwaltung. Dieser sammelte eine Anzahl »zustimmender Erklärungen von Schlächtermeistern, Kleingewerbetreibender und Handwerkern – ausgerechnet aus der Gegend des Kurfürstendammes! –, die mit Begeisterung vom Aufruf der KPD sprachen«. Leonhard war »bedrückt«[18] wegen der Diskrepanz zwischen der erfahrenen Realität und diesen Erklärungen.

Noch unglücklicher war er bei einer anderen Aktion. Nahe dem U-Bahnhof Uhlandstraße lag die Geschäftsstelle eines antifaschistischen Komitees. Es handelte sich dabei um Männer, die sich während des Krieges aus der Zeitung und dem Rundfunksender »Nationalkomitee Freies Deutschland« informiert hatten. Die Mitglieder, die Kontakt zu den Verschwörern des 20. Juli unterhalten hatten, gehörten der SPD, der SAP und der KPD an. »Unmittelbar nach der Kapitulation der Wehrmacht in Berlin« – so Wolfgang Leonhard – »hatte die Organisation, ohne auf Direktiven zu warten (…), sofort mit den dringendsten Arbeiten begonnen. Ingenieure, Techniker und Facharbeiter waren herangezogen worden, um die Versorgung mit Gas, Wasser und Strom zu gewährleisten, die Enttrümmerung der Straßen wurde organisiert. Krankenhäuser und Schulen instand gesetzt – kurz es wurden alle die Dinge getan, die zu tun in diesen Tagen notwendig waren.« Walter Ulbricht missbilligte diese autonome Initiative: »Der Laden am Kurfürstendamm muß aufgelöst werden«, befahl er. Leonhard schlug den Männern vor, in Verwaltungsämtern weiter tätig zu sein. Das lehnten sie ab, ließen sich aber zur Auflösung ihrer Organisation bewegen, die sie innerhalb von zwei bis drei Wochen durchzuführen gedachten. »Die sind ja verrückt!«, war Ulbrichts Reaktion und er beauftragte einen Apparatschik, das kurzfristig zu bewerkstelligen, was dieser auch tat.[19]

Die Sowjets initiierten zahlreiche Institutionen. Zur Zeit der KPD-Gründung schlossen sich auf Weisung des Berliner Stadtkommandanten am 6. Juni 1945 Schauspieler und Künstler zur Kammer der Kunstschaffenden zusammen. Michael Bohnen, Mieter im Haus Kurfürstendamm 50, war einer von fünf Mitgliedern des Präsidialrates, dessen Zweck die Neuorganisation des kulturellen Lebens in Berlin war. Untergebracht wurde diese neue Organisation im Haus Schlüterstraße 45, dem vorherigen Sitz der »Reichskulturkammer«. Im Keller dieses Hauses fand man den Kunstbestand des Jüdischen Museums aus der Oranienburger Straße, den Nationalsozialisten 1938 vor der vereitelten Brandstiftung aus der dortigen Synagoge geraubt hatten.[20]

---

17 Leonhard, Wolfgang: Die Revolution entläßt ihre Kinder, 22. Aufl., Köln 2005, S. 437 ff.
18 Ebd., S. 490–491.
19 Ebd., S. 469–477.
20 Schivelbusch, Vorhang, S. 66. Zur Mitgliedschaft Bohnens s. *Tägliche Rundschau* v. 9.6.1945.

Abb. 63   Sitzung des Kulturbundes
In Rückenansicht: Johannes R. Becher, andere Teilnehmer
waren: Karl Heinz Martin, Dr. Ferdinand Friedensburg, Paul
Wegener, Prof. Johannes Stroux, Prof. Max Vasmer, Klaus Gysi

Eine Woche nach Beendigung der Kampfhandlungen nutzte das Bezirksamt Charlottenburg die Schlüterstraße 45.[21] Und im Juli 1945 präsentierte hier die erste Berliner Kunstausstellung Werke von Karl Hofer, Max Beckmann, Ernst-Ludwig Kirchner und anderen Künstlern. Bald zog auch der Kulturbund zur demokratischen Erneuerung Deutschlands unter seinem Präsidenten Johannes R. Becher ins Haus (Abb. 63). Wilhelm Pieck hatte am 6. Juni 1945 in Moskau die Programmatik für diese Organisation formuliert. Ihre Ziele sollten die »Vernichtung des Nazismus« und die »Popularisierung des klassischen Erbes des deutschen Geistesschaffens« sein. Hier erhielt Becher die Lizenz zur Gründung des Aufbau Verlages. In der Schlüterstraße 45 holte sich auch Axel Springer seine Lizenz ab.[22]

Am 30. April 1946 stellte die Kammer der Kulturschaffenden ihre Tätigkeit ein. Ihre Kompetenzen verteilten sich auf das Amt für Kunst im Berliner Magistrat und auf das Bezirkskunstamt Charlottenburg. Dann zog die Entnazifizierungskammer ein, die sich sinnigerweise in den Räumen niederließ, wo noch immer die Mitgliederkartei der Reichskulturkammer lag. Nach Verbot in den Westsektoren im November 1947 verließ auch der Kulturbund das Haus. Ihm folgte der in den westlichen Sektoren gegründete Freie Kulturbund. Langfristig etablierte sich in diesem Haus eine andere Nutzung: In den 60er Jahren eröffnete der aus dem kolumbianischen Exil zurückgekehrte Heinz Rewald eine Pension, die sich schließlich zum traditionsreichen heutigen Hotel Bogota entwickelte.[23]

Schwarzmarkt und Lebensmittelproduktion in der Stadt

Friedrich Luft organisierte in diesem Haus zeitweilig Lesungen bisher verbotener und verfolgter Dichter. Auf seinem Weg über den – so Luft – »fast unbegehbaren Kurfürstendamm« muss er »wilde« Märkte passiert haben.[24] Hier und in der Schlüterstraße hatte

---

21 Schivelbusch, Vorhang, S. 66.
22 Zit. n. Schivelbusch, Vorhang, S. 121; Steinmann, Spurensuche, S. 46 ff.
23 Schivelbusch, Vorhang, S. 66; Steinmann, Spurensuche, S. 49–51.
24 Schivelbusch, Vorhang, S. 66; Steinmann, Spurensuche, S. 48; dort auch das Zit.

sich nämlich nicht nur der größte Tausch-, sondern auch ein blühender Schwarzmarkt entwickelt.[25] In der Schlüterstraße waren vor allem Butter und Zigaretten zu haben.[26] Überhaupt soll diese Straße neben den Bahnhöfen Wilmersdorfer Straße und Zoologischer Garten einer der Hauptumschlagplätze im Britischen Sektor gewesen sein. Hier haben hauptsächlich Polen, Deutsche und Alliierte gehandelt.[27] Auch Jugendliche mischten sich in den Schwarzhandel ein. Damit war allerdings nach der Währungsreform Schluss.[28]

Curt Riess beschreibt eine Szene: »Meistens begann der Schwarze Markt um zehn Uhr morgens. Da waren die Kinder, die von alliierten Soldaten erbettelte Zigaretten zu verkaufen suchten, da war ein 20-jähriger Kriegsinvalide, der ein Medaillon loszuwerden trachtete. Da war die Frau, die 200 Gramm Butter anbot, die Ration ihres Kindes für die nächsten zehn Tage, sie brauchte das Geld für die Miete; ein altes zerlumptes Männchen offerierte Nähgarn und Seifenpulver, ein gut gekleideter Herr Nylons, das Paar zu dreihundert Mark.« Auf dem Kurfürstendamm hörte man einen alten Mann warme Würstchen anbieten. Zugleich wärmte er sich die kalten Hände am Dampf, der dem Wagen entströmte. Auf die Frage einer potentiellen Kundin, ob die Würstchen aus »echtem Schweinefleisch« bestünden, antwortete er: »Klar«, und dann, damit ein Passant, der herankam, ihn nicht hörte: »Ein bisschen Fisch ist auch dabei, aber wer es nicht weiß, merkt es nicht!«[29]

Im Durcheinander der Nachkriegszeit bildeten sich die Schwarzmärkte »zu zentralen Bezugspunkten der Stadtwahrnehmung« heraus, mit denen sich sogar die Londoner *Times* beschäftigte. Sie berichtete 1946 »regelmäßig über Schwarzmarktaktivitäten auf dem Potsdamer Platz, dem Kurfürstendamm oder dem Bereich zwischen Brandenburger Tor, Reichstagsgebäude und dem Tiergarten«. Als bei einer Razzia auf dem Kurfürstendamm zwei Straßenhändler verhaftet und in der Folge zahlreiche Hausdurchsuchungen durchgeführt worden waren, ließen sich die Warenströme – in diesem Fall handelte es sich um Cadbury-Schokolade – und das Verteilernetz feststellen.[30] Am Kurfürstendamm wurden auch »schwarz« erworbene Lebensmittel konsumiert. So hatte der Betreiber des Royal Club am Kurfürstendamm 188/189 zahlreiche Kaninchen besorgt, die seiner Einlassung nach im Grunewald geschossen worden waren. Der Inhaber der Rio-Rita-Bar in der Joachimsthaler Straße 40 ließ vor einer Inspektion große Mengen Lebensmittel aus dem Haus schaffen.[31]

Um die knappen Lebensmittelrationen zu strecken, beschritt der Magistrat mit der sogenannten Brachlandverordnung vom 15. Oktober 1945 kreative Wege. Sie schrieb den Hauseigentümern vor, Zierrasen und andere Flächen zum Anbau von Gemüse und Hackfrüchten zu nutzen. Außerdem dienten die bezirklichen Freiflächen dieser Funktion. So

---

25 Frisch, Helga: Abenteuer »Kurfürstendamm«. Damals und heute, Berlin 2007, S. 123–124.

26 Gespräch der Autorin mit Herrn Hans-Jürgen Pluta am 5.2.2009.

27 Zierenberg, Malte: Stadt der Schieber. Der Berliner Schwarzmarkt 1939–1950 (= Kritische Studien zur Geschichtswissenschaft, Bd. 179), Göttingen 2008, S. 271.

28 Loy, Thomas: Harry Böhme, in: *Der Tagesspiegel* v. 5.3.2010, S. 14.

29 Riess, Berlin, S. 59, 133.

30 Zierenberg, Schwarzmarkt, S. 191, 208, 273.

31 Schmidt, Jürgen: Rote Rüben auf dem Olivaer Platz. Quellen zur Ernährungskrise in Berlin 1945–1949, Münster u. a. 2007, S. 202–204.

kultivierte der Bezirk Wilmersdorf auf dem Olivaer Platz Rote Rüben, der Ludwigkirchplatz war für die Aufzucht von Spinat vorgesehen, auf anderen Plätzen sprossen Erbsen und Mohrrüben. Bei einer Inspektionstour hatten Kommandant Bullock und Major Mills von der Britischen Militärregierung nichts zu beanstanden.[32] Und schon im Juli 1945 konnten die ersten Gemüsesorten geerntet werden.[33]

Produktion und Dienstleistungen

Das Leben kehrte auch in anderer Form an den Kurfürstendamm und in seine Nebenstraßen zurück: In der Karlsruher Straße begann man mit der Produktion von Kochtöpfen aus Stahlhelmen.[34] Während der ersten Aufbauphase 1947 bis 1951 siedelten sich zahlreiche Provisorien in Behelfsbauten an.[35] Und mancher Wiederaufbau wurde familiär gestemmt. So erwarb der Inhaber der Firma Lucullus Küchen- und Badausstattung, dessen Betrieb an anderer Stelle des Kurfürstendamms zerstört worden war, die »wiederaufbaubare Ruine« auf dem Grundstück Kurfürstendamm 200. Die Enkelkinder klopften Steine, füllten Baumaterialen in Eimer, halfen bei Transporten und beim Betonieren des Hofes. Dafür erhielten sie täglich die seinerzeit stolze Summe von 5 DM Taschengeld.[36]

Auf dem Lehniner Platz stand, als die ihn umgebende Bebauung noch nicht wieder errichtet war, ein Holzhaus. Darin war eine Apotheke untergebracht. Wer diese betrat, hatte das Gefühl, »in einen orientalischen Gewürzladen geraten zu sein«. In unmittelbarer Nachbarschaft »standen drei gut frequentierte Geschäftsbuden. In einer (…) verkauften zwei hübsche Schwestern gehobene Damenbekleidung, und als sie sich später in der Bleibtreustraße niederließen, wurde ihre noble Boutique zur Pilgerstätte der Berliner Gesellschaft. Der Kunsttischler von Wild platzierte einen riesigen Baumstamm der Länge nach durch das Geschäft, und jede Kundin kam sich auf dem wippenden Baum wie auf dem Laufsteg von Coco Chanel vor.«[37] Noch in den späten 50er Jahren wurden auf zahlreichen geräumten Ruinengrundstücken Autos verkauft oder Wochenmarkt gehalten. Und am Kurfürstendamm um die Uhland- und die Fasanenstraße boten Berlinerinnen und Berliner alles Mögliche feil.[38]

Else Klemke, die das Berliner Kindl an der Ecke Kurfürstendamm und Meinekestraße betrieb, war es gelungen, Erbsen über den Krieg zu retten. Als der Hunger in der Nachkriegszeit groß war, stellte sie auf dem Kurfürstendamm eine sogenannte Gulaschkanone

---

32 Ebd., S. 103, 89–91.
33 Christoffel, Die Jahre, S. 531.
34 Zit. n. ebd., S. 533.
35 Zum Bestand bis über 1955 hinaus s. Haemmerling, Charlottenburg, S. 29.
36 Frisch, Kurfürstendamm, S. 132.
37 Gotfryd, Anatol: Der Himmel in den Pfützen. Ein Leben zwischen Galizien und dem Kurfürstendamm, Berlin 2005, S. 227–228.
38 Bórquez, Sarah: Gespräch mit Rolf Eden, in: Zajonz, Michael/Kuhrau, Sven (Hg.): Heimweh nach dem Kurfürstendamm. Geschichte, Gegenwart und Perspektiven des Berliner Boulevards, Petersberg 2010, S. 58–60, 58–59.

auf und verteilte kostenlos Erbsensuppe an die Passanten. Rasch wuchs ihr die Bezeichnung die »Seele vom Kurfürstendamm« zu. Die verwitwete Gastwirtin machte ihren Betrieb mit über hundert Angestellten, einer Konditorei und einer Metzgerei zu einem der »führenden Gaststätten Berlins«. Sogar während der Blockade kam etwas auf den Tisch![39]

Kultur

Wenige Monate nach Kriegsende eröffnete Gerd Rosen am 8. August 1945 im Haus Kurfürstendamm 215 die erste private Kunstgalerie Deutschlands, wo früher Militärutensilien verkauft worden waren.[40] Rosen vertrat das Prinzip großer künstlerischer Offenheit,[41] in seiner Galerie formte sich der Begriff »Berliner Surrealismus« für die Darstellung der Lebenswirklichkeit in Schutt und Asche. Jeanne Mammen stellte bei Rosen aus.[42] Wie viele andere Kunstschaffende erlebte sie eine Phase der »produktiven Unordnung«.[43]

Zunächst bei Rosen beschäftigt, machte sich Rudolf Springer, ein Urenkel des Verlagsgründers, bald mit einer Galerie selbständig. Er stellte sowohl Werke des Realismus aus wie der abstrakten Kunst. Von 1950 bis 1953 residierte die Galerie in der Maison de France (Kurfürstendamm 211), bezog dann bis 1968 ein Domizil im Haus Kurfürstendamm 16.[44] Um die Jahreswende 1950/51 zog für viele Jahre die Galerie Schüler in das Haus Kurfürstendamm 51. Gezeigt wurden zunächst Mataré, Feininger, Klee und Hofer.[45] Die Atmosphäre bei frühen Ausstellungseröffnungen erinnert Lothar Klünner: »Oft standen wir – so dünn wie wir damals alle waren – dicht gedrängt wie die Ölsardinen bei den Ausstellungseröffnungen vor den Bildern. Wir hatten kein Geld um zu kaufen, wir waren gekommen, um eine Offenbarung zu erleben (…). Wir spürten die Enge nicht, ein weites Feld hatte sich vor uns aufgetan, ein Reich der absoluten Freiheit, denn in den ersten Jahren dominierte keine Stilrichtung«.[46]

Wenn der junge Martin Kluger in »die Stadt« fuhr, zogen ihn zu Beginn der 60er Jahre vor allem zwei Einrichtungen an den Kurfürstendamm: Das MGM-Kino (Abb. 64) und Marga Schoellers Bücherstube. Letztere entfaltete, wie er sagt, »etwas Unterseeisches«: »Regale, an denen Bücher wuchsen wie Korallen, Regale voller Wunder und Welten. Hier kaufte mir meine Mutter Thomas Wolfe in der genialischen Schiebelhuth-Übersetzung Von Zeit und Strom. Der Erwerb hat sich gelohnt. Thomas Wolfe brachte mich zum Schreiben.«[47]

---

39 Stürickow, Kurfürstendamm, S. 172–173.

40 Lütjens, Jeanne Mammen, S. 184.

41 Krause, Markus: Galerie Gerd Rosen. Die Avantgarde in Berlin 1945–1950, Berlin 1995.

42 http://www.jeanne-mammen.de/html/deutsch/inhalte/stilperioden.html (22.1.2010).

43 Lütjens, Jeanne Mammen, S. 183.

44 Hops, Christiane: Galerie Rudolf Springer: Porträt (= http://www.artcontent.de/zadik/feature/feature_02.asp?=24 (2.4.2010).

45 Ohff, Heinz: Nach 42 Jahren. Abschlußausstellung der Galerie Schüler, in: *Der Tagesspiegel* v. 13.2.1988.

46 Zit. n. http://www.vonhundert.de/index.php?id=81 (22.1.2010).

47 Boersenblatt.net/144126/ (23.12.2008). Zum Metro-Goldwynn-Mayer-Kino, das 1977 abgerissen wurde, s. Stürickow, Kurfürstendamm, S. 187, S. 212–213 eine Abbildung.

Abb. 64   Das MGM-Kino Kurfürstendamm 197/198 (Ecke Bleibtreustraße) (1956–1977)

Auch Fotografen ließen sich am Kurfürstendamm nieder. Im Jahr 1950 verlegte der Modefotograf Karl Ludwig Haenchen seine Wirkungsstätte aus der Brandenburgischen Straße an den Kurfürstendamm 205. Kollege Joe Niczky hatte bis Mitte der 50er Jahre sein Atelier im Haus Nr. 201. Möglicherweise führte er das Atelier Imre von Santhos' weiter, das dieser Ende der 30er Jahre verlassen hatte. Henry Ries, den die Gedenktafel an seinem Geburtshaus (Meinekestraße 12) als »Photographen der deutschen Nachkriegszeit« bezeichnet, wohnte nach 1945 im Haus Kurfürstendamm 14–15.[48] Hier hatte schon Frieda Riess ihr Fotoatelier betrieben.

Die Theaterlandschaft wurde 1945/46 mit der Neugestaltung der Komödie am Kurfürstendamm unter umfassender Wahrung alter Teile wiederbelebt. 1947 konnte auch das Theater am Kurfürstendamm eröffnet werden.[49] Dazu haben die Geschäftsleute Albert Pluta und Karl Heinz Pepper finanziell beigetragen. Eröffnet wurde mit dem »Sommernachtstraum«. Eine Rolle bekam Karl-Ludwig Schreiber, der Lebensgefährte Frau Plutas.[50] Nach einer Unterbrechung des Spielbetriebs im »Theater« während der Berlin-Blockade 1948/49 wurde es bis 1963 an die Freie Volksbühne verpachtet. Hier traten unter anderem Tilla Durieux, Paula Wessely und Attila Hörbiger auf.[51]

48 Gundlach/Richter, Berlin en vogue, S. 357–358.
49 Worbs, Theater, S. 51 ff.
50 Gespräch der Autorin mit Herrn Hans-Jürgen Pluta am 14.4.2009.
51 Worbs, Theater, S. 51–54.

Im Dezember 1950 erzwangen Studierende und Mitglieder der Jüdischen Gemeinde den Abbruch des Burgtheater-Gastspiels »John Gabriel Borkman« mit Werner Krauß, indem sie Polizeiketten durchbrachen und die Glastüren des Foyers zertrümmerten. »Werner Krauß, geh nach Haus!« lautete die Aufforderung auf den Transparenten der Demonstrierenden vor dem Theater am Kurfürstendamm. Krauß hatte in Veit Harlans berüchtigtem antisemitischen Propagandafilm »Jud Süß« die Hauptrolle gespielt. Während der Aufführung in Berlin 1940 hatte das Publikum gefordert »Vertreibt die Juden vom Kurfürstendamm!«. Genau ein Jahrzehnt danach kam es zur Demonstration und zu heftigen Auseinandersetzungen mit der Polizei, bei denen zwei Demonstranten lebensgefährlich verletzt wurden.[52]

Später stand »Des Teufels General« auf dem Spielplan, und am 20. Februar 1963 kam »Der Stellvertreter« von Rolf Hochhuth zur Uraufführung.[53] Im Jahr 1953 rühmte Günther Neumann in der satirischen Insulaner-Sendung[54] den Regierenden Bürgermeister Ernst Reuter und betonte die Unterstützung Berlins durch die USA:

»Keine Mark in der Kasse mehr,
auch der Stadtsäckel schlaff und leer,
täglich neue Probleme!
Reuter dachte als er das sah:
Hilft nischt, ick muss nach USA,
auf die Spendierhosen kloppen,
sonst sitzen wa hier auf dem Proppen!

…

In janz New York war een Hallo,
Und Reuter dachte froh:
Das gibt's nur einmal!
Ick komm' bald wieder'!
Das is ja mehr als jut jejang'n!
Es fällt Konfetti
Auf mich hernieder,
in Bonn wurd' ich nie so empfang'n!«[55]

---

52 Lönnendonker, Siegwart: APO-Archiv, Kleine Zeittafel »25 Jahre Freie Universität Berlin« = fu-berlin.de/APO-archiv/Online/Chronologieweb.htm (23.12.2008). Gespräch Ulrike Gentz mit Albert Mayer, in: Zajonz, Michael/Kuhrau, Sven (Hg.): Heimweh nach dem Kurfürstendamm. Geschichte, Gegenwart und Perspektiven des Berliner Boulevards, Petersberg 2010, S. 63–65, S. 65. Zu den Ausrufen während der Filmvorführung Boberach, Heinz: Meldungen aus dem Reich. Auswahl aus den geheimen Lageberichten des Sicherheitsdienstes der SS 1939–1944, München 1968, S. 124 f.

53 Worbs, Theater, S. 54–56.

54 Das Kabarett »Die Insulaner« trat meist im Theater am Kurfürstendamm auf. So Stürickow, Regina: Der Insulaner verliert die Ruhe nicht. Günter Neumanns Kabarett zwischen Kaltem Krieg und Wirtschaftswunder, Berlin 1993, S. 86.

55 In: *Depesche* v. 31.3.1953 = LAB, E Rep. 200-21, Nr. 68.

Hans Wölffer, der ab 1951 die »Komödie« leitete, übernahm 1963 auch das »Theater«. Gegeben wurden internationale ebenso wie Berliner Stücke. Auf beiden Bühnen traten unter anderem Nadja Tiller, Victor de Kowa, Käthe Haack auf. Mit »Kiss me Kate« begann am 23. Dezember 1955 eine Serie von Musicals.[56] Schon 1954 war in der Komödie im Rahmen der Berliner Festwochen der »Bilderbogen aus Amerika« präsentiert worden. Diese Choreographien zeigten in drei Balladen völlig unterschiedliche Lebenszusammenhänge. George Grosz steuerte die Figurinen bei.[57]

Nach dem Mauerbau veränderte ein höherer Touristenanteil die Zusammensetzung des Publikums und dessen Geschmack. Es war mehr Unterhaltung gefragt. Neben den fest engagierten Schauspielerinnen und Schauspielern beider Theater, wie Johanna von Koczian, Harald Juhnke, Günter Pfitzmann, traten zum Beispiel auch O. E. Hasse und Ingrid van Bergen auf. Schon 1964 entstanden Pläne, an der Stelle der Theatergrundstücke eine Passage zu errichten. Diese bis 1968 virulenten Überlegungen griff die Architektin Sigrid Kressmann-Zschach mit dem 1969 bis 1975 errichteten Kudamm-Karree auf. Die nun umbauten Theater erhielten die längst nötigen Verwaltungs-, Proben- und Werkstättenflächen.[58]

Abb. 65 (rechts)   Rolf Hochhuth bei der Protestveranstaltung des Vereins »Rettet die Kurfürstendammtheater« am 30. März 2009 vor dem Theater am Kurfürstendamm

Konsum und Prostitution

Am Kurfürstendamm residierten nicht nur Modehäuser, in deren Auslagen »elegante Frauen an der Seite ihrer Männer gefährlich-teure Blicke« warfen.[59] Auch die Autosalons boten vor allem den Herren lohnende Ziele, galt das Auto doch – mehr als alles andere – als Symbol der Freiheit. Auf ehemaligem Vorgartenterrain präsentierte die Opel A.G. vor dem Theater am Kurfürstendamm (Nr. 208/209) ab den 20er Jahren Autos.[60] Die Fordfiliale schloss westlich ans Café Kranzler an.[61] Volkswagen wurden in Halensee verkauft, Citroën konnte man bei Edda Springfeld erwerben.[62] Auch BMW und Mercedes-Benz

---

56 Worbs, Theater, S. 57–63.

57 Heuermann, Tatjana Gsovsky, S. 108.

58 Hofmeister, Burkhard: Berlin (West). Eine geographische Strukturanalyse der zwölf westlichen Bezirke (= Wissenschaftliche Länderkunden, Bd. 8), 2. vollst. überarb. Aufl., Darmstadt u. a. 1990, S. 167; Worbs, Theater, S. 63–69.

59 Teichs, Maria: Berliner Bilderbuch, Berlin 1953, S. 18.

60 Dazu die Abbildung in: Worbs, Theater, S. 56.

61 Dazu die Fotografie bei Frisch, Kurfürstendamm, S. 133.

62 Gespräch der Autorin mit Herrn Hans-Jürgen Pluta am 14.4.2009.

waren am Kurfürstendamm vertreten. Anfang 1958 eröffnete dann im Haus Kurfürstendamm 220 (Ecke Meinekestraße) ein Stadtbüro der Lufthansa.[63]

Das Mitglied des Politbüros Rudolf Herrnstadt machte die hervorragende Versorgungslage West-Berlins nachdenklich: Als er den Warenüberfluss sah, konnte der Kommunist über den »Unterschied im Luxus, in den Farben, im Angebot der Geschäfte […] nur den Kopf schütteln«. »Dann ist ja alles falsch, was wir darüber schreiben!« Der Kurfürstendamm war ihm gut bekannt aus der Zeit vor 1933, als er für das *Berliner Tageblatt* geschrieben hatte. Damals lag sein Berlin nämlich »an der Uhlandstraße, am Kurfürstendamm«.[64]

Die von Herrnstadt gegründete *Berliner Zeitung* titelte 1954 kurz vor den Dezember-Wahlen zum (West-)Berliner Abgeordnetenhaus: »Sehnsucht nach diesem Kurfürstendamm?« Der Boulevard galt dem Blatt als »Schandfleck«, bevölkert von Schiebern, Nichtstuern, Dirnen, Spekulanten, Bankern und Industriebossen. Auch die bauliche Erscheinung wurde gebrandmarkt: »Während rauchgeschwärzte steinerne Damen und antike Catcher sich an frei in den Himmel ragende Mauerreste klammern, hat man zu ihren Füßen konfektschachtelähnliche Läden eingebaut. […] Wo neu gebaut wird, lassen Bauherr und Architekt alle Zügel schießen. […] Typische Wohngegend ist der Kurfürstendamm jedoch nicht. Es herrschen auch in den oberen Stockwerken – soweit vorhanden – alle möglichen Firmen vor. Die einen versuchen, Pelze oder Briefmarken, die anderen, Grundstücke, Beteiligungen, Antiquitäten oder Juwelen zu verhökern und für die USA-Auftraggeber billig einzukaufen. Manche machen in Konfektion (wobei die Näherinnen sieben Pfennig für einen Rocksaum bekommen).«[65]

Nicht erst 1945 siedelte sich die Prostitution am Kurfürstendamm und in seiner Umgebung an. In einer der Seitenstraßen logierte der Salon Daisy und nannte sich Pension. »Frau Daisy, eine Fünfzigerin, die gut und gern ihre 200 Pfund wog, hatte Erfahrung in ihrem Fach. Sie ließ mich einen Blick in ihren Salon werfen, in dem einige Frauen miteinander plauderten. ›Alles Damen der Gesellschaft‹ versicherte sie mir. ›Vor einem halben Jahr hätten Sie kommen müssen. Da war Hochbetrieb. Heute, da die Blockade das Geschäft so schwer macht…‹ Freunde des Hauses konnten eine Etage höher gehen. Dort hatte sich ein Spielklub etabliert. Es gab alles – Roulette, Bakkarattische – nur Spieler gab es wenig[e]. Der Croupier stöhnte: ›Früher haben wir ein bis anderthalb Millionen pro Nacht umgesetzt.‹« Damit meinte er die Zeit von Herbst 1945 bis zum Frühjahr 1948.[66]

Ältere Etablissements, auch der Salon Kitty, bestanden weiter. Als die Inhaberin, Frau Schmidt, 1954 unter Anteilnahme einer »unübersehbaren Menschenmenge« zu Grabe getragen wurde,[67] zeigte sich darin das Ansehen dieses ehemaligen Bordells auch in der Nachkriegszeit. Frau Schmidts Tochter Kathleen führte den Betrieb als Pension weiter, die

---

63 Dazu die Gedenktafel am Haus.
64 Zit. n. Liebmann, Irina: Wäre es schön? Es wäre schön! Mein Vater Rudolf Herrnstadt, Berlin 2008, S. 332, 62–63.
65 Zit. n. Metzger/Dunker, Kurfürstendamm, S. 222, 225.
66 Riess, Berlin, S. 147.
67 Vgl. dazu Norden, Salon Kitty, S. 320.

sich zu einem Künstlertreff entwickelte. Erich Kästner kam und andere. Als die Inhaberin 1996 starb, formierte sich ebenfalls ein eindrucksvoller Trauerzug, dem sich zahlreiche ihrer Gäste, darunter von ihr aufgenommene Asylanten, anschlossen.[68] Noch in den 70er Jahren beobachtete Helmut Newton, als er in der Pension Dorian nahe dem Kurfürstendamm übernachtete, »gut gekleidete Männer in den Sechzigern kommen und gehen, die wie Figuren aus einem Nazifilm aussehen«. Bei diesen Herren handelte es sich wohl um »alte Kunden von Kitty«, die sich manchmal an Wochenenden bei Dorian »mit jungen Frauen« trafen. Newton schoss hier das legendäre Foto »Jenny Kapitan, Pension Dorian«.[69]

Wolfgang Paul stellt am 12. April 1963 fest, dass Berlin trotz steigender Zahl der Nachtbars »nicht frivoler (…) aber ein wenig leichtsinniger« geworden sei. Er schreibt über die Bars auch »rings um den Kurfürstendamm, in denen man bei ›Whisky-Soda‹ und bei Kerzenlicht sitzt, »und hin und wieder kommt eine Frau, die zieht sich fast aus«. Kunstvollere Entkleidungen konnte man im Rififi erleben.[70] Der Kurfürstendamm hatte auch eine Dienstleistung ganz besonderer Art aufzuweisen: den Liebeskiosk. Für 20 Mark bestückten Frauen und Männer je ein Album mit ihrem Konterfei und nannten zugleich ihre Vorlieben. Hier zielte die Vermittlung im Gegensatz zum Heiratsbüro, wo man mit 100 Mark dabei war, eben nicht auf die dauerhafte Verbindung.[71]

Wirtschaftsaufbau und beschleunigter Verkehr

Ab August 1945 fuhr die Straßenbahn 76 zwischen Zoo und Hubertusallee wieder über den Kurfürstendamm.[72] Zur weiteren Mobilität trugen Taxen bei, deren Betrieb die Briten für ihren Sektor vom Hotel am Zoo aus organisierten. Nicht viel später kamen Privatwagen dazu. Die folgende Abbildung 66 zeigt die Aufschrift »British Car Hire« und die Zulassung durch die Britische Kommandantur auf den Nummernschildern (KB).[73] In der Aufbauphase wurde die Stadtstruktur für rasch fließenden Autoverkehr modernisiert. Im Jahr 1946 entwarfen Hans Scharoun und die Mitarbeiter des Groß-Berliner Stadtplanungsamtes den »Kollektivplan«, der orientierte sich am Leitbild der aufgelockerten, durchgrünten und autogerechten Stadt. Diese Absage an die Stadt des 19. Jahrhunderts wollte umsetzen, was schon ab 1939 unter den Vorzeichen des Bombenkrieges geplant worden war: eine Bandstadt.[74] Das geschah nicht. Aber die Idee eines Citybandes über-

---

68 Film von Claus Räfle im RBB im Mai 2007. http://www.berlin.de/ba-charlottenburg-wilmersdorf/bezirk/kiezspaziergaenge/080412.html (27.2.2009).

69 Newton, Autobiographie, S. 294–295, die Fotografie S. 294.

70 Paul, Wolfgang: Nächtliches Vergnügen an und in Berlin, in: *Die Zeit* v. 12.4.1963.

71 Riess, Berlin, S. 76.

72 Christoffel, Die Jahre, S. 533.

73 Kubisch, Ulrich: Taxi. Das mobilste Gewerbe der Welt, Berlin o.J. (= Berliner Beiträge zur Technikgeschichte und Industriekultur, Schriftenreihe des Museums für Verkehr und Technik Berlin, Bd. 12).

74 Düwel, Jörn: Berlin. Planen im Kalten Krieg, in: 1945. Krieg–Zerstörung–Aufbau. Architektur und Stadtplanung 1940–1960 (= Schriftenreihe der Akademie der Künste, Bd. 23), o.O. o.J., S. 195–270, S. 198; Geist, Johann Friedrich/Kürvers, Klaus: Das Berliner Mietshaus 1945–1989, München 1989, S. 205.

nahmen die zuständigen West-Berliner Stadtplanungsstellen. Das Band von Alexander- über Potsdamer Platz und den Bereich um den Zoologischen Garten sollte diese Stadttrasse weiter in Richtung Westen fortführen.[75] Im Sinne des stetigen Autoverkehrs war eine gitterförmig angeordnete Schnellstraßenstruktur vorgesehen.[76]

Sogar nahe dem Kurfürstendamm lag noch 1961 innerstädtische Brache: »Zwischen Güntzel- und Lietzenburger Straße wuchert das Unkraut in mannshohen Büschen aus den Trümmerbergen hervor. […] Es gibt auch noch einige Holzlaternen, die ihr trübes Licht in die von Ratten verseuchte, trostlose Gegend an der Ecke Hohenzollerndamm werfen.«[77] Im konzipierten West-Berliner Straßensystem kam der ab 1956 im Bau befindlichen Lietzenburger Straße große Bedeutung zu.[78] Senkrecht auf dieser sollte eine breite Nord-Süd-Verbindung entstehen.

Abb. 66   VW-Taxen, im Hintergrund die Gedächtniskirche, 1947

Diese Planung wurde erst in den 80er Jahren des 20. Jahrhunderts zu den Akten gelegt, forciert durch die Bürgerinitiative für den Erhalt des heutigen Literaturhauses in der Fasanenstraße.

Wie rabiat die Umgestaltung des Berliner Stadtgrundrisses geplant war, zeigt eine Sitzung des Planungsbeirats beim Bausenator zu Beginn der 60er Jahre, in der es um die Beschleunigung des Nord-Süd-Verkehrs ging. Die Repräsentanten des Senats wollten den Kurfürstendamm mit einem mehrbahnigen Tunnel unterfahren. Da man die Innenstadt um den Kurfürstendamm nicht mehr als Wohnbereich sah, sollte die Bausubstanz der westlichen Fasanenstraße für Straßenrampen weichen. Wohnen sollte an der Peripherie stattfinden, im Märkischen Viertel und anderswo. Hier wirkte sich der Mangel an Finanzen segensreich aus.[79] Wolf Jobst Siedler war einer der Teilnehmer. Er kommentiert: »Für die Handelnden von damals und für die sie Beratenden gibt es keine Vergangenheit mehr,

75 Zöbl, Dorothea: Charlottenburg im Bannkreis Berlins 1700–2000. Ein Widerspruch von Aufbau und Zerstörung?, in: Breit, Reinhard/Hohmann, Hasso (Hg.): Archäologie und Planung (= Schriftenreihe des Internationalen Städteforums Graz, Bd. 3), Graz 1991, S. 62–87, S. 74–75.
76 Düwel, Planen, S. 199/200.
77 *Der Tagesspiegel* v. 19.3.1961 zit. n. Lieberknecht, Rolf/Metzger, Karl-Heinz u. a.: Von der Wilhelmsaue zur Carstenn-Figur. 120 Jahre Stadtentwicklung in Wilmersdorf, Berlin 1987, S. 87.
78 Stimmann, Hans: Die autogerechte Stadt, in: Boberg, Jochen u. a. (Hg.): Die Metropole. Industriekultur in Berlin im 20. Jahrhundert (= Industriekultur deutscher Städte und Regionen, Berlin 2), München 1986, S. 306–319, S. 308–310.
79 Siedler, Wolf Jobst: Stadtgedanken, München 1990, S. 83 ff.

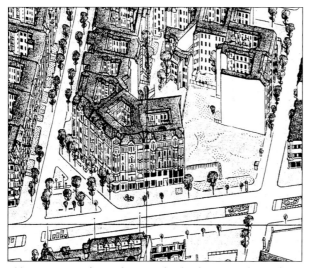

Abb. 67   Der Kurfürstendamm in der dreidimensionalen Berlin-Karte von Karl Heinz Wirth, 1955

weder die von eben – das Dritte Reich – noch die von gestern – die Republik – oder gar die von vorgestern – das Kaiserreich.«[80]

Der Nord-Süd-Verkehr am Kurfürstendamm wurde in anderer Weise autogerecht gestaltet wie zum Beispiel durch Anpassung der Straßenführung zwischen Uhland- und Mecklenburgischer Straße, vor allem aber der Durchbruch von der Kaiser-Friedrich- über die Lewisham- zur Brandenburgischen Straße. Zum Leitbild der autogerechten Stadt

gehörten neben effizienter Verkehrserschließung Grünflächen, etwa der Olivaer Platz, der sich durch Kappung der Bayerischen Straße in Richtung Osten ausdehnte.[81] Die Bundesallee wurde im Zusammenhang mit dem Neubau der U-Bahn-Linie 1 (Beginn 1955) autogerecht ausgebaut. Neue U-Bahn-Linien beschleunigten die Passantenströme in Nord-Süd-Richtung.[82] Neben der Verlängerung der Linie 9 von Osloer Straße bis Walther-Schreiber-Platz erfolgte 1962 bis 1971 der Ausbau der Linie 7 zwischen Möckernbrücke und Fehrbelliner Platz.[83] Später gingen auch die Bahnhöfe Konstanzer Straße bis Richard-Wagner-Platz ans Netz. Im Zusammenhang mit dem Bau der Linie 7 erhielt die Brandenburgische Straße autogerechte Dimension.[84]

1954 war auf dem Kurfürstendamm die Umstellung von Straßenbahn auf Autobus erfolgt. Die Planer waren der Ansicht, das Verkehrsmittel müsse dem Weltstadt-Boulevard angemessen sein. In West-Berlin begann man mit der Stilllegung der Linien 76 und 79. Nach dem 30. Juni 1954 fuhr westlich der Uhlandstraße keine Straßenbahn mehr über den Kurfürstendamm. Die Gleise wurden entfernt und der zuvor von der Straßenbahn genutzte Mittelstreifen für Parkplätze umgestaltet.[85] Nun konnten die noch hintereinander am Straßenrand geparkten VW-Käfer, wie sie in Abbildung 68 zu sehen sind, auf den

---

80 Siedler, Stadtgedanken, S. 87.
81 Vgl. dazu Stadtpläne von 1946. Eberhard Fink gestaltete dann 1961 den Olivaer Platz in seiner jetzigen Ausdehnung. Derzeit ist die Neugestaltung in Planung.
82 Stimmann, Die autogerechte Stadt, S. 315.
83 Architekten- und Ingenieur-Verein zu Berlin (Hg.): Berlin und seine Bauten, Bd. X, Bd. B Anlagen und Bauten für den Verkehr (1) Städtischer Nahverkehr, Berlin u. a. 1979, S. 151 ff.
84 Stimmann, Die autogerechte Stadt, S. 315.
85 Die Linien 76 und 79 fuhren einen Ringverkehr durch Grunewald, die eine mit dem Uhrzeigersinn, die andere dagegen: http://www.berliner-untergrundbahn.de/cs-50.htm (2.3.2009).

Abb. 68   Der Kurfürstendamm im Umbau (November 1954) – Vor dem Haus Kurfürstendamm 48–50a

Abb. 69   Die Blechlawine ergießt sich über den Kurfürstendamm

neuen Parkplätzen unterkommen (Abb. 69). Die Autobuslinien A 19 und A 29 beförderten nun die Fahrgäste und ermöglichten – so der Chronist im Jahr 1955 – »einen flüssigen Verkehr«.[86]

Die DDR-Schriftstellerin Brigitte Reimann, die zu einer Lesung nach West-Berlin gehen durfte, hielt am 15. Dezember 1964 ihren Eindruck vom Kurfürstendamm in ihrem Tagebuch fest: »Der Kudamm ist einfach Wahnsinn. Man sieht die Häuserwände nicht mehr, sie sind von oben bis unten mit grellen Lichtreklamen bedeckt, eine Orgie von buntem Licht … auf der Fahrbahn ein unabsehbarer Strom von Autos, dollen Schiffen, rollenden Diwans. Heckflossen wie Tragflächen … ich war völlig zerrüttet. Wie kann man da bloß leben, sich über den Damm wagen, als Mensch existieren zwischen Lichtschreien und flachschnäuzigen gefräßigen Stacheltieren. Ich zitterte vor Aufregung, war den Tränen nahe – nun ja, Provinz.«[87]

Ost-West-Gegensätze und Berliner Wirtschaftspolitik

Zwei Jahre nach Fertigstellung des Kollektivplans, also 1948, konstatierte der Planungsreferent des Magistrats, Hans Borstorff, in seiner Analyse »Stadt ohne Zentrum« den doppelten Tod Berlins durch die physische Zerstörung der City sowie durch die Erosion der Hauptstadtfunktion: »Am Anfang sahen wir nur den steinernen Zerfall und schufen gewaltige Pläne für die modernste bauliche Wiederherstellung dieser unserer ausgebrannten Innenstadt. Erst nach und nach wurde uns der zweite Tod voll bewusst, und damit stehen wir nun an einem Anfang, für den in erster Linie nicht mehr Zement und Ziegelsteine, sondern die politischen Kräfte der Welt unsere Baustoffe sein werden.«[88]

In diesem Sinne rüttelte Ernst Reuter am 9. September 1948 vor der Ruine des Reichstagsgebäudes 350.000 Menschen sowie die internationale Öffentlichkeit auf: »Ihr Völker der Welt (…) schaut auf diese Stadt und erkennt, dass Ihr diese Stadt und dieses Volk nicht preisgeben dürft und nicht preisgeben könnt!«[89] Seine denkwürdige Rede hielt er nur wenige Tage nach dem Auszug der Stadtverordneten aus dem Sowjetischen in den Britischen Sektor, wo sie im Studentenhaus der TU am Steinplatz (heute: Alte Mensa) zusammentraten. Diese Situation charakterisierte ein »Political Summary« des Office of Military Government US Berlin Sector (OMGUS): »A line seemed to be drawn across the face of Berlin. As though a gigantic axe had crashed upon the city, there was sharp cleavage of political action and administration.«[90]

Der Zugehörigkeit West-Berlins zum entstehenden Weststaat gab Ernst Reuter am 12. September 1948 als »Insel in der Sowjetischen Besatzungszone« und »Schaufenster der

---

86 Haemmerling, Charlottenburg, S. 29.

87 Zit. n. Schuller, Wolfgang: Die deutsche Revolution 1989, Berlin 2009, S. 22.

88 Borstorff, Hans: Stadt ohne Zentrum. Ein Beitrag zur Berlin-Planung, Berlin 1948, S. 71.

89 Audio-Datei der Stiftung Deutsches Rundfunkarchiv Frankfurt am Main – Potsdam-Babelsberg unter http://www.berlin.de/rubrik/hauptstadt/geschichte/ernstreuterrede.html (2.10.2007).

90 LAB, B Rep. 036, shipment 4 box 128-2, folder 4, Bericht v. 10.9.1948.

Freiheit« plakative Bezeichnungen.[91] In diesem Kontext spielte der Kurfürstendamm eine herausragende Rolle. Schon am 27. Dezember 1947 hatte Reuter erklärt: »Es wird gearbeitet, die Produktion geht langsam in die Höhe. Man kann hier und da schon wieder erstaunliche Dinge kaufen und sehen, es steckt ein unverwüstlicher Lebenswillen in den Menschen.«[92] Der Kurfürstendamm, die Lebensader West-Berlins, verkörperte westliches Lebensgefühl und symbolisierte die freie Welt.

Damit die Teilung Berlins nicht in räumlicher Symbolik durch ein westliches Zentrum verfestigt würde, siedelten sich die Senatsverwaltungen dezentral im Stadtraum an. Dennoch bildete sich das sogenannte Straßenkreuz am Zoo zusammen mit dem Kurfürstendamm als Zentrum der westlichen Halbstadt und als Gegenpol zu Ost-Berlin heraus. Einen politischen Gegenpol bildete der Antikommunismus eines großen Teils der West-Berliner zu »Pankow«, wie das offizielle Ost-Berlin damals hieß. Dass die Studierenden noch nicht im Gegensatz zum antikommunistischen West-Berliner Mainstream standen, zeigte sich 1950 während des Pfingsttreffens der FDJ: Teilnehmerinnen und Teilnehmer wurden auf dem TU-Campus bewirtet und zu politischen Gegenveranstaltungen zum Ost-Berliner Programm eingeladen.[93] Auch als Ost-Berlin im darauffolgenden Jahr die III. Weltfestspiele der Jugend und Studenten ausrichtete, bot die westliche Halbstadt eine höchst interessante Kulisse. Man besuchte die Cafés und Kneipen, schwelgte in Kino-Schnulzen und sah die harten Männer in den amerikanischen Western. Der Besuch im Westen war doppelt interessant, denn der Senat bot kostenlose Kudamm-Fahrten an, lud die Jugendlichen auch zu Diskussionsforen und Gratis-Essen ein. Ein Clou aber waren die gratis ausgegebenen Bananen.[94] Zeitgleich zum Pfingsttreffen der FDJ wurde die erste Berliner Nachkriegsmesse ausgerichtet.

Nach Unterzeichnung der Pariser Verträge 1955 kam es zu heftigen Diskussionen. Beispielsweise luden der Kulturminister der DDR, Dr. Becher, und sein Staatssekretär, Dr. Harich, Künstler und Journalisten ins Schultheiss am Kurfürstendamm ein. Obwohl Harichs Referat die »Freiheit der Persönlichkeit – Freiheit der Wahlen« zum Thema hatte, polemisierte er gegen die Ratifizierung der Verträge.[95] Auch das Büro Ernst Lemmers als Minister für Gesamtdeutsche Fragen lag am Kurfürstendamm. Es glich oft »dem Wartezimmer eines Arztes, in dem Reisende aus der Zone Rat und Zuspruch suchten«.[96] Dr. Erich Mende, der das Ministerium 1963 bis 1966 leitete, erinnert sich, wie ihm der Ost-Berliner Rechtsanwalt Vogel im Auftrag des Generalstaatsanwalts der DDR den Freikauf

---

91 Zöbl, Dorothea: Ernst Reuter und sein schwieriges Verhältnis zu den Alliierten 1946–1948, in: Reif, Heinz/Feichtinger, Moritz (Hg.): Ernst Reuter. Kommunalpolitiker und Gesellschaftsreformer, Bonn 2009, S. 253–273, S. 269.

92 LAB, E Rep. 200–21–01, Nr. 58, 307/4 und 307/5.

93 Brandt, Peter: Wiederaufbau und Reform. Die Technische Universität Berlin 1945–1950, in: Rürup, Reinhard (Hg.): Wissenschaft und Gesellschaft. Beiträge zur Geschichte der Technischen Universität Berlin 1879–1979, Bd. 1, Berlin u. a. 1979, S. 495–522, S. 511.

94 Malzahn, Claus: Deutschland, Deutschland. Kurze Geschichte einer geteilten Nation (= Bundeszentrale für politische Bildung, Schriftenreihe, Bd. 535), Bonn 2005, S. 114–115.

95 Reichhardt, Hans J. u. a.: Berlin. Chronik der Jahre 1955–1956, Berlin 1971, S. 57.

96 O. Verf.: Barzel, in: *Der Spiegel* v. 17.4.1963, S. 20–38, S. 22.

von 650 Häftlingen anbot. Der »Handel« kam 1964 zustande. Die Bundesrepublik wandte für die Butter-, Rohöl-, Kakao-, Südfrüchte-, Getreide-, Öl-, Fett-, Medikamenten-, Werkzeugmaschinen- sowie Haushaltsgerätelieferungen und chemische Produkte 32 Millionen DM auf. Danach waren nach langer Zeit wieder Südfrüchte in der DDR zu haben.[97]

Vom 19. bis 21. Oktober 1955 trat der Deutsche Bundestag ausnahmsweise im Umfeld des Kurfürstendamms zusammen, und zwar im Großen Physikalischen Hörsaal der TU. Hierhin hatte der Berliner Senat eingeladen, weil mit dem Wiederaufbau des Reichstagsgebäudes erst begonnen wurde. Vor zahlreichen Zuschauern und Journalisten wollten die Abgeordneten für die Einheit Deutschlands und für die »Insel« West-Berlin Zeichen setzen. Während dieses Berlin-Aufenthalts des Parlaments wurde auch der Aufbauplan für die Stadt mit dem Regierenden Bürgermeister, Dr. Otto Suhr, besprochen.[98] Im Mittelpunkt der Plenarsitzung stand die vom Bundesminister für Wirtschaft, Prof. Ludwig Erhard, abgegebene Erklärung der Bundesregierung zur Konjunkturlage. Rückblickend pries dieser die konjunkturelle Entwicklung West-Deutschlands: Steigerung der industriellen Produktion um 63 Prozent innerhalb von sieben Jahren, Anstieg der Beschäftigtenzahlen um 4,3 Millionen. Hier sah er die Kraft, »die die Lebensmöglichkeiten der Menschen im deutschen Osten mit dem Tage der Wiedervereinigung schnell auf das Niveau des freien Deutschland heben kann«.[99]

Aus diversen Hilfsfonds floss viel Geld nach West-Berlin. Damit wurden Neubauten in großem Maßstab errichtet. Der Bereich nördlich der Budapester Straße erhielt bis 1957 eine Neubebauung unter der Bezeichnung Zentrum am Zoo.[100] Wirtschaftssenator Dr. Paul Hertz nutzte seine Verbindungen, die er im amerikanischen Exil gewonnen hatte, zu Gunsten des Wiederaufbaus Berlins. Er akquirierte nicht nur Gelder aus dem Marshallplan und für den Aufbau des Zentrums am Zoo,[101] wo sich Läden, Gaststätten und Büros niederließen. 1957 wurde das DOB-Haus am Zoologischen Garten für Firmen der Damenoberbekleidungsbranche fertiggestellt. Es nahm eine Anzahl der Unternehmen auf, die zuvor im Gebiet von Hausvogtei- und Dönhoffplatz sowie am Spittelmarkt angesiedelt gewesen waren.[102] Am Weststandort wurde »Stapelcouture mit Pfiff« gefertigt.[103] Die Bedeutung dieses Zentrums für die Produktion und die Wirtschaftskraft lässt sich daran ermessen, dass schon Ende 1956 die Exporte der Berliner DOB-Unternehmen an zweiter Stelle hinter denen der Elektroindustrie standen. Im Jahr 1955 betrug der Umsatz, für den 45.000 bis 50.000 Menschen arbeiteten, mit 750 Millionen Mark immerhin 60 Prozent des

---

97 Mende, Erich: Von Wende zu Wende 1962–1982, München/Berlin 1986, S. 139 ff.
98 Reichhardt, Hans J. u. a.: Berlin. Chronik der Jahre 1955–1956, Berlin 1971, S. 309 ff.
99 Zit. n. http://www.wdr.de/themen/kultur/stichtag/2005/10/19.jhtml (23.2.2009).
100 Worbs, Dietrich: Offenheit und Transparenz. Vier Bauten der 50er Jahre im Zentrum von Berlin (West), in: Huse, Norbert (Hg.): verloren, gefährdet, geschützt. Baudenkmale in Berlin, Berlin 1989, S. 145–155, S. 148.
101 Goos, Manuela/Heyde, Brigitte: Kleider machen Frauen, Berlin 1990, S. 10–13.
102 Metzger/Dunker, Kurfürstendamm, S. 211, 214.
103 Schachtebeck, Ric: Sitzt wie angegossen, in: *Frankfurter Allgemeine Zeitung* v. 8.9.2007, S. Z3 = www.ric-schachtebeck.de/page8/page17/page17.html (10.1.2009).

Umsatzes der Bundesrepublik in dieser Branche.[104]

Am Joachimsthaler Platz wuchs das Allianzhochhaus empor. Im Erdge-schoss des Hauskomplexes logierte bis vor kurzem eine Verkaufsniederlassung der Firma Rosenthal. Nicht nur hier, direkt vor Ort, wurde während der Zeit, in der West-Berlin von der Mauer um-geben war, das Service »Berlin« ver-kauft mit charakterisierenden Dekoren wie Tiergarten, Grunewald, Hilton. Am bekanntesten war das Dekor Kurfürs-tendamm. Selbst in der schwäbischen Provinz brachte das Porzellan die Situ-ation Berlins im wahrsten Sinn des Wortes auf den Tisch, wie die Autorin aus eigener Anschauung weiß. Der Kurfürstendamm war attraktiv über

Abb. 70   Service Berlin, Dekor Kurfürstendamm

die Stadtgrenzen hinaus und zog Produktionseinrichtungen aus West-Deutschland an. Möglicherweise wegen der Nähe zu den wichtigen Modesalons – nicht zu vergessen die staatlichen Subventionen – eröffnete der Miederwarenproduzent Triumph aus Heubach in Baden-Württemberg am Kurfürstendamm 63 Ecke Giesebrechtstraße ein siebenge-schossiges Geschäfts- und Lagerhaus. Wie aus Abbildung 71 ersichtlich, war das Motto »Triumph krönt die Figur« an der östlichen Dachkante montiert.[105]

Das ECO-Haus am Kurfürstendamm 64/65 bot ab 1955 rund 1.000 Beschäftigten in zahlreichen Konfektionsfirmen Platz.[106] Nicht nur mit der Haute Couture, sondern auch mit Massenkonfektion ließen sich Vermögen machen: So bestimmten zum Beispiel in den frühen 60er Jahren die Herren Ebel und Siebecke (Ebel & Co) mit ihren schwarzen Mer-cedes-600-Limousinen das Ambiente des Kurfürstendamms. Zu Reichtum waren sie auch als Zulieferer großer Firmen gekommen, zum Beispiel für C & A.[107]

Auch das Dorette-Haus (Nr. 67) und andere Geschäftshäuser wurden errichtet. Im Jahr 1958 entstand im »Brennpunkt der westlichen City«, so ein Artikel in der *Bauwelt*, das Café Kranzler in neuer Form. Das Bilka-Kaufhaus, als Teil des Areals der Victoria-Versi-cherung zwischen Kant-, Joachimsthaler Straße und Kurfürstendamm, öffnete 1956 seine

104 E.v.M.: »Berliner Chic« auf der Durchreise. Mode 1957 – Die zweitgrößte Industrie Berlins arbeitet für die Frau – das neue Haus am Zoo, in: *Die Zeit* v. 22.11.1956 (Nr. 47) = (images.zeit.de/text/1956/47/Berliner-Chic-auf-der-Durchreise) (20.12.2008).

105 Stürickow, Kurfürstendamm, S. 213.

106 Metzger, Karl-Heinz: Der Kurfürstendamm im Kalten Krieg = http://www.kurfuerstendamm.de/berlin/his-torie/historie_kalter_krieg/ (22.11.2010).

107 Gespräch der Autorin mit Herrn Hans-Jürgen Pluta am 5.2.2009.

Abb. 71   Geschäfts- und Lagerhaus der Firma Triumph, Kurfürstendamm 63

Pforten.[108] In Neubauten an und um den Kurfürstendamm residierten die großen Versicherungen und Banken.[109] Vertretungen der Chemiekonzerne kamen mit dem Hoechst-Haus am Steinplatz und dem Bayer-Haus am Kurfürstendamm 178/179 dazu. Moderne Materialien wie Dralon, Trevira und Diolen wurden von hier aus vermarktet.[110] Zeitgleich setzte sich eine neue Bauauffassung durch: »Durch die Ausbesserung der Kriegsschäden ist manche falsche Schmuckfassade umgewandelt worden in eine Hausfront von schöner Sachlichkeit. An die Stelle unzertrümmerter Wohnplätze eines unglücklichen Pseudo-Stils sind zweckmäßige Hochhäuser getreten«, so Konrad Haemmerling im Jahr 1955.[111]

---

108 Metzger/Dunker, Kurfürstendamm, S. 206 ff. Zum Dorette-Haus s. Worbs, Offenheit, S. 151.
109 Vgl. dazu Stark, Hans Joachim: Bürohäuser der Privatwirtschaft, in: Architekten- und Ingenieur-Verein zu Berlin (Hg.): Berlin und seine Bauten, Teil IX: Industriebauten und Bürohäuser, Berlin u. a. 1971, S. 114–182, S. 163 ff.
110 Für Dralon: RBB Fernsehfilm v. 24.3.2007 »Mode in Berlin«. Für Trevira und Diolen: 209.85.135.132/search?q=cache:hjgzJJvyYAUJ:www.modecenter-berlin.de/download.php%3Fsrc%3DDateien/pdf-dokumente(20.12.2008).
111 Haemmerling, Charlottenburg, S. 29.

Internationalität: Filmfestival, Mode und anderes

Seit Beginn der Weimarer Republik residierten am Kurfürstendamm die großen Kinos. Nach Kriegsende hatten die Alliierten die nationalsozialistische Kinoindustrie zerschlagen. Im Jahr 1951 wurden erstmals die Berliner Filmfestspiele durchgeführt, um West-Berlin ein wenig den Glanz einer Weltstadt zu vermitteln.[112] Das gelang bereits ab 1956, als die Berliner Filmfestspiele denen in Venedig und Cannes rangmäßig gleichgestellt wurden. Mit dem 1957 eröffneten Zoo-Palast hatte das Festival für lange Zeit seinen festen Ort in West-Berlin.[113] Wenn auch nur für zwei Wochen, machten die Festivalkinos, Zoo-Palast, Delphi in der Kant-straße, Capitol (Kurfürsten-

Abb. 72   Werbung bei den Filmfestspielen 1951 für den Science-Fiction-Film »Endstation Mond«

damm 153), Gloria-Palast (Kurfürstendamm 12) und Filmbühne Wien (Kurfürstendamm 26) Berlin zur Weltstadt. Auf dem abgesperrten Boulevard bestaunten die Fans Gary Cooper, Sophia Loren, Henry Fonda, Gina Lollobrigida, Federico Fellini, Walt Disney.[114] Wenn besondere Filme liefen, gab es ein Beiprogramm auf dem Kurfürstendamm wie etwa für den Science-Fiction-Film »Endstation Mond«, und ganz Berlin war auf den Beinen (s. Abb. 72).

Ein Zeitgenosse im Jahr 1954: »Über den Kurfürstendamm flutet das Leben wie nie seit Kriegsende. Backfische beiderlei Geschlechts und jeden Alters umlagern die großen Hotels, durchbrechen Polizeiketten« um Autogramme zu ergattern.[115] Mitte der 50er Jahre nannte Konrad Haemmerling den Kurfürstendamm »die Straße, die sich allabendlich mit den Lichtketten der Leuchtreklamen schmückt und sich schimmernd am nachtblauen

---

112 Nicodemus, Katja: Wir sind das Festival, in: *Die Zeit* v. 4.2.2010, S. 43.
113 Metzger/Dunker, Kurfürstendamm, S. 218. In Zukunft steht hier weiterhin ein 850 Plätze umfassender Kinosaal für die Berlinale zur Verfügung.
114 http://www.kurfuerstendamm.de/berlin/historie/historie_nachkrieg/ (23.2.2009).
115 Zit. n. Jacobsen, Wolfgang: 50 Jahre Berlinale, Berlin 2000, S. 53.

Himmel abzeichnet«. Darin sah er den »Korso der Nationen in der vorgeschobenen Bastion des freien Europa«.[116]

Zu den vielen wichtigen nationalen und internationalen Institutionen am Kurfürstendamm gehörte das französische Rote Kreuz, das die Rückreise verschleppter Franzosen organisierte. Es war im Haus Kurfürstendamm 96 untergekommen.[117] Das 1955 eröffnete japanische Generalkonsulat residierte im Haus Nr. 199.[118] Schon im Kaiserreich hatte China im Haus Kurfürstendamm 218 seine Botschaft eröffnet. 1949 wurde diese Einrichtung infolge der Nichtanerkennung der beiden chinesischen Staaten durch die Bundesrepublik geschlossen. Erst in den 1980er Jahren verkaufte die Volksrepublik China die Immobilie.[119] Die Maison de France residiert seit 1950 an der Südwestecke von Kurfürstendamm und Uhlandstraße. Im Jahr 1968 eröffnete die »Gesellschaft für deutsch-sowjetische Freundschaft« am Kurfürstendamm 72 einen Klub[120], wo sie die Majakowski-Galerie betrieb.[121] Im Haus Kurfürstendamm 63 logierte das Reisebüro Intourist, das Reisen in die Ostblockstaaten vermittelte.[122] Auch die Stasi war am Kurfürstendamm aktiv. Sie ließ nicht nur die Maison de France ausspionieren, sondern nahm auch eine Firma im Haus Nr. 96 wegen des Verdachts geheimdienstlicher Tätigkeit ins Visier.[123]

Bereits 1953 schwärmte Hans Sahl von der Internationalität Berlins: »Die Berliner sind keine Deutschen. Es ist ein Volk für sich – in einer Stadt, die so grässlich verstümmelt ist, dass man schon gar nicht mehr darüber weinen kann. Im Gegenteil: die Architektur der Trümmer gibt ihr ein neues Gesicht, und dazu kommt ein neues, internationales Moment, das durch den amerikanischen, französischen, britischen, russischen Besatzungsteil bestimmt wird […]. Berlin ist eine phantastisch-unwirkliche Stadt. Trümmer und Caféhäuser, und am Potsdamer Platz ist die Grenze zwischen Manhattan und Sibirien.«[124]

Auch als Schauplatz und Thema künstlerischen Schaffens spielte – wie in allen Epochen – der Kurfürstendamm eine Rolle. Im Jahr 1953 war er Drehort für den Film »Gefährlicher Urlaub«, drei Jahre später bot er den Hintergrund für »Die Halbstarken«. Und 1963 besang Hildegard Knef die Straße mit dem Schlager »Heimweh nach dem Kurfürstendamm«. Ganz anders bewertete der DEFA-Film »Der geteilte Himmel« (1964) den Kurfürstendamm als Symbol westlicher Äußerlichkeiten, die keinen sozialen Ort bieten.[125]

---

116 Haemmerling, Charlottenburg, S. 29.

117 Wiazemsky, Anne: Mein Berliner Kind, München 2010.

118 Reichhardt, Hans J. u. a.: Berlin. Chronik der Jahre 1955–1956, Berlin 1971, S. 334.

119 Stürickow, Kurfürstendamm, S. 225; http://www.berlin.de/ba-charlottenburg-wilmersdorf/bezirk/lexikon/chinabotschaft.html (15.3.2009).

120 O. Verf.: Bunte Welt, in: *Hamburger Abendblatt* v. 14.5.1968, S. 2.

121 http://de.wikipedia.org/wiki/Gesellschaft_f%C3%BCr_Deutsch-Sowjetische_Freundschaft (13.3.2009). Zur Adresse http://ade.bookmaps.org/p/1/pla_87.html (13.3.2009). Allgemein zur Deutsch-Sowjetischen Freundschaft s. Dralle, Lothar: Von der Sowjetunion lernen. Zur Geschichte der Gesellschaft für Deutsch-Sowjetische Freundschaft, Berlin 1993.

122 Eine Annonce in: *Die Zeit* v. 14.2.1992.

123 Findbuch zum »Archivbestand 2: Allgemeine Sachablage« des Ministeriums für Staatssicherheit der DDR = www.bstu.bund.de/nn.../sachablage_download.pdf (3.11.2010).

124 Zit. n. Reiter, Andrea: Die Exterritorialität des Denkens. Hans Sahl im Exil, Göttingen 2007, S. 225–226.

125 Rott, Wilfried: Die Insel. Eine Geschichte West-Berlins 1948–1990, München 2009, S. 209.

Im Film »Playgirl« von 1966, bei dem Will Tremper Regie führte, spielte Eva Renzi ein Model, das in der Berliner Modeszene reüssiert. Die Präsentation der Stadt wird groß geschrieben: So sieht der Zuschauer nicht nur Ost-Berlin oder das Schwimmbad im Olympiastadion, sondern ein Heringsessen im Restaurant Kopenhagen am Kurfürstendamm rundet den Abend nach einem Besuch beim Living Theatre ab.[126] Wenig später verlegte Günter Grass die Kernszene seines 1967 erschienenen Romans »Örtlich betäubt« vor die Terrasse des Hotels Kempinski (Kurfürstendamm 27).[127] In diesem Hotel ging die Prominenz ein und aus: Sophia Loren, der Dalai Lama, Mick Jagger, Fidel Castro.[128]

Im Herbst 1945 startete am Kurfürstendamm eine erste Modenschau. Im darauffolgenden Jahr reihten sich zwischen Gedächtniskirche und Halensee 210 Geschäfte, 43 präsentierten Mode.[129] Die Couturiers, also die Kreativen, die die teuersten Modelle für den internationalen Markt kreierten, ließen sich am Kurfürstendamm nieder, wo repräsentative Großwohnungen beste Räumlichkeiten boten. Etwas südlich des Kurfürstendamms logierte im Haus Schlüterstraße 41 Sinaida Rudow mit ihrem Modesalon. An der Ecke mit dem Kurfürstendamm verkaufte Charlotte Walther bis in die 50er Jahre Hüte und Kleider. Die Häuser Kurfürstendamm 217 und 213 belegten mehrere Modemacher.[130]

Im Jahr 1950 residierten schon einige bedeutende Häuser an der Modemeile: Horn (Nr. 224), Staebe-Seger (Nr. 36) und Hermann Schwichtenberg (Nr. 54–55).[131] An der Ecke Kurfürstendamm und Uhlandstraße belegte Gehringer & Glupp zwei Großwohnungen im Haus Nr. 213.[132] Im Jahr 1952 prognostizierte die Frauenzeitschrift *Constanze*: »Auch Berlin richtet sich (…) nach den Pariser Parolen. Aber in zunehmendem Maße wird auch am Kurfürstendamm selbständig produziert.«[133] Hier zehrten die Couturiers von den Betrieben, bei denen sie gelernt hatten. Viele dieser Unternehmen, von denen eine ganze Anzahl am Hausvogteiplatz angesiedelt waren, hatten in der Zeit des Nationalsozialismus weit unter Wert verkauft werden müssen. Sie »trugen noch den Stil und das Knowhow der Eleganz einer vergangenen Zeit«.[134]

Curth Flatow, der anlässlich seines 90. Geburtstages 2010 als »Berlins erfolgreichster Boulevardautor« bezeichnet wurde,[135] half seinem damaligen Chef Gehringer, im Krieg ausgelagerte Stoffe wieder nach Berlin zu transportieren. Die angefertigten Kleider brachten auf dem Schwarzmarkt viel Geld: »Als die ersten russischen Offiziersfrauen zu uns kamen, trauten wir uns zunächst nicht, ihnen die Stoffe vorzulegen, taten es aber dann

---

126 Baute, Michael: Playgirl = http://newfilmkritik.de/archiv/2003-04/playgirl/ (3.6.2010).

127 Voß, Literaturfreunde, S. 415.

128 Berlin.de/ba-charlottenburg-wilmersdorf/bezirk/kiezspaziergaenge/031213.html (24.8.2007).

129 Metzger, Der Kurfürstendamm im Kalten Krieg.

130 Gundlach/Richter (Hg.): Berlin en vogue. S. 360 ff.

131 Metzger/Dunker, Kurfürstendamm, S. 211–214. Zur Übernahme des Unternehmens von Hansen Bang, der im amerikanischen Exil war, durch Hermann Schwichtenberg s. Westphal, Konfektion, S. 153–155.

132 Zu den Firmen s. Wagner: Die Mode in Berlin, S. 113–146, S. 132 ff.; s. a. Goos/Heyde, Kleider, S. 19; Kessemeier, Gesa: Die Mode erobert den Kurfürstendamm. Mode und Modellhäuser im Berlin der 1950er und 1960er Jahre, in: Zajonz, Heimweh, S. 149–159, S. 150 ff., S. 151 eine Kartierung der Standorte.

133 Zit. n. Kessemeier, Mode, S. 153.

134 Westphal, Konfektion, S. 173.

135 Bartels, Gunda: Der Freudemacher, in: *Der Tagesspiegel* v. 8.1.2010, S. 11.

Abb. 73   Hans Gehringer beim Entwurf mit Susanne Erichsen, vor 1957

doch. Es wurde Maß genommen, anprobiert, man zahlte nicht nur mit Geld, sondern auch mit Lebensmitteln, und die Firma begann wieder zu florieren.«[136] Den Abzug der Russen aus dem Westteil Berlins beobachtete Flatow vom Fenster des Modesalons aus: »Den ganzen Kurfürstendamm herunter sah man eine kilometerlange Schlange von Panje-Wagen fahren, auf denen Möbelstücke, Fahrräder und andere Beutestücke lagen. Ich zählte allein zehn Flügel und fünf Klaviere.«[137] Auf diese Szene blickten auch die Bewohner der Häuser Kurfürstendamm 48–50a.

Bei Gehringer & Glupp organisierte F. C. Gundlach Fotoshootings.[138] Der Zeitgenosse schwärmte: »Hier werden Figuren gezaubert, die keine Frau von Natur aus hat, hier wird Romantik gewebt, hier werden Wunschträume der Verführung geschneidert.«[139] In diesem Atelier führte die legendäre Susanne Erichsen als Hausmannequin vor.[140] Sie inspirierte Hans Gehringer auch in der Entwurfsphase (Abb. 73). Als erste Miss Germany verschaffte sie der deutschen Mode internationales Ansehen. In die Sowjetunion verschleppt, hatte Erichsen in Zwangsarbeitslagern geschuftet. Danach gelang ihr in kurzer Zeit eine Traumkarriere als Mannequin und später als Model in New York. In Berlin eröffnete sie eine eigene Konfektionsfirma, die Susanne-Erichsen-Teenager-Modelle GmbH.[141] Diese war im Haus Kurfürstendamm 185 angesiedelt.[142]

Auch in den Nebenstraßen des Kurfürstendamms etablierten sich Modehäuser. Ursula Schewe residierte 1941 bis 1961 mit ihren »Modewerkstätten« in der Wielandstraße 30. Die Gegnerin des nationalsozialistischen Regimes erhielt von den Sowjets zunächst Aufträge zur Ausbesserung von Uniformen. Bald ließen auch die Offiziersgattinnen dort arbeiten. Ihre ersten Modenschauen veranstaltete die Schneiderin am Kurfürstendamm: im Royal Club und dann im Theater Komödie, später im Hotel am Zoo. Schewe, auf Abendroben spezialisiert, fertigte für jedes Kleid eine individuelle Korsage. Die Stücke waren besonders wegen der Applikationen und Bemalungen bekannt und begehrt.[143] Auch näh-

136 Flatow, Kurfürstendamm, S. 48.
137 Ebd., S. 54.
138 RBB Fernsehfilm v. 24.3.2007 »Mode in Berlin«.
139 Teichs, Maria: Berliner Bilderbuch, Berlin 1953, S. 12.
140 Rasche, Adelheid (Hg.): Botschafterinnen der Mode. Star-Mannequins und Fotomodelle der Fünfziger Jahre in internationaler Modefotografie, o. O. o. J., S. 22.
141 Rasche, Botschafterinnen; Erichsen, Susanne/Hansen, Dorothée: Ein Nerz und eine Krone. Die Lebenserinnerungen des deutschen Fräuleinwunders, München 2003.
142 Gundlach/Richter, Berlin en vogue, S. 360.
143 Goos/Heyde, Kleider, S. 14–17.

te Ursula Schewe für den 1951 uraufgeführten Film »Unschuld in tausend Nöten«, der im Konfektionsmilieu spielte, die Kostüme.[144]

Perlen, Pailetten, Strass und Bemalungen wurden üblicherweise in Heimarbeit appliziert. In Berlin war traditionell das Zwischenmeistersystem üblich. Das bedeutete, dass die Modehäuser nur etwa 20 bis 30 Prozent der Modelle selbst fabrizierten, alles andere von Zwischenmeistern und den von diesen beauftragten Näherinnen und Stickerinnen arbeiten ließen. Versteifungen, Garne, Knöpfe und Stoffe lieferte die Zutatenindustrie.[145] In jeder hundertsten Berliner Wohnung wurde genäht. Dazu kamen Hinterhofbetriebe, viele im Osten Berlins, die etwa Knöpfe aus Gips im Backofen herstellten.[146] In den Nebenstraßen des Kurfürstendamms logierten zahlreiche Zwischenmeister. Diesen präsentierte zum Beispiel das Modehaus Staebe-Seger bei der Generalprobe seine Kollektion.[147] Die bekannteste Zwischenmeisterin dürfte Käthe Strebe gewesen sein.[148] Besser noch bezeichnet man sie als Modellschneiderin im oberen Genre.[149]

Zu den großen Häusern am Kurfürstendamm gesellten sich Heinz Oestergard, Uli Richter 1960 bis 1982 in Nr. 182/183 und Detlev Albers 1956 bis 1982 in Nr. 54.[150] Richter, der schon 1958 durch ein Titelfoto in der *New York Herald Tribune* von sich Reden gemacht hatte, gründete 1959 mit Dorothea Köhlich zusammen die »Uli Richter Modelle GmbH«. Weil der Chef bis spät in die Nacht arbeitete und auch seinen Mitarbeiterinnen und Mitarbeitern das Letzte abverlangte, nannte man diesen Modesalon die »Ewige Lampe«.[151]

Die Berliner Modebranche, die auf Arbeitskräfte aus Ost-Berlin angewiesen war, erhielt durch den Mauerbau einen starken Dämpfer.[152] Damit entfielen 7.000 Fachkräfte, und ein Viertel der Betriebe musste die Produktion einstellen. Im Jahr 1969 existierten gerade noch 821 Zwischenmeistereien mit 7.000 Beschäftigten, die für 223 Betriebe arbeiteten.[153] Staebe-Seger sowie Gehringer & Glupp gaben, wie eine ganze Anzahl anderer Unternehmen der Haute Couture, um 1970 auf.[154] Die Tatsache, dass Rut Brandt als Kanzlergattin demonstrativ Berliner Mode trug, konnte daran nichts ändern.[155] Als Uli Richter

---

144 Filmportal.de/df/23/Credits,,,,,,,,,2DB31BD6E9474E0F8AB9FF851960BC21credits,,,,,,,,,,,,,,,,,,,,,.html (19.12.2008).
145 E.v.M.: »Berliner Chic« auf der Durchreise. Mode 1957 – Die zweitgrößte Industrie Berlins arbeitet für die Frau – das neue Haus am Zoo, in: *Die Zeit* v. 22.11.1956 (Nr.47) = images.zeit.de/text/1956/47/Berliner-Chic-auf-der-Durchreise (20.12.2008).
146 RBB Fernsehfilm v. 24.3.2007 »Mode in Berlin«; zur Heimarbeit 209.85.135.132/search?q=cache:hjgzJJvyYAUJ: www.modecenter-berlin.de/download.php%3Fsrc%3DDateicn/pdf-dokumente/ges… (20.12.2008).
147 Goos/Heyde, Kleider, S. 14–18.
148 Kessemeier, Mode, S. 156 mit Abbildungen aus dem Atelier im Haus Kurfürstendamm 218.
149 Für diesen Hinweis danke ich Frau Heike Katja Remus, Stiftung Stadtmuseum Berlin.
150 Metzger/Dunker, Kurfürstendamm, S. 211–214.
151 Schachtebeck, Sitzt wie angegossen.
152 Metzger, Kurfürstendamm im Kalten Krieg.
153 http://www.modecenter-berlin.de/historie.html (20.12.2008).
154 Goos/Heyde, Kleider, passim.
155 RBB Fernsehfilm v. 24.3.2007 »Mode in Berlin«.

1982 seinen Salon im Haus Kurfürstendamm 182/183[156] schloss, verlosch nicht nur die »Ewige Lampe«, sondern das Licht der Berliner Mode am Kurfürstendamm überhaupt.[157] Einige der Spezialgeschäfte hielten sich, wie zum Beispiel die Firma Sabo & Sabo, die schon ab 1927 im Haus Cumberland residierte.[158]

Familie Klemke

Das Berliner Kindl-Bräu an der Ecke von Meinekestraße und Kurfürstendamm, das Else Klemke eröffnet hatte, war für die Modemacher ein wichtiger Ort. Dort traf man sich auf den Künstlersoireen.[159] In der ersten Etage fanden zahlreiche Modenschauen statt. Frau Klemke belieferte die Häuser Staebe-Seger, Detlev Albers und Heinz Oestergard mit Kalten Platten. Für eine Vorführung in einem der Modehäuser »dekorierte sie einmal ein Modellkleid aus Räucherlachs-Scheiben auf Kristall-Eis«. Bei Premierenfeiern der Filmfestspiele wurde ins Kindl gebeten. Die Liste der prominenten Gäste ist lang. O.E. Hasse war Stammgast. Auch Friedrich Luft kam täglich.[160] Bubi Scholz bestellte oft Hühnerbrühe.[161] Wie eng die Leute vom Kurfürstendamm miteinander vernetzt waren, zeigt die Tatsache, dass der Lebensgefährte eines der Modemacher im Kindl-Bräu kellnerte.[162] Der Österreicher Peter Leonhard, »Blumenpeter« genannt, verkaufte zunächst Blumen im Hause Pluta. Er war die große Liebe von Detlev Albers und leitete später die Stoffabteilung bei Staebe-Seger.[163]

Als der jüngere der beiden Klemke-Söhne Susanne Erichsen in einer traumhaften Robe gesehen hatte, stand seine Entscheidung fest, in die Modebranche zu gehen. Er lernte bis 1958 bei Staebe-Seger als Industriekaufmann und eröffnete im Kurfürstendamm 48/49 das Einrichtungs- und Geschenkehaus »Exquisit«. Frau Klemke betrieb ab 1964 am Lehniner Platz (Kurfürstendamm 90) die Kinderboutique Bébé. Hier kaufte Romy Schneider, als sie in der Villenkolonie Grunewald wohnte, auch Rut Brandt war Kundin. Als 1967 der Pachtvertrag auslief und der neue Eigentümer, die Dr. Oetker KG, die Miete für die Räume des Berliner Kindl anhob, gab Else Klemke ihr Restaurant auf, vor allem wegen des raueren Klimas, das nun am Kurfürstendamm herrschte. Der Konzernvertreter brachte das Geschäftsprinzip auf den Punkt: »Mich interessiert nicht, ob ihnen ein oller Rentner auf die Schulter klopft und sagt, Frau Klemke, ich habe bei ihnen göttlich gegessen und ich

---

156 Maschewski, Alexandra: Ihm verdankt Berlin seinen Schick = URL: http://www.welt.de/berlin/article117907/Ihm_verdankt_Berlin_seinen_Schick.html

157 Thönnissen, Grit: Niemals aus der Mode, in: *Der Tagesspiegel* v. 28.12.2006 = http://www.tagesspiegel.de/niemals-aus-der-mode/791830.html (20.12.2010).

158 Dazu sabo-sabo.de/html/praesentation.html (7.2.2007).

159 Stürickow, Kurfürstendamm, S. 177.

160 Gespräch der Autorin mit Herrn Werner Klemke am 29.6.2010; Stürickow, Kurfürstendamm, S. 174–176.

161 Gespräch der Autorin mit Herrn Werner Klemke am 25.1.2010.

162 Gespräch der Autorin mit Herrn Hans-Jürgen Pluta am 14.4.2009.

163 Gespräch der Autorin mit Herrn Werner Klemke am 25.1.2010.

konnte mir es auch leisten. – Ich will in dem Haus Rendite sehen.« Im Übrigen veränderten sich die Gewohnheiten der Berliner und der Touristen, man wünschte »die kleinen intimen Restaurants«, wobei vor allem italienische Gaststätten gefragt waren.[164]

Die Demonstrationsmeile

Dass der Kurfürstendamm – auch im Hinblick auf den Ostteil der Stadt – etwas Besonderes war, betonte schon gegen Ende 1957 die Arbeitsgemeinschaft Kurfürstendamm mit prallem Überfluss: Lichtbaldachine überspannten den Boulevard. Außerdem strahlten am späteren Standort des Europa-Centers 200 bunte Neonröhren den Slogan »Berlin soll leuchten«.[165] Der hell erleuchtete Boulevard stellte das Gegenbild zum tristen Osten dar. Ergänzend zum Zentrum am Zoo erhielt das Areal um die Ruine der Kaiser-Wilhelm-Gedächtniskirche neue Gestalt und Funktion. Ganz im Sinne der autogerechten Stadt plädierten zahlreiche Stadtplaner für die Beseitigung der Kirchen-Ruine. Die Gegenposition zielte auf eine Rekonstruktion des Gebäudes. In Umfragen mehrerer Tageszeitungen sprachen sich die Berlinerinnen und Berliner eindeutig für den Erhalt als Mahnmal gegen den Krieg aus. Im Jahr 1958 präsentierte Egon Eiermann die Pläne für die Neugestaltung. Am 17. Dezember 1961 kommentierte *Der Tagesspiegel*: »Ein neues Kapitel von Berlin W wird aufgeschlagen.«[166] In der Tat, die nach der Einweihung um 1900 bestehende Gesamtgemeinde »aus Charlottenburger und Berliner Gebiet«[167] existierte bei der Einweihung der neuen Kirche nicht mehr.[168] Im August 1961 war die Mauer errichtet worden.

Diese teilte nicht nur die Kirchengemeinde, sondern sie schnitt die westliche Halbstadt vom Arbeitskräftepotenzial im Osten Berlins ab. Doch stieg gerade dadurch der Kurfürstendamm, die frühere Berliner Cityfiliale, zum Zentrum West-Berlins auf. Das demonstrierte bereits die amerikanische Truppenparade am 20. August 1961, wodurch die im Britischen Sektor gelegene Straße zur übersektoralen Ader und zur politischen Bühne mit weltweiter Ausstrahlung wurde. Im Sommer 1963 feierte Berlin John F. Kennedy bei seinem »Triumphzug« über den Kurfürstendamm mit einem Konfettiregen.[169]

Anfang 1964 radelte Uwe Johnson mit Paketen des *Spandauer Volksblatts* über den Kurfürstendamm. Ihn begleiteten Wolfgang Neuss und Günter Grass, dessen Mütze ein Band mit der Aufschrift *Spandauer Volksblatt* zierte. Ziel der Drei war, »Großstadt-Bohemiens und FU-Professoren« ebenso wie der »Künstler-Prominenz« das Spandauer Volksblatt, die

---

164 Stürickow, Kurfürstendamm, S. 177–180.
165 Reissig, Harald: Der Kurfürstendamm, in: Engel u. a. (Hg.): Charlottenburg, Teil 2: Der Neue Westen (= Geschichtslandschaft Berlin, Orte und Ereignisse, Bd. 1), Berlin 1985, S. 172–203, S. 190.
166 http://www.berlin.de/be-charlottenburg-wilmersdorf/bezirk7lexikon/geschichten-kurfuerstendamm.html (20.1.2009).
167 Gundlach, Wilhelm: Geschichte der Stadt Charlottenburg, Berlin 1905, Bd. 1, S. 656.
168 Haupt, Peter: Die neue Kaiser-Wilhelm-Gedächtnis-Kirche, in: Freireiss, Kirstin (Hg.): Egon Eiermann. Die Kaiser-Wilhelm-Gedächtnis-Kirche, Berlin 1994, S. 19–32.
169 Metzger/Dunker, Kurfürstendamm, S. 239; Reissig, Kurfürstendamm, S. 190.

Abb. 74   Parade der US-Truppen am 28. August 1961 über den Kurfürstendamm

»provinziellste« Berliner Tageszeitung, schmackhaft zu machen. Tatsächlich stieg die Auflage, und es wurde eine »ehrliche Zeitung«, ein liberales Blatt, gemacht. Da dieses dann ins »Kreuzfeuer der großen Politik geriet«, kostete das den verantwortlichen Redakteur seine Stelle. Darauf wiederum zogen Günter Grass, Ossip Flechtheim, Wolfgang Neuss, Sebastian Haffner, Horst Krüger, Gerhard Schoenberner und Klaus Wagenbach ihre Unterstützung des Blattes zurück. Die Devise hieß nun: »Fort vom *Kudamm* – zurück nach Spandau.«[170]

Große Bedeutung für die Ereignisse am Kurfürstendamm hatte das Haus Nr. 140, in dem der »Generalplan Ost« konzipiert worden war.[171] Die Neunutzung des Hauses ergab sich schrittweise. In der wiederhergestellten Teilruine befand sich 1951 ein Kino. Als Betreiber eines Lokals restaurierten die Eheleute Elzer Teile des Gebäudes. Bald kam auch das Tanzlokal »Chez Mignon« ins Haus.[172] Zu Beginn der 60er Jahre betrieb der Italiener Antonio Angelini eine Bierwirtschaft in Elzers früherem Lokal.[173] Im Jahr 1962 schritt die Internationalisierung des Hauses fort, als der amerikanische Student Richard Adler dort einen Treff für Studierende initiierte.

Uwe Schlicht bezeichnet diesen Ort im *Tagesspiegel* vom 18. November 1962 als »Treffpunkt für die anspruchsvolle Jugend«: »Dort, wo die Neonlichter der Peitschenmasten der Straße großstädtischen Glanz geben, dort, wo Nerzmäntel spazierengetragen werden und reichdekorierte Schaufenster in der Vorweihnachtszeit die Kauflustigen anlocken (…) treffen sich an jedem Abend Studenten und Jugendliche aus allen Teilen der Stadt in einer Dreiviertelruine.« Jazzabende ebenso wie Chembalokonzerte zogen ortsfremde Jugendliche an, die sich zuvor ihre Zeit »in einem Café am Steinplatz« vertrieben hatten und »nicht wussten, wohin sie sonst gehen sollten«. Blickte man abends aus dem Fenster des Clubs, sah man »die Lichter des Kurfürstendamms heraufleuchten«. Es war zu sehen – so Uwe Schlicht – »wie aus dem Nichts etwas geschaffen wurde, nur weil man es schaffen wollte«.

---

170   K.H.: Rückzug vom Kurfürstendamm. Mit altem Gesicht. Das »Spandauer Volksblatt«, in: *Die Zeit* v. 22.10. 1965 (Nr.43) = images.zeit.de/text/1965/43/Rueckzug-vom-Kurfuerstendamm (23.12.2008).
171   Dieses Haus markiert eine Stele. Der Text unter: http://www.berlin.de/ba-charlottenburg-wilmersdorf/ bedzirk/gedenktafeln/generalplanost.html (3.6.2010).
172   LAB, B Rep. 209, Nr. 2510, Bl. 9–17, 40, 52.
173   Ebd., Bl. 94–96.

Die Lektion aber, dass dieser Erfolg nur möglich wurde, »weil sich irgend jemand zuständig gefühlt hatte«, konnte nicht gelernt werden. Denn das Ministerium für Gesamtdeutsche Fragen unterstützte den Club nicht, weil er »nicht politisch genug« war. Ganz anders die Situation in Ost-Berlin, wo man vereinsamte Studenten »mit organisierten Freundschaftsangeboten überhäuft«.[174] Schon am 27. Januar 1963 wurde die genannte Internationale Vereinigung Berliner Studierender e. V. aufgelöst und bald im zweiten Obergeschoss ein Wohnheim für Studierende eingerichtet.[175] Auch eröffneten im Haus junge Theatermacher mit Shelagh Delaneys »Bitterer Honig« eine kleine Spielstätte.[176]

Der Boulevard, der in der Weimarer Republik die freiheitliche Atmosphäre und Politik als Gegensatz zu den eher traditionell orientierten Einrichtungen an der Friedrichstraße verkörperte, wurde nach dem Mauerbau zum Ort politischer Bestrebungen der Studierenden, die einen dritten Weg zwischen Kapitalismus und Stalinismus ostdeutscher Prägung gehen wollten. Am Kurfürstendamm wurde das Gegenbild zu beiden Gesellschaftsentwürfen formuliert, denn hier ließ sich der Sozialistische Deutsche Studentenbund (SDS) nieder. Dieser stellte sämtliche politischen Beschlüsse in Frage, die nach 1945 getroffen worden waren, sowohl im Osten wie im Westen. Im Haus Kurfürstendamm 140/141 mietete der Landesvorsitzende, Hubertus Hüppauff, eine Großwohnung. Bereits Anfang der 60er Jahre hatte die SPD die Unvereinbarkeit der Mitgliedschaft im SDS beziehungsweise seiner Förderergesellschaft einerseits und der SPD andererseits beschlossen.[177] Da der SDS keine staatliche Unterstützung erhielt, ließ man sich zur Finanzierung von Büro- und Versammlungs-Räumen etwas Neues einfallen: kollektives Wohnen. So wurden große Teile der riesigen Mietfläche in 14 Wohneinheiten aufgeteilt. Diese Art des Zusammenseins erleichterte auch die politische Arbeit. Darüber hinaus dürfte das die erste Form kollektiven Wohnens in Deutschland nach dem Zweiten Weltkrieg gewesen sein.[178]

Im Juni 1962 begann mit der Demonstration von 20 Personen gegen die erneute Kandidatur Heinrich Lübkes zum Bundespräsidenten die Karriere des Kurfürstendamms als Protestmeile. Infolge von Verhaftungen auf dieser Demonstration schwoll die Zahl der Opponierenden wenig später auf 1.200 an. Man fand vielfach Anlass zu Protesten. Heinrich Albertz, ab Ende 1966 Regierender Bürgermeister, versuchte, die Demonstrationsroute auf Nebenstraßen umzulenken. Auseinandersetzungen darüber steigerten die Attraktion des Kurfürstendamms für die Gegenöffentlichkeit. In der Folge organisierte der SDS die erste Spaziergang-Demonstration: Der Demonstrationszug zerstreute sich beim Nahen der Polizei in Einzelpersonen und kleine Grüppchen, um sich dann kurzfristig wieder zu formieren.[179] Nicht nur die politische Bühne Kurfürstendamm zog die APO an, son-

---

174 Schlicht, Uwe: Ein Treffpunkt für die anspruchsvolle Jugend, in: *Der Tagesspiegel* v. 18.11.1962.

175 LAB, B Rep. 209, Nr. 2509, Bl. 109, 122.

176 Ebd., Bl. 177.

177 Zum Beschluss s. Fichter, Tilman P./Lönnendonker, Siegward: Kleine Geschichte des SDS. Der Sozialistische Deutsche Studentenbund von Helmut Schmidt bis Rudi Dutschke (= Schriftenreihe der Bundeszentrale für politische Bildung, Bd. 705), Bonn 2008, S. 111 ff.

178 Gespräch der Autorin mit Herrn Dr. Tilman P. Fichter am 18.6.2010.

179 Reissig, Kurfürstendamm, S. 194–195.

dern auch dessen Qualität als Schaufenster der Warenwelt, denn die Studierenden rebellierten gegen Vietnamkrieg und Konsumzwang gleichermaßen.

Nach dem Internationalen Vietnam-Kongress in der TU führte am 18. Februar 1968 eine Demonstration über den Kurfürstendamm via Wilmersdorfer Straße zur Deutschen Oper, wo Benno Ohnesorg am 2. Juni 1967 durch einen Schuss des Polizisten Karl Heinz Kurras lebensgefährlich verletzt worden war, an dessen Folgen er wenig später starb. Dieses Ereignis markierte eine Wende: Während des nachfolgenden Demonstrationsverbotes versuchten die Studierenden, beim Flugblattverteilen mit Passanten ins Gespräch zu kommen. Mit dem Slogan »Enteignet Springer!« wurden radikalere Töne angeschlagen. Während der Demonstration am 18. Februar 1968 erklang unter den Portraits linker Ikonen wie Rosa Luxemburg, Che Guevara und Ernst Thälmann der Kampfruf »Ho-Ho-Ho-Chi-Minh«. An diesem Abend musste die Polizei die SDS-Unterkunft vor aufgebrachten Teilnehmern einer Gegendemonstration schützen.[180] Auf Fotografien ist der adlergeschmückte Eingang des später abgerissenen Gebäudes, das die Nationalsozialisten während des Krieges hatten umgestalten lassen, sichtbar.[181]

In unmittelbarer Nähe ereignete sich am 11. April 1968 – nur zwei Tage nach dem Mord an Martin Luther King – das Attentat auf Rudi Dutschke.[182] Die *Frankfurter Rundschau* meldete am 16. April 1968: »Gegen 16.30 Uhr verlässt Dutschke die SDS-Zentrale, besteigt ein rotes Damenfahrrad und fährt in Richtung Gedächtniskirche. Nach knapp hundert Metern wird er von einem Mann vom Rad gestoßen. Der Attentäter feuert aus nächster Nähe mit einem 9-mm-Trommelrevolver auf Dutschke und trifft ihn. Dutschke stürzt, rafft sich wieder auf und taumelt in Richtung SDS-Zentrale zurück. An einer Bank vor dem Hause bricht er zusammen. Die gegen 16.40 Uhr von drei Anrufern alarmierte Polizei schickt drei Funkwagen und die Feuerwehr zum Tatort. Der Attentäter flüchtet unmittelbar nach den Schüssen in Richtung Gedächtniskirche. Mehrere Passanten verfolgen ihn. Im Keller eines Neubaus

Abb. 75   Nach dem Attentat auf Rudi Dutschke

---

180 Ebd., S. 196–198; Soukup, Uwe: Wie starb Benno Ohnesorg? Der 2. Juni 1967, Berlin 2007.
181 Ruetz, Michael: »Ihr müsst diesen Typen nur ins Gesicht sehen.« APO Berlin 1960–1969, Texte von Tilman Fichter und Siegward Lönnendonker, Frankfurt am Main 1980, S. 50.
182 Reissig, Kurfürstendamm, S. 198.

verbirgt er sich. Drei Funkwagen und ein Einsatzwagen der Polizei rücken an. Mit Schüssen wehrt er die Polizeibeamten zunächst ab, die ihn festnehmen wollen.«[183]

Die Nachricht verbreitete sich in Windeseile, und nur wenige Stunden nach der Tat versammelten sich 2.000 Studierende im Audimax der TU. Sie forderten den Rücktritt des Senats von Berlin und die Enteignung des Springerkonzerns. Im Anschluss kam es während der sogenannten Osterunruhen zu bürgerkriegsähnlichen Auseinandersetzungen am Springer-Hochhaus.[184] Am Karfreitag – das war der 12. April – versuchten die Studierenden, die Auslieferung der Springer-Zeitungen zu verhindern. Auf dem Kurfürstendamm kam es zu Zusammenstößen mit der Polizei. Doch wurden mehrere Straßensperren überwunden. Genau auf Höhe des Hauskomplexes Kurfürstendamm 48–50a durchbrachen die Demonstranten eine mit Wasserwerfern ausgestattete Polizeikette (diese Situation in Abb. 2).[185]

Während eines solchen Ereignisses gingen nicht nur bei Werner Klemkes Laden »Exquisit« im Haus Kurfürstendamm 49 die Scheiben zu Bruch. Da es aber weit und breit kein Glas mehr gab, übernachtete der Inhaber in seinem Laden. Das war notwendig, weil kurz zuvor die Weihnachtsware eingetroffen war, die unmöglich unbewacht bleiben konnte. In dieser prekären Situation hörte er intime Erzählungen der vor dem Haus flanierenden Prostituierten.[186]

Epochenwende auch in der Stadtökonomie

Die Bipolarität zwischen Ost- und West-Berlin, die der Mauerbau forciert hatte, schmolz unter den Vorzeichen der Brandtschen Ostpolitik: Aus der Frontstadt wurde die Drehscheibe. Diese Veränderungen brachten dem Kurfürstendamm ein neues Gesicht. Wie die Theater sich nach dem Mauerbau auf die neue Klientel – anstelle des Ost-Berliner Publikums kamen Touristen – mit leichter Muse einstellten, reagierte der Kurfürstendamm in toto, aber zeitverzögert. Die Autorin rieb sich 1970 ungläubig die Augen, als sie in unmittelbarer Nähe zur Wertheim-Baustelle ohne Suchen einen freien Parkplatz fand. 1965 war das Europa-Center fertiggestellt worden. Ihm folgten zahlreiche Neubauten am Kurfürstendamm, wie zum Beispiel das Warenhaus Wertheim (1971). In den Jahren 1971/72 entstand das Kurfürstendamm-Center (Nr. 142–147), 1970 bis 1972 das inzwischen wieder abgerissene Kudamm Eck. Das derzeit vor der Umgestaltung befindliche Kudamm-Karree öffnete 1975 seine Pforten.[187] Unter dem Gebäude befindet sich noch immer der 1973 fertiggestellte Atombunker. Alte Einrichtungen mussten schließen: Zu Beginn der 70er

---

183 *Frankfurter Rundschau* v. 16.4.1968, S. 2.
184 Kraushaar, Wolfgang: Achtundsechzig. Eine Bilanz, Berlin 2008, S. 154–155.
185 Fichter/Lönnendonker, SDS, S. 233 unten die Abbildung; Enzensberger, Ulrich: Die Jahre der Kommune I. Berlin 1967–1969, München 2006, S. 279–280.
186 Gespräch der Autorin mit Herrn Werner Klemke am 29.6.2010.
187 Hofmeister, Berlin (West), S. 166–167.

Jahre das Café Wien,[188] im Jahr 1977 folgte Café Schilling. Die Künstlerin Jeanne Mammen, die 1919 nach Berlin gekommen war, starb 1976.[189]

Das Öl-Embargo 1973 und der Anstieg der Ölpreise machten der westlichen Welt schlagartig ihre Abhängigkeit von diesem Energieträger bewusst. Der Kurfürstendamm erlebte kurz hintereinander vier autofreie Sonntage, den 25. November, den 2., 9. und 16. Dezember 1973. Im Jahr 1975 zeigte die Mengenlehre-Uhr auf dem Boulevard nicht nur kompliziert die Zeit an, sondern sie wies als weltweit erster Zeitmesser dieser Art auch darauf hin, dass eine neue Epoche angebrochen war. Wegen der hohen Betriebskosten von 10.000 Mark jährlich wurde sie 1995 abgeschaltet, sie steht jetzt vor dem an der Budapester Straße gelegenen Eingang des Europa-Centers.[190]

Udo Lindenberg beschwor 1984, als in beiden deutschen Staaten Atomsprengköpfe stationiert wurden, in seinem Song »Russen« die Harmlosigkeit der Sowjets. Auch er sah den Kurfürstendamm als Leitlinie:

»In 15 Minuten sind die Russen auf dem Kurfürstendamm
sie lassen ihre Panzer im Parkhaus steh'n
und wollen im Café Kranzler die Sahnetörtchen seh'n.«[191]

Was der Sänger nicht wissen konnte: Die sowjetischen Einmarschpläne mieden zwar den Kurfürstendamm, präferierten aber die Ost-West-Achse, wo ein Vorposten am Sowjetischen Ehrenmal hätte platziert werden sollen.[192]

Die Häuser und ihre Menschen

Schwierige Eigentumsbestimmung und Verkauf

Die Baulichkeiten auf dem Grundstück Kurfürstendamm 48–50a sind nach dem Ende des Krieges nur leicht beschädigt[193] und stellen so eine Zuflucht für Ausgebombte dar. »Das Eckhaus Nr. 50 hatte das letzte Bombardement leidlich überstanden, trotz vieler Schäden war keine Wohnung zerstört.«[194] Bald erhalten die mit Brettern vernagelten Schaufenster wieder Verglasung.[195] Noch um 1950 allerdings existiert der provisorische Holzvorbau vor den Werkstätten der Lichtpausanstalt auf dem Hof. Ferner besteht noch eine Nottreppe.

---

188 Weber, Elisabeth: Die Kutschera-Betriebe. Café Wien und Zigeunerkeller, in: Kreutzmüller, Christoph/ Nürnberg, Kaspar (Hg.): Verraten und verkauft. Jüdische Unternehmen in Berlin 1933–1945, 2. Aufl., Berlin 2009, S. 44–48, S. 46.

189 http://www.jeanne-mammen.de/html/deutsch/ianhelte/kuenstlerin.html (4.12.2006).

190 susch (Susanne Schilp), in: *Berliner Abendblatt* v. 20.2.2008, S. 18.

191 http://www.udo-lindenberg.de/russen.57645.html (12.3.2010).

192 In Heinrich, Gerd/Moeschl, Robert: Kulturatlas Berlin. Ein Stadtschicksal in Karten und Texten, Berlin 2007, S. 45 eine Karte zur Angriffsachse über die Straße des 17. Juni.

193 Stadtplan von Berlin, Verwaltungsbezirk Charlottenburg, Schadensplan Stand 1945, in: Miltenberger, Sonja: Charlottenburg in historischen Karten und Plänen, Berlin 1998, S. 59.

194 Borgelt, Mann, 2.7.1967.

195 Gespräch der Autorin mit Herrn Hans-Jürgen Pluta am 14.4.2009.

Weil diese in einer Garage endet und nicht ins Freie führt, muss sie beseitigt werden. Im Dezember 1950 beginnt die Hausverwaltung Wilhelm Droste & Co, die Wohnung im vierten Obergeschoss des Kutscherhauses (des ehemaligen Stallgebäudes) zu sanieren.[196] Dieses Gebäude können Passanten bis zu einem Neubau in der kriegsbedingten Baulücke Kurfürstendamm 47 zu Beginn der 80er Jahre vom Kurfürstendamm aus sehen.

Mitte Dezember 1951 beklagte der Inhaber der Fotokopieranstalt Hegermann, dass sich seine Räume nicht heizen ließen; immerhin funktionierte in den Vorderhäusern schon ab 1949 die Zentralheizung. Hegermann behalf sich mit einem eisernen Ofen, das Gewerbeaufsichtsamt monierte diesen Zustand im April 1951 wegen Feuergefährlichkeit. Einige Monate später forderte er vom Hausverwalter den Einbau einer Heizung: »Man hätte meinen sollen, nachdem

Abb. 76   Schließung der Baulücke Kurfürstendamm 47, 1981

dieses Haus den Bombentreffer bekam und die Unternehmungen bis ins Mark getroffen wurden, es sei unter Deutschen Ehrensache, hier zuerst zu helfen, dies ist leider nicht der Fall, im Gegenteil.« Freilich genoss die Kopieranstalt nicht mehr die Privilegien eines Rüstungsbetriebs. Hegermann klagte: »Hier muß endlich einmal das menschliche Mitgefühl sprechen. Wir (…) freuen uns, dass an diesem Hause dauernd etwas verbessert wird. Wenn man aber sehen muß, dass vorn erhebliche Schönheitsreparaturen ausgeführt werden, während wir (…) frieren müssen, platzt einem die Galle.«[197] So bedrängt, beantragt Droste bald eine Baugenehmigung für die Heizungsanlage.[198]

Die übergeordnete Frage aber ist die, wem gehört das Haus? Darum geht es in den Jahren 1949 bis 1954. Der Treuhänder der Amerikanischen, Britischen und Französischen Militärregierung für zwangsübertragene Vermögen wurde 1949 für Rückerstattungsforderungen vor allem jüdischer Organisationen eingerichtet.[199] Die in der Nürnberger Straße 53–55 (heute: Ellington-Hotel)[200] angesiedelte Behörde ist von der Britischen Militärregierung Berlin[201] mit der Verwaltung der Häuser Kurfürstendamm 48–50a betraut. Im

196 Bauakte Kurfürstendamm 48/49, Bd. 7, Bl. 202, 204, 169.
197 Ebd., Bl. 216, 207, 212–213.
198 Ebd., Bl. 225, 236, 244/R, 247, 282.
199 Das geschah durch BK/O (49) 26 der Alliierten Kommandantur v. 16.2.1949.
200 Findbuch LAB, B Rep. 032.
201 Property Control Branch – per Gesetz Nr. 52.

Abb. 77   Oswin sieht das Hausensemble Kurfürstendamm 48–50a, 1949

Jahr 1949 beansprucht Ulrich Muhlmann (früher: Mühlmann) die Restitution des Hauskomplexes. Mit der Wahrnehmung seiner Interessen hat er Rechtsanwalt Georg Israel betraut.[202] Bis 30. Juni 1950 müssen alle Ansprüche beim Alliierten Treuhänder für Rückerstattungsvermögen angemeldet werden.[203] Das geschieht, und der Treuhänder setzt am
16. September 1950 das Wiedergutmachungsamt Berlin davon in Kenntnis.[204] Als Eigentümerin ist die Erwerberin des Jahres 1942, die Vacuum Oel AG, im Grundbuch eingetragen.[205] Am 31. Oktober 1950 veranlasst das Berliner Wiedergutmachungsamt einen
Sperrvermerk in den Grundakten der Grundstücke Kurfürstendamm 48–50a.[206] Dieser
bewirkt, dass über die Parzellen nicht ohne Einverständnis der Britischen Militärbehörde
verfügt werden darf und diese von allen Anträgen in Bezug auf das Grundstück zu benachrichtigen ist.[207]

Die Rechtsabteilung der Vacuum Oel AG wendet gegen den Anspruch des Ulrich
Muhlmann ein, sie habe die Grundstücke Kurfürstendamm 48–50a und Mommsenstraße
65 gegen Höchstgebot im Zwangsversteigerungsverfahren am 12. März 1942 erworben.
Als Hypothekengläubigerin – so die Ausführungen vom 5. Dezember 1950 – betrieb die
Hamburger Hypothekenbank gegen die Grundstücksgesellschaft des Westens m.b.H. in
Liquidation die Versteigerung. Die Vacuum Oel hatte der Bank vertraglich zugesagt, den als

202 Grundakten betreffend das im Grundbuch von Charlottenburg Bd. 172, Bl. 5977 verzeichnete Grundstück
(Kurfürstendamm 50), Bd. 2, Bl.101; s. a. LAB, B Rep. 025–07, Nr. WGA 1896/50, Bl. 2 (Nr. 48/49) und LAB, B
Rep. 025–07, Nr. WGA 1897/50, Bl. 2 (Nr. 50/50a).
203 Nach BK/O (49) 180 der Alliierten Kommandantur v. 26.7.1949; LAB, Findbuch B Rep. 039–01 Archiv für
Wiedergutmachung, Bl. 2.; s. a. Grundakten betreffend das im Grundbuch von Charlottenburg Bd. 172, Bl. 5977
verzeichnete Grundstück (Kurfürstendamm 50), Bd. 2, Bl. 102.
204 LAB, B Rep. 025–07, Nr. 7 WGA 1896/50, Bl. 1/R; LAB, B Rep. 025–07, Nr. 7 WGA 1897/50, Bl. 1/R.
205 Bauakte Kurfürstendamm 48/49, Bd. 7, Bl. 197.
206 Grundbuch von der Stadt Charlottenburg, Bd. 172, Bl. 5977, Bl. 80766/4–80766/8 – wiederhergestellt am
1.9.1951; s. a. Grundakten betreffend das im Grundbuch von Charlottenburg Bd. 172, Bl. 5977 verzeichnete
Grundstück (Kurfürstendamm 50), Bd. 2, Bl. 105; LAB, B Rep. 025–07, Nr. 7 WGA 1896/50, Bl. 5, 9; LAB, B Rep.
025–07, Nr. 7 WGA 1897/50, Bl. 5, 10.
207 Grundakten betreffend das im Grundbuch von Charlottenburg Bd. 172, Bl. 5977 verzeichnete Grundstück
(Kurfürstendamm 50), Bd. 2, Bl. 100.

»arisch« bezeichneten Grundbesitz zu erwerben.[208] Sie betont: »Dass Ulrich Muhlmann
Jude war, ist der Vacuum-Oel
AG durch den Anwalt Muhl-
manns bekannt geworden. Samuel Maikapar hatte sich seinerzeit als Karäer und Nichtjude
gegenüber der Hamburger Hypothekenbank ausgegeben; Friedrich Senf ist kein Jude.« Insofern
pocht die als Eigentümerin eingetragene AG darauf, dass im
Zeitpunkt der Zwangsversteigerung die Anteile der Grundstücksgesellschaft des Westens
nicht in »jüdischem« Besitz gewesen sind und streitet die
Rechtmäßigkeit des Rückerstat-
tungsanspruchs ab. Sie verweist
auf Überschuldung der Grund-

Abb. 78   Zustand um 1970

stücke schon 1932 und das Scheitern späterer Zwangsversteigerungsmaßnahmen mangels
Masse.[209]

Der gegnerische Schriftsatz des Rechtsanwalts Israel bewertet die Durchführung des
Verfahrens und die Erteilung des Zuschlags als »Missbrauch staatlicher Möglichkeiten«
sowie als »Schlussakt« einer ganzen Reihe staatlicher Maßnahmen mit dem Ziel, Ulrich
Muhlmann, »der Jude ist (…), um seinen wertvollen Besitz zu bringen«.[210] Der Prozess
endet 1954 mit einem Vergleich: Die Erben des inzwischen verstorbenen Muhlmann erhalten eine Ausgleichszahlung. Die Grundstücksgesellschaft des Westens verzichtet auf alle
Rückübertragungsansprüche an den Grundstücken Kurfürstendamm 48–50a und Mommsenstraße 65. Sie erkennt außerdem »das Eigentum der Antragsgegnerin hiermit aus-
drücklich an«.[211] Die Sperrvermerke für die Grundstücke Kurfürstendamm 48–50a von
1950 werden am 24. und 25. August 1954 gelöscht und die Eigentümerin davon in Kenntnis gesetzt.[212] Diese ändert den Namen des Unternehmens mit Wirkung vom 30. Dezem-

208 LAB, B Rep. 025–07, Nr. 7 WGA 1896/50, Bl. 6–8; LAB, B Rep. 025–07, Nr. 7 WGA 1897/50, Bl. 7–9.

209 LAB, B Rep. 025–07, Nr. 7 WGA 1896/50, Bl. 7.

210 Ebd., Bl. 10.

211 Der Wortlaut des Vergleichs befindet sich im Umschlag auf dem rückwärtigen Deckblatt der Akte LAB, B
Rep. 025–07, Nr. WGA 7 1896/50.

212 Grundakten betreffend das im Grundbuch von Charlottenburg Bd. 172, Bl. 5977 verzeichnete Grundstück
(Kurfürstendamm 50), Bd. 2, Bl. 105; LAB, B Rep. 025–07, Nr. 7 WGA 1896/50, Bl. 23 (Nr. 48/49) und LAB,
B Rep. 025–07, Nr. 7 WGA 1897/50, unfol. Bl. (Nr. 50/50a).

ber 1955 in »MOBIL OIL A.G. in Deutschland«.[213] Noch ein gutes Jahrzehnt behält sie das Haus. Als Mobil Oil sich zu 28 Prozent an der Aral AG beteiligt,[214] verkauft sie die Liegenschaft.[215] Schon möglich, dass der Verkauf eine Reaktion auf den Bau der Mauer und Rückzug des Konzerns aus Berlin signalisiert. Am 28. Februar 1967 sitzen Käufer und Verkäufer beim Notar beisammen im Bayer-Haus am Kurfürstendamm 178/179. Die Mobil Oil genehmigt die Auflassung am 9. Mai. Zwei Tage darauf erfolgt die Eintragung des neuen Eigentümers ins Grundbuch.

Die Mietparteien

Leider lassen sich die Mieterinnen und Mieter der Häuser Kurfürstendamm 48–50a während der Nachkriegsjahre nicht feststellen, weil das Stadtadressbuch nach Straßen erst ab 1957 erstellt wurde. In dem 1946/47 erschienenen Branchenbuch sucht man vergebens nach der Papierhandlung Weymar (Nr. 50), findet auch nicht die Schneiderin Charlotte Preuß (Nr. 48/49), liest aber, dass sich der an anderer Stelle ausgebombte Herren- und Damenausstatter A.C. Steinhardt im zweiten Geschoss des Kurfürstendamms 48 niedergelassen hat. Er betrieb eine Maßschneiderei für Oberbekleidung und Wäsche. In seinem Salon konnte man aus einem Angebot eleganter Tages- und Sportkleider wählen.[216]

In den zwei Jahrzehnten nach 1943 blieb die Anzahl der Mietparteien im Haus Kurfürstendamm 48/49 nahezu konstant: Sie fiel um zwei auf 27 im Jahr 1963. Bis 1970 reduzierte sie sich drastisch auf 17. Kontinuitäten von 1943 bis 1963 existierten bei Edith Lippe, Paul Grapenthin, Carla Sahl und der »West-Pension«,[217] die Mitte der 1960er Jahre den Besitzer wechselt. Das Ehepaar Piotrowski übernahm den Betrieb von Cläre Gubisch: 23 Fremdenzimmer, einen Gast- und einen Gesellschaftsraum.[218]

Das Bettermannsche Feinkostgeschäft, das ab 1924 im Haus bestand, wurde 1958 von den beiden Betreiberinnen, den Schwestern Bettermann, geschlossen.[219] In den neu gestalteten Geschäftsräumen eröffnete das »Exquisit« für luxuriöse Mode- und Wohnaccessoires.[220] Wie eng die Gewerbetreibenden am Kurfürstendamm untereinander vernetzt waren, wird gerade an Familie Klemke deutlich. Ende 1958 schloss Werner Klemke seine Lehre als Industriekaufmann bei Staebe-Seger ab und eröffnete dann zusammen mit sei-

---

213 Grundakten betreffend das im Grundbuch von Charlottenburg Bd. 172, Bl. 5977 verzeichnete Grundstück (Kurfürstendamm 50), Bd. 2, Bl.108; Mobil Oil firmiert heute als ExxonMobil.

214 http://www.deutschebp.de/sectiongenericarticle.de?categoryId=9028903&contendId=7052786 (4.6.2010).

215 Grundbuch von der Stadt Charlottenburg, Bd. 172, Bl. 5977, Bl. 80766/4–80766/8 – wiederhergestellt am 1.9.1951.

216 Stadtadressbuch 1946/47, Reklameteil, S. 26.

217 Berliner Adressbuch 1943, 1963. Carla Sahl war keine Verwandte Hans Sahls.

218 Bauakte Kurfürstendamm 48/49, Bd. 7, Bl. 336, 337; Bl. 338, 340 zum erneuten Betrieb durch Piotrowski.

219 Stürickow, Kurfürstendamm, S. 178–179. Zum Verwandtschaftsverhältnis das Gespräch der Autorin mit Herrn Werner Klemke am 29.6.2010.

220 Gespräch der Autorin mit Herrn Werner Klemke am 25.1.2010.

1943	1963
Eigentümer ungenannt, Verwalter: Dr. Heinz Mattern (Tauentzienstr. 14)	**Mobil Oil AG in Deutschland, Eigentümerin**
Bauer, E. & Co., kunstgewerbliche Erzeugnisse	Bandel, Erika, Krankengymnastik
Behrend, M., Grundstücksmakler	Baues, Heinrich, Fleischermeister
Bettermann, Emma, Geflügel	Behr, Horst, Dipl.kaufm.
Bi, Franz, Architekt	Esser, Doris, Kosmetikerin
v. dem Bongart, Ludwig, Freiherr	Freudenthal, Gerhard Verkaufsleiter
v. Borris, Albert, Kfm.	Glaser, Frieda, Kauffrau
Careel, Parfümerien, F. H. Prignitz	Glass, J. E.
v. Carnap u. Franck Automobil-Handelsges. (vorm. Neumann & Co.)	Grapenthin, Paul, Schneider
Dr. Croy & Erni GmbH, kosmet. Produkte	Heintz, Emil, Mäntel
Frankenhäuser, Doris, Inneneinrichtungen	Himken, Martha, Kaufmann
Gastes, Johann Edmund, Kaufmann	Hotel West-Pension
Glauer, Herbert, Kaufmann	Kaumann, Eva, Pensionärin
Grapenthin, Paul, Schneidermeister	Klemke & Co Lederwaren
Gubisch, Arthur, Major a.D.	Lagerquist, Theodor, Bauing.
Gubisch, Cläre, West-Pension	Lauber, Lorenz, Fußpraktiker
v. Hartmann, Anna Sabine, Frau	Lippe, Edith, Buchhalterin
v. Haza-Redlitz, Eberhard, Kaufmann	Preuß, Charlotte, Schneiderin
HBG Herren-Bekleidungsgesellsch. mbH	Pünschera, Eberhard, Angestellter
Herrmann, Joachim, Diplomvolkswirt	Richter, Frieda
Keller, Rudolf, Buchhalter	Sahl, Carla
Lagerquist, Theodor, Bauingenieur	Saß, Gerhard, Rentner
Lewkowitz, S., Witwe	Schiche, Wolfgang, kfm. Angestellter
Lippe, M., Kaufmann	Seidel, Max, Betriebsführer
Oerder, Sybille, Kosmetikerin	Severin & Co, Autovermietung
Pixis, Peter, Architekt	Spik, Leo, Antiquitäten
Raabe, B., Modesalon	Verband der Berliner Auktionatoren e.V.
Rinka, Ernst, Architekt	Vogel, Hermann, Zuschneider
Schaffner & Co., J., Dr., pharmazeut. Artikel	
Schmid, Walter, Autovermiet. (Pallasstr. 26)	

Mietparteien im Haus Kurfürstendamm 48/49, 1943 und 1963

Karl Heinz Bröhan, Eigentümer

Bandel, Erika, Krankengymnastin

»Exquisit« Klemke & Co

Freudenthal, Gerhard, Verkaufsleiter

Friedenthal, Gertrud

Grapenthin, Paul, Schneider

Haeseler, Horst

Heintz-Mäntel, Emil Heintz

Hellenschmied, R. Dr. med., Arzt

Hotel »West-Pension«

Kaumann, Eva, Pens.

La Pergola, Gaststätte

Lippe, Edith, Buchhalterin

Modische Neuheiten, Hertha Rülicke

Sahl, Carla

Saß, Gerhard, Rentner

Schiche, Wolfgang, kaufm. Angest.

Vogel, Hermann, Zuschneider

Mietparteien im Haus Kurfürstendamm 48/49, 1970

ner Mutter das »Exquisit«.[221] Für die Vitrinen auf altem Vorgartenterrain erwirkte Else Klemke die Genehmigung. So traten an die Stelle der Bettermannschen Fischkästen nun die Schaukästen auf dem Bürgersteig. Diese waren das Gebot der Stunde, denn der Passantenstrom verdichtete sich. Die neue Situation hatten ein Jahr zuvor die Senats-Richtlinien zur Nutzung ehemaligen Vorgartengeländes geregelt.[222]

Stilbildend wurden nicht nur die Angebote und die Blumenkübel vor dem Geschäft, sondern auch die rote Markise aus Holland. Sie erregte Aufsehen durch ihre gewölbte Form. Das Kupferschild stammte von der traditionsreichen Bildgießerei Noack und war rückwärtig beleuchtet, eine Anlehnung an die Werbetafel des Wiener Hotels Imperial.[223] In den minimalistisch ausgestatteten Räumen des »Exquisit«, die Susanne Gropp gestaltet hatte, konnte man ausgesuchte Lederwaren erwerben: Unikate, die der Betreiber in Italien arbeiten ließ.

»Die Eröffnungsdekoration des Schaufensters bestand aus drei eukalyptusfarbenen Kroko-Handtaschen, zwei Muranovasen im gleichen Ton und einem reinseidenen Tuch.«[224] Dekoriert hatte die talentierte Frau Rössinger, die bald Karriere in den USA machte.[225] Als der Modemacher Günter Brosda in seinem vornehmen Atelier in Grunewald ein barockes Fest ausrichtete, es gab Kaviar und Champagner, stammten alle Ausstattungsstücke aus dem »Exquisit«. TU-Studenten, ausstaffiert mit Brokatroben und Barockperücken, bildeten den extravaganten Rahmen.[226]

Eine langjährige Mieterin im Haus Kurfürstendamm 48/49 war die in Niederschönhausen geborene Buchhalterin Edith Lippe. Sie zog nach ihrer Heirat 1947 in die Wohnung ihres Ehemannes, die dieser schon ab 1934 innehatte. Nach dessen Tod 1959 vermietete die Witwe ein Zimmer an den Schneider Paul Grapenthin, der ab 1943 im ersten Obergeschoss ein Damen- und Herren-Maßatelier betrieb (siehe Farbtafel 4: Kurfürstendamm 48/49, 50er Jahre; im ersten Obergeschoss links über »Exquisit« die Schneiderei).

221 Stürickow, Kurfürstendamm, S. 178.

222 Bauakte Kurfürstendamm 48/49 Bd. 7, Bl. 301–302; die Richtlinien waren am 24.10.1957 ergangen.

223 Gespräch der Autorin mit Herrn Werner Klemke am 25.1.2010.

224 Stürickow, Kurfürstendamm, S. 178–179.

225 Gespräch der Autorin mit Herrn Werner Klemke am 25.1. 2010.

226 Stürickow, Kurfürstendamm, S. 161–162; zur Vita Günter Brosdas s. Wagner, Mode in Berlin, S. 138.

Nicht nur in Charlotten-
burg finanzierten sich verwitwete Damen durch Teil-
vermietung ihrer großen
Wohnungen. Frau Lippe
selbst bewohnte bis um die
Jahrtausendwende ihre Wohnung. Wie wohl sie sich hier
fühlte, geht aus ihrer Gar-
tenschilderung hervor: »Wir
hatten ein Hauswartsehe-
paar aus Schlesien. Die haben im Garten ›gezaubert‹:
Rosen gepflanzt, dort drü-
ben stand ein Baum mit
Schattenmorellen, Flieder

Abb. 79   Frau Pluta (Mitte), Angestellte und der Hauswart Kaligowski schmücken das Auto des Filmschauspielers Martin Held
für den Corso während der Filmfestspiele.

blühte, Rhododendren, Hortensien. Es war ein blühender Garten mit einem Springbrunnen. In der Remise standen damals noch Kutschen. […] Neben unserem Haus, wo jetzt
das Hotel steht, war eine Kuhle mit Gras, bis zur Bleibtreustraße stand kein Haus mehr.«[227]
Das Hauswartsehepaar hieß Kaligowski, der Mann wurde Kalli genannt. Frau Pluta, Inhaberin des gleichnamigen Blumenhauses, spendierte die Blumen.[228]

Die Mieterin Frau Lippe begrüßte Neuerungen, so lobte sie das Steakhaus Maredo, das
durch einen Umbau 50 neue Plätze gewonnen hatte: »Natürlich ist der Anblick der Bauarbeiten nicht schön, aber einmal ist ja alles fertig und da wünsche ich Ihnen für Ihre neuen
Räume weiterhin soviel Erfolg wie bisher. Das Essen schmeckt anerkannt gut und die Bedienung ist hervorragend, so dass jeder gerne zu Maredo geht. Ich freue mich darauf und
bin mit freundlichen Grüßen Edith Lippe.«[229] Wie Grapenthin waren auch der Zuschneider Hermann Vogel und die Schneiderin Charlotte Preuß – beide im Haus Kurfürstendamm 48/49 – in die Modeindustrie am Kurfürstendamm eingebunden, möglicherweise
bei Grapenthin oder bei der Firma Heintz-Mäntel. Von 1945 bis in die frühen 60er Jahre
betrieb Wolfgang Noecker ein Modegeschäft im Haus.[230]

Die 1953 gegründete Firma »Severin & Kühn« verlegte 1954 ihre Zentrale von der
Kaiserin-Augusta-Allee 14–24 ans Salzufer 17–19 (heute: Severinsgelände der TU). Sie
nannte sich Internationale Transportgesellschaft und bot unter anderem Stadtrundfahr-
ten durch West- und Ost-Berlin an. Das Reisebüro des Unternehmens residierte schon vor
1963 im Haus Kurfürstendamm 48/49. Wie rasch die Firma expandierte, zeigt sich daran,

---

227 Gespräch Frau Dr. Margrit Bröhans mit Frau Lippe im Jahr 2000. Der Briefkopf L. Schmidt – Leo Spik in
der Bauakte Kurfürstendamm 48/49, Bd. 7, Bl. 174. Bei einer Grundstücksbesichtigung im Sommer 2010 konnte
die Autorin die Früchte des noch immer vorhandenen Kirschbaues leuchten sehen.
228 Gespräche der Autorin mit Herrn Hans-Jürgen Pluta am 6.10.2010 und 14.4.2009.
229 Archiv Bröhan, Reklamefoto Maredo, bestehend aus Foto und Schreiben der Frau Lippe.
230 Gundlach/Richter, Berlin en vogue, S. 360 ff.

dass 1954 zwei Niederlassungen außerhalb Berlins existierten und 1957 eine weitere dazukam.[231] Mit früheren Luftbrückenbussen als Erstausstattung[232] bot Gustav Severin in Berlin erste Ferienreisen nach Österreich an. Später betrieb die Firma zusätzlich eine Autovermietung.[233] Als Garage für Leihwagen diente das ehemalige Stallgebäude auf dem Grundstück Kurfürstendamm 48–50a. Der junge Peter Otto Gelling, später Chef von TUI-Berlin, hatte die Aufgabe, die Leihwagen, vorwiegend Mercedes der S-Klasse und auch Chevrolets, in die Garage zu fahren.[234]

Wie familiär der Kurfürstendamm um 1950 noch sein konnte, zeigte der Trauerzug für den Inhaber der Parfümerie Druck im Haus Kurfürstendamm 50. Als der Leichenwagen am Geschäft vorbeifuhr, standen Nachbarinnen und Nachbarn Spalier und winkten ein letztes Mal. Tochter Helga lernte am Imbissstand auf dem heutigen George-Grosz-Platz das Boxidol Bubi Scholz kennen.[235] Gegen den Willen der wohlsituierten Familie Druck heirateten beide. Die Ehe nahm ein tragisches Ende, 1984 erschoss der Boxer seine Frau.[236]

Im Film »Die Bubi Scholz Story« unter der Regie Roland Suso Richters sehen wir, wie Bubi seine »Flamme« Helga beim Aufbau der Schaufensterauslage anschmachtete. Er stand oft vor dem Geschäft und sondierte die Lage, bevor er etwas kaufte. In seinem Badezimmer häufen sich Artikel, die er nur erworben hatte, um Helga zu sehen. Einmal war es ein Kamm, ein andermal Birkin-Haarwasser, dann suchte er etwas »gegen rauhe Hände«.[237] Bald kaufte der erfolgreiche Boxer einen modernen Ford. Als Frau Druck fragte, ob er den Wagen gemietet habe, antwortete er: »Nein, geklaut.«[238]

Viele Kunstschaffende stiegen bei ihren Berlinbesuchen in der Pension Gubisch ab: der Pantomime Marcel Marceau, der Bildhauer Rudolf Belling, der Religionsphilosoph Martin Buber, die Filmschauspielerinnen Angelika Hauff und Margot Hielscher, ferner René Deltgen.[239] Die 1919 in Charlottenburg geborene Frau Hielscher lebte ab 1942 in München. Sie war eine vielseitige Künstlerin, arbeitete als Schauspielerin und Sängerin. Sie pflegte Kontakte zu Persönlichkeiten aus dem Musikbereich, wie Hans Werner Henze, Herbert von Karajan und Benny Goodman.[240] René Deltgen und Angelika Hauff kannten einander spätestens ab 1943, da sie gemeinsam in dem Film »Zirkus Renz« gespielt hatten.[241] Wenn sich Rudolf Belling am Kurfürstendamm einquartierte, konnte er Erinne-

---

231 Bauakte Kurfürstendamm 48/49, Bd. 7, Bl. 251 bzw. 288.
232 Ab Herbst 1948 transportierten Luftbrückenbusse über eine Million Kinder zum britischen Flughafen Gatow, von wo aus sie zu Ferienaufenthalten in der Britischen Zone geflogen wurden. Diese Busse brachten auch die Arbeitskräfte zu den Entladestellen der Flugzeuge. Fke: Autogramme auf dem Doppeldecker, in: *Berliner Zeitung* v. 20.5.1998.
233 Gespräch der Autorin mit Frau Ingeborg Schwabe am 23.2.2009.
234 Gespräche der Autorin mit Herrn Hans-Jürgen Pluta am 5.2.2009 und am 14.4.2009.
235 Gespräche der Autorin mit Herrn Hans-Jürgen Pluta am 5.2.2009 und am 14.4.2009.
236 http://www.nadir.org/nadir/periodika/jungle_world/_98/52/36b.html (15.4.2009); Scholz, Bubi: Der Weg aus dem Nichts, Berlin 1982.
237 Timm, Uwe: Die Bubi Scholz Story, Berlin 1998, S. 55–57, das Foto S. 80/81.
238 Ebd., S. 72/73.
239 Gespräch Frau Dr. Margrit Bröhans mit Frau Elsner am 4.5.2001.
240 http://www.margot-hielscher.de/vita2.html (6.3.2009).
241 http://film.virtual-history.com/cigcard/67/large/867f.jpg (6.3.2009).

Abb. 80   Bubi Scholz (Benno Fürmann) sieht seine »Flamme« Helga Druck (Nicolette Krebitz) im Schaufenster Kurfürstendamm 48/49, 1998

rungen an eine Film-Matinee im Ufa-Kino am Kurfürstendamm abrufen, die die November-gruppe 13. Mai 1925 veranstaltet hatte. Er selbst war Mitglied dieser Künstlervereini-gung gewesen, die ab Dezember 1918 bestand und der avantgardistische Künstler ange-hörten wie Max Pechstein, Hanns Eisler, Conrad Felixmüller, Lyonel Feininger und Walter Gropius.[242]

Lange residierte das Auktionshaus Leo Spik ebenso wie der Verband der Berliner Auk-tionatoren e.V. im Haus Kurfürstendamm 48. Die 1919 von Leo Spik in der Kurfürsten-straße gegründete und später in der Villa Tiergartenstraße 6 untergebrachte Kunsthand-lung (Kunsthaus Union) ist Berlins ältester Antiquitäten-Versteigerer. Im Jahr 1944 hatte das Unternehmen seinen Standort in der Rankestraße. Kriegsbedingt ausgelagertes Mate-rial verkauften Leo Spik und Lothar Schmidt ab 1946 in der gemeinsam eröffneten Kunst-handlung (Abb. 81).[243] Eine Fotografie des Hauses zeigt ihren Geschäftssitz mit drei gro-ßen Schaufenstern.[244] Schon 1948 hatte die erste Auktion stattfinden können, bei Spik gingen der Nachlass des früheren Hofjuweliers Werner über den Auktionstisch, auch Kunstwerke aus der Sammlung Peek & Cloppenburg.[245]

242 www.uni-weimar.de/medien/kulturtechniken/lehre/ws2006/material/VLRadio08-Netzversion.pdf (6.3.2009).
243 Krause, Markus: Gute Zeiten, schlechte Zeiten, in: *Der Tagesspiegel* v. 10.12.1994.
244 LAB, F Rep. 290, Allgemeine Fotosammlung (Sammlung Landesbildstelle), Kurfürstendamm 48/49 Best. Nr. 7 869.
245 Krause, Gute Zeiten, schlechte Zeiten.

Abb. 81   Leo Spik und Renault in Kurfürstendamm 48/49, 1950

Trennwände und Durchbrüche verkleinerten das Geschäftslokal, so dass 1949 ein weiterer Ladenraum entstand.[246] Die Aufnahme von 1950 zeigt, dass Leo Spik nun allein firmierte.[247] In diesem Jahr kam das Starmodel Susanne Erichsen wegen Modeaufnahmen für das Magazin *Film und Frau* in die Galerie.[248] Den linken, also westlich gelegenen Teil der früheren Räumlichkeiten belegte eine Renault-Niederlassung. Diese bot inmitten des Bürgersteigs einen Wagen für 4.800 DM an. Der Rest des ehemaligen Vorgartens ist mittlerweile zum Rasenfleck um die Schauvitrine herum geschrumpft.[249] Wenig später wird auch er gepflastert. Die Geschäfte der Galerie Spik liefen gut. Liebermanns »Netzflickerinnen« von 1905 erzielte 1960 auf einer Auktion 17.000 Mark.[250] Nach dem Tod des Gründers im Jahr 1968[251] verließ das Unternehmen den langjährigen Firmensitz Kurfürstendamm 48/49 und fand im Haus Nr. 66 sein neues Domizil.

246 Bauakte Kurfürstendamm 48/49 Bd. 7, Bl. 174.
247 LAB, F Rep. 290, Allgemeine Fotosammlung (Sammlung Landesbildstelle), Kurfürstendamm 48/49, Best. Nr. 26 47 76.
248 Rasche, Botschafterinnen, S. 51, 23.
249 LAB, F Rep. 290, Allgemeine Fotosammlung (Sammlung Landesbildstelle), Kurfürstendamm 48/49, Best. Nr. 26 47 76.
250 *Hamburger Abendblatt* v. 11.10.1960, S. 13.
251 Berlin.de/ba-charlottenburg-wilmersdorf/extra/wissenswerteslexikon/leo_spik.html (22.1.2009).

Eine Fotografie von 1968 zeigt die dem Kurfürstendamm zugewandte Fassade sehr gut: Neben dem Blumenladen Pluta sieht man Firma Bombosch. Hinter der zurückspringenden Fassade führte Anita Leuthner – sie war Weltmeisterin im Frisieren – einen Friseursalon mit Parfümerie, die frühere Firma Druck. Daneben residierte Werner Klemkes »Exquisit«. Daran schloss sich der kleine Blusenladen der beiden Schwestern Rülicke an, der unter »Modische Neuheiten« firmierte. Und schließlich folgte die Firma Heintz-Mäntel. Noch weiter östlich hatte sich das Reisebüro Severin & Co eingemietet. Im ehemaligen Spikschen Geschäftslokal war das Lokal La Pergola untergekommen. Über dem Hauseingang prangte das Schild Hotel West-Pension.[252] Im Jahr 1969 erstreckte sich im Obergeschoss die Damen- und Herren-Maßschneiderei Grapenthin

Abb. 82   Severin und das italienische Restaurant »La Pergola« Kurfürstendamm 48, 1971

mit drei großen Fenstern.[253] Im September 1968 eröffnet, galt das zweigeschossige Lokal La Pergola als Attraktion. Die Bar im Erdgeschoss war »mit einer Art Baldachin überdacht (…), von dem exotische Pflanzen üppig herunterrankten«. Dazu kam »ein fünf Meter langes Meerwasser-Aquarium mit exotischen Fischen«.[254] La Pergola warb mit Tag- und Nachtbetrieb.[255]

An der Rückfront des Hauses Kurfürstendamm 48/49 wurden Getränkekisten gestapelt. Gleich hinter der offenen Tür sieht man den Kühlschrank für das Eis. Die rückwärtige Fassade ist in den 60er/ 70er Jahren noch von Kriegsschäden gezeichnet. Zu sehen sind mit Holz verkleidete Fensterteile. Hinter dem VW-Bus lässt sich der junge Kirschbaum erkennen. Im Jahr 2009 ist dieser Baum groß geworden, im Hof befinden sich im Gegensatz zu dem einen Fahrrad neben dem Müllkasten eine ganze Anzahl Räder. Im Zuge der grundlegenden Sanierung des Hauses erhielt dieses auch einen neuen Anstrich sowie neue

252 LAB, F Rep. 290, Allgemeine Fotosammlung (Sammlung Landesbildstelle), Kurfürstendamm 48/49, 1968 Best. Nr. 126 327; Gespräch der Autorin mit Herrn Werner Klemke am 29.6.2010.
253 LAB, F Rep. 290, Allgemeine Fotosammlung (Sammlung Landesbildstelle), Kurfürstendamm 48/49, April 1969 Best. Nr. 134 982.
254 Stürickow, Kurfürstendamm, S. 200.
255 LAB, F Rep. 290, Allgemeine Fotosammlung (Sammlung Landesbildstelle), Kurfürstendamm 48, September 1971 Best. Nr. 149 496.

1943	1963
Mobil Oil AG in Deutschland, Eigentümerin	**Mobil Oil AG in Deutschland, Eigentümerin**
Adelmann, H., Opernsänger	Allamir, Abbas, Dr. Diplomat
Ahlefeld, S. J., Frau	Balázs Frieda, Geschäftsinhaberin
Balázs, Frieda, Hüte	Bohnen, Michael, Opernsänger
Bellmann & Co., Kunstharz	Bombosch, Bekleidung
Böhlendorff, E., Verkäuferin	Dessin, Johannes, Dr., Arzt
Bohnen, Michael, Kammersänger	Franz, Hans, Makler
Boscher, Innenarchitekt	v. Gülich, Charlotte, Angestellte
Brosig, Egon, Schauspieler	v. Gülich, Udo, Kaufmann
Busse, A. & Co., AG, Verwaltungsgesellschaft	Grünberg, Frisier-Salon
v. Cornberg, W., Frhr., Oberstltn.	v. Harder, Waldemar, Filmkaufmann
Dienst, H., Dr. Ing., Bauing. Büro	Haupts, Karl Heinz, Prokurist
Druck, Willi, Friseur f. D.	Hotel-Pension Kurfürstendamm
Eggebrecht, Paul, Weinstube, Filiale	v. Jaanson, Nina, Bildjournalistin
Fernolt, I., Frau	Jast, Juwelier
Gondi, H., Filmschauspiel.	Kaligowski, Karl, Hauswart
Hegermann, R., Lichtpauserei	Krisch, Lucie, Geschäftsinhaberin
Kaligowski, K., Hauswart	Lauer-Böhlendorff GmbH, Modesalon
Kausche, S., Delikatessen	Michaelis, Lucie, Selbstständige
Krisch, Lucie, Kauffrau	Pluta und Sohn, Blumenhaus
Kurth, I., Frau	Rudszuck, Otto, Kontorist
Mattner, D., Frau	Simon, Andreas, Tabakwaren
Neuse, Neuheiten-Fabrikation GmbH, Emballagen	»studio dress« Kleider
Putze, S., Frau	Wienecke, Ursula, kaufm. Angestellte
v. Quadt-Isny, L. Gräfin	50a: Brosig, Elise, Angestellte
Reinecke, Walter, Dr. med., Arzt	50a: Günther Dr., Walter, Reg. Veterinärrat
Sämann, A., Frau	50a: Hegermann, Richard, Photokopien
Schmidt, F. K., Kfm.	50a: Jacoby, Maria, Rentnerin
Schneider, R., Pensionsinhaberin	50a: Janssen, Ursula, Dipl. Kosmetikerin
Traitler & Co. KG, Schrift-, Keramik-Großhdlg.	50a: Krause, Helmuth, Kaufmann
Traitler, Josef, Kfm.	50a: Lechler, Ella, Zeitschr.Vertr.
Weymar, Gertrud u. Käte, Papierwaren	50a: Liebers, Hans
	50a: Loos und Schmidt, Buchhandl.
	50a: Mattner, Dagmar, Kunsthistorikerin
	50a: Pluta, Magda, Blumenbinderin
	50a: Salbach-Pelze, Inh. M. Hass
	50a: Schapira, Jakob, Kaufmann
	50a: Schmidt, Margarete, Schauspielerin
	50a: Schmiedeknecht, Friedel, Verkäuferin
	50a: Seyd, Hans Joachim, Kaufmann

Mietparteien im Haus Kurfürstendamm 50/50a, 1943 und 1963

Fenster (siehe Farbtafel 5: Hof des Hauses Kurfürstendamm 48/49, 1970er Jahre und 2009). In den 90er Jahren sanierte der Architekt Christian Frauenstein das als Stall und Kutscherhaus errichtete Gebäude (siehe Farbtafel 6 oben).

Wie im Haus Kurfürstendamm 48/49 ging auch in Nr. 50/50a die Zahl der Haushalte zwischen 1963 und 1970 stark zurück: Diese halbierte sich von 39 auf 21. Allerdings hatte sie 1943 »nur« 31 betragen. Die Steigerung der Mieterzahl war vermutlich auf den Wohnungsmangel in West-Berlin zurückzuführen. Wenige Kontinuitäten bestanden in den zwei Jahrzehnten nach 1943. Dabei handelte es sich um die Inhaberin eines Hutladens, Frieda Balázs. War sie, ab 1940 Mieterin im Haus, mit dem ungarischen Filmtheoretiker Béla Balázs (d. i. Herbert Bauer) verwandt?[256] Diesen hatte sich Hans Sahl in den 20er Jahren ebenso wie Siegfried Kracauer zum Vorbild genommen, wenn er »gegen den Siegeszug von Ton und Farbe« im Film polemisierte.[257] Bis zu Beginn der 70er Jahre wohnte

1970
Karl Heinz Bröhan, Eigentümer
Boerschmann, Eva
Bombosch, Joachim Richard, Bekleidung
Dahlmann, Bruno
v. Harder, Waldemar, Filmkaufmann
Haupts, Karl-Heinz, Prokurist
Hotel-Pension Kurfürstendamm
v. Jaanson, Nina, Bildjournalistin
Kaligowski, Karl, Hauswart
Krisch, Lucie Geschäftsinhaberin
Lauer-Böhlendorff GmbH, DOB
Michaelis, Lucie
Rudszuck, Otto, Kontorist
Seyd, Hans Joachim, Kaufm.
Wienecke, Ursula, kaufm. Angest.
50a: Brosig, Elise, Angest.
50a: Byrns, Ursula, Dipl.-Kosmetikerin
50a: Issatschenko-Gsovsky, Ballettmeisterin
50a: Jacoby, Maria, Renterin
50a: Liebers, Hanns, Rentner
50a: Riechel, Artur, Rentner

Mietparteien im Haus Kurfürstendamm 50/50a, 1970

auch die Inhaberin eines Geschäfts für Orientteppiche im Haus, Frau Krisch. Vermutlich residierte der Laden – wie bereits 1943 – im Haus Kurfürstendamm 45.[258] In der dritten Etage wohnte der beste Statiker Berlins, Dr. Dienst. Er fertigte Berechnungen für die kompliziertesten Gebäude an.[259] Am 2. Februar 1967 starb der Botschafter Irans, Dr. Abbas Allamir, auch er Mieter im Haus Nr. 50.[260] Mit dem Ausbau des Modesektors am Kurfürstendamm, aber auch durch Kulturschaffende, kamen neue Mieterinnen und Mieter ins Haus. Diese erhielten wiederum von Kollegen Besuch, die in den beiden Pensionen übernachteten. Vor allem in den 60er Jahre zogen etliche Modegeschäfte ein. Die Photokopieranstalt verließ als letzter Vertreter des produzierenden Gewerbes das Haus.

---

256 Béla Bálazs: Der Geist des Films, Halle 1930; Diederichs, Helmut H.: Béla Balázs und sein Beitrag zur form-ästhetischen Filmtheorie = http://www.soziales.fh-dortmund.de/diederichs/texte/balazsvo.html (5.3.2010).

257 Pfohlmann, Oliver: Der exterritoriale Mensch = http://www.literaturkritik.de/public/rezension.php?rez_id=12058&ausgabe=200807 (24.12.2009).

258 Berliner Stadtadressbuch 1963, 1970.

259 Gespräch der Autorin mit Herrn Hans-Jürgen Pluta am 6.10.2010.

260 Zentrale Landesbibliothek Berlin, Zentrum für Berlinstudien, Friedhofsverzeichnis von Rudolf Uth.

Abb. 83   Das Haus Kurfürstendamm 50/50a, Zeichnung von Gerhard Ulrich, 1972

Ende 1945 bezogen Magda Pluta und ihr neunjähriger Sohn Hans-Jürgen das Haus 50a. Das Blumengeschäft Pluta und Sohn in der Grolmannstraße 34/35 war mit dem Haus bei einem der letzten Angriffe zerstört worden. In dieser Zeit kam auch der Inhaber, Herr Pluta, ums Leben. Vor der Eröffnung des Geschäfts am Kurfürstendamm waren, wie bei allen Geschäften, die Schaufenster mit Holz vernagelt gewesen. Der Mietvertrag mit der Hauseigentümerin, der Vacuum Oil Company, garantierte Konkurrenzschutz im Block Kurfürstendamm, Schlüter-, Mommsen-, Bleibtreustraße. Auch der kleine Hans-Jürgen konnte mit dem Haus zufrieden sein, denn ihm bereiteten die Delikatessen der Firma Bettermann manchen Gaumenschmaus.[261]

Frische Lebensmittel waren knapp, deshalb ordneten die Alliierten an, auf den Stadtplätzen Gemüse anzubauen. Obwohl 1947 immerhin 88 Prozent der Berliner Haushalte alle verfügbaren Flächen und sogar Dachböden nutzten[262], war bei der Gärtnerei Pluta die Nachfrage so stark, dass im Hof der Häuser Kurfürstendamm 50/50a zeitweise 3.000 Käuferinnen

---

261 Gespräch der Autorin mit Herrn Hans-Jürgen Pluta am 5.2.2009.
262 Humm, Antonia: Die Ernährungskrise in Berlin zwischen 1945 und 1949, in: Lummel, Peter (Hg.): Vom Berliner Stadtgut zum Freilichtmuseum. Geschichte und Geschichten der Domäne Dahlem (= Dahlemer Materialien, Bd. 5), Berlin 1997, S. 109–129, S. 120–121.

und Käufer anstanden. Das Blumenhaus Pluta hatte für eingetragene Kunden eine Verkaufsstelle für Gemüse eingerichtet. Nur diese erhielten Waren gegen Lebensmittelmarken. Das Gemüse bauten die Schwiegereltern der Geschäftsinhaberin in Marienfelde an.[263] Wegen Glasmangels war das Blumenangebot zunächst nur hinter einem aus vielen kleinen Scheiben zusammengesetzten Schaufenster zu sehen.

Abb. 84   Erstes Schaufenster Blumengeschäft Pluta

Der Eckladen, den das Strumpfgeschäft Etam belegte, konnte nach einer Abstandszahlung in neuer Währung, der DM, von Pluta dazugemietet werden. Die Neugestaltung stammte von den Architekten Rimmelmann und Gaulke. Durch Übernahme des benachbarten Geschäfts (Simon) war später ein erneuter Umbau nötig. Diesen führte Oskar Hillmann durch. Wo heute Aigner logiert, nutzte Pluta die Fläche. Hier konnte man am ersten Blumenautomaten Berlins für 3 Mark einen Strauß, für 5 Mark ein Gesteck oder für 10 Mark sogar Orchideen erwerben! Und wenn abends ab zehn oder halb elf »die Wache« aufzog, war das Blumengeschäft bestens geschützt. Gemeint waren die »Leichten Mädchen«, die in der Nacht den Kurfürstendamm eroberten. Und siehe da, es gab nie einen Einbruch bei Pluta! Kunden des Blumengeschäfts waren nicht nur Schauspieler wie O. E. Hasse, Käthe Haack, Paul Hubschmid und Joachim Fuchsberger, sondern auch Willy Brandt und Berthold Beitz. Frau Pluta stattete die Salons der Couturiers mit Blumenschmuck aus und belieferte auch die Kurfürstendamm-Theater bei den Premieren. Manchem Käufer erklärte sie, wie er sich »durch die Blume« ausdrücken könne. Nach dem Tod der Inhaberin im

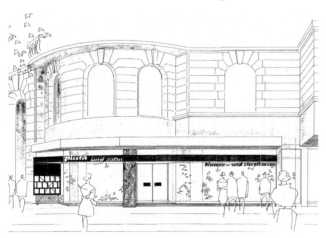

Abb. 85   Blumenladen Pluta, Plan zum Umbau, 1964

263 Gespräch der Autorin mit Herrn Hans-Jürgen Pluta am 5.2.2009.

Abb. 86   Michael Bohnen beim Diktieren
und bei der Hausarbeit mit seiner Frau Ingeborg
Behrend

Jahr 1965 übernahm ihr Sohn den Betrieb. Dieser bot dann dreimal täglich frisches Feingemüse an – Blumenkohl, grüne Bohnen, Tomaten, Gurken.[264]

Der Kammersänger Michael Bohnen wohnte ab Oktober 1936 im Kurfürstendamm 50. Als er an seinem – wie er sagte – »denkwürdigsten Geburtstag«, dem 2. Mai 1945, dem Tag der Berliner Kapitulation, »nach den letzten Schüssen aufatmend aus dem Keller kroch, dachte er nur an zweierlei: Er lebte – und er hatte sein Heim behalten.«[265] Da nach Kriegsende seine bisherige Wirkungsstätte, das Deutsche Opernhaus in Charlottenburg, nicht mehr existierte, beauftragte ihn die Belegschaft mit Einrichtung und Leitung einer neuen Spielstätte. Man zog ins Theater des Westens,[266] das Bohnen schon inspiziert hatte. Dort eröffnete die Städtische Oper am 15. Juni mit einer Ballettaufführung.[267] Michael Bohnen war es gelungen, dem sowjetischen Stadtkommandanten Bersarin den Plan auszureden, die Oper in Charlottenburg mit der Staatsoper zusammenzulegen.[268] Von 1945 bis 1947 war Bohnen Intendant der Städtischen Oper Charlottenburg. In dieser Funktion und mit seinem künstlerischen Schaffen legte er den Grundstein für die später Deutsche Oper genannte Einrichtung.[269]

Wie Heinz Rühmann, Viktor de Kowa und andere war Bohnen zunächst als potentielles Mitglied des von der Sowjeti-

264 Gespräche der Autorin mit Herrn Hans-Jürgen Pluta am 5.2.2009 und am 14.4.2009.
265 Borgelt, Mann, 2.7.1967.
266 Schivelbusch, Vorhang, S. 75.
267 Stürickow, Insulaner, S. 51.
268 Borgelt, Mann, 9.7.1967.
269 http://www.berlin.de/ba-charlottenburg-wilmersdorf/ba/020502bohnen.html (1.4.2010).

schen Militäradministration gegründeten Kulturbundes für demokratische Erneuerung vorgesehen.[270] Er wurde dann zum Vizepräsidenten dieser Einrichtung berufen, die in Schlüterstraße 45 unterkam. Dieses Gebäude »lag dem Wohnhaus Bohnens schräg gegenüber. Es war kein weiter Weg von der Privatwohnung bis zum Arbeitszimmer in der Kammer der Kunstschaffenden, aber ein Weg durch Not und Elend. Bohnen brauchte nur seine Wohnungstür im zweiten Stock zu öffnen, schon war er von Bittstellern umringt. Im Treppenhaus, vor der Eingangstür lauerten ihm Hilfsbedürftige auf, die paar Schritte über den Kurfürstendamm konnte er nicht zurücklegen, ohne dass Ratsuchende neben ihm herliefen. Durch überfüllte Flure und Vorzimmer musste er sich in sein Büro kämpfen, und dort breitete sich der Menschheit Jammer vor ihm aus.«[271] Viele Sängerinnen und Sänger verdankten Bohnens sicherer Wahl und seiner Unterstützung ihre Karriere.[272] Michael Bohnen starb am 26. April 1965. Wenige Tage vor seinem Tod fotografierte ihn die Wohnungsnachbarin Nina von Jaanson mit seiner dritten Frau, Ingeborg Behrend.[273]

Die Bildjournalistin Nina von Jaanson widmete sich auch weltpolitischen Dimensionen. Nach Kriegsende fotografierte sie eine mit überdimensionierten Porträts der Verhandlungsführer der Potsdamer Konferenz (Truman, Stalin, Churchill) bestückte Tribüne. Diese war anlässlich des Einmarsches der westlichen Alliierten in Berlin Anfang Juli 1945 entlang der Charlottenburger Chaussee (heute: Straße des 17. Juni) errichtet worden. Auf der Siegessäule wehte der Union Jack. Schottische Dudelsackpfeifer und ein kanadisches Pfeifercorps führten die Parade auf der Ost-West-Achse in Richtung Brandenburger Tor an.[274] Frau von Jaanson war vor allem Porträtfotografin. Im Jahr 1951 hielt sie den Architekten und Lehrer an der Hochschule für Bildende Künste (heute: Universität der Künste), Wilhelm Büning, im Bild fest.[275] Nina von Jaanson war dem Kurfürstendamm verbunden; alle drei Bilder, mit denen sie sich an dem 1955 von Klaus I. Lemmer herausgegebenen Band »Deutsche Schauspieler der Gegenwart« beteiligte, zeigen die Mimen auf der Bühne des »Theaters am Kurfürstendamm«.[276]

Nach dem Mauerbau herrschte in West-Berlin beträchtliche Wohnungsnot. Es bestand Wohnungszwangswirtschaft. Dank eines erhaltenen Einweisungsbeschlusses lässt sich das konkretisieren: Als der Haushalt des Regierungs-Veterinärrates Dr. Walter Günther aus der Zwei-Zimmer-Wohnung im zweiten Obergeschoss des rechten Seitenflügels des Hauses Kurfürstendamm 50/50a ausgezogen war, wies das Charlottenburger Wohnungsamt im August 1962 dem Verwalter Droste & Co zwei Haushalte mit drei beziehungsweise vier Personen zur Auswahl zu. Die Entscheidung hatte innerhalb einer Woche zu erfolgen. Der

---

270 Schivelbusch, Vorhang, S. 121.
271 Borgelt, Mann, 9.7.1967.
272 Borgelt, Mann, 16.7.1967.
273 Borgelt, Mann, 30.7.1967.
274 Schmädeke, Jürgen: Sherman-Panzer rollten durch Berlin, in: *Berliner Zeitung* v. 5.3.1994. S. a. http://germanhistorydocs.ghi-dc.org/sub_image.cfm?image_id=1004&lanuage=german (22.12.2008).
275 http://www.wilhelm-buening.de/index.html (22.1.2009).
276 Lemmer, Klaus J. (Hg.): Deutsche Schauspieler der Gegenwart, Berlin 1955, S. 44, 53, 57. Die Abgebildeten sind: Leopold Rudolf, Aglaja Schmid, Käthe Haack und Brigitte Ratz.

Abb. 87   Die an der Ost-West-Achse aufgestellten Portraits der »Großen Drei«

damalige Bürgermeister von Charlottenburg bescheinigte den Mietinteressenten, »dass sie ihre Miete pünktlich bezahlt haben. Nachteiliges über die Personen ist mir nicht bekannt.«[277]

Um 1960 zog die Ballettmeisterin Tatjana Issatschenko-Gsovsky (Abb. 88), die in den 20er Jahren mit ihrem Ehemann, Victor Gsovsky, die Tanzschule in der Fasanenstraße aufgebaut hatte, ins Haus Kurfürstendamm 50a.[278] Sie wirkte 1954 bis 1965 als Trainings- und Ballettmeisterin sowie als Chefchoreografin an der Städtischen Oper in Charlottenburg.[279] »Tatjana« – wie man sie in Berlin nannte – »war auf ihre unbeirrbar damenhafte, hochgewachsene, gertenschlanke Art durch und durch eine Avantgardistin. Sie kreuzte dahin, über den Kurfürstendamm, wie ein ›Schwarzer Schwan‹ in fremden, autodurchrauschten Gewässern, das ihr angeborene Russentum wie eine verlockende Federboa am Hals.« Ihre Wohnung gewährte Hans Werner Henze in einer Lebenskrise Schutz. Nach seiner Musik entwickelte sie ihr Dostojewsky-Ballett »Der Idiot«, das im Hebbel-Theater 1952 Uraufführung hatte.[280] Frau Gsovsky »definierte den klassischen Tanz in Deutschland nach dem Zweiten Weltkrieg neu. Bis Mitte der 60er Jahre dominierten ihre Choreo-

---

277 Archiv Bröhan, Telegramm und Einweisungsbeschluss.
278 Berliner Stadtadressbuch 1963, 1970.
279 Zur Datierung s. Heuermann, Gsovsky, S. 107, 308.
280 Geitel, Klaus: Tatjana Gsovsky und andere Sehenswürdigkeiten. Meine Geschichten, in: *Berliner Morgenpost* v. 24.8.2005 = morgenpost.de/content/2005/08/24/feuilleton/775086.html (6.4.2007).

grafien in enger Zusammenarbeit mit zeitgenössischen Komponisten wie Boris Blacher, Luigi Nono, Hans Werner Henze, Gi-
selher Klebe und Gottfried von Einem die
deutsche und internationale Tanzszene.«[281]

Im Jahr 1957 existierten zwei Haushalte
unter dem Namen Egon Brosig im Haus
Kurfürstendamm 50. Nur in der Berufsbe-
zeichnung unterschieden sie sich: Einer war
Schauspieler, der andere Zimmermann.[282]
1964 gab es nur noch einen Haushalt diesen
Namens. Dieser wurde von der Angestellten Elise Brosig geführt, möglicherweise
der Ehefrau des Schauspielers. Sie wohnte
bis mindestens 1970 im Haus.[283]

Das Modegeschäft Lauer-Böhlendorff,
das mindestens zwischen 1963 und 1970
im Haus Kurfürstendamm 50 logierte, gehörte zu einem Unternehmen, das schon

Abb. 88   Tatjana Gsovsky

1948 als einer »der führenden Modellkonfektionäre Deutschlands« galt. Die Firma siedelte von Berlin nach Krefeld über und arbeitete dort eng mit den ansässigen Seidenprodu-
zenten zusammen.[284] Das Verkaufsgeschäft im Haus Kurfürstendamm 50 wurde wohl
später eröffnet. Da Frau Emmy Böhlendorff schon 1940 hier wohnte,[285] ist es denkbar,
dass sie das Gebäude als guten Verkaufsstandort empfohlen hatte. Dafür, dass eine Berliner Niederlassung lukrativ war, sorgten in Vor-Mauer-Zeiten die »Umsatzsteuerrückver-
gütung und die Steuerpräferenzen für in Berlin tätige Industriebetriebe«. Diese, so Sabina
Lietzmann 1956 im Wochenblatt *Die Zeit*, »haben bereits manche westwärts ausgewan-
derte Firma wieder zurückgeholt und manches westdeutsche Haus zu einer Niederlassung
in Berlin bewegt, wozu neben dem wirtschaftlichen Anreiz (…) der Stamm der hier ansässigen Heimarbeiter beitrug«.[286] So könnte es auch bei Böhlendorff gewesen sein.

In den späten 60er Jahren kreierte Lauer-Böhlendorff einen extravaganten Apres-Ski-
Anzug im Spitzen-Look. Dieser Einteiler bestand »aus schmiegsamer schneeweißer Woll-
spitze«. Das *Hamburger Abendblatt* empfahl das Gebilde allen, »die jung und schlank sind
und Figur zeigen wollen«.[287] Es ging auch klassischer: Die Leserinnen der Zeitung konn-

281 Adk.de/de//veranstaltungen/i_2005_2/Tatjana-Gsovsky.htm (21.2.2009).
282 Berliner Stadtadressbuch 1957.
283 Berliner Stadtadressbuch 1970.
284 *Hamburger Abendblatt* v. 8.12.1948, S.8.
285 Berliner Adressbuch 1940 ff.
286 Lietzmann, Sabina: Berliner Mode dominiert wieder, in: *Die Zeit* v. 1.3.1956.
287 *Hamburger Abendblatt* v. 7./8.1.1967, S.45.

Abb. 89   Oswin sieht das Hausensemble Kurfurstendamm 48–50a, 1979

ten sich über neue Trends bei Flanellkostüm und Hosenanzug informieren.[288] Firma Lauer-Böhlendorff aber war nicht nur auf Presseberichte angewiesen, sondern organisierte eigene Modenschauen.[289] Auch die Firma Studio-Dress residierte im Haus. Diese steuerte die Kostüme für den 1969 allerdings nicht in Berlin gedrehten Spielfilm »Deine Zärtlichkeiten« bei. Herbert Vesely und Peter Schamoni führten Regie.[290]

Wie im Stadtbild vollzog sich auch im Hauskomplex um 1970 ein Wandel. Das Antiquitätengeschäft Leo Spik zog noch in den 60er Jahren aus. Am neuen Standort war viel zu tun. Beispielsweise wurde das Interieur des Nobelrestaurants Aben, das 1972 schließen musste, bei Spik versteigert.[291] Das Restaurant La Pergola, das auch als Pizzeria firmierte, erweiterte um einen Vorbau auf ehemaligem Vorgartenterrain.[292] Im Jahr 1972 verlegte der Geschäftsinhaber Pluta sein Unternehmen nach Dahlem. Den freiwerdenden Laden mietete das Bekleidungsgeschäft Bombosch. Dieses hatte zuvor ein anderes Geschäft im Haus innegehabt, das dann der Zigarren- und Spirituosenhändler Andreas Simon nutzte.[293]

Das »Exquisit« existierte noch bis um 1980. Dann vertrieben die Hausbesetzerkrawalle Werner Klemke und seine Ehefrau vom Kurfürstendamm. Doch kamen sie nach einigen Jahren in Bayern zurück ins geliebte Berlin. Noch immer besteht die damals eröffnete Weinhandlung mit Imbiss in der Mommsenstraße 9 (Ecke Schlüterstraße)[294], also direkt nördlich des Blocks, in dem die Häuser Kurfürstendamm 48–50a liegen. Damit schließt

288 *Hamburger Abendblatt* v. 17./18.9.1966, S. 55.
289 Newmedia-art.org/cgi-bin/f2doc-art.asp?lg=GBR&na=RINKE&pna=KLAUS&ID=D021990&DOC=expo (28.1.09).
290 http://www.filmportal.de/df/58/Credits,,,,,,,,E496E077CC64459E94EBA5BEC64B6533credits,,,,,,,,,,, ,,,,,,,,,,,,,,.html (22.1.2009).
291 Stürickow, Kurfürstendamm, S. 204.
292 LAB, F Rep. 290, Allgemeine Fotosammlung (Sammlung Landesbildstelle), Kurfürstendamm 48, September 1971 Best. Nr. 149 496.
293 Gespräch der Autorin mit Herrn Hans-Jürgen Pluta am 5.2.2009; s. a. Stadtadressbuch 1963.
294 Stürickow, Kurfürstendamm, S. 181.

sich der Kreis, denn der Kurfürstendamm lebt »von allem, was der große Kommerz in die Seitenstraßen abgedrängt hat – in Querstraßen mit Namen wie Meineke, Knesebeck, Bleibtreu, Uhland, Wieland, Grolmann, Fasanen, über die Annemarie Weber schreibt: ›Kein Gedicht erfasst die Sphäre besser als einfach die Reihung dieser Worte, mit denen sich die Kenntnisse von Speiselokalen, Galerien, Bars, Antiquitäten, Pensionen assoziiert.‹«[295]

Blick zurück

Zwischen 1945 und 1967/70 erfolgte die Umbildung des Kurfürstendamms zum Schaufenster des Westens und zur politischen Bühne. Der mit Energie der Bürgerinnen und Bürger sowie mit Geldern aus den USA wiederbelebte Boulevard versammelte viele Wirtschaftsstandorte und kulturelle Einrichtungen – auch internationaler Reichweite. Der Verkehr wurde durch den autogerechten Umbau der Weststadt in neue Bahnen gelenkt, auf dem Kurfürstendamm entstanden nach Beseitigung der Straßenbahnschienen eine Großzahl von Parkplätzen.

Großzügige Steuererleichterungen lockten Unternehmen nach Berlin, viele an den Kurfürstendamm. Der Boulevard, als Modemeile und mit seinem Warenangebot das Schaufenster des Westens, wurde nach dem Mauerbau und mit Herausbildung der Studentenbewegung zunehmend zum Zentrum West-Berlins sowie zur politischen Bühne.

Der nur wenig zerstörte Hauskomplex, dem noch lange Kriegsspuren anhafteten, bot Ausgebombten Unterkunft. Die Anzahl der Mietparteien reduzierte sich in den 60er Jahren drastisch. Die letzten produzierenden Gewerbe verließen das Grundstück, mehrere Lifestyle-Läden zogen ein. Im Frühsommer 1967 verkaufte die langjährige Eigentümerin das Hausensemble. Einen Tag nach dem Attentat auf Rudi Dutschke auf dem Kurfürstendamm kam es direkt vor den Häusern 48–50a zu der bekannten Straßenschlacht vom 12. April 1968 (siehe Abb. 2).

---

295 Zit. n. O. Verf.: Boulevards der Dämmerung, in: *Der Spiegel* v. 6.6.1977, S. 182–187, S. 187.

Schlussbetrachtung

Entgegen der eingangs zitierten Wahrnehmung Siegfried Kracauers aus dem Jahr 1932, der den Kurfürstendamm als »Straße ohne Erinnerung« sah, wurden Zeitschichten konkretisiert und als Ausdruck der jeweiligen Modernität beschrieben. So erscheint der Wandel als das Dauerhafte. Doch hat dieser Prozess von den älteren Schichten sichtbare und fühlbare Reste überdauern lassen. In der Erinnerung unseres Gewährsmannes Hans Sahl jedenfalls ist das Haus Kurfürstendamm 50 aufbewahrt, wie die Beschreibung in »Hausmusik« durch den 80-Jährigen zeigt.

Hans Sahl und George Grosz waren Freunde, die einander 1950 im amerikanischen Exil kennenlernten.[1] Nachdem Grosz sein Haus auf Long Island verkauft hatte und nach Berlin zurückgekehrt war, schrieb er am 1. Juli 1959 an Sahl: »Berlin ist sehr schön, es ist im Vergleich zu N.Y. fast ein Kurort [...]. Vorgestern (...) traf ich Rita Hayworth, David Niven [...]. Das Leben hier ist fröhlich, langsamer & unängstlicher. Man hat das Gefühl, dasz von 100 Berlinern 101 Pensionäre sind. Komm her, gut essen kannst Du wie früher, na, Du kennst es ja, es gibt auch richtiges Pils.«[2] Doch war seine Freude über Berlin von kurzer Dauer, Grosz starb wenige Tage später, am 6. Juli 1959, im Eingangsflur des Hauses Savignyplatz 5. »Als sie ihn hinauftrugen,« – so Hans Sahl – »war es schon zu spät. Er musste lange dort gelegen haben, bevor man ihn auffand.«[3]

---

1 Riha, Karl: Der Boss und sein Dichter. Ein Nachwort, in: Ders. (Hg.): George Grosz. Hans Sahl. So long mit Händedruck. Briefe und Dokumente, Hamburg 1993, S. 141–149, S. 142.
2 Grosz, George [Postkarte an Hans Sahl], in: Riha, George Grosz, S. 123–124.
3 Sahl, Hans: George Grosz oder Die Vertreibung aus dem Paradies, in: Riha, Karl: Der Boss und sein Dichter. Ein Nachwort, in: ders. (Hg.): George Grosz. Hans Sahl. So long mit Händedruck. Briefe und Dokumente, Hamburg 1993, S. 7–24, S. 7. Zum genauen Ort des Todes Riha, Der Boss, S. 141.

Vor Grosz' Abreise hatte ihm Sahl ein Gedicht gewidmet:

»Boss geht fort, lässt uns allein
An der 57th Street,
Packt den ganzen Laden ein,
Weil es nach Berlin ihn zieht.

Wer wird jetzt die Drinks bezahlen
An der 57th Street?
Boss sagt, ich kann hier nicht malen,
Weil es nach Berlin mich zieht.

George, wir werden dich sehr missen
An der 57th Street,
Schreib uns gleich, laß es uns wissen,
Wenn es nach New York dich zieht.«[4]

Die West 57th Street lag nur rund eineinhalb Kilometer südlich des Wohnortes von Hans Sahl in der West 75th Street entfernt. Auch Ulrich Muhlmann, der Anteilseigner der Grundstücksgesellschaft des Westens, der das Haus Kurfürstendamm 48–50a gehört hatte, wohnte ganz in der Nähe. Er hatte sich an der Kreuzung Fifth Avenue 42nd Street niedergelassen, wiederum von der 57th Street nur ca. eineinhalb Kilometer Luftlinie in südlicher Richtung entfernt. Durch diese Straße lässt Hans Sahl seinen autobiografischen Titelhelden Georg Kobbe in Richtung Broadway gehen: »Wie er so dahinschritt, sich mit Armen und Schultern einen Weg bahnend, glich er einem Schiffbrüchigen, der an eine unbekannte Küste gespült worden ist und sich verwundert umsieht: Wo bin ich?« Damit endet der 1959 erschienene Roman Sahls über sein Exil, »Die Wenigen und die Vielen«.[5]

Trotz aller Liebe zu New York und aller Schwierigkeiten mit dem deutschen Publikum übersiedelte auch Hans Sahl wieder nach Deutschland. In seinem Werk »Hausmusik«, dem das Haus seiner Kindheit – Kurfürstendamm 50/50a direkt am George-Grosz-Platz – den Rahmen für die Rückkehr eines Exilanten nach Berlin gibt, erzählt er von einer Rückkehr nach Berlin. Die Ablehnung der Dagebliebenen gegenüber dem Schicksal des Besuchers aus Amerika macht die »Frau im Hof« augenfällig: »Sehen Sie, dort, die Einschußspuren in der Mauer? Russische Dachschützen. Wie war doch gleich Ihr Name?« Darauf der Mann: »Rosengarten«. Und wieder die Frau: »Rosengarten, einen Augenblick mal. Jetzt dämmert mir etwas, das waren doch die, die damals … (sie bricht ab). Nein, ich habe mich geirrt. Das muß lange vor meiner Zeit gewesen sein.«[6] Die Frau wendet sich noch einmal an Herrn Rosengarten: »Glauben Sie mir, wir haben nichts davon gewusst, das schwöre ich Ihnen, und selbst wenn wir es gewusst hätten, was hätten wir dagegen tun können? Und es waren ja auch nicht alle so. Ich kannte eine Frau im 4. Stock, Aufgang II,

---

4 Zit. n. Riha, Boss, S. 141.
5 Sahl, Die Wenigen, S. 365–366.
6 Sahl, Hausmusik, S. 10.

Abb. 90   Zustand des Hausensembles mit Einschussspuren aus dem Zweiten Weltkrieg, um 1970

(…) die hat heimlich Ihrer Mutter, als sie den gelben Stern trug, jeden Abend das Essen vor die Wohnungstür gestellt. Und wir haben sie nicht angezeigt.«[7]

Weil Hans Sahl beim Berlin-Besuch 1953 »mit seinem Lebenswerk auf eisiges Totschweigen gestoßen war«, entschloss er sich, »lieber wieder nach New York zu gehen und Zeitungsrezensionen zu schreiben, anstatt in Deutschland als Ausgestoßener sein Leben zu fristen«.[8] In den USA übersetzte er unter anderem Werke des Schriftstellers Thornton Wilder. Dieser wiederum grüßte Sahl mit einer Fotografie, die Nina von Jaanson – auch sie Bewohnerin von Kurfürstendamm 50 – im Jahr 1950 angefertigt hatte (Abb. 91).[9] Damals fühlte sich Sahl in Deutschland »unerwünscht«. Erst die Nachgeborenen schätzen sein Werk.[10] Als sich der 87-Jährige 1989 erneut verheiratete, siedelte er zu seiner Ehefrau nach Tübingen über. Dennoch spielte er mit dem Gedanken, wieder nach Berlin zu ziehen. Am 3. Oktober 1989 schrieb er, der Mitglied war in der Darmstädter Akademie für Sprache und Dichtung und des PEN-Clubs, »nach einem leider viel zu kurzen Besuch in Berlin als Gast der Akademie und der Festwochen« dem Eigentümer der Häuser Kurfürstendamm 48–50a einen Brief. Darin sprach er seinen Wunsch aus, wieder im Haus Kurfürstendamm 50 zu wohnen.[11]

---

7 Ebd., S. 25–26.
8 Reuter, Edzard: Schein und Wirklichkeit. Erinnerungen, Berlin 1998, S. 267.
9 Reiter, Exterritorialität, S. 247.
10 Reuter, Erinnerungen, S. 267–268.
11 Brief Hans Sahls v. 3.10.1989.

Abb. 91   Thornton Wilder grüßt Hans Sahl auf einer Fotografie
von Nina von Jaanson

Bei seinem Aufenthalt hatte der Schriftsteller das Haus besucht, in dem er 70 Jahre zuvor mit seiner Familie als Hans Salomon gewohnt hatte. Das Haus – so schrieb Sahl – »steht noch genauso, wie ich es in meinem Theaterstück ›Hausmusik‹ beschrieb, das 1982 in New York herauskam und zwei Jahre später in Landshut seine deutsche Uraufführung erlebte. Wir bewohnten damals, wenn ich mich recht erinnere, eine geräumige 6-Zimmer-Wohnung, Hochparterre links. Ein sehr entgegenkommender Hausmeister (…) schloß für uns die Haustür auf und ließ mich noch einmal die marmorne Pracht des Treppenhauses bewundern, das ich noch lebhaft in Erinnerung hatte.«[12] Jedoch zerschlug sich die Realisierung des Umzugs-Wunsches. Wie sehr Hans Sahl an dieser Wohnung hing, lässt sich daran ermessen, dass er als eines seiner Pseudonyme Peter Munk wählte.[13] Vielleicht hatte er vom Großneffen Heinrich Munks gehört, der diesen Namen trug.[14] Sahl mag sich gefühlt haben, wie der Besucher in »Hausmusik«, der einen Leierkastenmann hört: »Es kam ein Mann, ein Mann aus weiter Ferne zurück an den von ihm geliebten Kindheitsort, er sah die Seinen wie von einem andern Sterne und doch so nah, als wären sie noch dort.« Und er schließt versöhnlich: »Er sah sie lachen.« (Auf Farbtafel 7 unten die Haustür Kurfürstendamm 50 mit Durchblick zum Flurfenster)

Die Tradition des Kurfürstendamms aufgreifend, möge dieser die Leitlinie für Toleranz bleiben, die er mit Ausnahme der Zeit des Nationalsozialismus war, und seine Botschaft

---

12 Ebd.
13 http://www.exil-archiv.de/html/biografien/sahl.html (18.12.2006).
14 Gespräch der Autorin mit Frau Dipl. Ing. Renate Munk am 11.10.2010.

weithin ausstrahlen. Derzeit ist die Situation des Boulevards günstig, wieder leitbildartig Modernität zu verkörpern. Bei Diskussionen um die Zukunft der »City West« übertrug der Soziologe Konrad Hummel den Romantitel »Im Westen nichts Neues?« auf den Westen Berlins. Das bedeutet, darin eine Chance zu sehen, dass der Kurfürstendamm – wie Deutschland im Ersten Weltkrieg – seiner Bürgerlichkeit verlustig ging.[15]

Ähnlich wie die Jugend aus den Schützengräben des Ersten Weltkriegs im Roman Erich Maria Remarques nicht mehr mit dem klarkommen konnte, was man das bürgerliche Leben nannte, geht es dem Kurfürstendamm seit den 70er und 80er Jahren des letzten Jahrhunderts. Darüber klagten 1982 Ursula von Kardorff und Helga Sittl: »Es peept und pornot, showt, hamburgert und cocacolert, dass es den Nostalgiker melancholisch stimmt.«[16] Auch Wolf Jobst Siedler sah die bürgerliche Welt »längst hinter dem Horizont versunken«.[17] Heute kann der Boulevard verschiedenen Szenen, die gleichberechtigt nebeneinander stehen, Ziel sein. Mischung ist das Gebot der Stunde! Denn wer in unsicheren Zeiten bestehen will, muss – folgen wir Ulrich Beck – sein Leben führen und verstehen »im Austausch mit anderen und nicht länger in der Begegnung« mit seinesgleichen.[18]

Im Jahr 2011 ist während der Jubiläumsfeierlichkeiten zum 125-jährigen Bestehen des Boulevards gemeinsames Handeln verschiedener Akteure geplant. Das soll die City West als Standort ins Bewusstsein rufen, an dem Einkaufen, Wissenschaft und Kultur verankert sind.[19] Hier besteht Anlass und Chance zu breiter Kooperation, so dass sich das, was derzeit als »modern« gilt, umsetzen lässt. »Friedlicher Mehrwert und Innovation erwächst zu Zeiten moderner Stadtgesellschaften aus ungewöhnlichen Kooperationen, pragmatisch, wechselnd, aus der Inanspruchnahme aller gegenseitig ohne Ansehen von Hierarchie, Status oder Alter, aus langfristigen Perspektiven mit verblüffend kleinen Zwischenschritten. […] Das ist unübersichtlich, liegt aber genau auf der Wellenlänge, in der modernes Bürgerengagement ›funktioniert‹ […] Wer im Westen Neues haben will und nicht einfach Anderes, muss um die Offenheit der Modernität kämpfen – um Vielfalt in Verwaltung, Unternehmen und Vereinen, in Straßenzügen und Kulturangeboten, in Arbeitsstandorten und vor allem dort, wo gelernt wird.«[20] Als sinnvoller »Lernort« möge sich das Wurzelwerk der Stadt erweisen, das in den vergangenen Epochen gewachsen ist!

Wir haben Aufbau, Zerschlagung und Neuanfang, aber auch die Kontinuitäten am Kurfürstendamm als Boulevard des stetig Neuen gesehen. Schaffen wir eine Atmosphäre, in der die Kapazitäten der Stadt in neue, fruchtbare Beziehungen treten! Nutzen wir die Qualitäten des Kurfürstendamms und schreiben sie fort in immer wieder neuer Modernität als Leitbild für die ganze Stadt und darüber hinaus. Dafür sind genau die Qualitäten

---

15 Hummel, Konrad: Im Westen nichts Neues? Anmerkungen zur Berliner City West aus der Sicht europäischer Stadtentwicklung, September 2009 (unveröff. Manuskript).
16 Kardorff, Ursula von/Sittl, Helga: Berlin (= Richtig reisen), Köln 1982, S. 30.
17 Siedler, Wolf Jobst: Stadtgedanken, München 1990, S. 16.
18 Zit. n. Hummel, Westen.
19 Eltzel, Birgitt: Die City-West hat jetzt ein Regionalmanagement, in: *Berliner Zeitung* v. 2.3.2010.
20 Hummel, Westen.

unerlässlich, für die Hans Sahl gekämpft hat. Beim Begräbnis des 93-jährig verstorbenen Weltbürgers, Philosophen, Schriftstellers und Übersetzers mahnte Edzard Reuter: »Die Botschaft ist klar. Hört nur hin, hört auf ihn: Gebt niemals auf, glaubt an die Kraft des Geistes, die Kraft des Mutes, die Kraft der Vernunft, die Kraft der Kameradschaft, die Kraft des Vertrauens, die Kraft der Liebe – und kämpft dafür, solange ihr könnt.«[21]

---

21 Reuter, Erinnerungen, S. 267–268.

Im Romanischen Café
Willy Jaeckel, 1912

Der Dichter und Verleger Ivar von Lücken im Atelier
des Malers Otto Dix
Otto Dix, 1926

Dachgaube Kurfürstendamm 48/ 49 zum
Vergleich mit der Gaube im Gemälde
2010

Der heutige George-Grosz-Platz am Neujahrsmorgen 1945
Michael Bohnen, 1945

Das Haus Kurfürstendamm 48/49
1958

Im zweiten Hof des Hauses Kurfürstendamm 48/49
1970er Jahre

Im zweiten Hof des Hauses Kurfürstendamm 48/49
2009

Kutscherhaus, ehemaliges Stall- und Remisengebäude
2010

Eckturm
2009

Neues Treppenhausfenster im Haus Kurfürstendamm 48/49
2010

Haustür am Kurfürstendamm 50 mit Blick auf das Treppenhausfenster
2010

Spiegel im Eingangsbereich Kurfürstendamm 50
2010

Pilaster im Treppenhaus
2010

Hoffassade
2009

Quellen- und Literaturverzeichnis

Archivalien

BArch, Bundesarchiv Berlin

R 4606   Generalbauinspektor für die Reichshauptstadt
R 1501   Reichsministerium des Innern

LAB, Landesarchiv Berlin

Pr.Br.Rep. 107 Generalinspektor für die Reichshauptstadt
A Rep. 243-04   Reichskammer der bildenden Künste, Landesleitung Berlin
A Rep. 358-02   Strafverfahren 1933–1945
B Rep. 025   Wiedergutmachungsämter von Berlin
B Rep. 032   Der Treuhänder der Amerikanischen, Britischen und Französischen
                Militärregierung für zwangsübertragene Vermögen/Haupttreuhänder für
                Rückerstattungsvermögen
B Rep. 036   Office of Military Government Berlin Sector
B Rep. 039-01   Archiv für Wiedergutmachung bei dem Landgericht Berlin
B Rep. 207   Bezirksverwaltung Charlottenburg
B Rep. 209   Bezirksverwaltung Wilmersdorf
B Rep. 211   Bezirksverwaltung Schöneberg
E Rep. 200-21   Nachlass Ernst Reuter
F Rep. 270   Allgemeine Kartensammlung
F Rep. 290   Allgemeine Fotosammlung (Sammlung Landesbildstelle)

Humboldt-Universität zu Berlin, Universitätsarchiv

UK, E 032a   Personalakte Ehrmann

Zentrale Landesbibliothek Berlin, Zentrum für Berlinstudien

Friedhofsverzeichnis von Rudolf Uth

Amtsgericht Berlin-Schöneberg, Außenstelle Lichterfelde

Grundakten betreffend das zu Charlottenburg belegene im Grundbuche von der Stadt Charlottenburg, Bd. 172, Bl. 5977 verzeichnete Grundstück (Kurfürstendamm 48/49), Bd. 1.

Grundakten betreffend das zu Charlottenburg belegene im Grundbuche von der Stadt Charlottenburg, Bd. 229 Bl. 7646 verzeichnete Grundstück (Kurfürstendamm 50), Bd. 1.

Grundbuch von der Stadt Charlottenburg, Bd. 172, Bl. 5977 – wiederhergestellt am 1.9.1951.

Bezirksamt Charlottenburg-Wilmersdorf zu Berlin, Bau- und Wohnungsaufsichtsamt

Bauakten Kurfürstendamm 48–50a

Literatur und unveröffentlichte Manuskripte

Alkemeyer, Thomas: Aufrecht und biegsam. Eine politische Geschichte des Körperkults, in: Aus Politik und Zeitgeschichte, 18 (2007), 30.4. 2007, S. 6–18.

Althoff, Johannes: Der Kurfürstendamm, Berlin 2001.

Aly, Götz/Heim, Susanne: Vordenker der Vernichtung. Auschwitz und die deutschen Pläne für eine neue europäische Ordnung, Frankfurt am Main 1993.

Ders.: Hitlers Volksstaat. Raub, Rassenkrieg und nationaler Sozialismus, 3. Aufl., Frankfurt am Main 2005.

Ders./Sontheimer, Michael: Fromms. Wie der jüdische Kondomfabrikant Julius F. unter die deutschen Räuber fiel, Frankfurt am Main 2007.

Architekten- und Ingenieur-Verein zu Berlin (Hg.): Berlin und seine Bauten, Bd. X, Bd. B Anlagen und Bauten für den Verkehr (1) Städtischer Nahverkehr, Berlin u. a. 1979.

Bartels, Gunda: Der Freudemacher, in: *Der Tagesspiegel* v. 8.1.2010, S. 11.

Baute, Michael: Playgirl = http://newfilmkritik.de/archiv/2003-04/playgirl/ (3.6.2010).

Bebel, August: Die Frau und der Sozialismus, Neudruck, Berlin 1990.

Beckers, Marion/Moortgat, Elisabeth (Hg.): Die Riess. Fotografisches Atelier und Salon in Berlin 1918–1932, Berlin 2008.

Béla Bálazs: Der Geist des Films, Halle 1930.

Bellasi, Andreas: Ein glückliches Volk mit kurzer Vergangenheit. Im Nu vom armen Bauernland zum Finanzparadies = http://www.nzzfolio.ch/www/d80bd71b-b264-4db4-afd0-277884b93470/showarticle/58a23e51-543b-40e4-97ee-ff788f8cbe2e.aspx (12.8.2007).

Benjamin, Walter: Berliner Kindheit um neunzehnhundert, Frankfurt am Main 1989.

Berger, Joachim: Berlin freiheitlich & rebellisch. Stadt-Lese-Wander-Buch, Berlin o. J.

Bergmann, Christine von: Dill, in: Köhler, Jochen: Klettern in der Großstadt. Volkstümliche Geschichten vom Überleben in Berlin 1933–1945, 2. durchgesehene Aufl., Berlin 1981, S. 210–211.

Berlin und seine Eisenbahnen 1846–1896/ hrsg. im Auftrag des königlich preußischen Ministers der öffentlichen Arbeiten, Bd. 1, Berlin 1896, Neudruck, Berlin 1982.

Berliner Handels-Register Verzeichnis der Einzelfirmen, Gesellschaften und Genossenschaften nach dem Stande vom 31. Dezember 1929, Ausgabe 1930 (66. Jahrgang), Berlin 1930.

Blau, Bruno: Das Ausnahmerecht der Juden in Deutschland 1933–1945, Düsseldorf 1954.

Blumenberg, Hans-Christoph: Beim nächsten Kuß knall ich ihn nieder!, in: *FOCUS* v. 31.10.1994.

Boberach, Heinz: Meldungen aus dem Reich. Auswahl aus den geheimen Lageberichten des Sicherheitsdienstes der SS 1939–1944, München 1968.

Bohm, Eberhard: Kurfürstendamm. Entstehung und erste Entwicklung, in: Ribbe, Wolfgang (Hg.): Von der Residenz zur City. 275 Jahre Charlottenburg, Berlin 1980, S. 67–102.

Böll, Heinrich: Erzählungen, Köln 1994.

Borgelt, Hans: Mann ohne Maß, in: *Der Tagesspiegel* v. 2.7./9.7./16.7. und 30.7.1967.

Ders.: Der lange Weg nach Berlin. Eine Jugend in schwieriger Zeit, Berlin 1991.

Bórquez, Sarah: Gespräch mit Rolf Eden, in: Zajonz, Michael/Kuhrau, Sven (Hg.): Heimweh nach dem Kurfürstendamm. Geschichte, Gegenwart und Perspektiven des Berliner Boulevards, Petersberg 2010, S. 58–60.

Borstorff, Hans: Stadt ohne Zentrum. Ein Beitrag zur Berlin-Planung, Berlin 1948.

Brandt, Peter: Wiederaufbau und Reform. Die Technische Universität Berlin 1945–1950, in: Rürup, Reinhard (Hg.): Wissenschaft und Gesellschaft. Beiträge zur Geschichte der Technischen Universität Berlin 1879–1979, Bd. 1, Berlin u. a. 1979, S. 495–522.

Börsch-Supan, Eva u. a.: Berlin. Kunstdenkmäler und Museen (= Reclams Kunstführer, Deutschland, Bd. VII), 2. Aufl., Stuttgart 1977.

Braun, Lily: Memoiren einer Sozialistin. Kampfjahre (= Gesammelte Werke, Bd. 3), Berlin-Grunewald o. J.

Brenner, Michael: Blütezeit des Hebräischen: Eine vergessene Episode im Berlin der zwanziger Jahre, in: *Frankfurter Allgemeine Zeitung* v. 23. 9. 2000, S. III.

Bröhan, Margrit: Theodor Wolff. Erlebnisse, Erinnerungen und Gedanken im südfranzösischen Exil (= Schriften des Bundesarchivs; 41), Boppard 1992.

Burchard, Armory: Ernst Fontheim überlebte im Untergrund und legt jetzt im Centrum Judaicum Zeugnis ab, in: *Der Tagesspiegel* v. 7.5.2000.

Burkert, Hans-Norbert u. a.: Zerstört, besiegt, befreit. Der Kampf um Berlin bis zur Kapitulation 1945 (= Stätten der Geschichte Berlins, Bd. 7), Berlin 1985.

Busch, Paula: Das Spiel meines Lebens. Ein halbes Jahrhundert Zirkus, Berlin 1992.

Carl Fürstenberg: Die Lebensgeschichte eines deutschen Bankiers 1870–1914/ hrsg. v. H. Fürstenberg, Berlin 1931.

Choy, Yong Chan: Inszenierungen der *völkischen* Filmkultur im Nationalsozialismus: »Der Internationale Filmkongress Berlin 1935«, Dissertation Technische Universität Berlin, Berlin 2006 = opus.kobv.de/tuberlin/volltexte/2006/1214/pdf/choy_yongchan.pdf (9.11.2010).

Christoffel, Udo (Hg.): Berlin Wilmersdorf. Ein StadtTeilBuch, 3. Aufl., Berlin 1982.

Ders.: Berlin Wilmersdorf. Die Jahre 1920–1945, Berlin 1985.

Colze, Leo: Berliner Warenhäuser (= Großstadt-Dokumente, Bd. 47), 5. Aufl., Berlin/Leipzig o. J.

Dahlern, Ingo von: Schnellstarter. 1907 begann die Erfolgsstory von Renault in Berlin, in: *Der Tagesspiegel* v. 17.10.2007, S. 11.

Devoucoux, Daniel: Mode im Film. Zur Kulturanthropologie zweier Medien, Bielefeld 2007.

Das neue Dienstgebäude für das Königliche Oberverwaltungsgericht in Berlin, in: Zeitschrift für Bauwesen, 59 (1909), S. 41–56.

Döblin, Alfred: Schicksalsreise. Bericht und Bekenntnis, Frankfurt am Main 1949.

Döpp, Hans-Jürgen: Musik und Eros, Frankfurt am Main o.J.

Dohrmann, Anja Maria: Erika Mann – Einblicke in ihr Leben, Dissertation Albert-Ludwigs-Universität zu Freiburg i. B. 2003.

Dralle, Lothar: Von der Sowjetunion lernen. Zur Geschichte der Gesellschaft für Deutsch-Sowjetische Freundschaft, Berlin 1993.

Düwel, Jörn: Berlin. Planen im Kalten Krieg, in: 1945. Krieg – Zerstörung – Aufbau. Architektur und Stadtplanung 1940–1960 (= Schriftenreihe der Akademie der Künste, Bd. 23), o.O. o.J., S. 195–270.

E.v.M.: »Berliner Chic« auf der Durchreise. Mode 1957 – Die zweitgrößte Industrie Berlins arbeitet für die Frau – das neue Haus am Zoo, in: *Die Zeit* v. 22.11.1956 (Nr.47) = images.zeit.de/text/1956/47/Berliner-Chic-auf-der-Durchreise (20.12.2008).

Ebbing, Georg: Der Kurfürstendamm – Vorbilder und Leitbilder, in: Zajonz, Michael/Kuhrau, Sven (Hg.): Heimweh nach dem Kurfürstendamm. Geschichte, Gegenwart und Perspektiven des Berliner Boulevards, Petersberg 2010, S. 25–39.

Ebert, Hans: Die Technische Hochschule Berlin und der Nationalsozialismus: Politische »Gleichschaltung« und rassistische »Säuberungen«, in: Rürup, Reinhard (Hg.): Wissenschaft und Gesellschaft. Beiträge zur Geschichte der Technischen Universität Berlin 1879–1979, Bd. 1, Berlin u. a. 1979, S. 455–468.

Elias, Julia: Die Mode, in: *Berliner Tageblatt* (Morgenausgabe) v. 10.3.1925, S. 7.

Eltzel, Birgitt: Die City-West hat jetzt ein Regionalmanagement, in: *Berliner Zeitung* v. 2.3.2010.

Engel, Helmut: Das Auto. Geburt eines Phänomens. Eine Berliner Geschichte, o. O. 2000.

Engeli, Christian/Ribbe, Wolfgang: Berlin in der NS-Zeit (1933–1945), in: Ribbe, Wolfgang (Hg.): Geschichte Berlins, Bd. 2: Von der Märzrevolution bis zur Gegenwart, München 1987, S. 927–1024.

Enzensberger, Ulrich: Die Jahre der Kommune I. Berlin 1967–1969, München 2006.

Erbe, Michael: Berlin im Kaiserreich (1871–1918), in: Ribbe, Wolfgang (Hg.): Geschichte Berlins, Bd. 2: Von der Märzrevolution bis zur Gegenwart, München 1987, S. 691–793.

Erichsen, Susanne/Hansen, Dorothée: Ein Nerz und eine Krone. Die Lebenserinnerungen des deutschen Fräuleinwunders, München 2003.

Ernst, Ilse: Antisemitismus in der Weimarer Republik, in: Bartmann, Sylke u. a. (Hg.): »Wir waren die Staatsjugend, aber der Staat war schwach«. Jüdische Kindheit und Jugend in Deutschland und Österreich zwischen Kriegsende und nationalsozialistischer Herrschaft, Oldenburg 2003, S. 293–336.

Fichter, Tilman P./Lönnendonker, Siegward: Kleine Geschichte des SDS. Der Sozialistische Deutsche Studentenbund von Helmut Schmidt bis Rudi Dutschke (= Schriftenreihe der Bundeszentrale für politische Bildung, Bd. 705), Bonn 2008.

Fischer, Lothar: Tanz zwischen Rausch und Tod. Anita Berber 1918–1928 in Berlin., 3. verb. Aufl., Berlin 1996.

Fke: Autogramme auf dem Doppeldecker, in: *Berliner Zeitung* v. 20.5.1998, S. 18.

Flatow, Curth: Am Kurfürstendamm fing's an. Erinnerungen aus einem Gedächtnis mit Lücken, München 2000.

Fohsel, Hermann-Josef: Im Wartesaal der Poesie. Zeit- und Sittenbilder aus dem Café des Westens und dem Romanischen Café, Berlin o. J.

Fontheim, Ernst Günter: Meine Jugendjahre als Jude im Stadtteil Berlin-Westend, in: Heimatmuseum Charlottenburg (Hg.): Westend. Über Charlottenburgs »feinste Provinz«: Materialien, Berlin 1996.

Frei, Bruno: Der Hellseher. Leben und Sterben des Jan Erik Hanussen, hrsg. v. Antonia Grunenberg, Köln 1980.

Freie Universität Berlin, Zentralinstitut für sozialwissenschaftliche Forschung (Hg.): Gedenkbuch Berlins der jüdischen Opfer des Nationalsozialismus, 1. Aufl., Berlin 1995.

Frick, Heinz: Mein Gloriapalast. Das Kino vom Kurfürstendamm, München 1986.

Frisch, Helga: Abenteuer »Kurfürstendamm«. Damals und heute, Berlin 2007.

Frowein-Zieroff, Vera: Die Kaiser Wilhelm-Gedächtniskirche. Entstehung und Bedeutung, Berlin 1982.

Fürst, Max: Gehen durch Berlin, in: Mattenklott, Gert (Hg.): Jüdisches Städtebild Berlin, Frankfurt am Main 1997, S. 282–286.

Gebhardt, Bodo: Denkschrift über den Durchbruch, (Architekten-Ausschuss Groß-Berlin), Berlin 1914.

Geist, Johann Friedrich/Kürvers, Klaus: Das Berliner Mietshaus 1862–1945. Eine dokumentarische Geschichte von ,Meyer's Hof' in der Ackerstraße 132–133, der Entstehung der Berliner Mietshausquartiere und der Reichshauptstadt zwischen Gründung und Untergang, München 1984.

Dies.: Das Berliner Mietshaus 1945–1989, München 1989.

Dies.: Tatort Berlin, Pariser Platz. Die Zerstörung und »Entjudung« Berlins, in: Düwel, Jörn u. a. 1945. Krieg, Zerstörung, Aufbau. Architektur und Stadtplanung 1940–1960 (= Schriftenreihe der Akademie der Künste, Bd. 23), o. O. o. J., S. 55–118.

Geitel, Klaus: Tatjana Gsovsky und andere Sehenswürdigkeiten. Meine Geschichten, in: *Berliner Morgenpost* v. 24.8.2005 = morgenpost.de/content/2005/08/24/feuilleton/775086.html (6.4.2007).

Gentz, Ulrike im Gespräch mit Albert Mayer, in: Zajonz, Michael/Kuhrau, Sven (Hg.): Heimweh nach dem Kurfürstendamm. Geschichte, Gegenwart und Perspektiven des Berliner Boulevards, Petersberg 2010, S. 63–65.

Gilbert, Felix: Lehrjahre in alten Europa. Erinnerungen 1905–1945, o. O. o. J.

Girra Dagmar u. a.: Die Berliner Straßennamen. Kommentiertes Verzeichnis Charlottenburg-Wilmersdorf, Berlin 2001.

Goebbels, Joseph: Kampf um Berlin, München 1943.

Goos, Manuela/Heyde, Brigitte: Kleider machen Frauen (Broschüre zur Ausstellung über Frauen in der Charlottenburger Modeindustrie nach 1945 im Heimatmuseum Charlottenburg), Berlin 1990.

Goren, Arthur A. (Hg.): Dissenter in Zion. From the Writings of Judah L. Magnes, Cambridge (Mass.) 1982.

Gotfryd, Anatol: Der Himmel in den Pfützen. Ein Leben zwischen Galizien und dem Kurfürstendamm, Berlin 2005.

Greve, Ludwig: Wo gehörte ich hin? Geschichte einer Jugend, Frankfurt am Main 1994.

Gruber, Michael/Tüchler, Michael: Rechtsfragen der Entziehung, Bereinigung und Rückstellung von Wertpapieren, Teil 1, Wien 2004.

Güttler, Peter: Liste der Hotelbauten, in: Berlin und seine Bauten, VIII: Bauten für Handel und Gewerbe, Bd. B: Gastgewerbe, Berlin u. a. 1980, S. 39–52.

Gundlach, F. C./Richter, Uli (Hg.): Berlin en vogue. Berliner Mode in der Photographie, Tübingen/Berlin 1993.

Gundlach, Wilhelm: Geschichte der Stadt Charlottenburg, Berlin 1905.

Haan, St.: Gutachten Kurfürstendamm 48 und 50 a (Rekonstruktionsplanung), Berlin 1987 (unveröff. Manuskript).

Haarmann, Hermann: Treffpunkt Berlin. Wechselbeziehungen der literarischen und künstlerischen Avantgarde in den zwanziger Jahren, in: Siebenhaar, Klaus (Hg.): Das poetische Berlin. Metropolenkultur zwischen Gründerzeit und Nationalsozialismus, Wiesbaden 1992, S. 123–138.

Haas, Micaela/Kloke, Ines E.: Stadt auf Rädern. Das Auto in der Geschichte der Metropole, Berlin 1993.

Haemmerling, Konrad: Charlottenburg 1905–1955. Lebensbild einer Stadt, Berlin 1955.

Haffner, Sebastian: Geschichte eines Deutschen. Die Erinnerungen 1914–1933, München 2002.

Hahn, Judith: Grawitz, Genzken, Gebhardt. Drei Karrieren im Sanitätsdienst der SS, Münster 2008.

Hanna Sohst: Unglaubliche Begebenheiten, in: Köhler, Jochen: Klettern in der Großstadt. Volkstümliche Geschichten vom Überleben in Berlin 1933–1945, 2. durchgesehene Aufl., Berlin 1981, S. 159–163.

Haupt, Peter: Die neue Kaiser-Wilhelm-Gedächtnis-Kirche, in: Freireiss, Kirstin (Hg.): Egon Eiermann. Die Kaiser-Wilhelm-Gedächtnis-Kirche, Berlin 1994, S. 19–32.

Hengsbach, Arne: Die Berliner Dampfstraßenbahn. Ein Beitrag zur Verkehrsgeschichte des 19. Jahrhunderts, in: Böttchers Kleine Eisenbahnschriften; Heft 39, S. 6–7 = Sonderdruck aus: Jahrbuch für Brandenburgische Landesgeschichte; 17 (1966).

Heinrich, Gerd/Moeschl, Robert: Kulturatlas Berlin. Ein Stadtschicksal in Karten und Texten, Berlin 2007.

Hetmann, Frederik (d. i. Hans Christian Kirsch): Rosa L. Die Geschichte der Rosa Luxemburg und ihrer Zeit, Weinheim/Basel 1976.

Ders.: Reisender mit schwerem Gepäck. Die Lebensgeschichte des Walter Benjamin, Weinheim/Basel 2004.

Heuermann, Michael: Tatjana Gsovsky und das »Dramatische Ballett«. Der »Berliner Stil« zwischen DER IDIOT und TRISTAN, Dissertation Universität Bremen, Münster 2001 = http://deposit.d-nb.de/cgi-bin/dokserv?idn=963777718&dok_var=d1&dok_ext=pdf&filename=963777718.pdf (25.8.2007).

Hirschauer, Stefan: Die Praxis der Fremdheit und die Minimierung von Anwesenheit. Eine Fahrstuhlfahrt, in: Soziale Welt, 50 (1999), S. 221–246.

Hoffmann, Andreas: Kraftwerk Charlottenburg Am Spreebord 5–8, in: Engel, Helmut u. a. (Hg.): Charlottenburg, Teil 1: Die Historische Stadt (= Geschichtslandschaft Berlin, Orte und Ereignisse, Bd. 1), Berlin 1986, S. 270–283.

Ders.: Das Quellbad II im Leben der jüdischen Gemeinde zu Berlin Bleibtreustraße 2, in: Engel, Helmut u. a. (Hg.): Charlottenburg, Teil 2: Der Neue Westen (= Geschichtslandschaft Berlin, Orte und Ereignisse, Bd. 1), Berlin 1986, S. 230–239.

Hofmann, Wolfgang: Wachsen Berlins im Industriezeitalter. Siedlungsstruktur und Verwaltungsgrenzen, in: Jäger, Helmut (Hg.): Probleme des Städtewesens im industriellen Zeitalter, Wien 1978, S. 159–177.

Ders.: Abstraktion und Bürokratie. Raumplaner im NS-Staat, in: Forum Wissenschaft, (1993), 2, S. 12–18.

Hofmeister, Burkhard: Charlottenburg und die Entwicklung der City von West-Berlin, in: Wolfgang Ribbe (Hg.): Von der Residenz zur City. 275 Jahre Charlottenburg, 2. verb. Aufl., Berlin 1980, S. 631–668.

Ders.: Berlin (West). Eine geographische Strukturanalyse der zwölf westlichen Bezirke (= Wissenschaftliche Länderkunden, Bd. 8), 2. vollst. überarb. Aufl., Darmstadt u.a. 1990.

Holmsten, Georg: Berliner Miniaturen. Großstadt-Melodie, Berlin 1946.

Holtz-Baumert, Gerhard: Nichts ist hier heilig. Literaten in Berlin. Berlin in der Literatur, o. O. o. J.

Hops, Christiane: Galerie Rudolf Springer. Porträt = http://www.artcontent.de/zadik/feature/feature_02.asp?=24 (2.4.2010).

Huesmann, Heinrich: Welttheater Reinhardt. Bauten, Spielstätten, Inszenierungen (= Materialien zur Kunst des 19. Jahrhunderts, Bd. 27), München 1983.

Humm, Antonia: Die Ernährungskrise in Berlin zwischen 1945 und 1949, in: Lummel, Peter (Hg.): Vom Berliner Stadtgut zum Freilichtmuseum. Geschichte und Geschichten der Domäne Dahlem (= Dahlemer Materialien, Bd. 5), Berlin 1997, S. 109–129.

Hummel, Konrad: Im Westen nichts Neues? Anmerkungen zur Berliner City West aus der Sicht europäischer Stadtentwicklung, September 2009 (unveröff. Manuskript).

Hussong, Friedrich: »Kurfürstendamm«. Zur Kulturgeschichte des Zwischenreichs, Berlin 1934.

Jäckel, Hartmut: Menschen in Berlin. Das letzte Telefonbuch der alten Reichshauptstadt, München 2000.

Jacobsen, Wolfgang: 50 Jahre Berlinale, Berlin 2000.

Junker, Almut/Stille, Eva: Zur Geschichte der Unterwäsche 1700–1960, Frankfurt am Main 1988.

K.H.: Rückzug vom Kurfürstendamm. Mit altem Gesicht. Das »Spandauer Volksblatt«, in: *Die Zeit* v. 22.10.1965 (Nr.43) = images.zeit.de/text/1965/43/Rueckzug-vom-Kurfuerstendamm (23.12.2008).

Kamber, Peter: Der Zusammenbruch des Theaterkonzerns von Alfred und Fritz Rotter im Januar 1933. Die Berichte über den Berliner Konkurs und die gegen die Rotter gerichtete Stimmung im Prozess gegen ihre Entführer, in: Jahrbuch des historischen Vereins für das Fürstentum Liechtenstein, 103 (2004), S. 30–46.

Ders.: Zum Zusammenbruch des Theaterkonzerns der Rotter und zum weiteren Schicksal Fritz Rotters. Neue Forschungsergebnisse, in: Jahrbuch des historischen Vereins für das Fürstentum Liechtenstein, 106 (2007), S. 75–100.

Kaminski, Michael Günther/Weiß, Michael: »… als wäre es nie gewesen.« Juden am Ku'damm, Berlin 1989.

Kardorff, Ursula von: Aufzeichnungen aus den Jahren 1942–1945, München 1981.

Dies./Sittl, Helga: Berlin (= Richtig reisen), Köln 1982.

Katalog der 34. Ausstellung der Berliner Secession, Berlin 1918.

Kerr, Judith: Als Hitler das rosa Kaninchen stahl, Ravensburg 1987.

Kessemeier, Gesa: Die Mode erobert den Kurfürstendamm. Mode und Modellhäuser im Berlin der 1950er und 1960er Jahre, in: Zajonz, Michael/Kuhrau, Sven (Hg.): Heimweh nach dem Kurfürstendamm. Geschichte, Gegenwart und Perspektiven des Berliner Boulevards, Petersberg 2010, S. 149–159.

Kilb, Andreas: Herr Lehrer, was haben Sie im Krieg gemacht? Eine Edition von Kästner-Verfilmungen der fünfziger Jahre, in: *Frankfurter Allgemeine Zeitung* v. 26.5.2010, S. 31.

Kirsch, Sandra: Berlin in der Weimarer Republik. Kultur und Zeitgeist, in: Bartmann, Sylke u. a. (Hg.): »Wir waren die Staatsjugend, aber der Staat war schwach«. Jüdische Kindheit und Jugend in Deutschland und Österreich zwischen Kriegsende und nationalsozialistischer Herrschaft, Oldenburg 2003, S. 337–374.

Klein-Elsässer, Dagmar: Willy Jaeckel – ein biographischer Überblick, in: Bröhan, Margrit u. a.: Willy Jaeckel (1888–1944). Gemälde, Pastelle, Aquarelle, Berlin 2003, S. 34–51.

Kleinmanns, Joachim: Alles super. 75 Jahre Tankstelle, Detmold 2002.

Klose-Lewerentz, Cornelia: Natürliche Körper? Zwischen Befreiung und disziplinierender Norm. Diskurse der Lebensreformbewegung (in Deutschland, etwa 1890 bis 1930) und das Aufkommen des Wunsches nach Geschlechtsumwandlung (etwa 1910 bis 1925), Hausarbeit zur Erlangung des akademischen Grades Magistra Artium (M.A.) an der Philosophischen Fakultät III der Humboldt-Universität zu Berlin, Berlin 2007.

Konstantinović, Zoran: Fremde in der Stadt. Einblicke und Einflüsse, in: Siebenhaar, Klaus (Hg.): Das poetische Berlin. Metropolenkultur zwischen Gründerzeit und Nationalsozialismus, Wiesbaden 1992, S. 1–16.

Koppenhagen, Udo: Zur Entwicklung des öffentlichen Personennahverkehrs in Groß-Berlin von 1865 bis 1914, Dissertation Freie Universität Berlin, Berlin 1961.

Kracauer, Siegfried: Straße ohne Erinnerung, in: Straßen in Berlin und anderswo, Berlin 1987.

Krause, Markus: Galerie Gerd Rosen. Die Avantgarde in Berlin 1945–1950, Berlin 1995.

Ders.: Gute Zeiten, schlechte Zeiten, in: *Der Tagesspiegel* v. 10.12.1994.

Kraushaar, Wolfgang: Achtundsechzig. Eine Bilanz, Berlin 2008.

Kreutzmüller, Christoph: Kaffee, Vergnügen und Kommerz. Geschäfte am Kurfürstendamm, in: Zajonz, Michael/Kuhrau, Sven (Hg.): Heimweh nach dem Kurfürstendamm. Geschichte, Gegenwart und Perspektiven des Berliner Boulevards, Petersberg 2010, S. 73–83.

Krüger, Horst: Der Kurfürstendamm. Glanz und Elend eines Boulevards, Hamburg 1982.

Kubisch, Ulrich: Taxi. Das mobilste Gewerbe der Welt (= Berliner Beiträge zur Technikgeschichte und Industriekultur, Schriftenreihe des Museums für Verkehr und Technik Berlin, Bd. 12), Berlin o.J.

Kuhlmann, Christiane: Bewegte Körper – mechanischer Apparat. Zur medialen Verschränkung von Tanz und Fotografie in den 1920er Jahren an den Beispielen von Charlotte Rudolph, Suse Byk und Lotte Jacobi (= Studien und Dokumente zur Tanzwissenschaft, 4), Dissertation Universität Bochum 2001.

Kupschinsky, Elke: Die vernünftige Nephertete. Die »Neue Frau« der 20er Jahre in Berlin in: Boberg, Jochen u. a. (Hg.): Die Metropole. Industriekultur in Berlin im 20. Jahrhundert (= Industriekultur deutscher Städte und Regionen, Berlin 2), München 1986, S. 164–172.

Kurzke, Hermann: Thomas Mann. Das Leben als Kunstwerk. Eine Biographie, München 1999.

Leber, Sebastian: Auf der Straße nach irgendwo, in: *Der Tagesspiegel* v. 21.2.2010, S. 9.

Lehmann, Friedrich Wilhelm: Kurfürstendamm. Bummel durch ein Jahrhundert, Berlin 1964.

Lemmer, Klaus J. (Hg.): Deutsche Schauspieler der Gegenwart, Berlin 1955.

Lenssen, Claudia: Leben und Werk, in: Filmmuseum Potsdam (Hg.): Leni Riefenstahl, Berlin 1999, S. 12–117.

Leonhard, Wolfgang: Die Revolution entläßt ihre Kinder, 22. Aufl., Köln 2005.

Liebmann, Irina: Wäre es schön? Es wäre schön! Mein Vater Rudolf Herrnstadt, Berlin 2008.

Lietzmann, Sabina: Berliner Mode dominiert wieder, in: *Die Zeit* v. 1.3.1956.

Lönnendonker, Siegwart: APO-Archiv, Kleine Zeittafel »25 Jahre Freie Universität Berlin« in: fu-berlin.de/APO-archiv/Online/Chronologieweb.htm (23.12.2008).

Loy, Thomas: Harry Böhme, in: *Der Tagesspiegel* v. 5.3.2010, S. 14.

Lüders, Marie-Elisabeth: Fürchte Dich nicht. Persönliches und Politisches aus mehr als 80 Jahren. 1878–1962, Köln/Opladen 1963.

Lütjens, Annelie: Jeanne Mammen und die Berliner Kunstszene der Nachkriegszeit 1945–1950, in: Berlinische Galerie (Hg.): Profession ohne Tradition. 125 Jahre Verein der Berliner Künstlerinnen, o. O. 1992, S. 183–191.

Maas, Lieselotte: Kurfürstendamm auf dem Champs-Elysées? Der Verlust von Realität und Moral beim Versuch einer Tageszeitung im Exil, in: Koebner, Thomas u. a. (Hg.): Exilforschung. Ein internationales Jahrbuch, Bd. 3: Gedanken an Deutschland im Exil und andere Themen, München 1985, S. 106–126.

Malzahn, Claus: Deutschland, Deutschland. Kurze Geschichte einer geteilten Nation (= Bundeszentrale für politische Bildung, Schriftenreihe, Bd. 535), Bonn 2005.

Martin, Rudolf: Jahrbuch des Vermögens und Einkommens der Millionäre in der Provinz Brandenburg einschließlich Charlottenburg, Wilmersdorf und alle anderen Vororte Berlins, Berlin 1913.

Maschewski, Alexandra: Ihm verdankt Berlin seinen Schick = http://www.welt.de/berlin/article117907/lhm_verdankt_Berlin_seinen_Schick.html.

Meister, Sabine: Ehre und Stolz. Hugo Raussendorff und seine Kunstsammlung der Gründerzeit, in: Lieth, Elke von der (Hg.): SammlerStücke. Der Berliner Kunstsammler Hugo Raussendorff (1832–1908) und die Charlottenburger Kunstdeputation, Berlin o. J., S. 46–68.

Mende, Erich: Von Wende zu Wende 1962–1982, München/Berlin 1986.

Metzger, Karl-Heinz/Dunker, Ulrich: Der Kurfürstendamm. Leben und Mythos des Boulevards in 100 Jahren deutscher Geschichte, Berlin 1986.

Metzger, Karl-Heinz: Von der Wilhelmsaue zur Carstennschen Stadtanlage – aus der Geschichte Wilmersdorfs, in: Lieberknecht, Rolf u. a.: Von der Wilhelmsaue zur Carstenn-Figur. 120 Jahre Stadtentwicklung in Wilmersdorf, Berlin 1987, S. 14–40.

Ders.: Der Kurfürstendamm im Kalten Krieg = http://www.kurfuerstendamm.de/berlin/historie/historie_kalter_krieg/ (22.11.2010).

Metzger, Rainer/Brandstätter, Christian: Berlin. Die Zwanzigerjahre. Kunst und Kultur 1918–1933, Wien 2006.

Michel, Kai: Denkmäler der Vernetzung. Nachmieter gesucht: Die Berliner Elektrizitätsbetriebe haben historische Prachtbauten der Stromversorgung im Angebot, in: *Berliner Zeitung* v. 15.7.2000 = http://www.berlinonline.de/berliner-zeitung/archiv/.bin/dump.fcgi/2000/0715/ magazin/0252/index.html (20.6.2007).

Miltenberger, Sonja: Charlottenburg in historischen Karten und Plänen, Berlin 1998.

Mobil Oil AG (Hg.): Jahresringe. Jubiläumsmagazin für Mitarbeiter und Freunde, o. O. 1999.

Newton, Helmut: Autobiographie, aus d. Englischen von Rudolf Hermstein, 2. Aufl., München 2002.

Nicodemus, Katja: Wir sind das Festival, in: *Die Zeit* v. 4.2.2010, S. 43.

Norden, Peter: Salon Kitty. Ein Report, München 1970.

O. Verf.: Magnet für Modemacher, in: *Der Spiegel* v. 4.1.1993, S. 132–136.

O. Verf.: Barzel, in: *Der Spiegel* v. 17.4.1963, S. 20–38, S. 22.

O. Verf.: Boulevards der Dämmerung, in: *Der Spiegel* v. 6.6.1977, S. 182–187.

O. Verf.: Bunte Welt, in: *Hamburger Abendblatt* v. 14.5.1968, S. 2.

Officieller Führer durch die Transvaal Ausstellung am Kurfürstendamm und Stadtbahnhof »Savigny Platz«, Berlin 1897.

Ohff, Heinz: Nach 42 Jahren. Abschlußausstellung der Galerie Schüler, in: *Der Tagesspiegel* v. 13.2.1988.

Paul, Wolfgang: Nächtliches Vergnügen an und in Berlin, in: *Die Zeit* v. 12.4.1963.

Pfaff, Karl: Verzeichnis der Abiturienten des Heidelberger Gymnasiums aus den Jahren 1844–1893 mit biographischen und bibliographischen Bemerkungen (= Gymnasium zu Heidelberg. Nachrichten über das Schuljahr 1892–93, Beil.), Heidelberg 1893.

Pfohlmann, Oliver: Der exterritoriale Mensch = http://www.literaturkritik.de/public/rezension. php?rez_id=12058&ausgabe=200807 (24.12.2009).

Pomerance, Aubrey: Ruth Jacobi. Fotografien, Berlin 2008.

Pomplun, Kurt: Pomplun's Großes Berlin Buch, Berlin 1985.

Probst, Ernst: Superfrauen aus dem Wilden Westen, o. O. 2009.

Puttkammer, Claudia: Gruß aus dem Luna-Park. Eine Archäologie des Vergnügens. Freizeit- und Vergnügungsparks Anfang des zwanzigsten Jahrhunderts, Berlin 2007.

Radicke, Dieter: Die Entwicklung des öffentlichen Personennahverkehrs in Berlin bis zur Gründung der BVG, in: Architekten- und Ingenieur-Verein zu Berlin (Hg.): Berlin und seine Bauten, Teil X, Bd. B: Anlagen und Bauten für den Verkehr (1) Städtischer Nahverkehr. Berlin u. a. 1979, S. 1–14.

Rasche, Adelheid (Hg.): Botschafterinnen der Mode. Star-Mannequins und Fotomodelle der Fünfziger Jahre in internationaler Modefotografie, o. O. o. J.

Reichhardt, Hans J. u. a.: Berlin. Chronik der Jahre 1955–1956, Berlin 1971.

Reiher, Monika: Tendenzen der städtebaulichen Entwicklung Charlottenburgs seit 1945, in: Ribbe, Wolfgang (Hg.): Von der Residenz zur City. 275 Jahre Charlottenburg, Berlin 1980, S. 497–692.

Reissig, Harald: Der Kurfürstendamm, in: Engel, Helmut u. a. (Hg.): Charlottenburg, Teil 2: Der Neue Westen (= Geschichtslandschaft Berlin, Orte und Ereignisse, Bd. 1), Berlin 1985, S. 172–203.

Ders.: Die Synagoge (1912–1958) und das jüdische Gemeindehaus (seit 1959) Fasanenstraße 79/80, in: Engel u. a. (Hg.): Charlottenburg, Teil 2: Der Neue Westen (= Geschichtslandschaft Berlin, Orte und Ereignisse, Bd. 1), Berlin 1985, S. 410–423.

Reiter, Andrea: Die Exterritorialität des Denkens. Hans Sahl im Exil, Göttingen 2007.

Reuter, Edzard: Schein und Wirklichkeit. Erinnerungen, Berlin 1998.

Richarz, Monika: Jüdisches Berlin und seine Vernichtung, in: Boberg u. a. (Hg.): Die Metropole. Industriekultur in Berlin im 20. Jahrhundert, München 1986, S. 216–225.

Riess, Curt: Berlin Berlin 1945–1953, Berlin o. J.

Riha, Karl: Der Boss und sein Dichter. Ein Nachwort, in: Ders. (Hg.): George Grosz. Hans Sahl. So long mit Händedruck. Briefe und Dokumente, Hamburg 1993, S. 141–149.

Rose, Phyllis: Josephine Baker oder Wie eine Frau die Welt erobert. Biographie (aus dem Amerikanischen von Liselotte Julius), München 1994.

Rother, Amalie: Wie wir in Berlin anfingen, in: Lessing, Hans-Erhard (Hg.): Ich fahr' so gerne Rad … . Geschichten von der Lust, auf dem eisernen Rosse dahinzujagen (= dtv, 12017), München 1995, S. 88–107.

Rother, Rainer: Leni Riefenstahl. Die Verführung des Talents, München 2002.

Rott, Wilfried: Die Insel. Eine Geschichte West-Berlins 1948–1990, München 2009.

Sahl, Hans: »Wir sind die Letzten«. Gedichte, Heidelberg 1986.

Ders.: Hausmusik. Eine Szenenfolge, Neudruck, Bad Homburg 1990.

Ders.: Memoiren eines Moralisten (= Sammlung Luchterhand), Hamburg/Zürich 1990.

Ders.: George Grosz oder Die Vertreibung aus dem Paradies, in: Riha, Karl: Der Boss und sein Dichter. Ein Nachwort, in: ders. (Hg.): George Grosz. Hans Sahl. So long mit Händedruck. Briefe und Dokumente, Hamburg 1993, S. 7–24.

Ders.: Die Wenigen und die Vielen, München 2010.

Sammons, Christa: Guide to the Curt von Faber du Faur Papers (= Yale Collection of German Literature, MSS 23), New Haven (Conn.) 2009.

Schäche, Wolfgang/Reichhardt, Hans J.: Von Berlin nach Germania. Über die Zerstörungen der Reichshauptstadt durch Albert Speers Neugestaltungsplanungen, Berlin 1985.

Schachtebeck, Ric: Sitzt wie angegossen, in: *Frankfurter Allgemeine Zeitung* v. 8.9.2007, S. Z3 = www.ricschachtebeck.de/page8/page17/page17.html (10.1.2009).

Schäfer, Hans Dieter (Hg.): Berlin im Zweiten Weltkrieg. Der Untergang der Reichshauptstadt in Augenzeugenberichten, 2. überarb. Aufl., München u. a. 1991.

Schebera, Jürgen: »Das ist 'ne ziemliche Stadt …«. Kurt Weill in der Kunst- und Geisteslandschaft von Berlin 1918–1933, in: Kortländer, Bernd u. a. (Hg.): Vom Kurfürstendamm zum Broadway. Kurt Weill (1900–1950) (= Veröffentlichungen des Heinrich-Heine-Instituts, Düsseldorf), Düsseldorf 1990, S. 28–39.

Ders.: Damals im Romanischen Café. Künstler und ihre Lokale im Berlin der Zwanziger Jahre, Berlin o.J.

Schivelbusch, Wolfgang: Vor dem Vorhang. Das geistige Berlin 1945–1948, Frankfurt a. M. 1997.

Schlicht, Uwe: Ein Treffpunkt für die anspruchsvolle Jugend, in: *Der Tagesspiegel* v. 18.11.1962.

Schlögel, Karl: Das Russische Berlin. Ostbahnhof Europas, München 2007.

Schmädeke, Jürgen: Sherman-Panzer rollten durch Berlin, in: *Berliner Zeitung* v. 5.3.1994.

Schmidt, Jürgen: Rote Rüben auf dem Olivaer Platz. Quellen zur Ernährungskrise in Berlin 1945–1949, Münster u. a. 2007.

Scholz, Bubi: Der Weg aus dem Nichts, Berlin 1982.

Schomann, Stefan: Gerettet in Schanghai, in: *Der Tagesspiegel* v. 2.11.2008, S. S 7.

Schottlaender, Rudolf: Antisemitische Hochschulpolitik. Zur Lage an der Technischen Hochschule Berlin 1933/34, in: Rürup, Reinhard (Hg.): Wissenschaft und Gesellschaft. Beiträge zur Geschichte der Technischen Universität Berlin 1879–1979, Bd. 1, Berlin u. a. 1979, S. 445–453.

Schrader, Bärbel/Schebera, Jürgen: Kunstmetropole Berlin 1918–1933, Berlin/Weimar 1987.

Schreiber, Beate: »Arisierung« in Berlin 1933–1945. Eine Einführung, in: Biggeleben, Christof u. a. (Hg.): »Arisierung« in Berlin, Berlin 2007, S.13–53.

Schuller, Wolfgang: Die deutsche Revolution 1989, Berlin 2009.

Senator für Stadtentwicklung und Umweltschutz, Red. Sabine Konopka (Hg.): Lineares Regelwerk Kurfürstendamm, Rahmenregelungen und Empfehlungen zur Gestaltung des Kurfürstendammes. (= Schriften des Senators für Stadtentwicklung und Umweltschutz zum Kurfürstendamm, Bd. 1), Berlin 1984.

Senator für Stadtentwicklung und Umweltschutz (Hg.): Die Plätze am Kurfürstendamm. Bestandsaufnahme und Empfehlungen zu den Plätzen und platzräumlichen Situationen am Kurfürstendamm (= Schriften des Senators für Stadtentwicklung und Umweltschutz zum Kurfürstendamm, Bd. 3), Berlin 1985.

Shiller, Hettie: »Die Kinder waren begeistert, erfüllt von der neuen Freiheit«, in: Bartmann, Sylke u. a. (Hg.): »Wir waren die Staatsjugend, aber der Staat war schwach«. Jüdische Kindheit und Jugend in Deutschland und Österreich zwischen Kriegsende und nationalsozialistischer Herrschaft, Oldenburg 2003, S. 101–116.

Siebert, Eberhard/Bienert, Michael: Joseph Roth und Berlin, Wiesbaden 1994 (= Ausstellungskataloge/Staatsbibliothek zu Berlin – Preußischer Kulturbesitz, N.F., 9).

Siedler, Wolf Jobst: Stadtgedanken, München 1990.

Ders.: Wir waren noch einmal davongekommen, Teil 3 = http://print.perlentaucher.de/artikel/1831.html (6.4.2007).

Silbereisen, Gabriele: Die Berliner Secession. Kantstraße 12, später Kurfürstendamm 208/209, dann 232, in: Engel, Helmut u. a. (Hg): Charlottenburg, Teil 2: Der Neue Westen (= Geschichtslandschaft Berlin, Orte und Ereignisse, Bd. 1), Berlin 1985, S. 378–397.

Dies.: Das »Romanische Café« im neuen Romanischen Haus, Kurfürstendamm 238, später Budapester Straße 53/Ecke Tauentzienstraße 12 b, in: Engel, Helmut u. a. (Hg): Charlottenburg, Teil 2: Der Neue Westen (= Geschichtslandschaft Berlin, Orte und Ereignisse, Bd. 1), Berlin 1985, S. 325–335.

Simmen, Jeannot/Drepper, Uwe: Der Fahrstuhl. Die Geschichte der vertikalen Eroberung, München 1984.

Soukup, Uwe: Wie starb Benno Ohnesorg? Der 2. Juni 1967, Berlin 2007.

Spender, Stephen: Deutschland in Ruinen. Ein Bericht, Frankfurt am Main 1998.

Stange, Heike: »Oh! Kurfürstendamm«. Selbstspiegelungen in der Literatur der 1920er Jahre, in: Zajonz, Michael/Kuhrau, Sven (Hg.): Heimweh nach dem Kurfürstendamm. Geschichte, Gegenwart und Perspektiven des Berliner Boulevards, Petersberg 2010, S. 111–119.

Stark, Hans Joachim: Bürohäuser der Privatwirtschaft, in: Architekten- und Ingenieur-Verein zu Berlin (Hg.): Berlin und seine Bauten, Teil IX: Industriebauten und Bürohäuser, Berlin u. a. 1971, S. 115–182.

Statistisches Amt der Stadt (Hg.): Charlottenburger Statistik, 1 (1897).

Steinmann, Carl-Peter: Von Karl May zu Helmut Newton. Spurensuche in Berlin, Berlin 2006.

Stenbock-Fermor, Alexander: Der rote Graf. Autobiographie, Berlin 1973.

Stephan, Hans: Wettbewerb zur Umgestaltung des Kurfürstendamms in Berlin, in: Zentralblatt der Bauverwaltung, 55 (1935), 41, S. 813–816.

Stillich, Oscar: Die Lage der weiblichen Dienstboten in Berlin. Berlin/Bern 1902.

Stimmann, Hans: Die autogerechte Stadt, in: Boberg, Jochen u. a. (Hg.): Die Metropole. Industriekultur in Berlin im 20. Jahrhundert (= Industriekultur deutscher Städte und Regionen, Berlin 2), München 1986, S. 306–319.

Stratmann, Mechthild: Wohnungsbaupolitik in der Weimarer Republik, in: Neue Gesellschaft für Bildende Kunst (Hg.): Wem gehört die Welt – Kunst und Gesellschaft in der Weimarer Republik, 4. überarb. Aufl., Berlin 1977, S. 40–49.

Stürickow, Regina: Der Insulaner verliert die Ruhe nicht. Günter Neumann und sein Kabarett zwischen Kaltem Krieg und Wirtschaftswunder, Berlin 1993.

Dies.: Der Kurfürstendamm. Gesichter einer Straße, Berlin 1995.

Sykora, Katharina u. a. (Hg.): Die Neue Frau. Herausforderung für die Bildmedien der zwanziger Jahre, Marburg 1993.

Teichs, Maria: Berliner Bilderbuch, Berlin 1953.

Tergit, Gabriele: Käsebier erobert den Kurfürstendamm. Frankfurt am Main 1978.

Thönnissen, Grit: Niemals aus der Mode, in: *Der Tagesspiegel* v. 28.12.2006 = http://www.tagesspiegel.de/berlin/ niemals-aus-der-mode/791830.html (20.12.2010).

Tilmann, Christina: Kinos auf dem Kurfürstendamm, in: Zajonz, Michael/Kuhrau, Sven (Hg): Heimweh nach dem Kurfürstendamm. Geschichte, Gegenwart und Perspektiven des Berliner Boulevards, Petersberg 2010, S. 99–109.

Timm, Uwe: Die Bubi Scholz Story, Berlin 1998.

Treiber, Dietmar: Baumeister für Berlin, 2. Aufl., Berlin 2004.

Urban, Thomas: Russische Schriftsteller im Berlin der Zwanziger Jahre, o.O. o.J.

Verein zur Förderung des Gedenkbuches für die Charlottenburger Juden e.V. (Hg.): Juden in Charlottenburg. Ein Gedenkbuch, Berlin 2009.

Voigt, Paul: Grundrente und Wohnungsfrage in Berlin und seinen Vororten. Eine Untersuchung ihrer Geschichte und ihres gegenwärtigen Standes, Jena 1901.

Voß, Karl: Reiseführer für Literaturfreunde. Berlin. Vom Alex bis zum Kudamm (= Ullstein Buch Nr. 4069), Frankfurt am Main 1980.

Wachenfeld, Christa: Jeanne Mammen, in: *Emma* (1997), 6 = http://www.emma.de/hefte/ausgaben-1997/novemberdezember-1997/mammen-1997-6/ (27.11.2009).

Wagner, Gretel: Die Mode in Berlin, in: Gundlach, F.C./Richter, Uli (Hg.): Berlin en vogue. Berliner Mode in der Photographie, Tübingen/Berlin 1993, S. 113–146.

Weber, Elisabeth: Die Kutschera-Betriebe. Café Wien und Zigeunerkeller, in: Kreutzmüller, Christoph/Nürnberg, Kaspar (Hg.): Verraten und verkauft. Jüdische Unternehmen in Berlin 1933–1945, 2. Aufl., Berlin 2009, S. 44–48.

Weissberg-Bob, Nea/Irmer, Thomas: Heinrich Richard Brinn (1874–1944). Fabrikant, Kunstsammler, Frontkämpfer. Dokumentation einer »Arisierung«, Berlin 2002.

Weka (d. i. Willy Pröger): Stätten der Berliner Prostitution. Von den Elends-Absteigequartieren am Schlesischen Bahnhof und Alexanderplatz zur Luxus-Prostitution der Friedrichstraße und des Kurfürstendamms. Eine Reportage, Berlin 1930.

Wenzel, Hilde: »Und mitten im glühenden Patriotismus kommt mir plötzlich der Gedanke, bin ich denn überhaupt eine Deutsche?«, in: Bartmann, Sylke u. a. (Hg.): »Wir waren die Staatsjugend, aber der Staat war schwach«. Jüdische Kindheit und Jugend in Deutschland und Österreich zwischen Kriegsende und nationalsozialistischer Herrschaft, Oldenburg 2003, S. 61–69.

Wenzel, Kirsten: Käthe Kowalski, in: *Der Tagesspiegel* v. 4.5.2007, S. 14.

Westphal, Uwe: Berliner Konfektion und Mode. Die Zerstörung einer Tradition 1936–1939 (= Stätten der Geschichte Berlins, Bd. 14), Berlin 1986.

Wiazemsky, Anne: Mein Berliner Kind, München 2010.

Widmann, Carlos: Gefährtin des Bösen, in: *Der Spiegel* v. 24.9.2001, S. 206–216.

Willems, Susanne: Der entsiedelte Jude. Albert Speers Wohnungsmarktpolitik für den Berliner Hauptstadtbau (= Publikationen der Gedenk- und Bildungsstätte Haus der Wannsee-Konferenz, Bd. 10), Berlin 2000.

Wirth, Irmgard: Charlottenburg, Teil 2: Stadt und Bezirk Charlottenburg, Textband (= Die Bauwerke und Kunstdenkmäler von Berlin), Berlin 1961.

Worbs, Dietrich: Offenheit und Transparenz. Vier Bauten der 50er Jahre im Zentrum von Berlin (West), in: Huse, Norbert (Hg.): verloren, gefährdet, geschützt. Baudenkmale in Berlin, Berlin 1989, S. 145–155.

Ders.: »Komödie« und »Theater am Kurfürstendamm«. Das Erbe von Oskar Kaufmann und Max Reinhardt, München/Berlin 2007.

Wörmann, Heinrich Wilhelm: Widerstand in Charlottenburg, o. O. o. J. (neue Auflage).

Zierenberg, Malte: Stadt der Schieber. Der Berliner Schwarzmarkt 1939–1950 (= Kritische Studien zur Geschichtswissenschaft, Bd. 179), Göttingen 2008.

Zimmer, Dieter E.: Max Reinhardts Nachlass. Ein Drama um Kunst und Kommerz, in: *Die Zeit/ Dossier* v. 15.7.1994, S. 9–12 = http://www.d-e-zimmer.de/PDF/1994reinhardt.pdf (9.10.2009).

Ders.: Nabokovs Berlin, Berlin 2001.

Zipfel, Friedrich: Krieg und Zusammenbruch, in: Aleff, Eberhard (Hg.): Das Dritte Reich, 15. Aufl., Hannover 1980, S. 177–245.

Zöbl, Dorothea: Charlottenburg im Bannkreis Berlins 1700–2000. Ein Widerspruch von Aufbau und Zerstörung?, in: Breit, Reinhard/Hohmann, Hasso (Hg.): Archäologie und Planung (= Schriftenreihe des Internationalen Städteforums Graz, Bd. 3), Graz 1991, S. 62–87.

Dies.: Facetten historischer Bewegungsräume, in: Klingspor, Christiane/Zöbl, Dorothea: Bewegungsräume im Wandel: Mobilität von Frauen in Charlottenburg (= ISR Diskussionsbeiträge, Nr. 46), Berlin 1997, S. 5–97.

Dies.: Das periphere Zentrum. Bundes- und Reichsbehörden im Groß-Berliner Stadtraum 1866/67–1914 (= Brandenburgische Historische Studien, Bd. 10), Potsdam 2001.

Dies.: Sophie Charlotte und ihre Schloss-, Garten- und Stadtanlage Lützenburg/Charlottenburg, in: Jahrbuch des Landesarchivs Berlin, Berlin 2001, S. 21–36.

Dies.: Ernst Reuter und sein schwieriges Verhältnis zu den Alliierten 1946–1948, in: Reif, Heinz/ Feichtinger, Moritz (Hg.): Ernst Reuter. Kommunalpolitiker und Gesellschaftsreformer, Bonn 2009, S. 253–273.

Abbildungsnachweis

Adolph, Rainer: 5, 78, 90

akg-images: 29

Beckers, Marion/Moortgat, Elisabeth: Yva. Photographien 1925–1938, das Verborgene Museum, Berlin 2001, S. 45: 30

Berlinische Galerie: Farbtaf. 2

BerlinPressServices/ Klaus Mehner: 2, 49

Bohnen, Andrea und Daniela, Berlin: 86, Fotos Bob Klebig

bpk/ Nina von Jaanson: 87

Bröhan-Museum, Berlin: Farbt. 1

Bundesarchiv Berlin: BArch Bild 183-E01073: 44, BArch Bild 183-2005-0827-501: 46, BArch R 4606/3560, Bl. 3: 47; aus: Berlin 1945, S. 181: 63

ddp images/ AP Photo/ Kurt Hilliges: 75

Flemming, Thomas: Berlin im Kalten Krieg. Der Kampf um die geteilte Stadt, Berlin 2008, S. 51: 72

Officieller Führer durch die Transvaal Ausstellung am Kurfürstendamm und Stadtbahnhof »Savigny Platz«, Berlin 1897: 1, 10, 11

Glatzer, Dieter und Ruth: Berliner Leben 1914-1918. Eine historische Reportage aus Erinnerungen und Berichten, Berlin 1983, S. 181: 25

Heuermann, Michael: Tatjana Gsovsky und das »Dramatische Ballett«. Der »Berliner Stil« zwischen DER IDIOT und TRISTAN,

Dissertation Universität Bremen, Münster 2001 = http://deposit.d-nb.de/cgibin/dokserv?idn=963777718&dok_var=d1&dok_ext=pdf&filename= 963777718.pdf (25.8.2007), Foto Siegfried Enkelmann: 88

Hunzinger, Stephanie, Bühnenverlag, Bad Homburg: 58

IMAGNO/ Ullstein: 27, Foto James E. Abbe

Kaminski, Michael Günther/Weiß, Michael: »… als wäre es nie gewesen.« Juden am Ku'damm, Berlin 1989, S. 19: 43

Katalog der 34. Ausstellung der Berliner Secession, Berlin 1918: 28

Kern, Nils, Berlin: 56, 91, Foto Nina von Jaanson

Klima, Anton: Das Auto in der Karikatur, Berlin 1928: 19

Kubisch, Ulrich: Das mobilste Gewerbe der Welt (= Berliner Beiträge zur Technikgeschichte und Industriekultur, Schriftenreihe des Museums für Verkehr und Technik Berlin, Bd. 12), Berlin o. J., S. 124: 66

Landesarchiv Berlin: 6, 57, 63, 74, 81, 82

Mahn- und Gedenkstätte Sachsenhausen: 62

Merkert, Jörn (Hrsg.): Jeanne Mammen 1890–1976. Gemälde, Aquarelle, Zeichnungen, Köln 1997, S. 187: 61

Metzger, Karl-Heinz/Dunker, Ulrich: Der Kurfürstendamm. Leben und Mythos des Boulevards in

Personenregister

A., Liesel, Prostituierte 123

Adelmann, H., Opernsänger 143 f., 196

Adler, Richard, amerikanischer Student 180

Allamir, Dr. Abbas (–1967), iranischer Diplomat 196 f.

Albers, Detlev (1918–1986), Modeschöpfer 177 f.

Albertz, Heinrich (1915–1993), Pastor, Politiker 181

Andreas-Friedrich, Ruth (1901–1977), Widerstandskämpferin gegen den Nationalsozialismus, Schriftstellerin 126

Angelini, Antonio, Inhaber eines Lokals 180

Archipenko, Alexander (1887–1964), Bildhauer 64

Arnold, Hauswart 46

Asenjo, Dr. M., Arzt 86, 92

Bach, Ingobert (1898– Freitod), Mieter 140

Baker, Josephine (1906–1975), Tänzerin 65, 68, 75, 108

Balázs, Frieda, Inhaberin eines Hutladens 143 f., 196 f.

Balázs/Balácz, Béla (d. i. Herbert Bauer) (1884–1949), Filmkritiker, Filmtheoretiker 197

Basch, Georg (1874–1942 deportiert; ermordet), Kaufmann 53, 55, 77, 91 f., 103, 119 f.

Bauchwitz, Dr. Kurt (1890–1974), Rechtsanwalt, Notar, Schriftsteller 68

Bautz, R., Portier 52, 55 f.

Beauvoir, Simone de (1908–1934), Schriftstellerin, Philosophin 104

Bebel, August (1840–1913), Drechsler, Politiker 47

Becher, Johannes R. (1891–1958), Schriftsteller, Politiker 156, 169

Beck, Ulrich (*1944), Soziologe 211

Beckmann, Max (1884–1950), Maler, Graphiker 156

Begas, Reinhold (1831–1911), Bildhauer, Maler 24

Behrend, Ingeborg, Ehefrau von M. Bohnen 200 f.

Beierle, Alfred (1855–1950), Schauspieler 64

Beitz, Berthold (*1913), Manager 199

Belling, Rudolf (1886–1972), Bildhauer 192 f.

Benatzky, Ralph (1884–1957), Komponist 105

Benjamin, Walter (1892–1940), Literaturkritiker, Philosoph, Schriftsteller 24, 46

Berber, Anita (1899–1928), Tänzerin 68, 75

Bergen, Ingrid van (*1931), Schauspielerin 162

Bergner, Elisabeth, geb. Ettel (1897–1986), Ehefrau von P. Czinner, Schauspielerin 108

Bernstein, Dr. S. B., Zahnarzt 96, 143

Bernstein, Karl (1880–1942 für tot erklärt), Kaufmann 120

Bettermann, Emma, Inhaberin eines Feinkostgeschäfts 136 f., 189

Bettermann, August, Inhaber eines Feinkostgeschäfts 92, 94, 136 f.

Bi, Franz (1899–1968), Maler, Filmarchitekt 137, 144

Bismarck, Otto von (1815–1898), Politiker 19

Blacher, Boris (1903–1975), Komponist 203

Blitz, Arnold (*1922), Inhaftierter im Konzentrationslager Sachsenhausen 154

Bloch, Dr. Raissa(-Gorlin) (1899–1943 deportiert, ermordet), Ehefrau von Dr. M. G., Historikerin 101, 144